교양으로 읽는

수호지

교양으로 읽는
수호지

초판 1쇄 인쇄 2021년 6월 14일
초판 3쇄 발행 2024년 3월 11일

지은이 시내암
옮긴이 장순필

펴낸이 이효원
편집인 음정미
표지디자인 별을 잡는 그물
본문디자인 이수정
펴낸곳 탐나는책
출판등록 2015년 10월 12일 제2021-000142호
주소 경기도 고양시 덕양구 삼송로 222, 101동 305호(삼송동, 현대헤리엇)
전화 070-8279-7311 **팩스** 02-6008-0834
전자우편 tcbook@naver.com

ISBN 979-11-89550-46-2 03150

교양으로 읽는

수호지

난세가 만들어낸 영웅들의 통쾌하면서도 슬픈 반란

시내암 지음 | **장순필** 옮김

탐나는책

민초들의 작은 위로가 되는
백팔 호걸들의 이야기

어려서부터 경서와 사서를 읽고
자라나서는 권모술수도 배웠노라.
흡사 맹호가 거친 언덕에 누운 듯
이빨과 발톱을 감춘 채 때를 기다리고 있었네.

양쪽 뺨에 낙인까지 찍혀
강주 땅에 유배된 불행한 신세.
뒷날 이 한을 풀 기회를 얻게 된다면
심양강 어귀는 붉은 피로 물들리라.

마음은 산동 땅에 있고, 몸은 오吳 땅에 있으니
공연히 강호에 떠돌면서 한숨만 짓고 있도다.
만약 뒷날 뜻을 이룰 때가 되면
비웃으리라, 황소는 대장부가 아님을.

이 시는 송강이 심양루潯陽樓에 올라 홀로 술을 마시다 자신의 신세를 한탄하며 지은 시이다. 송강은 이 마지막 구절에서 당나라에 난을 일으킨 황소보다 더한 역적이 되겠노라는 야심을 품었다는 오해를 사, 죽을 고비를 넘기고 양산박에 든다.

송강을 전후로 하여 양산박에는 백팔 명의 호걸이 모이게 되는데, 이들은 서른여섯의 천강성天罡星과 일흔둘의 지살성地煞星으로 부패한 세상에 백성들을 위해 내려온 하늘의 별들이다.

하늘의 뜻으로 양산박에 모인 백팔 명의 호걸들은 조정의 부패와 관료들의 비행에 대항하여, '체천행도替天行道(하늘을 대신하여 도를 행한다)'를 내세워 민중들을 한을 풀어 주고, 조정에 대항하는 그들의 의기투합에 정당성을 이끌어내다가 마침내는 조정과 백성을 위해 일하게 된다.

중국 4대 기서奇書 중의 하나인 《수호지》는 북송 말, 휘종의 선화 3년 회남에서 송강 등이 난을 일으켜 세력을 크게 떨치다가 조정에 귀화한 사실이 『송사宋史』에 기록된 것을 소재로 한 야담이 차츰 발전하여 원말명초에 시내암이 어느 정도 소설의 형태를 갖추어 내놓은 것이다.

《수호지》에는 백팔 명의 영웅호걸들이 모이기까지 저마다의 사연을 안고 다른 호걸들과 합류하는 이야기가 주를 이루며, 그 과정에서 권력에 기대 선량한 백성들을 조롱하고 탄압하는 벼슬아치들에 대한 통쾌한 복수가 긴장과 쾌감을 느끼게 한다.

자신들의 안위와 부귀가 아닌 백성과 하늘의 뜻에 따르며, 목숨보다 의義를 중요하게 여기는 백팔 호걸들의 활약과 무용담은 《수호지》의 배경이 된 그때로부터 오늘날에 이르기까지, 그 긴 시간에도 불구하고 세상은 여전히 불공평하며, 정의를 이루기란 쉽지 않음을 생각하게 한다. 이에 부패와 부조리에 대항하는 그들의 모습에 오늘날의 우리 역시 대리만족과 카타르시스를 느끼는 것이다.

《수호지》는 단순히 고전 소설이기 때문이 아니라 세상의 불합리에 통탄하는 민중들이 여전히 있기에 긴 세월에도 두고두고 읽히는 것이 아닐까 한다.

차례

불의를 참지 못하는
천하호걸 노달

송宋나라 태조 조광윤은 어려서부터 지혜롭고 용맹스러웠으며 도량이 넓었다. 그는 군벌로 몸을 일으켜 후주後周의 절도사節度使가 되었으며, 휘하 장수들의 강력한 추대로 후주의 천자로부터 천자의 자리를 물려받아 국호를 대송大宋이라 하고 하남성 개봉, 변량汴梁에 도읍을 정했다. 그리하여 송나라 17대 임금에 이르기까지 4백 년 치세의 기초가 이룩되었다.

송 태조가 4백 년의 기틀을 마련한 이후 인종 황제에 이르러 나라 안에 전염병이 창궐하자 인종은 태위 홍신洪信으로 하여금 용호산 사한천사를 찾아가 하늘에 재齋를 올리기를 청하게 하였다.

그런데 호기심 많은 홍 태위가 그만 봉해진 복마지전伏魔之殿을 열어 백여덟의 못된 요괴를 놓아 주니, 난세를 예견하게 된다.

그 후 철종 대에 이르러 나라가 어지럽기 시작하더니, 휘종이 즉위하자 건달패 노릇하던 고구高俅가 실세를 잡으면서 관리는 부패하고 탐관오리가 판치는 세상이 되었다. 이에 뜻있는 영웅들이 본의 아니게 죄를 짓거나 간신배의 폭정에 휘말려 세상을 떠돌게 된다.

이때 80만 금군교두禁軍教頭(황제 근위병의 무술사범) 왕진王進이 요양 중이었는데 군권軍權을 잡은 전수부 태위 고구에게 인사를 안 드렸다 하여 원한을 샀다. 고 태위가 이를 괘씸히 여겨 왕진의 뒤를 캐 보니, 그는 바로 지난날 자신에게 굴욕을 주었던 왕승王昇의 아들이었다.

지난날 고 태위가 동경東京에서 건달로 지내던 시절, 왕승에게 걸려들어 곤봉으로 호되게 얻어맞은 일이 있었다. 그때 그는 서너 달 동안 꼼짝도 못한 채 누워 있어야만 했다.

왕진이 왕승의 아들임을 알게 된 고 태위는 복수심이 들끓어 올랐다.

"이자가 필시 나를 업신여기는 것이 틀림없다! 어서 이자를 잡아 내 앞에 끌어오도록 하라!"

고 태위는 왕진을 잡아오도록 명을 내렸다.

자기가 저지른 잘못으로 인해 낭패를 보았음에도 불구하고 고 태위는 원한에 사무쳐 주먹을 불끈 쥐었다.

금군교두 왕진은 봉술과 창술의 명인으로 널리 알려져 있었다. 그의 아버지 왕승이 교두로 있을 때부터 그는 금군에 들어와서 군사들에게 무예를 가르쳤다.

왕진은 고구의 복수를 피해 연안부延安府 변방에 있는 노충경략老沖經略에게 가기로 하여 길을 떠났다.

왕진은 화음현華陰顯 사가촌史家村에 들러 묵게 되었는데, 촌장 격인 장원의 태공으로부터 자신의 아들 구문룡九紋龍 사진史進에게 무예 가르칠 것을 부탁받아 사진의 스승이 된다.

어느새 여섯 달이 지나 사진에게 가르친 열여덟 가지 무예는 경지에 달해 있었다. 워낙 열성적으로 가르침을 받은 데다가 타고난 재질이 그토록 빠른 성장을 이루게 한 것이다. 왕진은 이제 자신이 더 이상 가르칠 것이 없다고 여겨 다시 연안부로 떠났다.

그 무렵 소화산小華山에는 주무朱武, 진달陳達, 양춘楊春이라는 도적의 무리가 오륙백 명의 졸개와 백여 필의 말을 가지고 약탈을 일삼고 있었다.

사진은 그들의 일부를 사로잡고 또한 나머지 일당들이 항복해 오자 이들의 의리를 가상히 여겨 풀어 주었다. 그 후 서로의 신의를 확인하며 추석 잔치를 즐기던 중 종놈의 고발로 관군이

들이닥치자 사진은 장원을 불태우고 소화산 산채로 도망쳤다가 스승 왕진을 찾아가기로 한다. 산채의 주무, 진달, 양춘이 거듭 말렸으나 아무 소용없었다.

"나는 그동안 죄를 지은 적이 없는 몸이오. 내 어찌 부모에게 물려받은 몸으로 산적 두목이 되겠소. 당신들의 말씀은 고마우나 나는 이미 마음을 정했소이다. 연안부로 가서 스승님을 뵌 후 그분과 함께 앞날을 도모하고자 하니, 제발 내 앞길을 막지 말아 주시오."

그는 데리고 갔던 머슴과 장정들 그리고 재물을 산채에 남겨 두고 약간의 은자만을 지닌 채 홀로 길을 떠났다.

소화산을 떠나 나그넷길에 나선 사진은 산과 들을 걸으며 발길을 재촉해 스무 날 즈음이 지나 이윽고 위주渭州 땅에 이르렀다.

'흐음, 이곳에도 경략부經略府(외적의 침입을 막는 관문)의 성城이 있구나. 어쩌면 이곳에서 스승님의 소식을 들을 수 있을지도 모르겠구나.'

사진은 거리를 거닐며 주의 깊게 살펴보았다. 위주는 겉보기와 달리 거리가 무척 번화하였다.

거리의 모퉁이에 찻집이 하나 보였다. 사진은 우선 그곳으로 들어가 평상에 앉았다.

"주인장, 한 가지 물어 봅시다. 혹시 개봉 동경에서 교두를 지낸 왕진이란 이름을 들어 보셨소?"

"글쎄요? 이곳 경략부에도 왕씨 성을 가진 분들이 많이 있답니다. 그러니 어느 분인지 도통 알 수가 없지요."

그런데 주인의 말이 채 끝나기도 전에, 찻집 안으로 성큼성큼 걸어 들어오는 몸집이 큰 사내가 하나 있었다.

탄탄해 뵈는 몸에 짙은 녹색의 전포戰袍를 입고, 머리에는 검은 비단으로 된 두건을 질끈 동여맸다. 허리에는 문무文武를 아울러 뜻하는 띠를 둘렀고, 금장식의 장검을 차고 있었다. 쏘는 듯한 눈빛에 둥글고 붉은 얼굴은 온통 수염으로 뒤덮여 있었다.

'음, 이 사람은 군관軍官임에 틀림없겠다.'

사진이 그렇게 생각하며 바라보고 있는데, 주인이 호들갑을 떨면서 그를 맞았다.

"아이쿠, 제할提轄(하급 지휘관)께서 웬일이십니까, 저희 집을 다 찾아 주시고요. 잘 오셨습니다."

그러더니 생각난 듯 사진이 앉아 있는 쪽을 돌아보며 말했다.

"손님, 여기 이분께 여쭤 보십시오. 이곳 경략부 사람들은 모두 아실 테니까요."

사진은 그렇지 않아도 그 사내를 눈여겨보고 있던 터라 자리에서 일어나 공손히 허리를 굽히며 물었다.

"한 가지 여쭈어 볼까 합니다만, 혹시 동경에서 금군교두를 지낸 왕진이란 분을 아시는지요?"

"지금 금군교두 왕진이라고 하셨소?"

사내가 놀란 얼굴로 되물었다.

"네, 혹시 그분을 알고 계십니까?"

말투로 보아 스승을 알고 있는 것 같아 사진이 기대에 찬 눈으로 보자 사내가 물었다.

"그런데 무슨 까닭으로 그분을 찾고 계시오?"

"네, 그분이 제 스승님이십니다. 스승님을 뵙기 위해 화주華州 화음현에서 여기까지 왔습니다."

순간 그 사내가 정색을 하며 물었다.

"그렇다면 혹시… 사가촌의 구문룡이란 분이시오?"

사진은 그 사람이 자신의 이름을 알고 있는 것이 반가워 깊숙이 머리를 숙여 예를 표하며 답했다.

"네, 제가 바로 사가촌의 사진입니다. 사람들은 저를 가리켜 구문룡이라고들 하지요. 그런데 어떻게 제 이름을 알고 계십니까?"

그러자 그 사내도 얼른 허리를 굽히며 답례한 뒤 말했다.

"저는 이곳 경략부 소속의 제할로서 이름은 노달魯達이라고 합니다. 일찍이 형씨의 이름을 들은 바 있습니다."

사진이 다시 몸을 굽히며 물었다.

"제 스승님을 아십니까?"

"알고 있지요. 하지만 그분은 지금 이곳에 계시지 않습니다. 연안부에서 경략사 충상공種相公을 호위하고 계시지요. 또 이곳 위주의 경략사는 바로 그 충상공의 아드님이신 소충상공小種相公이시오. 어찌 됐든 당신이 바로 그 유명한 구문룡 사진이라니 반갑소. 우리 어디 가서 술이나 한잔 합시다."

사내는 그렇게 말하며 사진의 손을 잡아 이끌었다. 사진도 간절히 소원하던 스승의 소식을 알게 되자 기쁜 얼굴로 노 제할을 따라나섰다.

한참을 가니 마치 이빨 빠진 것처럼 집들이 듬성듬성 늘어서 있는 한쪽 공터에 많은 사람이 둘러서 있었다.

사진은 문득 호기심이 일어 노달에게 말했다.

"잠깐 구경이나 하고 갑시다."

노달도 사람들의 어깨 너머로 안을 들여다보았다.

그곳에는 서른 중반쯤 돼 보이는 사내 하나가 약을 팔고 있었다. 때에 찌든 옷차림에 폭넓은 허리띠를 했고, 상아象牙 모양의 칼을 허리에 차고 있었다. 손에는 봉棒이 한 자루 들려 있고, 땅바닥에는 10여 개의 약을 담은 쟁반이 놓여 있었다. 그는 이제 막 봉술 시범을 끝낸 듯 상기된 얼굴로 약에 대해 설명하고 있었다.

"자, 이 약으로 말할 것 같으면…"

사진은 곧 그를 알아보았다. 그는 사진이 왕진에게 무예를 배우기 전, 한때 봉술을 배운 적이 있는 스승으로 타호장打虎將 이충李忠이었다.

"스승님, 여기서 뵙게 되는군요?"

사진은 사람들 틈새를 비집고 들어가면서 말했다. 이충도 금세 사진을 알아보고 반겼다.

"아니, 자네가 이곳에 웬일인가?"

사람들의 시선이 일제히 사진에게로 쏠렸다. 그러자 노달이 뒤따라 들어오더니 이충을 보고 말했다.

"그런 인사는 나중에 나누시고, 이분의 스승이라니 당신도 함께 가서 술이라도 한잔 나눕시다."

그러자 이충이 난감한 얼굴로 말했다.

"아, 제할님, 잠깐만 기다려 주십시오. 지금 막 구경꾼들에게 약을 돌리며 팔고 있는 중입니다."

"기다리긴 뭘 기다리란 말이오, 엉터리 약이나 팔면서! 난 기다리는 건 딱 질색이오. 자, 어서 때려치우고 한잔 하러 갑시다."

노달은 기다리라는 이충을 재촉했다. 그러자 이충이 사정했다.

"죄송합니다. 하지만 약을 팔아야만 먹고살 수 있으니 어떻게 합니까? 그러지 마시고 제할께서는 먼저 저 친구와 함께 주막에 가 계십시오. 제가 곧 뒤따라가도록 하겠습니다."

그러고 나서 사진을 돌아보며 말했다.

"자네가 제할님을 모시고 먼저 주막에 가 있게. 내 곧 뒤따라 갈 테니까."

그러나 그 말을 순순히 따를 노달이 아니었다. 노달은 갑자기 그곳에 모여 있는 구경꾼들을 향해 냅다 소리를 질렀다.

"뭘 멍청히 보고 있는 거야? 무슨 구경거리라도 났어? 당장 꺼지지 않으면 내 주먹으로 경을 쳐서 쫓아 버릴 테다!"

노달이 커다란 주먹을 움켜쥐고 금세라도 칠 듯이 으름장을 놓자 구경꾼들은 마치 불에 데기라도 한 듯 황급히 달아나 버렸다. 그들은 이미 노달이 천하장사임을 소문 들어 알고 있던 터였다.

어느새 공터에는 그들 셋만 덩그러니 남았다.

이충은 노달이 자신의 밥그릇을 깨버린 격이었지만 노달이 원래 성미가 거친 데다 주먹깨나 쓰는지라 감히 화를 내지도 못하고 보따리를 챙겨 그들을 뒤따르며 말했다.

"원 참, 성미 하나 급하시군!"

세 사람은 길거리를 걷고 모퉁이를 돌아 다리 하나를 건넜다.

주교州橋 아래 이름난 술집이 하나 있었는데, 사람들은 그 집 주인의 성을 따 '반가潘家'라고 불렀다.

세 사람은 반가에 들어가 깨끗한 방을 잡았다. 노달이 가장 윗자리에 앉고, 이충이 그 맞은편에 앉고, 사진이 제일 아랫자리에 앉았다. 자리를 잡고 앉자마자 노달이 소리를 질렀다.

"주인장, 주인장!"

노달의 부름 소리가 들리자 주인은 고꾸라질 듯이 달려와서 허리를 굽신거렸다.

"어이쿠, 제할님, 부르셨습니까요? 술은 얼마나 가져올깝쇼?"

"우선 네 각角(한 각은 약 다섯 홉)만 가져오게."

"안주는 어떻게 할깝쇼?"

노달이 성깔을 참지 못하고 버럭 소리를 내질렀다.

"귀찮게 뭘 자꾸 묻는 거야! 팔아먹고 싶은 게 있거들랑 뭐든지 다 내오란 말야! 내가 한꺼번에 다 갚아 줄 테니까! 여러 말 시키지 말고 어서 가져오기나 하게!"

노달이 그렇게 소리치자 주인은 더 이상 아무 말도 못한 채 주방 쪽으로 꽁무니를 뺐다.

곧이어 술상이 차려졌다. 그들은 주거니 받거니 잔을 돌려 술을 마시며 유쾌하게 떠들었다. 세상 사는 일에서부터 시작하여 창이나 칼을 쓰는 법에 이르기까지 각자의 경험을 섞어 가며 서로의 이야기에 푹 빠져들었다.

술이 몇 순배 돌아 얼큰해졌을 때였다. 문득 벽 너머 옆방에서 계집의 흐느낌 소리가 들렸다. 차츰 화젯거리가 줄어들고 여자의 울음소리를 안주삼아 술만 들이키게 되자 마침내 노달이 분통을 터뜨렸다. 벌컥 화를 내며 있는 힘껏 탁자를 내리치더니 술상을 뒤엎었다. 그 바람에 술잔과 안주 접시들이 모조리 마룻바닥에 내동댕이쳐지고 말았다.

난리법석을 떠는 소동에 놀라 주인이 냉큼 달려왔다.

"네놈은 내 성질 잘 알 테지? 모처럼 손님들까지 모시고 기분 좋게 술 마시러 왔거늘 옆방 계집을 울려서 술맛을 잡치게 해!"

그제야 까닭을 알게 된 주인이 손을 싹싹 비비면서 사정했다.

"옆방에 있는 사람들은 술집에서 노래를 파는 계집과 그 아비인데 딱한 사정이 있나 봅니다. 나리께서 술을 드시고 계신 걸 모르고 슬픔에 겨워 울었나 봅니다. 제가 가서 이르고 오겠습니다."

그 말을 듣자 노달은 문득 궁금증이 이는 듯 주인에게 말했다.

"괴이한 일이로군. 어디 그들을 이리로 오게 하라."

노달의 서슬에 겁이 난 주인은 얼른 옆방으로 뛰어가더니 두 부녀를 데리고 왔다.

앞서 들어오는 여자는 열여덟이나 열아홉쯤 되어 보이는 처녀였고, 뒤따라 들어온 사내는 예순쯤의 노인으로 손에는 박판 拍板(박자를 맞추어 치는 악기)을 들고 있었다. 처녀는 빼어나게 아름다운 얼굴은 아니었지만 어딘지 모르게 사내의 마음을 끌 만한 귀염성은 있어 보였다.

처녀가 눈물을 훔치더니 세 사람 앞에 공손히 인사를 했다. 그 아비 또한 공손히 허리 굽혀 예를 갖추자 노달이 거두절미하고 물었다.

"너희들은 어디에 사는 누구이며, 또 그렇게 슬피 운 까닭이 대체 무엇이냐?"

"나리께서 물으시니 감히 아뢰겠습니다. 저는 원래 동경 사람으로 무거운 세금 때문에 장사도 안 되고 먹고살기가 어려워 이곳 위주로 부모님과 함께 친척을 찾아왔습니다. 그런데 이곳에 왔을 땐 친척집이 남경으로 이사한 뒤였습니다. 그런데다 어머니는 주막에서 병을 얻어 세상을 떠나셨고 저는 아버지와 함께 떠돌이 신세가 되고 말았습니다."

그렇게 말하는 처녀의 눈에 다시 눈물이 고였다.

"그래서 울었단 말이냐?"

"아닙니다, 나리. 그러던 차에 진관서鎭關西 정 대인鄭大人이란 사람이 저를 첩으로 삼겠다고 했습니다. 저를 첩으로 삼는 대신 돈 삼천 관을 주겠다는 것이었습니다. 그러고는 저의 몸을 삼천 관에 산다는 증서만 만들어서 보여 준 다음, 저를 첩으로 삼았습니다. 그러나 그 집 내당마님의 구박이 얼마나 심한지 결국은 죽도록 매만 얻어맞고 쫓겨났습니다. 거기다가 정 대인이란 자는 객줏집 주인과 짜고서 저에게 받지도 않은 돈 삼천 관을 도로 내놓으라고 억지를 부리는 것이었습니다. 그자는 돈도 많고 세력도 있으니 힘없는 우리 두 부녀가 어떻게 맞설 수 있겠습니까? 그 거짓 문서에 감쪽같이 속아 넘어간 저희가 바보였습니다. 분하고 억울했지만 어쩔 수 없이 이 주막 저 주막을 떠돌면서 아버지가 박자를 치고 제가 노래를 부르며 동냥하는 신세가 되었습니다. 손님들한테서 잔돈푼이라도 받을라치면 그나마 대부분은 그자에게 갖다 바쳐야 하고 동전 몇 닢으로 근근이 끼니를 이어가고 있습니다. 이제 그 돈의 절반은 갚은 셈입니다. 그런데 요즘은 손님이 없어 돈을 벌지 못해 빚을 갚을 길이 막막해졌습니다. 돈을 갚지 못해 또 그 사람들이 와서 행패를 부릴 것을 생각하니 저희 부녀의 신세가 너무 서러워 그만 울음을 터뜨렸습니다. 나리의 흥을 깬 것은 죄스러우나 저희들을 불쌍히 여기시어 너그러이 용서해 주십시오."

말을 마치자마자 처녀는 또다시 눈물을 쏟았다. 그 모습을 보자 아무리 우악스러운 노달이라 할지라도 그만 마음이 찡해지고 말았다.

"그만하면 네 사정은 대충 알 것 같구나. 네 이름은 무엇이며, 어느 객점에 묵고 있느냐? 또 그 정 대인이란 자는 누구이며, 지금 어디에 살고 있느냐?"

그러자 울고 있는 딸을 대신하여 노인이 입을 열었다.

"이 늙은이는 김金가이옵고 이 애는 취련翠蓮이라고 부릅니다.

올해 나이 열아홉 살입지요. 저희 부녀는 지금 동문 밖 노魯가 객점에 묵고 있습니다. 그리고 그 정 대인은 장원교狀元橋 옆에서 푸줏간을 하는 정도鄭屠란 자입니다. 사람들은 그를 가리켜 '진관서'라 부르더군요."

"흥, 정 대인이라고 해서 난 또 어느 놈인가 했더니 소, 돼지나 잡아서 팔아먹는 백정놈 정가였구만! 천하에 몹쓸 놈 같으니라구. 소충小种 경략상공經略相公 밑에서 아첨이나 하면서 푸줏간을 해먹는 주제에 그 따위 못된 짓을 하다니, 내 이놈을 당장 그냥!"

늙은이의 말을 듣고 난 노달은 주먹을 불끈 쥐고 자리에서 일어나더니 이충과 사진에게 일렀다.

"두 분은 잠시 여기서 기다려 주시오. 내가 당장 가서 그놈을 때려죽이고 돌아오겠소!"

그러자 이충이 그를 끌어안으면서 말렸다.

"좀 참으시오. 지금은 술이나 마시고 내일 가서 따져도 늦지 않을 것이오."

사진도 노달이 부르르 나서는 기세로 보아 무슨 일이라도 저지를 것 같아 말렸다.

"그게 좋겠습니다. 술이나 한 잔 더 하며 생각해 봅시다."

그러자 애써 마음을 가라앉힌 노달이 두 부녀에게 말했다.

"여봐요, 영감님. 내가 노자를 드릴 테니 그런 짓 그만두시고 내일 당장 동경으로 돌아가시는 게 어떻겠소."

"그렇게만 해 주신다면 나리의 그 은혜는 부모님과 다름없습니다. 하지만 나리께서 노자를 주시더라도 객줏집 주인이 저희들을 놓아 주지 않을 겁니다. 그자는 정 대인과 한통속입니다요, 나리."

노달이 당치도 않다는 듯이 고개를 저으며 말했다.

"그건 내가 알아서 처결할 테니 조금도 염려할 필요가 없소. 이 노달을 뭘로 아는 거요?"

노달은 품에서 은자 다섯 냥을 꺼내어 탁자 위에 놓더니 사진과 이충을 돌아보면서 말했다.

"내가 오늘은 가진 돈이 얼마 되지 않으니 두 분께서 있는 대로 돈을 좀 꾸어 주시오. 내일 갚아드리겠소."

"어찌 좋은 일을 하는데 가만히 보고만 있을 수 있겠소? 되돌려 주실 필요 없습니다. 나도 있는 대로 내겠습니다."

사진은 기꺼이 응하며 품속에서 은자 열 냥을 내놓았다. 그러자 노달이 이충을 보고 말했다.

"그쪽도 가진 돈이 있으면 좀 꾸어 주시구려."

그러나 이충은 길거리의 약장수답게 인색했다. 그는 우물쭈물하더니 보따리에서 겨우 은자 두 냥을 내놓았다. 그것을 본 노달이 중얼거렸다.

"보기보단 꽤 쩨쩨한 친구로군!"

노달은 이충이 내놓은 두 냥은 그냥 두고 열다섯 냥을 집어서 김 노인에게 건넸다.

"영감님은 이 돈을 가지고 가서 당장 동경으로 떠날 준비를 하시지요. 내가 내일 아침에 주막으로 찾아가서 두 분을 보내드릴 테니까. 어떤 놈이든 간에 두 분이 떠나시는 걸 막는다면 이 노달이 결코 용서하지 않을 것이오."

그 말을 듣자 두 부녀는 눈물을 흘리고 거듭 절을 하면서 감사했다.

"이 은혜를 어찌 다 갚겠습니까? 고맙습니다, 나리. 고맙습니다."

그들 부녀가 주막으로 돌아가자 노달은 탁자 위의 두 냥을 집어들더니 이충에게 도로 던져 주었다.

"이 돈은 도로 집어 넣으시오."

이충도 무술깨나 하는 사람이었지만 상대가 상대인지라 부글부글 끓는 속을 눌러 참을 수밖에 없었다.

술자리는 계속 이어졌고 그들은 술 네 각을 먹고 나서 다시 두 각을 더 마신 뒤에야 자리를 털고 일어났다.

세 사람은 주점에서 나와 헤어졌다. 사진과 이충은 각기 객점에 들었고, 노달은 경략부 앞에 있는 자신의 거처로 돌아갔다. 노달은 거처로 돌아가서도 두 부녀의 일에 심사가 편치 않아 저녁밥도 먹지 않고 더운 숨만 내뿜고 있었다.

한편 김 노인은 은자 열다섯 냥을 받아 객줏집으로 돌아오자 우선 딸 취련을 쉬게 하였다. 그리고 자신은 성 밖으로 나가 수레 하나를 구해 와 짐을 챙겨서 수레에 싣는 한편 밀린 숙박료를 주인에게 치렀다. 김 노인은 떠날 준비가 끝나자 날이 새기만을 기다렸다.

다음 날 새벽, 동이 트자마자 노달은 김 노인과 취련이 묵고 있는 주막집에 들이닥쳤다.

"여봐라, 게 아무도 없느냐?"

노달이 그 큰 목소리로 호통을 치자 객줏집의 일꾼인 듯한 젊은이가 뛰어나왔다.

"제할 나리, 어느 방으로 모실까요?"

"김 노인 부녀가 묵고 있는 방으로 안내하거라."

젊은이는 앞서 들어가더니 김 노인과 취련이 묵고 있는 방 앞에서 소리쳐 알렸다.

"영감님, 관청에서 제할님이 찾아오셨습니다!"

김 노인은 방문을 열어 노달을 보자 반가운 얼굴로 맞았다.

"어서 들어오십시오, 나리. 몹시 누추하긴 합니다만…"

"들어갈 필요가 뭐 있겠소? 떠날 준비가 되었으면 어서 떠나셔야지요. 수레에 짐도 모두 실려 있고 이제 떠나시기만 하면 되는 것 아니겠소? 꾸물거리지 말고 어서 떠나시오."

노달이 큰소리로 재촉하자 김 노인은 안심한 듯 눈시울을 붉히며 일어섰다.

그런데 김 노인이 취련과 함께 수레를 끌고 마당을 나서려 하자 객줏집의 젊은이가 앞을 가로막았다.

"영감님, 어디를 가려 하시오?"

그러자 잔뜩 주눅이 든 김 노인 대신 노달이 나서서 퉁명스러운 목소리로 물었다.

"왜? 밀린 방값이라도 있단 말이냐?"

"아닙니다. 방값은 받았습니다."

"그럼 됐지, 어째서 앞을 막고 나서는 것이냐?"

"진관서 정 대인에게 갚을 돈이 남았습니다. 정 대인께서 우리 주인님께 그 돈을 받아달라고 했으니, 제가 두 사람에게 돈을 받아야 합니다."

젊은이가 대답하자 노달은 타이르듯 부드러운 말투로 일렀다.

"정 백정의 돈은 내가 책임지고 갚을 것이니, 너는 아무 염려 말고 길을 비켜드리거라."

그러나 젊은이는 막무가내로 말을 듣지 않았다. 마침내 노달은 성미를 참지 못하고 다섯 손가락을 확 편 채 그 넓적한 손으로 그의 얼굴을 후려갈겼다. 젊은이는 금세 입에서 시뻘건 피를 쏟으면서 얼굴을 감싸 쥐었다. 노달이 다시 그의 턱을 주먹으로 후려치자 이번에는 이빨 두 개가 부러져 나갔다. 일이 이쯤에 이르자 젊은이는 겁을 잔뜩 집어먹은 채 뒷걸음질 쳐서 내빼고 말았다. 객점의 주인은 어디에 숨어 있는지 감히 나와서 말릴 생각도 하지 못했다.

그 틈에 김 노인과 취련은 황급히 수레를 끌고 동경을 향해 떠났다. 노달은 김 노인 부녀가 떠나간 쪽을 한참 동안 지켜보았다. 혹시나 정 대인이 보낸 사람들이 뒤쫓을까 염려해서였다.

두어 시각쯤 지났을 때, 노달은 비로소 안심한 듯 천천히 장원교 쪽으로 발걸음을 옮겼다.

장원교를 건너자 곧바로 진관서 정 백정의 푸줏간이 보였다. 푸줏간의 문짝 두 개가 활짝 열려 있는 것을 보니 장사를 시작한 모양이었다.

노달은 푸줏간 안으로 불쑥 들어가서 의자에 털썩 주저앉았다. 커다란 도마 앞에서 몇 명의 점원들이 고기를 썰고 있었다. 그들 바로 뒤에는 많은 돼지 다리들이 시뻘건 피를 머금은 채 걸려 있었고 뒤룩뒤룩 살이 찐 주인 정가놈은 계산대 쪽에서 허리를 잔뜩 구부린 채 뭔가를 적고 있었다.

"어이, 정 대인. 뭘 그렇게 열심히 적고 있나?"

노달이 말을 걸자 흘깃 바라본 정가가 뜻밖이라는 듯 화들짝 놀라면서 몸을 일으켰다.

"어이쿠, 제할님 아니십니까? 무슨 일로 이렇게 누추한 곳까지 오셨습니까?"

"여러 말 할 것 없네. 살코기 열 근을 잘게 썰어 주는데, 비계는 눈곱만큼도 들어가서는 안 되네."

노달은 정 대인이라는 자에게 이것저것 까다롭게 요구하다가 마음에 들지 않는다며 고기 뭉치를 정가의 얼굴을 향해 냅다 집어 던져 버리고 밖으로 휘적휘적 걸어 나왔다.

정가는 화가 상투 끝까지 치솟아 앞뒤 가릴 새도 없이 도마 위의 고기 써는 식칼을 집어 들고 노달의 옷자락을 움켜잡았다. 정가가 칼을 높이 치켜들어 노달의 얼굴을 찍었다고 생각된 순간, 노달은 얼른 그의 손목을 낚아채면서 무릎으로 그의 아랫배를 힘껏 걷어찼다.

다음 순간, 정가는 '억!' 소리와 함께 앞으로 고꾸라졌고 노달은 한 걸음 성큼 나아가 그의 낯짝을 꽉 밟았다.

"이 천하에 죽일 놈 같으니라구. 아니, 너 같은 놈은 죽일 가

치도 없는 놈이다! 네놈은 어째서 취련 낭자를 속여서 농락했느냐?"

그 말과 함께 노달은 정가의 멱살을 잡아 일으켜 세우더니 주먹을 들어 머리통을 내려쳤다. 와지끈 바가지 깨지는 소리가 들리는 듯하더니 정가가 사지를 쭉 뻗고 늘어졌다. 노달은 그가 죽은 것을 알고 가슴이 뜨끔했다.

'이놈을 조금 패 주고 버릇을 고칠 작정이었는데, 주먹 몇 대 맞고 죽고 말았구나. 이 일을 어쩌면 좋을까? 이제 죄를 면하기 어렵게 되었구나! 내가 감옥살이를 하더라도 밥 한 사발 들이밀어 줄 사람이 없으니 차라리 멀리 도망치는 것이 낫겠다.'

노달은 바로 그 자리를 떠나 하숙집으로 돌아와서 급히 짐을 꾸렸다. 간단히 떠날 채비를 마친 그는 방바닥에 주인에게 줄 방세를 셈해 놓은 다음 봉 한 자루만을 손에 든 채 남문 밖으로 빠져나갔다.

노달, 불가에 귀의하여
노지심으로 법명 받다

　노달은 위주 땅에서 빠져 나와 동으로 서로 달아났다. 그렇게 정처 없이 여러 고을과 산과 들을 바쁘게 지나치며 보름 만에 이른 곳이 대주代州 땅 안문현雁門縣이었다.

　노달이 길거리를 걷다 보니 네거리 한 모퉁이에 사람들이 모여서 웅성거리는 모습이 보였다. 가까이 다가가 보니 그들은 벽에 붙은 방榜을 보고 있었다. 노달은 그 방문의 내용이 궁금하여 사람들 틈을 비집고 들어갔다. 그러나 까막눈인지라 글자를 읽을 수가 없었다.

그때 마침 선비인 듯한 사람이 방문을 읽고 있어 가만히 들어보았다.

대주 안문현에서 알린다. 태원부太原府 지휘사사指揮使司의 명으로서 위주 땅에서 달아난 노달을 잡고자 한다. 노달은 위주 땅에서 제할 노릇을 한 자로서 사람을 때려죽인 흉악범으로, 만약 그를 보고도 알리지 않거나 돕는 자는 그와 같은 죄로 다스릴 것이다. 그를 잡거나 그 목을 가져오는 사람에게는 상금 천 관을 내린다.

아무리 뱃심 좋은 노달이라 할지라도 가슴이 철렁 내려앉지 않을 수 없었다. 그런데 그때 누군가가 소매를 잡아당기며, 노달이 뭐라고 대꾸할 새도 주지 않고 사람들 틈에서 끌고 나갔다. 노달이 끌려가면서 누군가 싶어 힐끗 보니 다름 아닌 취련의 아비 김 노인이었다. 김 노인은 노달을 골목의 으슥한 곳으로 끌고 가더니 숨을 헐떡이며 목소리를 낮춰 말했다.

"나리께서는 정말 용기가 지나치십니다. 나리를 잡겠다고 방문을 내걸었는데 그 아래서 천연덕스럽게 그걸 보고 계시다니요? 제가 재빨리 나리를 알아봤기에 망정이지 큰일날 뻔하셨습니다. 그 방문의 끝에는 나리의 나이와 고향은 물론, 얼굴 생김까지 자세히 적혀 있었습니다. 그런데 나리께서 살인죄라뇨? 도대체 어떻게 된 영문입니까?"

노달은 그제야 안도의 한숨을 내쉬며 노인에게 그동안의 일을 이야기해 주었다.

"그건 그렇고, 노인께서는 동경에 가지 않고 어쩐 일로 이곳에 와 계신 거요?"

"나리께서 은혜를 베풀어 동경으로 보내 주셨지만, 정가 놈이 뒤쫓아 오면 낭패를 당할 듯싶어 그렇게 하지 못했습니다. 그래서 북쪽 길로만 도망쳤던 것입니다. 그런데 도중에 그 옛날 동경에서 가까이 지냈던 이웃 사람을 만나게 되어 이곳으로 오게 되었습니다. 그 사람은 우리 부녀를 따뜻하게 보살펴 주었고, 이곳에 사는 큰 부자에게 중매를 서서 딸애는 그 집의 소실이 되었습니다. 조원외趙員外라는 사람인데 딸애와 저에게는 더없이 잘해 준답니다. 그 덕분에 저희 부녀는 이제 아무 걱정도 없게 되었지요. 이 모두가 나리의 덕분이 아니겠습니까? 그때 저희를 구해 주시지 않았던들…. 딸애는 늘 제 남편에게 나리의 은혜를 말하곤 한답니다. 그에 사위도 나리를 잘 알고 있지요. 사위는 창술과 봉술을 좋아해 항상 나리를 만나고 싶어 했습니다. 그러니 이제 저희 집으로 가 며칠 푹 쉬시면서 앞날을 의논해 보십시다요."

그렇게 말한 김 노인은 다시 아까처럼 노달을 이끌었다. 노달도 낯선 곳에 와 갈 곳이 없던 터라 김 노인이 이끄는 대로 따라갔다. 김 노인은 노달을 딸네 집으로 이끌었다.

김 노인의 딸 취련이 버선발로 뛰어나오고 사위 조원외도 노달을 은인으로 여겨 대접이 깍듯하였다. 그리고 다음 날 사람들의 눈을 피해 칠보촌의 장원으로 안내하였다. 그러나 그곳에도 오랫동안 머물 수는 없었다. 조원외가 여러 정황을 설명하면서 노달에게 한 가지 방책을 제안하였다. 관가의 눈을 피해 오대산五臺山 문수원文殊院 절로 숨어드는 것이었다.

"제할께서 그곳에 들어가셔서 몸을 숨기라는 뜻이 아닙니다. 완전한 승적을 갖고서 승려가 되라는 말씀입니다."

노달이 두 눈을 더욱 크게 뜨며 물었다.

"나보고 중이 되라는 말씀인가요?"

"네, 그렇습니다. 문수사 주지인 지진장로智眞長老님과 저는 친형제처럼 지내는 사이입니다. 뿐만 아니라 우리 집안에서는 윗대로부터 그 절에 시주를 많이 했습니다. 또 만일 출가할 사람이 있을 것에 대비하여 오화도첩五花度牒(승려 자격증)도 하나 준비해 두었습니다. 제할께서 승낙만 하신다면 그에 따른 모든 비용과 절차는 제가 책임지겠습니다. 제할께서 몸을 숨기기 위해서는 그 방법이 제일인 듯합니다."

뜻밖의 제안에 노달은 잠시 생각에 잠겼다.

'나보고 팔자에도 없는 중이 되라니! 허나 그렇지 않다면 무슨 뾰족한 수라도 있단 말인가. 에라, 모르겠다. 차라리 머리 깎고 중이 되는 편이 나을지도 모르지!'

그리하여 노달은 중이 되기로 결심했다. 거처를 정하고 나니 한결 마음이 편해지는 것 같았다.

절에 들어가기 위해 이것저것 준비하는 데에 며칠이 걸렸다. 정해진 날짜가 되자 조원외와 노달은 짐꾼을 거느린 채 각기 두

대의 가마에 나누어 타고 오대산 문수사로 향했다.

문수사에 도착하여 지진장로를 찾은 조원외가 입을 열었다.

"오늘 제가 큰스님을 찾아뵌 것은 제 절친한 친구인 저 사람이 출가를 원하여 그 일을 청하기 위해서입니다. 도첩은 이미 마련해 두었으나 장로님께서 허락만 해 주신다면 실로 그보다 더한 다행이 없겠습니다. 원래 저 사람은 관내에서 군관을 지냈으며, 성은 노魯요, 이름은 달達이라고 합니다. 바깥세상의 어지러움과 괴로움을 겪다 그로부터 벗어나 산으로 들고자 하니 부처님의 대자대비를 베풀어 거둬 주시기 바랍니다. 부디 저의 낯을 보시어 장로님께서 그의 머리를 깎고 가사 한 벌을 내려 주신다면 모든 비용은 제가 준비해 드리겠습니다."

그 말을 듣고 난 장로가 선선히 응낙했다.

"그런 인연이 있다면 이 늙은 중에게는 오히려 기쁜 일입니다."

지진장로는 스님들을 불러 노달을 맞는 일에 대해 의논한 후 감사와 도사에게 제사 드릴 음식을 짓게 했다.

그러나 감사, 도사, 수좌 등 여러 스님들이 모질고 험상궂은 노달의 생김을 보고 산문山門에 받아들였다가 뒷날의 근심거리가 될지도 모르니 받아들이지 않는 것이 좋겠다고 의견을 냈다.

"그 사람 생김을 보니 산문에 들이지 않는 것이 좋을 것 같습니다. 눈이 무섭고 얼굴이 흉악해 아무래도 출가할 사람 같지가 않습니다."

"저 역시 그렇게 생각합니다."

지진장로는 그 말을 듣고 잠시 생각에 잠기더니 가만히 말했다.

"염려하지 말고 저 사람의 머리를 깎아 주도록 하라. 그는 하늘의 별에 이어져 있어 마음이 곧고 굳세다. 다만 지금은 그 운이 흉한 때를 만나 세찬 바람과 물결에 휩쓸리고 있을 뿐이다. 때가 되면 그도 크게 깨달음을 얻으며 마음이 맑아져 수행으로 이른 경지가 비범해질 터이니 오히려 그대들이 따르지 못할 것이다. 내 말을 가벼이 듣지 말고 그를 산문으로 받아들이도록 하라."

그 말을 들은 스님들은 더 이상 입을 열 수가 없었다. 지진장로는 승려의 옷과 모자, 그리고 가사와 예불을 올리는 데 소용되는 도구들을 갖추고 좋은 날을 택해 노달이 머리 깎고 중이 되는 법식法式을 올리게 했다.

이윽고 법고가 울리고, 다시 범종 소리가 울려 퍼지자 두 동자승이 앞으로 나와 노달의 손을 잡고 장로 앞으로 이끌었다.

노달은 그 앞에 정중히 꿇어앉았다. 그러자 유나維那(절에서 재의 의식을 지휘하는 스님)가 노달의 두건을 벗기더니 머리를 아홉 갈래로 묶어서 늘어뜨리고 깎을 준비를 했다.

준비가 끝나자 유나는 작고 날카로운 칼을 든 채 노달의 옆에 섰다. 그리고 쓱싹쓱싹 소리를 내면서 귀밑머리로부터 정수리 쪽을 향해 머리를 깎아 올라갔다.

자신의 머리 깎은 모습이 얼마나 우습게 변할지 마음을 쓰고 있는 사이, 노달은 머리가 산뜻해짐을 느꼈다. 머리를 다 깎은 것이었다. 이번에는 그의 구레나룻을 깎으려고 하자, 그는 당황해 소리쳤다.

"제발 이 수염만은 깎지 말아 주십시오. 제가 아끼는 수염입
니다!"

그러자 양옆에 늘어서 있던 모든 스님들이 웃음을 삼켰다. 그
모습을 보고 있던 지진장로가 게송偈頌을 읊었다.

한 가닥의 터럭도 남기지 않음은
육근六根이 모두 깨끗해지라는 뜻이다.
너의 모든 터럭을 깎음은
모두 네 몸을 깨끗이 하고자 함이라.

게송을 마치자 지진장로가 엄한 목소리로 나무랐다.

"무엇 하느냐, 어서 깎아 버리지 않고!"

이에 머리를 깎던 스님이 노달의 구레나룻까지 모두 밀어 버
렸다. 노달은 이제 울상을 지을 수도 없는 형편이었다. 다음 순
간 수좌는 노달의 도첩을 들고 장로 앞으로 나아가 법명法名 내
려 주시기를 청하였다. 도첩에는 법명을 써 넣을 여백이 남겨져
있었다. 도첩을 받아든 장로는 다음과 같이 게송을 읊었다.

신령스런 한 줄기 빛은
천금에 맞먹는 값을 지닌다.
부처님의 말씀은 넓고도 크니
이에 지심智深이란 법명을 내린다.

장로는 게송을 읊고 나서 받아들었던 도첩을 수좌에게 도로 내려 주었다. 그러자 수좌는 그것을 받아서 빈 칸에 '지심智深'이라고 써 넣더니 노달에게 넘겨주었다.

이어 지진장로는 노달에게 가사와 장삼을 내렸다. 노달이 그것을 입고 나자 장로는 비로소 그의 머리에 손을 얹고 계戒를 일러 주었다.

"불자에게는 무릇 삼귀三歸 오계五戒가 있나니, 삼귀란 첫째, 부처님의 뜻에 의지하고, 둘째, 부처님의 말씀에 의지하며, 셋째, 부처님의 제자에 의지하는 것이다. 그리고 오계란 첫째, 살생하지 말 것이며, 둘째, 도둑질하지 말 것이며, 셋째, 음란하지 말 것이며, 넷째, 술을 탐하지 말 것이며, 다섯째, 남을 속이지 말 것이니라."

선종禪宗에서는 이때 '잘 알겠습니다'란 뜻으로 '능지能知'라 대답하지만 막무가내로 살아온 노달이 그것을 알 리가 없었다. 그는 무뚝뚝하게 내뱉었다.

"잘 알겠소."

그 바람에 모든 스님들은 또 한 번 웃음을 삼켜야만 했다. 그리하여 노달은 그때부터 승적에 들어 노지심魯智深이 되었다.

노지심을 불문에 입적시키고 난 조원외는 모든 승려들을 운당雲堂(승려들이 좌선하며 거처하는 집)에 모아 놓고, 가지고 간 예물을 골고루 나누어 주었다. 이를테면 노지심을 앞으로 잘 부탁한다는 뜻이었다.

"장로님을 비롯한 여러 스님들께 재삼 부탁의 말씀 올립니다.

노지심은 본시 성품이 우직한지라 버릇없이 굴거나 사찰의 규칙을 어기는 일이 많을지도 모르겠습니다. 그럴 경우엔 부디 저를 보아서라도 자비를 베풀어 주시기 바랍니다."

"원외께서는 안심하십시오. 이 늙은이가 잘 가르쳐서 착실한 불자로 만들어 보겠습니다."

지진장로가 말하자 조원외는 절을 올려 감사했다.

"장로님, 제발 그렇게만 해 주십시오. 그 은혜는 잊지 않겠습니다."

조원외는 이어 노지심을 나무 그늘 아래로 이끌어 조용히 타일렀다.

"이제 제할님은 스님이 되셨습니다. 익숙지 않은 생활에 처음에는 무척 고생이 되시겠지만, 제발 꾹 참고 삼가며 수행에 정진해 주십시오. 만일 그렇게 하지 않을 경우에는 일이 다시 어렵게 될지도 모릅니다."

"이제 머리까지 깎았으니 이 몰골을 해 가지고는 말썽을 피우려야 피울 수도 없겠습니다. 잘 알아서 하겠소."

노지심이 자신의 빡빡머리를 손바닥으로 탁탁 쳐 보이며 말하자 조원외는 빙그레 웃으며 고개를 끄덕였다.

노지심과
임충의 만남

노지심이 출가한 지도 어언 네댓 달이 지났다. 오대산에 여름이 가고 가을이 되어 단풍잎이 짙은 선홍빛으로 물들고 있었다.

그러던 어느 날, 노지심은 검은 장삼에 감색 허리띠를 졸라매고 새 짚신으로 갈아 신고 나서 홀로 문수원 산문을 나섰다.

'제기랄, 제할 노릇을 할 땐 언제든지 술과 고기를 마음껏 먹고 지냈는데, 중이 되고 나니 이 꼴이 도대체 뭔가? 정말 한심

하군, 한심해. 조원외가 술과 고기를 잔뜩 짊어지고 찾아와 줬
으면 좋으련만! 나를 이런 산속에 처박아 두고 얼굴도 비치지
않는구먼. 이럴 줄 알았더라면 차라리 다른 곳으로 간다 할
걸…. 젠장, 이럴 때 술이나 한잔 쭉 들이켜면 얼마나 좋을꼬!'

생각이 여기까지 미치자 입 안에 절로 군침이 돌았다. 잔뜩
술 생각이 간절한 판에 어디선가 술 냄새가 나는 듯하여 주위
를 둘러보니 저 아래서 한 사내가 물지게를 지고 올라오는 것이
보였다.

사내는 이윽고 노지심이 앉아 있는 곳에 이르자 물지게를 내
려놓고 땀을 식혔다.

물통에서 계속 흘러나오는 익숙한 향기에 정신을 빼앗기고
있던 노지심이 참지 못하고 물었다.

"여보게, 그 물통 속에 든 것이 무엇인가?"

"술입니다."

사내의 대답에 노지심의 귀가 번쩍 뜨였다.

"술이라구?"

"네, 문수사에서 인왕문仁王門을 고치고 있는데, 그곳에서 일
하고 있는 칠장이, 기와장이, 잡일꾼들에게 팔려고 가져가는 중
입니다."

사내가 묻지도 않은 말까지 들려주었다. 노지심은 그 말에는
귀도 기울이지 않고 물었다.

"한 통에 얼마인가?"

그러자 사내는 노지심의 승복 차림을 아래위로 훑어보더니

벌걸 다 묻는다는 듯한 말투로 대꾸했다.

"스님께서 그건 왜 물으십니까?"

"그 술 한 통만 내게 팔게나."

사내의 두 눈이 갑자기 휘둥그레지면서 고개를 내둘렀다.

"안 됩니다! 괜히 절 놀리지 마십시오. 장로 스님께서 이르시기를, 스님들께는 절대 술을 팔지 말라 하셨습니다. 만일 문수사 장로님께서 아셨다간 다시는 술장사를 할 수 없게 될 것입니다."

"정말 술을 팔 수 없단 말이지?"

그렇게 말한 노지심은 더 이상 참지 못하겠다는 듯 팔을 걷어붙이더니 술통을 향해 달려들었다. 그러자 사내는 심상치 않은 낌새를 알아챈 듯 얼른 지게를 지고 달아나려 하였다. 그 바람에 술통이 출렁거려 뚜껑 사이로 술이 흘러 넘쳤다.

"어서 그 술통을 내놓지 못할까?"

그 외침과 함께 노지심은 다짜고짜 달려들어 양쪽 술통을 낚아챘다. 그러고는 사내를 냅다 걷어차 버렸다. 그 바람에 사내는 그대로 땅바닥에 나뒹굴었다. 제할 노릇 할 때 사람을 단 세 주먹에 때려죽인 노지심의 세찬 발길질을 당한 사내는 얼른 일어나지도 못한 채 나동그라졌다.

사내가 겨우 일어나 바라보니 노지심은 어느새 술통을 치켜들고 통째로 들이켜고 있었다. 마치 갈증난 짐승과도 같았다. 노지심은 가끔씩 통에서 입을 떼고 입맛을 다시면서 중얼거렸다.

"으으으, 기분 좋다! 거, 술맛 한번 기가 막히구나!"

사내는 노지심의 위세에 눌려 감히 소리도 지르지 못했다. 어느덧 노지심은 술 한 통을 다 비웠다.

"으음, 또 한 통이 남았지!"

노지심은 아예 장삼을 벗어 던지더니 웃통마저 훌떡 벗어젖혔다. 일곱 척의 잘 다듬어진 몸매가 붉게 달아오르고 있었다. 그는 나머지 한 통의 술마저도 몽땅 들이켜고 말았다.

오랜만에 술을 실컷 마시고 난 노지심은 몹시 흡족했다.

"술값은 절에서 받아 가게."

노지심은 그때까지도 땅바닥에 나자빠져 있는 사내를 내려다보다가 휘적휘적 절 쪽으로 걸음을 옮겼다. 그러나 사내는 지진 장로가 알면 앞으로 장삿길이 끊어질 판이라 술값을 받으러 갈 수가 없었다. 다리를 절룩이며 일어나 통을 찾아 들고 산 아래로 내려갈 뿐이었다.

노지심은 웃통을 모두 벗은 채 이리저리 비틀거리면서 산문으로 돌아갔다. 산문을 지키고 있던 두 스님은 벌겋게 술기운이 오른 노지심을 보자 죽비竹篦를 들고 뛰쳐나왔다.

"네가 눈깔이 삔 모양이로구나. 앞에 써 붙인 경고문도 읽어 보지 못했느냐? 누구든 술을 마시고는 이 문을 들어설 수 없도록 되어 있다. 또한 승려가 술을 먹었을 경우 죽비 마흔 대를 쳐서 내쫓도록 되어 있다. 네 꼴을 보아 하니 취해도 보통 취한 것이 아니구나. 어서 네 발로 이 절을 떠나지 못할까? 만일 그렇게 하지 않는다면 이 죽비가 가만히 있지 않을 것이다."

그러나 그런 말에 겁을 집어먹을 노지심이 아니었다. 머리는 깎았지만 제할 노릇을 하던 시절의 성깔이 그대로 살아 있을 뿐더러 술에 취해 앞뒤를 분간하지 못했다. 노지심은 두 눈을 부릅떴다.

"뭐라구? 이 건방진 놈들 같으니라구! 어디 때릴 테면 때려 봐라! 오히려 내가 네놈들을 패 주겠다!"

그 말과 함께 노지심은 손바닥으로 스님의 따귀를 올려붙였다. 솥뚜껑 같은 노지심의 커다란 손바닥에 따귀를 얻어맞은 스님은 그만 아찔하여 비틀거렸다.

차마 눈 뜨고 볼 수 없는 황당한 광경을 목격한 또 한 스님은 사색이 된 채 안으로 달려가서 감사스님에게 그 일을 알렸다. 감사스님은 그 말을 듣고 절 안에 있는 대장장이, 불목하니, 요리꾼, 교꾼 들을 모두 불러 모아 노지심을 잡아오게 했다.

그리하여 삼사십 명이나 되는 사람들이 기세 좋게 각기 몽둥이 하나씩을 치켜들고 노지심에게로 달려들었다.

"아니, 이놈들이!"

그걸 본 노지심은 우레같이 소리를 지르며 달려갔다.

일꾼들은 그가 예전에 군관 출신이었다는 사실을 알 턱이 없었으나, 다만 그의 무서운 기세에 기가 질려 우르르 장전藏殿 안으로 피신하여 문을 닫아걸었다.

노지심은 대뜸 계단 위로 뛰어오르더니 장전의 문짝을 향해 냅다 발길질을 해댔다. 그러자 '와장창' 소리와 함께 문이 박살나버렸다.

이걸 본 감사스님이 황급히 지진장로에게 달려가서 그 일을 알렸다.

"노지심이 지금 사찰 내에서 객기를 부리고 있습니다. 마치 성난 들소 같아서 감히 아무도 다가가지 못합니다!"

그 말을 들은 지진장로는 네댓 명의 시자를 거느리고 장전 쪽으로 나가 봤다.

노지심은 문살을 부수고 눈을 부릅뜬 채 장전 쪽으로 성큼성큼 걸어가다 마주 오는 지진장로와 딱 맞닥뜨렸다.

"지심아, 너 지금 무슨 짓을 하는 것이냐!"

지진장로의 목소리가 들리자 아무리 술에 취했다 할지라도 제정신이 들지 않을 수 없었다. 노지심은 몽둥이를 꽁무니에 감추고 혀 꼬부라진 소리로 입을 열었다.

"저는 다만… 그저 술 한 잔 했을 뿐입니다만, 저 사람들이 달려와… 때리려 했습니다. 그래서….

그러자 장로가 부드럽게 타일렀다.

"알겠다. 오늘은 많이 취했으니, 그만 들어가서 자도록 해라. 내일 다시 이야기하기로 하자."

장로는 시자들에게 노지심을 부축하도록 했다.

노지심은 시자들이 선불도량으로 밀어넣자 대뜸 선상에서 큰 대자로 드러누워 코를 골았다.

다음 날 아침, 자리에서 일어난 노지심이 사원 뒤의 대나무 숲으로 가서 기분 좋게 오줌을 누고 있는데, 시자가 와서 일러 주었다.

"지심, 장로님께서 부르신다네. 어서 가 보게."

노지심은 전날 자신이 저지른 죄가 있어 가슴이 뜨끔했다. 노지심이 시자를 따라 방장실 문을 열고 들어가 자리에 앉자마자 장로가 엄한 목소리로 꾸짖었다.

"네가 비록 무부武夫 출신이나 조원외의 천거로 이제 승적에 몸을 담은 처지이다. 그런데 어찌하여 그토록 술을 마시고 장전의 문을 부수며 절 안의 일꾼들을 때리는 등 소란을 피운단 말이냐? 불자란 무릇 오계를 목숨처럼 지켜야 하는 법이다. 승복을 입고도 또다시 그런 짓을 하겠느냐?"

노지심은 무릎을 꿇으면서 죄를 빌었다.

"두 번 다시는 그런 짓을 하지 않겠습니다. 부디 한 번만 용서하여 주십시오."

"이미 중이 된 사람이 어찌 도를 어지럽히고 계를 깨뜨릴 수 있겠는가? 조원외의 낯을 보아 이번만은 특별히 용서하는 바이니 다시는 그런 짓을 되풀이하지 않도록 하라."

지진장로는 부드러운 말투로 잘 타이른 다음 노지심을 승당으로 돌려보냈다.

승당으로 돌아온 노지심은 이제 누가 뭐라고 하든 절대로 화를 내지 않겠다고 결심하였다. 그리하여 그날 이후 마치 입에 자물쇠라도 채운 듯 말이 없어졌다.

어느덧 한 해가 다 지나고 정월, 이월이 지나 삼월이 되었다. 햇볕이 따스하고 훈풍이 코끝을 간질였다. 노지심은 그렇게 서너 달이 지나는 동안 지난번에 소란을 피운 일로 조심하고 있었던 탓에 별일 없이 지내고 있었다. 어느 날 노지심이 연한 풀빛으로 물이 오른 봄기운에 이끌려 승방을 나와 어슬렁어슬렁 걷다 보니 어느새 산문 밖이었다. 산문 밖을 나와 얼마쯤 걸으니 산 아래에 마을이 하나 보였다. 가만히 산기슭에서 바라보니 제법 큰 마을이었다. 그런데 문득 바람결을 타고 '뚝딱뚝딱' 하는 망치 소리가 들려왔다. 아마도 대장간에서 쇠를 두드리는 소리인 것 같았다. 노지심은 바깥세상에 호기심이 일어 도저히 견딜 수가 없었다. 그는 다시 승방으로 돌아가 약간의 은자를 챙긴 다음 마을로 내려갔다. 마을 입구에는 '오대복지五臺福地'라는 팻말이 붙은 누각문樓閣門이 하나 있었다. 그 문을 지나자 제법 번화한 거리가 나타났다. 약 오륙백 호 됨직한 마을인데 정육점, 야채 가게, 술집, 국수집 등 없는 것 없이 다 있었다.

'야아, 산골짝에 이런 곳이 있을 줄이야! 정말 꿈같은 일이로군! 내가 바보였지. 왜 이제껏 오대산 밑에 이런 곳이 있다는 걸 알지 못했을까? 진작 알았더라면 술통을 뺏어 먹을 필요도 없이 이곳에 내려와서 술을 사 먹었을 텐데! 어쨌든 한 바퀴 돌아나 봐야 되겠다!'

노지심은 마치 오랜만에 고향 마을에라도 온 듯이 마음이 들떠서 거리를 걸었다.

'아아, 역시 속세가 좋긴 좋구나!'

그렇게 생각하면서 고향 마을 위수 거리를 떠올리고 있는데, 문득 눈앞에 대장간이 나타났다.

'바로 여기로구나!'

산 위에서 들었던 쇠 두드리는 소리는 분명히 이곳으로부터 들려온 게 틀림없었다. 노지심은 대장간 안으로 성큼성큼 걸어 들어갔다. 대장간 안에서는 세 사람의 대장장이가 시뻘겋게 단 쇠를 두드리고 있었다.

한 대장장이가 하던 일을 멈추고 겁먹은 눈으로 노지심을 보며 물었다.

"무엇이 필요하십니까, 스님?"

"질 좋은 쇠가 있소?"

"네, 있고말고요. 우선 잠깐 앉으십시오. 그런데 스님께서 그 쇠를 무엇에 쓰시렵니까?"

"선장禪杖(고승이 짚고 다니는 지팡이)과 계도戒刀(비구 승려가 지니고 다니는 작은 칼)를 하나씩 만들 것이오."

대장장이가 다시 물었다.

"그러시면 무게가 어느 정도 되는 것을 원하시는지요?"

"각각 백 근짜리로 만들어 주시오."

그 말에 대장장이가 어이없다는 듯 웃으면서 말했다.

"스님, 만들어 드리지 못할 건 없습니다만, 그렇게 크게 만들 경우 보기에도 좋지 않을뿐더러 쓰기에 불편할 듯합니다. 정 그러시다면 예순 근짜리 수마선장水慶禪杖으로 하시죠. 그것도 제 생각으로는 너무 무거울 것 같습니다만…. 계도는 제가 많이 만들어 보아서 잘 알고 있으니 좋은 쇠로 만들어 드리겠습니다."

대장장이가 말하자 노지심은 알겠다는 듯 고개를 끄덕이면서

답했다.

"알겠네. 그럼 그 둘에 얼마나 주면 되겠나?"

"은자 닷 냥만 주십시오."

노지심은 품에서 선선히 은자 다섯 냥을 꺼내어 주며 말했다.

"물건을 잘 만들어 주면 웃돈까지 얹어 주겠네."

"염려 마십시오, 스님. 정성을 다해 만들어 놓겠습니다."

노지심이 대장간을 나와 몇십 걸음을 가니 처마에 술집 깃발을 꽂은 집이 있어 발을 걷고 들어갔다. 노지심은 자리에 앉자마자 탁자를 두드리며 소리쳤다.

"여기 술 한 잔 가져오시오."

그러자 안에서 술집 주인이 나와 노지심을 보더니 송구스러운 얼굴로 말했다.

"스님, 정말 죄송하게 되었습니다. 저희 집은 산에 있는 절의 것이며, 밑천도 절에서 나온 것입니다. 지진장로께서는 스님께 술을 팔면 여기서 쫓겨날 뿐 아니라 본전도 물어내야 한다고 하셨습니다. 제가 술을 드리고 싶어도 사정이 이러하니 어떻게 하겠습니까?"

"내가 이 집에서 마시지 않았다고 하면 그만 아닌가?"

노지심이 그렇게 말하며 눈을 부릅떴으나 주인은 두 손을 비비며 거절했다. 노지심은 치미는 울화를 억누르며 그 집을 나섰다. 내처 다른 술집으로 가 보았으나 두 집, 세 집 들르는 곳마다 승복을 입은 탓에 하나같이 거절당했다. 그는 심사가 뒤틀렸으나 꾹 참고 터덜터덜 길을 걸었다. 마침내 동네 끄트머리에 이르자 살구꽃이 만발한 나무 아래 초가집의 허름한 처마 밑으로 '酒' 자 등이 하나 보였다.

노지심은 연신 입 안에 고이는 군침을 삼키며 슬며시 주막으로 들어갔다.

"여보, 주인장. 술 한 잔 주시오!"

노지심이 외치자 주막 주인이 달려 나와 말했다.

"오대산에서 내려오신 스님이라면 술을 팔 수 없습니다. 문수사 지진장로님께서 경을 치실 테니까요."

노지심은 몇 번 거절을 당했던 터라 거짓말로 둘러댔다.

"나는 오대산에서 내려온 중이 아닐세. 그러니 아무 염려 말고 술을 가져오게. 여기저기 수행차 떠돌고 있는 떠돌이중일세. 그렇지만 결코 거지중은 아니니 안심하게나. 자, 이것 보게. 이렇게 돈도 있다네."

노지심은 그렇게 말하며 은자를 내보였다. 술집 주인은 노지심의 모습이나 말씨가 그 지방 스님들과는 전혀 다름을 보고는 그 말을 믿는 것 같았다.

"그럼 술은 어느 정도 올릴까요?"

술집 주인의 물음에 노지심이 대뜸 대답했다.

"그건 물어서 뭣 하겠나? 마시는 대로 계속 가져오게나."

그리하여 노지심은 연거푸 열 사발을 단숨에 들이켰다. 술을 마시자 곧 안주 생각이 났다. 노지심은 주인을 불러 안주를 청했다.

"쇠고기가 조금 전까지 있었습니다만 지금은 다 팔리고 없습니다."

주인이 두 손을 비비며 말했다. 그때 어디선가 고기 냄새가 풍겨 오자 노지심은 코를 벌렁거리며 킁킁대더니 자리에서 어슬렁어슬렁 일어나 어두컴컴한 주방으로 들어갔다. 그리고 조리대 위에 놓여 있는 토끼 다리같이 생긴 고깃덩어리 한 개를 집어 들었다.

노지심이 그것을 입에 넣으려는데 주인이 소리쳤다.

"아이고, 스님, 그건 안 됩니다!"

노지심은 심드렁한 얼굴로 주인을 바라보면서 말했다.

"안 된다니, 뭐가 안 된단 말인가? 안줏값이 없을까 봐서 그러나?"

"아닙니다, 스님. 그것이 개고기라서 그럽니다. 아무리 그래도 스님께서 개고기를 잡숫다니요?"

주인이 어이없다는 얼굴로 그렇게 말했다. 그러자 노지심은 더욱 잘됐다는 듯 신이 나서 말했다.

"뭐라고, 개고기? 음, 개고기 좋지. 개고기라고 해서 내가 못 먹으란 법은 없지. 내 뱃속은 이른바 미륵님이시니까. 짐승은 다 사람이 잡아먹도록 되어 있는 건데, 개고기라고 해서 못 먹을 게 뭐야. 이건 특별히 맛도 좋을 것 같은데?"

노지심은 그렇게 말하며 개고기를 입 속에 넣고 우물거리더니 순식간에 꿀떡 삼키고 나서 고깃덩어리 한 개를 더 집어 들었다.

"안주가 있으면 술이 있어야지. 주인장, 거기 있는 술을 항아리째 가져오게!"

주막집 주인은 험상궂은 노지심의 생김을 보자 감히 거절할 수 없어 시키는 대로 술을 갖다 주었다. 노지심은 여남은 사발이나 마시고도 술을 더 청해 마셨으며, 삶은 개고기 반 마리를 너끈히 해치웠다. 그런 후에 개다리 하나를 품 안에 찔러 넣고는 은자를 던져 주고 그곳을 나왔다.

술집 주인은 그런 희한한 괴승은 난생처음 본다는 듯 어처구니없는 얼굴로 멀거니 노지심을 바라보았다.

어느덧 서산으로 해가 기울고 있었다. 거리로 나온 노지심은 승복을 풀어헤친 채 비틀비틀 걷고 있었다. 기분 같아서는 마치 천하가 자기 발밑에 있는 것 같았다.

산중턱쯤에 이르자 정자가 하나 보였다. 노지심은 그곳에서 잠시 쉬기로 하였는데 가만히 앉아 있노라니 좀이 쑤셔서 견딜 수가 없었다.

'주먹질, 발길질을 해 본 지가 하도 오래되어 온몸이 근질근질하군. 어디 한번 몸 좀 풀어 볼까?'

팔소매를 걷어붙이고 일어선 그는 팔다리를 상하좌우로 휘둘러보았다. 그러자 부쩍 힘이 솟는 것 같았다. 그는 대뜸 정자의 기둥에 달려들어 그것을 부둥켜안았다. 그리고 나서 좌우로 한 번씩 용을 쓰면서 흔들어 보았다. 순간 요란한 소리와 함께 우지끈 기둥이 부러지면서 정자가 반쯤 기울어지고 말았다. 노지심은 손바닥을 탁탁 털더니 중얼거렸다.

"거 참 시원하기도 하지!"

이때 산문을 지키고 있던 두 스님이 그 소리를 듣고는 깜짝 놀라 산중턱을 내려다보았다. 그런데 정자의 지붕이 한쪽으로 꺼졌는데 노지심이 비틀거리며 산문을 향해 올라오고 있는 것이 아닌가.

"저놈이 한동안 잠잠하다 했더니 또 술을 처먹고 미친 짓을 시작한 모양이로군. 어서 문을 잠그세."

그들은 재빨리 문을 닫고 빗장을 지른 다음 문틈으로 그가 오는 것을 살펴보았다.

노지심은 산문 앞에 이르러 닫힌 문을 쾅쾅 두드렸다. 그러나 스님들이 순순히 문을 열어 줄 리 없었다. 그는 몇 번 더 문을 쾅쾅 두드리다가 그래도 문이 열리지 않자 무엇을 찾는지 사방을 두리번거렸다. 마침 옆에 서 있는 금강역사金剛力士가 눈에 띄자 시비를 걸었다.

"이 자식 덩치 한번 크구나! 그런데 버르장머리가 없잖아? 문을 열어 줄 생각은 하지 않고, 눈을 부라린 채 주먹을 곤두세우고 있다니! 건방진 놈 같으니라고! 따끔한 맛을 보여 주고 말테다!"

노지심은 그렇게 중얼거리더니 그 앞에 둘러쳐진 목책 하나를 단번에 뽑아 들고는 금강역사의 다리를 후려갈겼다. 그러자 '픽!' 하는 소리와 함께 금강역사의 한쪽 부분이 무너져 내리면서 흙부스러기와 함께 흙에 발라 두었던 물감가루가 마구 날렸다.

문틈으로 이 모양을 내다보던 두 스님은 그만 얼굴이 흙빛으로 변하고 말았다.

"큰일났다. 어서 지진장로님께 가서 알려야겠다."

노지심은 이번에는 반대편의 금강역사에게 시비를 걸었다.

"이 자식은 또 누구야? 아가리를 크게 벌리고 있잖아, 건방지게! 나를 비웃고 있는 거야, 뭐야!"

노지심은 대뜸 그쪽으로 달려들어 양쪽 다리를 차례로 후려갈겼다. 그러자 마치 하늘이 내려앉는 듯한 우렛소리와 함께 금강역사의 윗몸이 거꾸로 곤두박질쳤다.

노지심은 통쾌한 듯 웃음을 터뜨렸다.

"핫하하하…."

한편 두 스님이 헐레벌떡 달려와 그 일을 일러바치자 지진장로가 가만히 말했다.

"괜히 건드려서 오히려 부추기지 말고 그대로 놔 두어라."

그러자 수좌, 감사, 도사 등 다른 스님들이 장로에게 몰려와서 말했다.

"그 짐승 같은 노지심을 그대로 두어서는 안 됩니다! 산중턱의 정자 하나와 산문 쪽 금강역사 신장 두 개가 모조리 무너졌습니다!"

그러나 지진장로는 조금도 흔들림 없이 말했다.

"예부터 술 취한 자는 천자도 피한다고 했다. 노지심은 조 처사가 천거한 사람이니 부서진 정자와 금강역사 상은 그에게 알려 시주를 받도록 하면 된다. 그러니 너무 염려하지 말아라."

스님들이 문을 굳게 닫아건 채 열어 주지 않자, 노지심은 문

밖에서 고함을 쳤다.

"이 머리터럭 하나 없는 놈들아, 당장 문을 열지 못하겠느냐? 만약 끝까지 문을 열지 않겠다면 내게도 다 생각이 있다! 모조리 불살라 버리기 전에 어서 문을 열지 못할까!"

그 말을 들은 스님들은 노지심이 정말로 불지를까 두려운 나머지 빗장을 벗겨 주었다. 그러고는 각자의 방으로 달려 들어가 숨기에 바빴다.

갑자기 빗장이 벗겨진 탓에 노지심은 앞으로 고꾸라지면서 산문 안으로 들어왔다. 좌우를 휘둘러보니 모두들 도망치고 아무도 보이지 않아 몹시 못마땅했으나 어쩔 수 없었다.

노지심은 곧장 스님들이 선을 하고 있는 선불도량으로 향했다. 선불도량에 들어선 그는 자신이 늘 퍼질러 자던 선상으로 가더니 속에서 열이 나는지 입었던 옷들을 훌훌 벗어던졌다. 그 바람에 옷섶에 넣어 두었던 개고기 한 덩어리가 바닥에 '툭' 하고 떨어졌다.

"엇, 이게 뭐야? 참, 개고기가 있었지? 출출하던 참에 잘됐다!"

노지심은 그렇게 말하며 개고기를 주워 들고 한 입 뜯어 먹었다. 스님들은 차마 볼 수가 없어 소매를 들어 자신의 눈을 가렸다. 어떤 스님들은 슬며시 자리를 피하고 있었다.

그것을 본 노지심이 한 스님에게 개고기를 내밀며 말했다.

"어딜 가는 거야? 이거나 한 입 먹고 가지!"

노지심은 그 스님의 귀를 잡고 억지로 입 속에 개고기를 쑤셔 넣었다. 보다 못한 스님들이 달려들어 노지심을 말리려는데 그게 노지심의 심사를 건드리고 말았다.

노지심은 번쩍 주먹을 치켜들어 스님들의 머리를 내리쳤다. 그 바람에 대부분의 스님들이 외마디소리를 지르면서 선불도량 밖으로 뛰쳐나갔다. 노지심은 더욱 화가 난 듯 그들을 뒤쫓았다. 그렇게 되니 선을 하고 있던 스님들은 낭하로 달아났다. 그걸 가만히 두고만 볼 수는 없어 감사와 도사가 절 안에서 일하는 막일꾼과 교꾼, 불목하니 등을 모두 불렀다.

모두 백여 명가량이 모이자 감사는 장로에게 알리지 않고 몽둥이, 쇠막대 등 일하던 연장들을 쥐고 노지심을 잡아오게 했다.

노지심은 그들을 보자 성난 짐승처럼 소리를 지르더니 승당 안으로 뛰어들어 부처 앞에 놓인 공양 탁자를 뒤엎고 탁자 다리 두 개를 뽑아 들고 달려 나왔다. 노지심이 눈을 부릅뜨고 몽둥이를 휘두르며 나오자 그 기세가 워낙 사나워 모두 겁을 집어먹은 채 낭하로 뒷걸음질 쳤다. 그러나 노지심이 들고 있는 것이 나무막대기임을 보고는 다시 모두 함성을 지르며 달려들었다. 노지심은 그들이 덤벼들어 내리친 몽둥이에 몇 대 맞자 불같이 화가 났다. 두 손에 쥐고 있던 막대기를 마구잡이로 휘둘러 일꾼들과 스님을 치며 법당 아래까지 내려가는데 문득 지진장로의 꾸짖음 소리가 들렸다.

"네 이놈, 무례한 짓을 그만두지 못하겠느냐? 너희들도 모두 그만두어라!"

노지심은 그제야 술이 확 깨는 것 같았다. 그는 손에 들고 있던 탁자 다리를 휙 던져 버리더니 그 자리에 털썩 무릎을 꿇었다. 비로소 제정신이 돌아온 것 같았다.

"장로님, 제가 무슨 짓을 저질렀습니까? 이놈을 벌해 주십시오."

그것은 자신의 성정을 스스로도 어찌할 수 없는 괴로움에서 우러난 말이었다. 지진장로가 그런 노지심을 이전과는 달리 호되게 꾸짖었다.

"지심아, 너는 도무지 어쩔 수 없는 놈이구나! 어찌하여 이 늙은이를 이토록 괴롭히느냐? 지난번에 피운 말썽을 이제 잊을 만하니까 이번에는 금강역사 상을 부수고 참선하는 객승들까지 모두 내쫓으며 소란을 피우다니…. 이곳 문수원은 천백 년 동안 단 한 번도 향불이 그치지 않을 만큼 신성한 수도 도량이다. 지난번엔 조 처사의 입장을 생각해서 너그러이 용서하였다만, 두 번씩이나 망측한 행동을 하다니 이제는 도저히 용서할 수 없느니라. 어서 나를 따라 방장실로 가자. 내가 며칠 내로 네가 갈 곳을 정해 주겠노라."

노지심은 아무 말도 하지 못한 채 순순히 방장실로 따라갔다. 지진장로는 그날 밤 노지심을 그곳에서 조용히 재웠다.

다음 날, 마치 지난밤에 아무 일도 없었던 것처럼 평화로이 날이 밝았다. 지진장로는 감사를 비롯한 여러 스님들과 의논한 끝에 노지심을 다른 곳으로 내쫓기로 정하였다. 다만 노지심을 천거한 이가 조원외인지라 그에게는 이 사실을 편지로 알려 주기로 하였다.

지진장로는 방장실로 돌아오자 노지심에게 새로 지은 승복 한 벌과 은자 열 냥을 내주면서 타일렀다.

"지심아, 이제는 어쩔 수 없느니라. 더 이상 네가 이곳에 있게 되면 너를 천거한 조 처사에게도 더욱 폐를 끼치게 될 뿐이니, 그 점을 헤아려 조용히 떠나도록 하여라."

그 말을 들은 노지심은 비로소 뉘우치는 눈물을 뚝뚝 흘리며 답했다.

"장로님, 정말 뵐 낯이 없습니다. 이제 어디 가서 제 몸 하나 편안히 숨길 수가 있겠습니까?"

지진장로는 잠시 눈을 감고 생각에 잠기더니 가만히 말했다.

"지심아, 동경에 가서 대상국사大相國寺를 찾아라. 그곳의 주지인 지청선사智淸禪師는 나와 동문수학한 사이다. 내가 편지 한 통을 써 줄 테니 가지고 가도록 해라. 그리하면 너를 박절하게 대하지는 않을 것이다."

노지심은 감히 고개도 들지 못한 채 말했다.

"이 은혜를 어찌 다 갚을지요?"

그러자 지진장로가 노지심에게 덧붙였다.

"내가 지난밤에 너의 운세를 짚어 보고 네 구절의 게偈를 지었느니라. 평생 가슴에 새기고 살아가거라."

노지심이 머리를 조아리고 들어 보니 지진장로의 게는 이러 하였다.

숲을 만나면 일어서고

산을 만나면 부자가 되어라.

고을을 만나면 옮기고

강을 만나면 멈추어 서리라.

네 구로 된 게를 다 듣고 난 노지심은 뜻을 헤아리지 못했으나 지진장로에게 아홉 번 절한 다음 그 앞을 하직하였다. 노지심이 쫓겨 가자 스님들은 모두 기뻐 어쩔 줄을 몰랐다.

문수원을 떠난 노지심은 지난번에 갔던 마을로 내려가 대장간에 들렀다. 주문한 선장과 계도는 노지심의 마음에 꼭 들었다.

계도를 차고 선장을 짚어 보고는 흡족한 듯이 웃던 노지심은 대장장이에게 은자 몇 냥을 더 준 후 계도는 칼집에 꽂고 선장은 검은 옻칠을 입힌 채 대상국사를 향해 길을 떠났다.

오대산을 내려온 노지심이 동경으로 길을 떠난 지도 보름이 넘은 어느 날 경치가 빼어난 고을을 지나게 되었는데, 장원 하나가 눈에 들어왔다. 그 장원 뒤로는 첩첩산중인데, 먼 하늘엔 저녁놀이 붉게 물들고 있었다. 가까이 가 보니 장원에는 복사꽃이 한창이었다.

'흠, 무릉도원이 따로 없구먼. 오늘 저녁엔 이곳에서 하룻밤을 묵어가기로 하자!'

그렇게 생각하면서 장원 안을 들여다보니 일꾼들이 바쁘게 움직이고 있었다. 무슨 잔치 준비라도 하는 듯했다.

　노지심이 하룻밤 묵어가기를 청하자 일꾼들이 한사코 거절하는 것이었다. 그 사정을 들어 보니 이러했다.

　그곳은 도화장桃花莊이라는 곳으로 유태공劉太公이 살고 있었는데, 도화산의 산적떼 두령 중 한 명이 그의 외동딸과 결혼하고자 한 날이어서 근심 중에 있다는 것이었다.

　이에 노지심이 신방에 대신 들어 산적떼 두령을 혼내 주고 유태공의 외동딸을 구해 주었는데 알고 보니 위주 땅에서 떠돌이 약장수를 하던 이충이 도화산 산적떼의 두령으로 있었다.

　노지심은 도화산 산채에 머물러 달라는 이충의 청을 받고 잠시 그곳에 있었으나 그들이 재물에 너무 욕심을 부리는 것을 보고는 그곳에서 빠져 나와 동경에 있는 대상국사의 지청선사를 만나기 위해 길을 떠났다.

　도화산을 빠져 나온 노지심은 오륙십 리 길을 걸어 와관사瓦罐寺를 들렀다가 땡추중 최도성崔道成과 구소을丘小乙을 만나 혼자서 대적하지 못하고 달아나던 중, 위주 땅에서 왕진을 찾아가던 사진을 만나 둘이 힘을 합해 그들을 쳐죽이고, 폐허가 된 채 천년 동안 이어져 오던 화려한 명찰 와관사를 불태우고 사진은 주무, 양춘, 진달이 산채를 틀고 있는 소화산으로, 노지심은 대상국사로 가기 위해 헤어졌다.

　그로부터 몇 날이 지난 후 노지심은 대상국사에 도착해 지청선사를 만나고 지진장로의 편지를 전하였다.

　지청선사가 편지를 뜯어보니 거기에는 노지심이 머리를 깎게 된 경위와 노지심을 그곳에 보내게 된 까닭이 낱낱이 적혀 있었다. 마지막으로 노지심이 먼 뒷날에는 크게 성불할 사람이니 부디 뿌리치지 말고 거두어달라는 당부의 말까지 적혀 있었다.

그 글을 본 지청선사가 지객스님에게 말했다.

"멀리서 오느라고 수고가 많았을 테니 우선 승당에 가서 쉬게 하여라. 그 사이에 잿밥도 한 번 올리도록 하고…."

이에 노지심은 지청선사에게 감사한 다음 보따리와 선장, 계도를 챙겨 들고 승당으로 갔다. 노지심이 물러나자 지청선사는 절 안의 스님들을 방장실로 불러 모아 노지심의 일을 의논하였다.

"너희들도 잘 알 것이다만 오대산의 지진장로님은 나의 사형되는 분이시다. 그분이 노지심을 이곳에서 받아 달라는 글과 함께 그를 보내셨는데, 안 들어드릴 수도 없고 참으로 난감하구나. 노지심은 경략부의 군관으로 있을 때 사람을 죽인 일이 있는 데다, 오대산에 든 뒤에도 심심찮게 말썽을 피웠던 모양이다. 그래서 이곳으로 보내셨는데, 이 일을 어찌하면 좋겠느냐?"

그때 도감都監(절에서 돈이나 곡식 따위를 맡아보는 직책)을 맡은 스님 하나가 말했다.

"개똥도 약에 쓸 때가 있다는 말이 있잖습니까? 그런 인물을 산조문酸棗門 밖의 퇴거소退居所 뒤에 있는 채소밭 관리인으로 쓰는 것이 어떻습니까?"

그러자 여러 스님들이 동의했다.

"산조문 밖의 채소밭에는 부근의 병영에서 나온 군졸들이 채

소를 훔치러 오는가 하면 마을의 망나니들이 아무 때나 울타리를 넘어 들어와서 오이나 무, 배추 등을 훔쳐 달아나니 골칫거리 아닌가? 노지심에게 그곳을 지키게 하는 것이 좋겠군."

"그것 참 묘안입니다. 그 망나니 중에게 채소밭을 맡기시는 것이 좋겠습니다."

스님들은 그렇게 노지심의 거처를 정하고 지청선사에게 청했다. 이에 지청선사도 쾌히 승낙했다.

채소밭 부근에는 노름꾼, 건달, 망나니 등 여남은 명이 채소밭에 들락거리면서 채소를 훔쳐다 팔아먹고 있었다. 하루는 그들이 채소밭에 와 보니 방문이 하나 붙어 있었다.

대상국사의 지청대사 이름으로 알리노라. 이제 노지심을 채두로 임명하노니, 그 외의 잡인은 이후 일체 채소밭 출입을 금지하노라.

그 방문을 본 망나니들은 가소롭다는 듯 콧방귀를 뀌었다.

"쳇, 이게 뭐야? 가끔씩 심심하면 내붙이는 방문이잖아? 그나저나 이번에 온 노지심인가 뭔가 하는 땡추의 면상이나 한번 보러가야겠군. 어이, 우리 함께 가 보자구. 지금 파수막 속에 그가 있을까?"

"응, 있어. 아까 보니까 배꼽을 내놓은 채 멍청히 앉아 있더라구."

그러나 노지심은 자신을 골탕먹이려는 건달패들을 한순간에 제압하고 자기의 부하로 삼아 술과 고기를 얻어먹으며 그들에게 무술의 묘기를 보여 주었다.

어느 날 노지심이 선장을 휘두르며 무술을 보여 주고 있는데, 누군가 깊이 감탄하는 소리가 들렸다.

"아, 실로 뛰어난 솜씨로구나!"

노지심이 선장을 멈추고 소리 난 곳을 바라보니 울타리 너머에 군관 차림의 복색을 한 사내 하나가 서 있었다. 머리에는 푸른 망사관을 썼으며, 초록빛 비단 전포를 입고 허리에는 은빛 나는 띠를 둘렀으며, 손에는 부채를 들고 있었다. 그의 모습을 가만히 살펴보니 얼굴은 표범 같고 눈은 둥근 고리 같은데, 턱은 제비턱에 호랑이 수염이 나 있었다. 여덟 자나 됨직한 키에 나이는 서른대여섯쯤 되어 보였다.

"스님이 참으로 뛰어난 솜씨를 지녔구나!"

그 군관이 거듭 감탄하는 소리를 듣고 노지심이 머쓱해져 주위를 둘러보며 물었다.

"저 군관은 누구인가?"

"저분은 금군교두님이십니다. 팔십만 금군의 창술과 봉술을 담당하고 계신 분이죠. 이름은 임충林冲이라고 합니다."

노지심은 짐짓 임충에게 들으라는 듯이 크게 말했다.

"어서 이리 모시지 않고 무얼 하고 있느냐?"

그러자 기다렸다는 듯이 임충이 휙 몸을 날리더니 울타리를 넘어 들어와 노지심에게 물었다.

"처음 뵙는 스님이십니다. 어디서 오신 분이시며, 법명은 무엇이신지요?"

"나는 오대산에서 온 노지심입니다. 관서 출신으로, 속명은 노달입니다. 뜻하지 않게 사람을 죽이게 되어 산에 들어와 중이 되었습니다. 내가 젊었을 때 동경에 왔던 일이 있었는데, 그때 임 교두님의 춘부장이신 임 제할님을 만나 뵌 적이 있습니다."

노지심이 예를 갖추며 그렇게 말하자 임충은 크게 기뻐했다. 자기 선친을 안다는 말에 그 자리에서 의형제 맺기를 청했다. 노지심이 마다할 리가 없었다. 술을 내와 의형제의 결의가 담긴 잔을 나누며 임충은 노지심을 형님으로 모셨다.

형제의 언약을 마치자 노지심이 임충에게 물었다.

"그런데 아우는 오늘 무슨 일로 이곳에 오게 되었나?"

"제 아내와 함께 이곳 악묘嶽廟에 치성을 드리러 나왔습니다. 그런데 봉술 쓰는 소리가 들려서 바라보니 형님께서 선장을 쓰고 계시더군요. 그래서 넋을 잃은 채 바라보고 있었습니다."

"그럼 부인은 어디에 계신가?"

"여종을 딸려 보내 혼자서 향을 사르고 치성을 드리도록 하였습니다."

"그랬군. 나는 이곳에 온 지 얼마 되지 않았기 때문에 아는 사람도 별로 없고 쓸쓸하여 여기 있는 이 사람들과 어울리곤 했는데, 이제 아우가 나를 버리지 않고 의형제를 맺어 주었으니 나로선 실로 기쁜 일일세."

노지심은 임충과 주거니 받거니 정답게 술을 마셨다. 그런데 갑자기 담벼락 뒤쪽에서 임충의 계집종이 숨넘어가는 목소리로 말했다.

"나리, 어떤 못된 놈들이 우리 아씨를 붙잡고 희롱하고 있습니다. 빨리 가보세요!"

임충이 계집종과 함께 다다라 보니 그들은 고 태위의 양아들 고아내高衙內의 무리로, 고아내는 일대에서 유명한 난봉꾼이었다.

고아내는 갑자기 나타난 임충을 보자 패거리들과 함께 말을 타고 달아나 버렸다.

그 후 고아내는 임충의 아내를 홀로 사모하다가 상사병을 얻었는데 그를 부추기는 일당들이 임충을 함정에 빠뜨리고, 고 태위는 자기의 양아들에게 임충의 아내를 주기 위해 임충을 창주滄州 땅으로 귀양 보냈다.

임충은 장인어른의 뜻에 따라 아내에게 이혼장을 써 주고 귀양길에 올랐으나 아내 장씨는 고 태위의 뜻대로 되지 않고 목매어 자결했다.

임충은 창주 땅으로 귀양 가는 도중 호송꾼들에 의해 죽게 되었으나, 노지심이 나타나 구해 주어 편안한 귀양길을 갈 수 있었다.

임충은 창주현滄州縣에 들었을 때 시가柴家의 대관인 시진으로부터 도움을 받아 뇌성牢城 영내에 있는 천왕당天王堂지기로 향불이나 사르며 주위를 청소하는 것으로 편안한 귀양살이를 할 수 있었다. 그렇게 두 달쯤 지났을 무렵 동경의 고 태위가 보낸 육겸과 부안이란 자가 간수장을 꼬드겨 임충을 말먹이 저장창고 초료장으로 자리 배치를 시킨 후 그를 불태워 죽이려고 불을 질렀다.

그런데 임충은 초료장에서 얼마 떨어지지 않은 사당에 들렀다가 그들이 주고받는 대화를 엿듣게 되었다.

"저는 곧바로 초료장 안으로 기어들어가서 사방 풀더미에 불을 붙이고 도망쳤지요. 제깟놈이 아무리 날고 긴다 한들 살아날 재간이 있겠습니까?"

"지금쯤 온몸이 새카맣게 다 탔을 겁니다."

"설사 도망쳐서 살아났다 하더라도 대군大軍의 말먹이를 몽땅 불태워 버렸으니 죽음을 면치 못할 것이오."

"조금 더 지켜보다가 그놈의 뼈라도 몇 개 추려 가지고 가는 것이 좋겠소. 고 태위님께 우리가 일을 어긋남 없이 처리했음을 알려야 할 것이 아니겠소?"

임충이 사당 안에서 그들의 대화를 가만히 들어보니 한 놈은 뇌성의 간수장이요, 또 다른 놈들은 동경에서 고 태위의 하수인으로 있는 육겸과 부안이 틀림없었다. 그들은 불타는 초료장을 바라보면서 지껄여대고 있었다.

임충은 그들의 말을 듣고 일이 어떻게 꾸며졌는가를 짐작할 수 있었다.

임충은 몸을 부르르 떨면서 가지고 다니던 창을 꼬나잡고 사당 문을 박차고 나가 간수장의 가슴부터 푹 찔렀다. 그리고 육겸과 부안을 눈 깜짝할 사이에 목 베어 버리고 세 놈의 상투를 풀어 한데 묶었다.

임충은 세 사람의 머리채를 들고 사당 안으로 들어가 제단에 올려놓고 자신의 신세를 한탄했다. 그리고는 서둘러 무작정 동쪽을 향하여 발길을 재촉하던 중 또다시 소선풍小旋風 시진柴進을 만나 그의 도움으로 산동 땅 제주의 양산박梁山泊에 들어갈 수 있었다.

그때 양산박은 왕륜王倫을 두령으로 두천杜遷과 송만宋萬, 주귀朱貴가 산채를 맡고 있었다. 주귀가 왕륜에게 임충을 소개해 올렸다.

"이분은 동경 팔십만 금군교두 임충입니다. 표자두豹子頭라는 별명을 갖고 있사온데, 간신 고 태위의 모함을 받아 창주에서 귀양살이를 하던 중 우여곡절 끝에 지키던 초료장을 불태우고 세 사람을 죽이게 되어 시 대관인의 장원으로 몸을 숨겼다 합니다. 그러나 관군의 추적이 심해 그곳에 있을 수가 없어 시 대관인의 글을 가지고 이곳으로 왔다 합니다."

주귀의 말이 끝나자마자 임충은 품속에서 시진의 편지를 꺼내서 왕륜에게 바치며 이곳 양산박에 거두어 주길 청하였다.

시기심 많은 왕륜이었으나, 임충을 네 번째 의자에 앉히고 주귀를 다섯 번째 의자에 앉혀 양산박의 식구로 받아들였다.

생신 예물을
빼앗긴 양지

한편 산동성 제주 운성현郡城縣 동계촌東溪村에는 그곳에서 조상 대대로 살아온 조개晁蓋라는 토호가 있었다.

그는 호방한 성품을 타고난 데다 의리를 무겁게 여기는 사람이었다. 평생 천하의 호걸들과 사귀기를 좋아했으며, 누구건 자기를 찾아오는 사람이 있으면 신분의 높고 낮음을 가리지 않고 자신의 집에 머물게 하였고, 후한 대접을 해 주었다. 조개는 힘이 센 데다 술과 봉술을 좋아했다.

어느 날 오른쪽 뺨에 붉은 점이 나 있는 적발귀赤髮鬼 유당劉唐이라는 자가 찾아와 '북경 대명부大名府에서 십만 관이 넘는 금은보화를 동경에 있는 채 태사蔡太師(채경)에게 생일 선물로 보낸다'는 정보를 알려 줬다. 조개는 훈장 노릇을 하고 있는 지다성智多星 오용吳用을 불러 함께 의논하였다.

사람들은 오용을 '만 권의 책에 통달했고 가슴에 《육도삼략》을 숨기고 있으며, 지혜는 제갈공명에 뒤지지 않으며 재능은 진평陳平(한고조의 모사)과 견줄 만하다'고 말하고 있었다.

조개와 오용은 북경에서 동경으로 가는 생신강生辰綱(생신 축하 선물)을 털기로 하고 제주 양산박 근처의 석갈촌石碣村에 사는 삼형제, 완소이阮小二, 완소오阮小五, 완소칠阮小七을 합류시켰다. 그 세 사람은 모두 무예가 뛰어난 데다가 의를 무겁게 여겨 목숨도 아끼지 않는 사람들이었다.

그들은 날을 잡아 조개의 장원에서 잔치를 벌이고, 채 태사의 생신강을 무사히 털 수 있도록 제사를 올렸다.

"북경 대명부의 양중서梁中書는 백성의 재물을 빼앗아 이번에 자기 장인인 채 태사의 생일 축하 예물로 보내려 합니다. 이는 모두가 의롭지 못한 재물이니 우리 여섯은 그걸 뺏고자 합니다. 천지신명이시여, 부디 굽어 살피소서!"

말을 마치자 조개는 소지를 불사르고 절을 한 후 제례에 올린 술을 마셨다.

바로 그때 스님 한 분이 찾아왔다고 하인이 알렸다.

그는 계주 땅 출신으로 일청도인一淸道人 공손승公孫勝이었다. 일찍이 도술을 배워 능히 비바람을 일으키고 안개와 구름을 마음대로 움직일 수 있어 '입운룡入雲龍'으로 불렸다.

그가 찾아온 목적 또한 동경으로 가는 양중서의 생신강을 털자는 것이었다.

조개가 공손승을 이끌어 후당으로 들어가 서로 인사를 나누게 했다.

"오늘 우리 일곱이 이렇게 한자리에 모이게 된 것은 결코 우연한 일이 아닙니다."

서로 입을 모아 말하고는 나이 순서에 따라 조개가 제일 윗자리에 앉고, 오용이 두 번째, 공손승이 세 번째, 유당이 네 번째, 완소이가 다섯 번째, 완소오가 여섯 번째, 완소칠이 제일 끝의 일곱 번째 자리에 앉았다.

조개는 하인을 시켜서 술상을 차려오도록 하였다. 이윽고 술상이 나오고 술이 몇 순배 돌았다. 바야흐로 의를 위한 모임이 이루어졌으니, 그들은 조금도 거리낄 것이 없었다.

공손승이 미리 수집한 정보에 의하면 생신강을 운반하는 무리들은 황니강黃泥岡(언덕) 쪽 길을 택했다는 것이었다. 그들은 황니강 동쪽으로 십 리쯤 떨어진 안락촌安樂村의 백승白勝에게 도움을 받기로 하였다.

그러는 사이, 북경 대명부의 양중서 관저에서는 십만 관어치의 생신강 예물을 마련한 뒤 호송 책임자로 제할사 청면수靑面獸 양지楊志를 점찍어 놓고 있었다.

본래 양지는 삼 대에 걸쳐 장수를 배출한 가문의 후예로서, 무과에 급제해 각 지방에 있는 화석강花石綱(기이한 꽃들과 돌)을 실어 나르는 일을 맡게 되었는데, 화석강을 싣고 황하黃河에 이르렀을 때 풍랑을 만나 배가 뒤집히는 바람에 화석강을 몽땅 잃고 떠돌이 신세가 되었다. 그런데 마침 사면령이 내려 벼슬자리를 구하려고 태위를 찾았다가 뇌물을 바치지 않는다고 쫓겨나고 말았다.

며칠이 지나는 동안 가진 돈이 다 떨어져 하는 수 없이 조상들로부터 물려받은 보검寶劍을 팔아서 노자를 마련할 궁리를 내었다.

사람이 많이 오가는 천한주교天漢州橋 거리에서 보검에 '매물賣物'이라는 쪽지를 붙이고 살 사람을 기다리고 있는데, 몰모대충沒毛大蟲(털 없는 호랑이)이라는 건달패가 나타나 강짜를 부리며 보검을 빼앗으려 하자 다툼 끝에 그를 살해하게 되어 죄를 얻어 목에 큰칼을 쓰고 북경 대명부에 오게 된 것이다.

대명부는 만주의 금나라나 요나라의 침범을 막아서는 군사적 요충지였다. 이에 그곳 유수사留守使로 있던 양중서의 눈에 들어 제할사 노릇을 하고 있었는데, 양중서가 양지의 무예를 높이 사 그를 생신강 호송자로 임명한 것이다.

생신강 운송의 무리는 장사꾼으로 변장한 날랜 군졸 열하나와 태사부에서 온 도관과 채 부인의 우후虞候 둘, 그리고 양지, 이렇게 열다섯 명이었다. 양지는 장사꾼의 우두머리처럼 꾸미고 허리에 칼 한 자루씩을 찼으며, 손에는 박도朴刀를 들었다.

때는 오월 중순, 태양이 이글거리고 있었다. 유월 보름까지는 동경에 도착해야만 하니 가는 길을 재촉하지 않을 수 없었다. 길을 떠난 지 대엿새가 되니 마을은 점점 줄어들고 길 가는 사람도 드물었다.

양지는 매일 진시(오전 8시경)에 길을 떠나 신시(오후 4시경)에 쉬게 했다. 그러나 뜨거운 한낮에만 걷게 되는 고달픈 호송길이 군졸들에게는 고역이어서 그늘만 보면 쉬었다 가려고 했다. 그럴 적마다 양지와 군졸들 사이에 불화가 쌓여 갔다. 군졸들이 견디다 못해 불평을 늘어놓으면 양지는 욕질을 해댔고 심하면 칡덩굴로 매질까지 서슴지 않았다.

그렇게 가는 동안 어느덧 북경을 떠난 지 열닷새가 지났다. 날이 갈수록 무리 모두 양지에 대한 원망이 가슴에 가득했다.

그날도 다른 날과 다름없이 일어나 밥을 지어먹고 진시쯤 길을 떠나 오후 무렵에는 산 속의 좁은 길에 접어들고 있었다. 골짜기의 시내는 물 한 방울 없이 말라 있었고, 주위의 나뭇잎들도 모두 말라비틀어져 있었다. 빈 몸으로 걷는 양지조차 숨이 가빴다.

'아아, 여기가 바로 태행산맥의 일부로구나! 어느새 황니강까지 왔구나.'

그들이 한 이십여 리를 가니 버드나무 그늘이 나타났다. 군졸들이 그늘에서 쉬려 했으나 양지가 채찍을 휘두르며 내몰았다.

"어서 걸어! 저 앞의 고개를 넘고 보자."

그리하여 가까스로 고갯마루에 다다르자 군졸들은 비오듯

땀을 흘리며 짐을 진 채 쓰러졌다. 이젠 찢어 죽인다 해도 더 이상 걸을 수 없으니 마음대로 하라는 식이었다.

그러자 양지가 화를 벌컥 내며 소리쳤다.

"어서 일어나! 어서 일어나라구!"

그러나 군졸들은 막무가내였다. 이놈을 때려서 일으키면 저놈이 주저앉고, 저놈을 때려서 일으키면 또 다른 놈이 주저앉았다.

바로 그때 앞의 소나무 숲 속에서 얼핏 사람의 그림자가 스치는 것 같았다. 양지는 손에 들었던 등나무를 내던지고 박도를 고쳐 쥐며 몸을 날려 그쪽으로 뛰어갔다.

"네 이놈, 게 섰거라! 어떤 놈이기에 감히 우리 봇짐을 엿보느냐?"

양지가 소리치고는 재빨리 사내를 뒤쫓아가 보니 숲 속에 한 무리의 장사꾼이 모여 있었다. 그들은 모두 일곱 명이었는데, 그 중의 하나는 박도를 들고 있었고 오른쪽 뺨에 커다란 붉은 반점이 나 있었다. 그들은 모두 웃통을 벗어젖히고 앉거나 누운 채로 편안히 쉬고 있었다. 그리고 일곱 사람 모두가 각기 외발 달린 손수레를 지니고 있었다.

그들은 갑자기 숲 속에 양지가 뛰어 들어오자 깜짝 놀란 듯 소리를 지르며 벌떡 일어섰다.

"아니, 누구야?"

"네놈들은 누구냐?"

양지가 그들을 보며 호통을 쳤다.

그러자 그들 일곱 명도 마주 소리쳤다.

"너야말로 웬 놈이냐?"

양지는 여전히 의심스런 눈길을 거두지 않은 채 말했다.

"네놈들이 바로 이곳 황니강 근처에 자주 나타난다는 그 도둑놈들인 모양이로구나!"

그러자 박도를 든 붉은 반점의 사내가 어이없다는 듯 맞받았다.

"우리 칠 형제는 호주濠州 땅에서 동경으로 대추를 팔러 가는 장사꾼이오. 동경으로 가다 날씨가 너무 더워 이곳 숲 속에서 잠시 쉬고 있었는데 당신이 나타난 것이오. 당신은 누구시오?"

사내가 그렇게 말하자 양지는 그제야 의심을 풀고 부드러운 목소리로 말했다.

"나도 장사꾼이오. 이곳 황니강 부근에 도적떼가 나온다는 소문을 듣고 있던 차에 숲 속에서 이상한 자가 나타나서 기웃거리기에 뒤쫓아 왔던 거요."

그러자 사내가 대추를 한 주먹 내밀면서 말했다.

"아, 그러셨소? 우리 역시 이곳 황니강에 도적떼가 나타난다는 말을 들었는데, 댁들 소리를 듣고 아우가 가서 염탐한 것을 본 모양이구료. 우리 역시 장사꾼이니 염려 말고 이 대추나 좀 가져다 잡수시오. 심심풀이로 괜찮을 거요."

양지가 사양하며 쓴웃음을 짓고 나서 군졸들이 있는 곳으로 돌아오자 도관이 양지에게 겁먹은 얼굴로 물었다.

"도적떼라도 있다면 큰일이 아니오?"

"아니오. 알고 보니 동경으로 대추를 팔러 가는 장사꾼들이었소. 일이 이리 되었으니 여기서 쉬었다 선선해지거든 떠나기로 합시다."

양지는 그렇게 말하며 박도를 땅바닥에 꽂고 앉아서 쉬었다. 그늘에 앉아 쉰 지 반 식경쯤 되었을 때였다. 한 사내가 멜대 양쪽에 통을 매달아 걸머지고 콧노래를 부르며 올라오고 있었다.

사내는 언덕을 올라오더니, 양지 일행이 쉬고 있는 곳에 이르자 멜대를 벗어 놓고 땅바닥에 주저앉았다.

"휴, 덥구나! 좀 쉬었다 가자!"

그런데 사내가 내려놓은 통 속에서 풍겨 나오는 술 냄새가 일행의 코를 찔렀다. 군졸 하나가 사내에게 물었다.

"이봐, 통 속에 든 게 뭔가?"

"술이오."

사내의 시큰둥한 대답에 군졸들은 갑자기 생기가 났다.

"어쩐지 술 냄새가 나더라 했지. 그래, 그걸 지고서 지금 어디로 가는 길인가?"

"저 너머 마을에 팔러 가는 길이오."

"한 통에 얼마씩인가?"

"다섯 관이오."

"그럼 그것을 우리한테 팔게."

군졸들이 그렇게 말하자 사내가 말했다.

"마을에 가져다 팔아야 할 술이지만 뭐, 가격만 맞는다면 이곳에서 팔지 못할 까닭도 없겠구료."

그러자 군졸은 나머지 열 명과 의논하여 돈을 모았다. 그들은 코가 벌름거리고 뱃속에서 꼬르륵 소리가 나던 참이었으므로 서슴없이 전대를 풀었다. 그때 아까부터 그들이 하던 수작을 지켜보고 있던 양지가 눈살을 찌푸리며 소리쳤다.

"이놈들! 뭣 하는 짓들이냐?"

"목이 타서 한 잔씩 마시려고 그럽니다."

군졸들이 볼멘소리로 말하자 양지가 벌떡 일어서며 소리쳤다.

"누구의 허락을 받고 마음대로 술을 사 먹겠다는 것이냐?"

"허락은 무슨 놈의 허락입니까? 우리가 우리 돈 걸어서 술을 사먹는 것까지 허락을 받아야만 합니까? 너무 그러지 마십시오."

군졸들은 제법 눈까지 치뜨며 그렇게 내뱉었다.

"멍청한 놈 같으니라구! 나그넷길이 얼마나 위험한 것인지 알기나 하면서 그 따위 소릴 하는 거냐? 길을 나설 때는 결코 길바닥에서 함부로 술을 사 먹는 법이 아니다. 길에서 술을 사 먹고 감쪽같이 몽한약에 취해서 가지고 있던 노잣돈을 몽땅 털린 예가 수두룩하단 말이다!"

그러자 술통을 메고 온 사내가 벌떡 일어나더니 코웃음을 쳤다.

"원 세상에, 유식해도 경을 치게 유식한 양반 다 보겠네그려. 이 뙤약볕에 몽한약을 팔러 다니는 미친놈이 이 세상에 어디 있겠소? 듣자 듣자 하니 별소릴 다 듣겠네. 내가 언제 술을 팔아 달라고 입이라도 한 번 뻥끗했소?"

그렇게 되니 양지의 입에서도 좋은 말이 나올 수 없었다. 거친 말이 오고 가며 떠들썩한 입씨름이 벌어지는 사이 군졸들은 갈증에 더욱 애가 탔다.

"여보게, 잠깐만 참으시게. 이렇게 돈까지 모았는데…."

싸움을 말리는 체하며 돈을 거둔 군졸들이 사내에게 말했다.

"필요 없소. 여기서는 억만금을 줘도 팔지 않겠소. 원, 재수가 없으려니까 내 참."

"제발 좀 참으라니까. 저분이 성미가 좀 급하신 편이긴 하지만 이해심이 많고 인정도 있으신 분이야. 내가 대신 사과할 테니까 제발 한 통만 팔게나, 응?"

"글쎄, 팔기 싫다는데 왜 자꾸 이러시오? 어차피 마을에 가서 팔려고 가져가던 길이니, 마을에 가서 팔면 그뿐입니다."

어지간히 화가 난 모양으로 사내가 목소리를 높였다. 그때 떠들썩한 소리를 들었던지 저쪽 소나무 숲에서 아까 그 대추장수들이 칼을 빼 든 채 우르르 몰려나왔다.

"무슨 일이오? 왜들 이렇게 시끄럽소?"

대추장수들이 그렇게 묻자 사내가 제 편이라도 만난 듯 더욱 신이 나 떠들어 댔다.

"글쎄, 제가 화가 안 나게 생겼는지 제 말씀 한번 들어 보십시오."

"무슨 일인데 그러나, 젊은이?"

"저는 술통을 지고 저 너머 마을로 팔러 가던 참이었습니다.

그런데 하도 더워서 여기서 잠깐 쉬고 있는데 이 양반들이 이 술을 팔라고 하는 겁니다. 그런데 저분이 이 술에 몽한약을 탔다고 말하는 거예요. 세상에, 사람을 모함해도 분수가 있지, 누굴 도적놈으로 모는지 모르겠습니다. 그래서 화가 나서 술통을 지고 그냥 마을로 가려던 참입니다."

대추장수들이 그 말을 듣고 잘됐다는 듯이 말했다.

"에이, 별일도 아니구만. 우린 갑자기 시끄럽기에 도적떼가 나왔나 해서 깜짝 놀랐네. 젊은 사람이 참게나. 그나저나 마침 목이 컬컬하던 참에 잘됐네. 우리에게 우선 한 통 팔게나. 그러면 저 사람들의 의심도 저절로 풀어질 게 아니겠나."

사내는 여전히 화가 풀리지 않은 듯 퉁명스럽게 말했다.

"싫습니다. 이곳에선 팔지 않겠습니다."

대추장수들이 타이르듯이 말했다.

"젊은 사람이 너무 성질을 부리면 못 쓰는 법이야. 자, 돈은 여기 있으니까 어서 한 통 내놓으시게!"

그제야 사내가 마지못한 듯 말했다.

"정 그렇게 말씀하신다면 한 통 드리긴 하겠습니다만, 술을 퍼마실 그릇이 없으니 어쩌죠?"

"그런 걱정은 할 것 없네. 우리에게 표주박이 있으니까 아무 걱정 말게."

그러고는 대추장수 두 명이 소나무 숲 속으로 뛰어 들어가더니 한 사람은 표주박을 몇 개 가지고 나오고, 또 한 사람은 양손에 대추를 수북이 움켜쥐고 나왔다. 그리고 순식간에 대추장수 일곱 명이 술통을 에워싸더니 번갈아 가면서 표주박으로 술을 퍼마셨다. 안주는 대추였다. 술을 한 잔 퍼마실 때마다 대추 한 알씩을 입에 넣고 오물오물 맛있게 씹었다.

"히야, 둘이 마시다 하나가 죽어도 모를 지경이구나! 시원하다, 시원해! 속이 싸한 게 정말 좋구나, 좋아!"

그들은 금세 술 한 통을 다 비워 버리고 나서도 뭔가 좀 아쉬운 듯 입맛을 쩝쩝 다시고 있었다.

대추장수 중에 하나가 슬며시 다른 술통에 눈길을 주며 말했다.

"여보게, 한 사발만 덤으로 안 주려나?"

그렇게 말하면서 그는 남은 술통을 열고 재빨리 표주박으로 한 그릇 퍼내서 벌컥벌컥 들이켰다.

그러자 사내가 얼른 그 대추장수에게 달려들면서 소리쳤다.

"안 돼요, 덤은 없어요!"

사내가 대추장수의 표주박을 빼앗으려 하자 대추장수는 재빨리 몸을 피해 소나무 숲 쪽으로 달아났다. 사내가 쫓아가면서 외쳤다.

"도둑이야! 도둑이야!"

그 틈을 이용하여 또 한 명의 대추장수가 표주박을 들고 달려와 술통에서 술을 펐다. 대추장수를 뒤쫓다가 얼핏 뒤돌아본 사내는 기겁을 하면서 쫓아와 그 대추장수가 든 표주박을 뺏어 술을 도로 술통에 붓고는 뚜껑을 덮었다.

"아니, 이게 무슨 짓이오?"

사내가 대추장수가 달아난 숲을 향해 소리쳤다.

한편 술을 사 먹으려다 양지에게 꾸지람을 들은 군졸들은 그 모양을 처음부터 끝까지 지켜보면서 침만 꼴짝꼴짝 삼키고 있었다. 문득 양지를 바라보니 그는 등을 돌린 채 아예 이쪽은 돌아보지도 않고 있었다. 군졸들은 더 이상 참지 못하겠다는 듯 도관에게 사정했다.

"어르신, 제발 부탁입니다. 양 제할께 잘 말씀드려서 허락을 얻어 주십시오. 앞으로도 이런 산길을 계속 가야 할 텐데, 산등성이까지 올라간다 한들 마실 물이 있을 리도 없잖습니까? 제발 저기 저 술 한 통을 저희가 사서 마실 수 있도록 해 주십시오. 정말 목이 말라 그렇습니다."

사실 도관도 술을 마시고 싶은 생각이 간절했다. 차마 먼저 나서지 못하고 있던 터에 군졸들이 그렇게 말하니 어쩔 수 없다는 듯이 양지에게 가서 조용히 말했다.

"짐꾼들이 몹시 목이 타는 모양이니 한 잔씩 마시게 하는 것이 어떻겠소? 이 고개에는 물 마실 만한 곳도 없을 것 같소."

그 말을 듣고 양지도 가만히 생각했다.

'음, 대추장수들이 술을 마시고 나서 괜찮은 걸 보니 술은 이상이 없는 것 같구나. 반나절 동안 심하게 몰아댔으니 한 바가지씩 마시도록 하자.'

생각이 여기에 미치자 양지가 말했다.

"좋소. 도관께서 그렇게까지 말씀하시니 승낙해 드리겠습니다. 단 그 대신 목을 축이고 나면 곧바로 출발해야만 합니다."

도관이 양지의 말을 듣고 군졸들에게 일렀다.

"여보게들, 허락이 내렸으니 마음 놓고 한 잔씩 쭉 들이켜게나."

군졸들은 그 말을 듣자 '와아!' 하고 함성을 질렀다. 그런데 생각지 못했던 문제가 생겼다. 술장수가 술을 팔지 않겠다고 버틴 것이다. 군졸들이 거둔 돈으로 술을 달라고 하자, 술통을 지고 온 사내가 고개를 내저었다.

"쳇, 안 판다니까 그러네. 이 술엔 몽한약이 들어 있어요. 그런데 어떻게 술을 팔겠소? 자, 어서 비키시오. 이제 가 봐야 하니까."

그러자 도관이 달랬다.

"젊은이, 아직도 화가 풀리지 않은 모양일세그려. 제발 이제 그만 화를 풀게나. 이 늙은이가 이렇게 사과할 테니…"

그러자 옆에 있던 대추장수도 도관을 거들었다.

"저 사람들이 무슨 죄가 있겠나? 술을 마시고 싶어서 저렇게 돈을 모아 가지고 안달을 하는데, 어찌 그냥 간다 할 수 있는가? 그래도 그냥 가겠다면 자넨 벌을 받고 말 거야. 암, 벌받고 말고."

사내가 계속해서 떼를 쓰자 대추장수들까지 사내를 붙들었다. 그제야 사내가 마지못한 듯 술통을 밀어내며 말했다.

"이것 놓으라니까요! 에잇, 나도 모르겠다. 정 그렇게들 술이 마시고 싶으시면 마음대로들 하십시오!"

그러자 군졸들이 술통 쪽으로 '와아!' 하고 몰려들었다. 그들은 술값을 치르고 나서 제일 먼저 나이가 가장 많은 도관에게 술 한 잔을 건네주었다. 이어 두 우후가 한 잔씩을 마시고 나서 양지에게도 술 한 잔을 떠 주었다. 그러나 양지는 마시지 않았다. 두 명의 우후와 군졸들이 돌아가면서 술을 퍼마셨다. 그들이 술 한 통을 다 비워가는데 양지가 보니 아무런 탈이 없었다. 그제야 양지도 목이 말라 반 잔을 마시고는 대추장수들이 안주로 건넨 대추 몇 개를 씹었다. 술을 다 팔고 난 사내는 콧노래를 부르면서 올라왔던 길로 다시 내려갔다.

이때 조금 떨어진 숲 속에서는 일곱 명의 대추장수가 소나무 곁에 늘어서서 짐꾼들이 술을 마시는 걸 지켜보고 있었다. 술장수가 콧노래를 부르면서 언덕 아래로 사라지고 나자 대추장수들은 양지 일행을 가리키며 쾌재를 부르고 있었다.

"쓰러져라, 어서 쓰러져라, 이놈들아!"

양지 일행은 문득 머리가 무거워지고 어지러워지는 듯하더니 다리에 힘이 빠지며 그 자리에 쓰러졌다. 그걸 본 대추장수들이 서로 얼굴을 마주 보며 말했다.

"이제 놈들은 옴짝달싹도 못할 겁니다."

그들은 순식간에 소나무 숲에서 각기 외발 수레를 끌고 나왔다. 그러더니 그곳에 실려 있던 대추자루를 모두 언덕 아래로 집어던져 버리고 그곳에다 짐꾼들이 벗어 놓은 짐꾸러미들을 실었다. 일곱 개의 수레에 열한 개의 짐꾸러미들을 모두 나누어 싣자 그들 중 하나가 소리쳤다.

"자, 이제 끝났다! 네놈들은 실컷 잠이나 자고 있거라!"

그때 양지는 눈을 빤히 뜬 채 그 모습을 지켜보고 있었지만 도무지 어쩔 수가 없었다. 머릿속은 텅 빈 것만 같았고, 귓속에서 '윙!' 하는 소리가 들렸다. 눈동자는 그 모습을 지켜보고 있었지만, 할 수 있는 게 없었다. 허리는 천근같이 무거운 데다 온몸이 오들오들 떨렸다. 뭐라고 소리치고 싶었지만 입술만 잔뜩 일그러질 뿐 전혀 말이 되어 나오지 않았다.

양지는 희미한 눈동자로 사방을 돌아보았다. 어느 누구도 멀쩡한 사람이 없었다. 모두들 갯벌에 죽어 나자빠져 있는 물고기처럼 뻣뻣하게 뻗어 있었다.

'아아, 속았구나! 분하다!'

양지는 꿈결에서처럼 그런 생각을 하며 허공을 부여잡듯 몸을 일으켰다. 그러나 다음 순간, 또다시 그 자리에 털썩 주저앉아 그대로 정신을 잃고 말았다.

가장 먼저 깨어난 것은 양지였다. 원래 먹은 술이 얼마 되지 않았기 때문에 남보다 일찍 정신을 차린 것이었다.

주위를 둘러보니 열한 개의 봉물짐은 간데없고 나머지 열네 사람은 침을 흘리며 죽은 듯이 늘어져 있었다. 양지는 눈앞이 아득해져 와 두 손으로 머리를 움켜쥐고 통한의 눈물을 흘렸다.

"분하다! 내가 이처럼 어이없이 당할 줄이야! 생신 예물을 모두 빼앗기고 말았으니 어찌 살아서 북경으로 돌아갈 수 있으랴! 그렇다고 해서 동경으로는 더욱더 갈 수 없는 몸! 이제 벼랑에 몸을 던져 황니강의 귀신이 된 다음 후세의 길손들에게 그 옛날 여기에 이런 바보 천치가 있었노라고 이야기나 전해 주는 수밖에 없겠구나!"

그렇게 중얼거리며 양지는 비틀비틀 일어섰다. 하늘을 바라보니 차가운 달빛 아래 한 떼의 철새들이 날아가고 있었다. 양지는 철새들이 날아가는 쪽으로 걸음을 옮겼다.

생신 예물을 뺏어 간 그 일곱 명의 대추장수는 두말할 것도 없이 동계촌의 조개를 비롯한 일곱 별들, 조개, 유당, 오용, 완소이, 완소오, 완소칠, 그리고 공손승이었다. 또한 술통을 메고 올라왔던 사내는 바로 이곳 황니강 근처에 살고 있다던 백일서 백승이었다.

백승이 처음 지고 온 술통에는 몽한약이 들어 있지 않았다. 일곱 사람이 달려들어 한 통을 다 마시고 나자, 덤으로 한 잔을 더 달라고 하면서 술통 속에 몽한약이 들어 있지 않음을 보여 주기 위해 큰 소리로 떠들면서 유당이 한 잔을 벌컥 들이켰던 것이다.

그러자 미리 짜 둔 대로 백승이 덤은 안 된다고 소리치면서 유당에게 달려들었고, 그 틈을 이용해 오용이 숲 속에서 또 다른 표주박에 몽한약을 담아 가지고 나와 술을 떠먹는 척하면서 술통 속에 넣고 휘저어 버렸던 것이다. 이것은 모두 다 오용이 꾸민 계략이었다.

이후 사람들은 이것을 가리켜 '지취생신강知取生辰綱(지혜로써 생신 예물을 빼앗음)'이라고 부르게 되었다.

한편 양지가 떠나고 난 후 그곳에 쓰러져 있던 열네 명은 두 시각쯤 지난 다음에야 겨우 깨어날 수 있었다. 그들은 한 명씩 차례로 엉금엉금 기면서 일어나 주변을 둘러본 후에야 생신강이 없어졌음을 알고 얼굴색이 흙빛으로 변하고 말았다.

그들은 한참을 기다려 정신을 차린 후, 양지가 사라진 것을 확인하였다. 그리고 이 일을 양지에게 덮어씌우기로 입을 맞추고 북경의 양중서에게 가서 양지가 도적떼와 짜고 자신들에게 몽한약 넣은 술을 먹여 잠들게 한 후 생신강을 몽땅 훔쳐 가지고 달아났다고 일러바쳤다.

양지는 또다시 한없이 쫓기는 몸이 되었다. 가진 것이라고는 허리에 찬 칼과 박도 하나가 전부였다.

황니강 남쪽으로 정처 없이 걷다 보니 어느 주막 앞에 이르렀다. 그는 술이라도 한 잔 마시지 않고는 도저히 배겨날 수 없을 것 같았다. 우선 밥과 고기반찬에 술까지 먹어 배를 채운 다음 달아나기로 결심하여 주막집 문을 박차고 나서다 주인한테 걸려들어 싸우는 처지가 되고 말았다. 그 주인은 동경 개봉부 팔십만 금군교두 임충의 제자 조정曹正이라는 사람이었다. 그들은 삼십여 합을 싸우다가 통성명을 하게 되었다. 그리고 동경에서 전사부제사를 지낸 양지를 알아보게 되어 함께 주막으로 되돌아갔다.

양지는 조정에게 그간의 사정을 이야기하고 그의 도움으로 이룡산二龍山 보주사寶珠寺를 소개받아 길을 떠났다. 이룡산 중턱에 이르렀을 때 웃통을 벗고 앉아 쉬고 있는 노지심을 만나게 된 것이다.

"대상국사의 채소밭을 지킨다고 하던데…."

노지심이 껄껄 웃으며 이후의 일을 소상히 알려 주었다.

노지심은 억울하게 귀양 가는 임충을 창주 땅까지 무사히 데려다 주고 대상국사의 채소밭으로 돌아왔다. 그런데 임충을 압송해 가면서 죽이려 했던 두 공인이 노지심이 나타나 실패했음을 고태위에게 고자질하는 바람에 몸을 빼쳐 달아났던 것이다.

그리고 십자파十字坡에서 장청張靑과 그의 아내 손이랑孫二娘을 만나 보주사에 찾아가서 몸을 의탁하려 했으나 보주사의 두목 등룡鄧龍은 노지심을 받아들이지 않았다. 그를 받아들였다가 우두머리의 자리를 빼앗길까 봐 두려웠기 때문이었다.

등룡이 산기슭에 있는 세 개의 관문을 모두 닫아걸고 보주사로 숨어 버리자 노지심은 산길에 버려진 초라한 신세가 된 순간에 양지를 만나게 된 것이다. 이에 양지는 노지심을 이끌고 다시 조정의 주막으로 찾아들어 그의 지혜를 구했다.

"여보게 조정, 인사 올리게. 이분은 바로 세상 사람들이 화화상花和尙(등에 꽃문양의 문신이 있기에 그렇게 일컬음)이라고 부르는 그 노지심 스님일세."

조정이 그 말을 듣고 황망히 엎드려 절을 올렸다.

"스님의 높은 이름은 오래전부터 들어서 알고 있습니다. 이처럼 뵙게 되니 제게는 더없는 기쁨이 아닐 수 없습니다."

조정이 술상을 차려 가지고 들어와서 두 사람을 대접했다. 그들이 술을 마시면서 함께 보주사를 칠 의논을 하자 조정이 의견을 내었다.

"그들이 관문을 닫았다면 달리 길이 없습니다. 관문을 닫으면 두 분의 힘으로뿐만 아니라 만 명의 군사가 가더라도 깨뜨리기 어려울 것입니다. 그러니 꾀를 써야만 합니다."

"그렇지만 좋은 방책이 없으니 어떻게 하면 좋겠는가?"

두 사람의 말에 조정이 잠시 생각에 잠기더니 입을 열었다.

"양 제사께서는 일꾼 차림으로 옷을 바꿔 입으십시오. 저는 스님의 선장과 계도를 들고 제 처남과 이 동네 젊은이 몇에게 횃불을 들려 산으로 올라가겠습니다. 그때 지심 스님을 꽁꽁 묶어 산으로 가 관문 앞에 이르러, '우리는 여기서 가까운 곳에서 술장사를 하는 사람인데 이 중이 와서 술을 실컷 마시고는 돈도 내지 않는 데다 사람들을 끌고 가 산채를 때려부수겠다고 떠들기에 취해 쓰러져 있는 틈을 타 묶어 왔다'고 말하는 것입니다. 그러면 그들은 틀림없이 관문을 열 것입니다. 그리하여 보주사 우두머리 등룡 앞에 갔을 때 제가 기회를 엿보아 스님을 풀어드리고 손을 쓰면 됩니다. 등룡만 꺾으면 그 졸개들은 모두 엎드려 항복해 올 것입니다. 제 계책이 어떻습니까?"

노지심과 양지가 무릎을 치며 기뻐했다.

"과연 좋은 계책이네!"

그리하여 다음 날, 그들은 새벽밥을 먹고 옷을 바꿔 입은 후 보주사로 올라갔다.

그들이 보주사 아래에 다다르니 이미 정오가 지났다. 그들은 먼저 노지심을 굵은 밧줄로 묶었다. 양지는 삿갓을 머리에 쓰고 해어진 무명저고리와 박도를 들었다. 조정은 노지심의 선장을 들고, 따라간 일꾼들은 몽둥이를 든 채 노지심을 앞뒤에서 지키면서 관문 앞으로 다가갔다.

관문 위에 있는 졸개들이 내려다보니 마을 사람들이 일전에 여기 와서 날뛰던 땡추중을 묶어 오는 것이 아닌가. 급히 그 일을 산 위에 알리러 간 지 얼마 지나지 않아 부두령이 관문 위에서 굽어보며 외쳤다.

"너희들은 어디에 살며, 그 땡추중을 어떻게 잡았느냐?"

그 물음에 조정이 공손한 목소리로 어젯밤 노지심과 양지에게 얘기했던 대로 들려주었다.

이야기를 다 듣고 난 부두령은 몹시 기뻐하며 말했다.

"그것 참 아주 잘된 일이다. 잠깐만 기다리거라."

그렇게 말하며 득달같이 두령 등룡에게 알리기 위해 산 위로 올라갔다.

"두령님, 마을 사람들이 일전의 그 몸집 큰 중놈을 묶어서 끌고 왔는데, 어떻게 할까요?"

"뭐라고? 마을 사람들이 대상국사의 채소밭을 지키다가 도망쳐 왔다는 그 중놈을 묶어서 끌고 왔단 말이냐? 요전에 날뛰던 솜씨로 미루어 보건대 그렇게 쉽사리 잡힐 놈이 아닌데…. 이상하지 않은가?"

등룡은 믿어지지 않는다는 얼굴이었다. 그러자 부두령이 조정에게 들었던 바를 그대로 고했다.

"그자는 이곳에서 쫓겨난 후, 우리가 관문을 굳게 닫아걸자 지친 나머지 마을로 내려갔던 모양입니다. 이곳에서 조금 떨어진 마을에 조정이란 사내가 주막을 하고 있는데, 그 중놈이 그 주막에 나타나서 술을 퍼마시고는 술값도 내지 않는 데다 이제 양산박으로 가 천여 명을 거느리고 와서 보주사를 치겠다고 떠들어 댔다 했습니다. 뿐만 아니라 이 부근의 마을을 모두 쓸어 버리겠다고 소리치더라는 겁니다. 그래서 그가 좋은 술을 내어 취해 쓰러지게 한 후 꽁꽁 묶어 사로잡아 온 것이라 합니다. 이 자를 사로잡아 두령께 바쳐 뒷날의 걱정거리를 없애기 위해 이 곳으로 데려왔다 했습니다."

"그렇다면 즉시 그놈을 이곳으로 끌고 오도록 하여라! 내가 지난번에 그놈한테 당한 걸 생각하면 이가 갈린다! 내 오늘은 그놈의 염통과 간을 빼내어 술안주로 삼고 말리라!"

두령의 명이 떨어졌음을 알리자, 관문에서는 즉시 그들을 안으로 들여보냈다.

일꾼의 옷차림을 한 양지와 조정은 꽁꽁 묶인 노지심의 곁에 바싹 붙어 선 채로 관문 안으로 들어갔다. 그들이 세 개의 관문을 지나면서 보니 산세가 자못 웅장하고 험준했다. 양쪽 산이 서로 휘감고 있는데, 그 한가운데에 보주사가 자리잡고 있었고 양쪽은 험한 산등성이였으며, 그곳으로는 한 갈래 길이 나 있을 뿐이었다. 그 길을 가기 위해서는 세 관문을 지나야만 했다. 세 개의 관문에는 각기 통나무와 포석, 쇠뇌와 참호를 벌여 놓았고 죽창들이 총총히 꽂혀 있었는데, 졸개들이 엄하게 지키고 있어 몇 만의 군사가 와도 쉽게 관문을 깨뜨릴 수는 없을 것 같았다.

그들은 마침내 세 개의 관문을 모두 지나고 나서야 보주사 경내에 들어설 수 있었다. 경내에 들어서자 그곳을 지키고 있던 졸개 서너 명이 노지심에게 손가락질을 하면서 욕을 퍼부었다.

　"꼴좋다, 이 싸가지 없는 중놈아! 지난번에 우리 두목님에게 감히 덤벼들더니 오늘 이런 꼴로 잡혀 왔구나! 이제 죽을 각오는 되어 있겠지? 천천히 발겨 가면서 죽여 줄 테다."

　노지심은 아무 말도 하지 않은 채 등룡이 기거하는 불전 안으로 끌려들어 갔다.

　제단 위를 바라보니 부처님의 모습은 온데간데없고, 그 대신 호랑이 가죽으로 덮인 의자가 놓여 있었다. 등룡은 위엄을 갖추어 의자에 올라앉아 있었고, 그 앞에 양쪽으로 졸개들이 늘어서 있었다. 졸개들은 하나같이 손에 창과 몽둥이 따위를 들고 있었다. 양지와 조정이 노지심을 끌고 들어가 법당 바닥에 꿇어앉힌 다음 양쪽 옆에 서자, 등룡이 노지심을 내려다보며 눈을 부릅뜨고 호통을 쳤다.

　"이 빌어먹을 중놈아! 네놈이 내 배를 걸어차기까지 했겠다? 오늘은 네놈이 내 손에 죽어 봐라!"

　노지심은 그 소리에 겁을 먹기는커녕 오히려 이죽거리듯 눈을 치켜뜨며 고함을 질렀다.

　"이놈, 꼼짝하지 말고 게 있거라!"

　그 말과 함께 양쪽에서 양지와 조정이 그를 묶은 밧줄의 한쪽 끝을 쥐고 각각 잡아당겼다. 그러자 믿지 못할 정도로 감쪽같이 노지심을 묶었던 새끼줄이 스르르 풀려 버렸다. 이른바 활결두법活結頭法(단번에 풀릴 수 있도록 끈을 묶는 방법)으로 노지심을 묶었던 것이다.

노지심은 조정이 가지고 있던 선장을 받아 들고 제단 위로 뛰어 올라갔다. 그와 함께 양지는 칼을 뽑아 들었고, 조정은 몽둥이를 꼬나들었다. 그 외의 일꾼들도 각기 몽둥이를 집어 든 채 일제히 고함을 지르며 전각 위로 달려갔다. 등룡이 깜짝 놀라 몸을 피하려 했으나, 그럴 새도 없이 노지심의 선장이 그를 후려쳤다. 등룡은 머리가 으깨져 죽었다. 순식간의 일인지라 앞에 도열해 있던 졸개들이 미처 손쓸 틈조차 없었다.

등룡을 죽이고 노지심이 뒤돌아보니 이미 수하의 졸개들이 양지의 박도에 맞아 픽픽 쓰러지고 있었다. 조정이 소리쳤다.

"어서 항복하라! 항복하는 놈은 살려 주겠다!"

소란이 일자 산채의 졸개들이 모두 몰려 들어왔으나, 두령이 처참한 꼴로 죽어 있는 것을 보자 감히 싸울 엄두도 내지 못한 채 모두들 그 자리에 엎드려 항복했다. 그리하여 순식간에 보주사 산채의 주인이 바뀌고 말았다.

이제 화화상 노지심과 청면수 양지가 새로운 두목이 되었다. 사오백 명의 졸개들은 모두들 새로운 두령에게 충성을 맹세했다. 노지심과 양지는 등룡의 시체를 끌어다 불태우게 했다. 이어 창고에 저장해 두었던 술을 모두 꺼내어 졸개들에게 먹이고 잔치를 베풀었다.

조개,
양산박의 새 두령이 되다

그 무렵, 채 태사에게 올릴 생신강을 도적맞은 북경의 양중서
는 물론, 동경의 채 태사까지 도적질한 대추장수 일곱 명과 술
장수 무리를 잡기 위해 혈안이 되어 황니강이 속한 제주부윤을
매일같이 닦달했다.

제주부윤은 보지도 못한 봉물짐을 찾기 위해 집포사신緝捕使
臣(도둑 잡는 관원) 하도何濤에게 죄를 물어 문책하였다. 하도는 건

달 노릇을 하는 아우의 도움으로 그 도적들이 조개와 백승 일당임을 밝혀내고, 술장수로 꾸민 백승이 체포되어 문초를 받았다. 백승은 매를 견디지 못해 입을 열었다.

"우두머리는 동계촌의 촌장인 조 보정입니다. 저는 그분이 나머지 여섯 명을 데리고 와서 부탁하는 통에 잠시 술장수 노릇을 했을 뿐입니다. 그러니 그 나머지 여섯 명에 대해서는 전혀 알지 못합니다. 정말입니다."

부윤이 그 말을 듣고 고개를 끄덕이며 말했다.

"그만하면 됐다. 조개란 자를 잡아들이면 나머지 여섯 놈은 저절로 알게 될 것이다."

그리하여 백승은 사형수에게 씌우는 스무 근짜리 큰칼을 쓴 채 옥에 갇히게 되었고, 그의 아내 또한 여죄수를 가두는 옥에 갇히게 되었다.

두 사람을 옥에 가두고 부윤은 하도를 불러 공문을 내주면서 명했다.

"하도는 듣거라! 너는 지금 곧 날쌔고 눈치 빠른 놈으로 스무 명을 뽑아 운성현 지현에게 가서 이 공문을 전하고 조 보정과 이름을 알 수 없는 도적 여섯을 잡아들이게 하라. 증인이 필요할지 모르니 생신 예물을 호송했던 우후 두 사람도 데리고 가도록 하라!"

그리하여 하도는 즉시 날랜 공인 스무 명과 두 우후를 거느리고 운성현을 향해 떠났다. 운성현 관내에 도착하자마자 하도는 이 일이 밖으로 새어나갈까 두려워 두 명의 우후와 공인들을 객점에 머물게 했다.

하도가 홀로 관청에 이르렀을 때는 아침나절이 한참 지난 뒤였다. 마침 지현이 아침 공무를 보고 나서 관저로 돌아간 직후였으므로 관청 앞 찻집에서 기다리며 주인에게 당직 압사押司(공문서 등을 맡아보는 상급 서기)가 누구인가 알아보니 송강宋江이라는 자였다.

송강은 선대 때부터 운성현의 송가촌에서 살아왔다. 얼굴빛이 까무잡잡한 데다 키가 아담했으므로, 사람들은 그를 가리켜 '흑송강黑宋江'이라 불렀다.

송강은 효도가 극진하여 부모를 잘 섬겼을 뿐만 아니라 의를 중요시하며 재물을 탐하지 않는 사람이었다. 그래서 사람들은 그를 '효의흑삼랑孝義黑三郎'이라고도 불렀다.

송강의 어머니는 일찍이 돌아가시고, 아버지 송태공宋太公은 송가촌에서 둘째 아들 송청宋淸과 농사일을 하며 지내고 있었다.

송강은 운성현 현청에서 압사로 일하고 있었는데 그가 맡은 일은 막힘이 없어 다른 공인들의 부러움을 샀다. 또한 창술과 봉술에 있어서도 남다른 재능을 가지고 있었다. 또한 호걸들과 사귀기를 좋아해서 자기를 찾아오는 사람은 신분의 높고 낮음을 가리지 않고 모두 받아들였다. 그리고 다른 사람의 어려운 일을 보면 마치 자신의 일처럼 발 벗고 나서서 힘껏 거들었다. 뿐만 아니라 가난한 초상집을 보면 관을 사 주고 가난한 병자에게는 약재를 베풀었다.

그런 까닭에 그의 이름이 이미 산동과 하북 지방에까지 널리 퍼져 있었다. 어떤 사람들은 그를 가리켜 '급시우及時雨'라고 불렀는데, 이는 '하늘이 때에 맞춰 비를 내려 만물을 구한다'는 뜻으로써 송강의 선행을 기린 말이었다.

하도는 송강을 만나 자초지종을 말하며 운성현의 도움을 청하였다.

"그 주범의 이름은 무엇입니까?"

"이건 기밀입니다만, 어차피 아실 일이니 솔직히 말씀드리겠습니다. 그자는 바로 이곳 관내의 동계촌에 사는 조개란 자입니다."

송강은 조개와 친분이 두터웠던지라 그 말을 듣고 속으로 깜짝 놀랐다.

'아니, 조개라구? 조개가 큰 벌을 면치 못하게 되었구나! 그가 그렇게 큰 죄를 저지르다니…. 내가 구해 주지 않는다면 그는 죽은 목숨이나 다름없다.'

송강은 조 보정이 그런 짓을 했다는 것에 몹시 놀랐으나 하도가 눈치 채지 못하도록 너스레를 떨었다.

"그놈이 결국은 큰일을 저질렀군요. 그놈은 무척 흉악한 놈입니다. 하지만 이제 독 안에 든 쥐나 다름없으니, 그놈을 사로잡는 건 어렵지 않은 일입니다."

그러자 하도가 부탁했다.

"그러니 수고스러우시겠지만 압사님께서 이 일을 돌보아 주셔야겠습니다. 우선 이 공문을 즉시 지현께 전해 주십시오."

"그럴 필요는 없습니다. 그놈은 이제 항아리 속에 든 자라가 아닙니까? 관찰께서 가져오신 공문은 지현께 직접 올리도록 하십시오. 그러면 지현께서 촌각을 다투어 그놈을 잡아들일 것입니다. 더군다나 이처럼 중대한 기밀이 들어 있는 공문을 제가 함부로 뜯어볼 수 없는 일입니다. 혹시 다른 사람에게 새어 나갈까 두렵습니다. 그러니 이 공문은 직접 지현께 전해 드리도록 하십시오."

하도가 들으니 그 또한 옳은 말이 아닐 수 없었다.

"압사님의 말씀이 이치에 어긋남이 없습니다. 그렇다면 지금 곧 저를 지현께 안내해 주십시오."

"네, 그렇게 해드리겠습니다. 하지만 지현께서는 오전 공무를 보시고 나서 지금 관저에서 쉬고 계십니다. 그러니 이곳에서 잠시만 기다려 주십시오. 제가 지현께서 등청하시는 대로 곧 모시러 다시 오겠습니다."

"잘 알겠습니다. 기다리고 있겠습니다."

송강은 태연히 몸을 일으키며 찻집을 나온 다음 곧 현청으로 갔다. 그는 군졸 하나를 불러서 당부했다.

"이제 잠시 후면 지현께서 등청하실 것이다. 너는 그때까지 꼼짝 말고 기다리고 있다가 곧 정문 바로 앞에 있는 찻집으로 달려가서 제주부에서 온 군관을 찾아라. 그런 다음 그에게, '송압사가 모시러 올 때까지 잠시만 기다려 주십시오. 곧 이리로 오실 겁니다.'라고 말하고 나서 내가 그곳에 이를 때까지 그와 함께 기다리고 있거라. 알겠느냐?"

"네, 알겠습니다."

송강은 군졸에게 일러두고 즉시 마구간으로 달려가 말 한 필을 끌어내서 올라타고 뒷문으로 빠져 나가 동계촌을 향해 달렸다.

한편 동계촌의 조개는 오용, 공손승, 유당과 함께 뒤뜰의 포도나무 아래서 술을 마시고 있었다. 완씨 삼형제는 이미 저희들 몫을 받아 가지고 석갈촌으로 돌아간 다음이었다.

한창 술자리가 무르익었을 무렵, 머슴 하나가 달려와서 알렸다.

"현청의 송 압사님께서 오셨습니다."

"어서 이리 모시지 않고 무엇 하느냐?"

조개가 그렇게 말하자 일꾼이 대답했다.

"급히 뵙고 가셔야만 한답니다. 지금 대문 앞에서 뵙기를 청하십니다."

조개는 그 말을 듣자 비로소 뭔가 급한 용무가 있음을 짐작했다. 급히 자리에서 일어나 대문을 향해 달려나가 송강을 맞았다.

송강은 조 보정을 보자 소매를 끌며 뒤쪽에 있는 작은 방으로 들어갔다.

"황니강에서 생신강 턴 일이 탄로났습니다. 술장수 백승이 제주부 감영에 붙잡혀 있고 지금 제주부 집포사신이 형님을 잡기 위해 이곳에 와 있습니다. 마침 제가 당직이어서 먼저 알게 되었기에 망정이지, 큰일날 뻔하였습니다."

조개가 얼굴빛이 달라지며 물었다.

"그렇다면 도대체 어찌해야 좋겠는가?"

"제가 졸개를 보내 그 집포사신을 지현이 올 때까지 찻집에 붙들어 놓게 했습니다만, 그자가 잠시 후 지현을 만나 공문을 전달하게 되면 즉시 이곳으로 사로잡으러 올 것입니다. 그러니 이곳에서 머뭇거릴 틈이 없습니다. 꾸물거리다가는 꼼짝없이 붙들리십니다."

"고맙네. 자네의 이 은혜를 어떻게 다 갚겠나?"

"꾸물거릴 시간이 없습니다. 어서 서두르십시오. 저는 이제 그만 돌아가야 합니다."

송강은 그렇게 재촉한 후 현청을 향해 달렸다.

그리하여 조개는 조상 대대로 살아온 동계촌을 훌훌 떠나게 되었다. 그는 우선 오용과 유당으로 하여금 먼저 석갈촌으로 떠나게 하고, 자기와 공손승이 뒤처리를 하고 나서 뒤따르기로 했다.

오용과 유당은 빼앗은 예물을 대여섯 개의 짐으로 나누어 싼 다음 힘센 머슴에게 짊어지게 하고 먼저 길을 떠났다. 그리고 조개와 공손승은 뒤에 남아서 장원을 정리하였다. 조개는 장원의 머슴들에게 똑같이 재산을 나누어 주되 다른 마을에 가서 살겠다는 자들은 다른 마을로 떠나도록 허락해 주고, 자신들을 따라가겠다고 나서는 자들은 기꺼이 데리고 가기로 했다.

한편 송강은 바람처럼 말을 달려 성 안으로 돌아갔다. 정문을 피해 뒷문으로 돌아간 송강은 뒤뜰의 마구간에 말을 매고 나서 황급히 하도가 기다리고 있는 찻집으로 달려갔다.

"기다리시게 해서 죄송합니다. 마침 손님이 오셔서 그만 늦었습니다."

"어쨌든 이렇게 와 주셨으니 고맙습니다. 어서 저를 지현님께 안내해 주십시오."

하도가 송강에게 청했다. 송강이 그제야 하도를 이끌었다.

"저를 따라오십시오."

송강이 앞에서 안내하자 하도가 그 뒤를 따랐다. 현청 안으로 들어가자 운성현 지현 시문빈時文彬은 때마침 열심히 서류를 뒤적거리고 있었다.

"제주부에서 하 집포사가 도적들에 관한 공문을 가지고 와서 뵙기를 청하는데 급한 일이라 합니다."

지현은 그 공문을 읽어 보고는 놀란 얼굴로 송강에게 명령을 내렸다.

"이것은 태사께서 하 집포사를 보내 이곳에 머물게 하면서 결과를 알리라는 엄중한 공문이오. 압사는 지체하지 말고 어서 사람을 데리고 가 그 도적의 무리를 잡도록 하시오."

그러자 송강이 지현에게 가만히 아뢰었다.

"그 일로 군졸들을 이끌고 낮에 달려가면 낌새를 채고 달아날까 걱정이 됩니다. 그러니 밤중에 달려가 조 보정만 붙잡으면 나머지 것들은 절로 사로잡을 수 있을 것입니다."

지현도 그 말을 옳게 여겨 그에 따르기로 하고 혼잣말처럼 중얼거렸다.

"허, 도무지 알 수 없는 일이로구나! 동계촌의 조개라면 세상의 평판도 좋을뿐더러 현청에 대해서도 이제껏 한 번도 거스른 적이 없는 사람인데, 어쩌다가 이런 엄청난 짓을 저질렀다는 말인가?"

지현은 그렇게 탄식하더니 곧 두 도두를 불러들여 해가 지면 어둠을 틈타 조가장晁家莊을 덮쳐 조개를 잡아들이도록 명했다. 두 도두는 뇌횡雷橫과 주동朱同이었다. 그들은 모두 조 보정에게 은혜를 두루 입어 왔기에 썩 내키지는 않았지만 마지못해 시간을 늦추며 잡는 척을 했다.

그들이 조가장에 이르렀을 때, 장원 안에서는 시뻘건 불길이 치솟아 대낮처럼 환히 마당을 밝히고 있었다. 그러나 사람의 그림자는커녕 개미 새끼 한 마리도 보이지 않았다.

사실 뇌횡과 주동은 조개를 잡고 싶은 생각이 없어 연신 소리만 크게 지를 뿐 오히려 군사들만 어지럽히고 있었다.

조개는 뒤처리를 하다 보니 늦게까지 달아나지 못하고 있었다. 관군이 밀려온 걸 알게 된 조개는 급히 머슴들을 시켜 장원의 모든 건물에 불을 지르게 한 다음, 공손승과 함께 머슴 여남은 명을 이끌고 뒷문으로 해서 달아났다.

뇌횡과 주동은 밤새 조가장 주변을 수색한다고 아우성만 치다 아침 무렵이 되어 조가장에서 일하던 머슴 둘을 이끌고 왔다. 그 말을 전해 들은 지현은 땅이 꺼질 듯이 한숨을 쉬다가 조개 등이 달아난 곳을 알기 위해 머슴들을 엄히 문초하니 입을 열었다.

"그들은 모두 일곱 사람이었습니다. 그들 중 하나는 장원의 주인인 조개이며, 하나는 마을 어귀에서 훈장 노릇을 하는 오용이었고, 하나는 떠돌이 식객 유당이었고, 하나는 승려복 차림의 공손승이었으며, 또 그 외에 오용이 끌어들인 자들로서 석갈촌에서 왔다는 삼형제가 있었습니다. 그들의 성은 완씨라고 하는 것 같았습니다."

머슴의 말을 전해 들은 지현은 다소 안심이 되었다. 도적을 놓쳐 제주부윤에게 할 말이 없던 차에 그나마 도둑들의 이름이라도 알려 줄 수 있었기 때문이다. 지현은 그것도 다행으로 여기며 송강을 불러서 공문을 초안하도록 분부하였다.

그리하여 하도는 공문만을 받아 가지고 터덜터덜 제주부로 돌아갈 수밖에 없었다. 하도가 제주부에 이르렀을 때, 마침 부윤은 등청해 있었다.

"명을 받들어 운성현으로 도적을 잡으러 갔으나, 놈은 이미 장원을 모두 불지르고 달아났습니다. 그러나 그 도적들의 이름이 적힌 공문을 가지고 왔습니다."

부윤은 공문을 받아 읽고는 감영에 갇힌 백승을 끌어내 석갈촌에서 왔다는 완씨 삼형제에 대해 자세히 묻고 도적 무리들의 이름을 다시 한 번 확인하였다. 그리고 하도와 포교들을 불러 석갈촌으로 가 완씨 삼형제를 사로잡을 계획을 짰다.

"석갈촌이란 곳은 양산박과 통하는 곳으로서 물살이 세고 갈대숲이 우거진 험한 곳입니다. 이전부터 도적이 나타나는 곳인데 이제 또 한 무리의 도적이 가담했습니다. 그러니 많은 인마를 내어 물과 뭍으로 함께 밀고 들어가지 않으면 그들을 사로잡을 수 없을 것입니다."

"이번 일은 북경과 동경 두 곳에서 동시에 채근하고 있는 일이니 섣불리 손을 뺄 수가 없다. 오백 명의 군사를 뽑아 줄 터인즉 즉시 나아가 관군의 위엄을 보이고 도적놈들을 사로잡아 오도록 하라!"

다급해진 부윤은 선선히 하도의 말을 들어주며 빨리 도적 잡기만을 재촉했다.

그 무렵 동계촌에서 몸을 뺀 조개는 공손승과 머슴 십여 명과 함께 석갈촌에 이르렀다. 완씨 삼형제가 조개를 마중 나와별일 없이 그의 집으로 갈 수 있었다.

그때 완소이는 가족들을 호수 위의 외딴 섬으로 옮겨 놓고있었다. 그 외딴 섬에는 호젓한 오두막이 하나 있었는데, 완소오와 완소칠이 살고 있는 곳으로, 조개와 공손승, 오용, 유당의 새로운 거처가 되었다.

그들은 일곱이 다 모이자 양산박으로 들어갈 일을 의논했다. 오용이 먼저 입을 열었다.

"이가도구李家道口 주귀가 주막을 차려 놓고 사방에서 오는 호걸들을 맞아들인다고 했습니다. 양산박에는 그자를 통하지 않고는 들어갈 수가 없다 합니다. 그러니 배를 마련해 그에게 가서 금은이라도 건네주며 양산박으로 안내해 달라고 청해야 할 것입니다."

그렇게 거취가 정해질 무렵, 평소 완씨 삼형제와 가까이 지내던 어부들이 헐레벌떡 노를 저어 와서 알렸다.

"큰일났습니다. 관군들이 마을을 향해 쳐들어오고 있습니다!"

그 말을 들은 조개가 벌떡 몸을 일으키며 말했다.

"뭐라고? 놈들이 벌써 우리 뒤를 추격해 왔단 말이지? 그렇다면 이제는 이곳에서 달아나지 맙시다."

그러자 완소이가 그 말을 받으며 나섰다.

"알겠습니다. 제가 나가서 놈들을 모두 물고기 밥으로 만들어 버리겠습니다!"

공손승도 한마디 거들었다.

"이제야말로 나도 한번 본때를 보여 줄 때가 온 것 같소."

관군과 맞서기로 뜻이 정해지자 조개가 유당에게 당부했다.

"유당, 자네는 먼저 오용 선생과 함께 완씨네 가족과 짐들을 배에 싣고, 이가도 네거리 부근에 있다는 주막집 쪽으로 노를 저어 가게나. 우리도 곧 뒤따라가겠네."

그리하여 유당과 오용은 배 두 척에 각각 짐을 나누어 싣고 먼저 이가도 네거리 쪽으로 갔다.

완소이는 완소오와 완소칠을 불러 작은 배 두 척에 나누어 타고 계략을 일러 주면서 어디론가 떠났다. 그들이 떠나고 섬에 남은 사람들은 관군 맞을 준비를 했다.

하도와 군사들이 석갈촌으로 밀려들고 있었다. 그들은 호숫가에 이르자 나루터에 있는 배들을 몽땅 빼앗아, 노를 저을 줄 아는 군사들로 하여금 노를 젓게 하여 앞으로 나아갔다. 바야흐로 호숫가 언덕 위의 보병과 기병과 더불어 수륙양면 작전이 펼쳐지고 있는 중이었다.

그들은 오래지 않아 호숫가에 있는 완소이의 집에 이를 수 있었다. 그들은 일제히 함성을 지르면서 오두막집 앞뒤로 들이닥쳤으나 오두막집은 텅 비어 있었다. 못 쓰는 물건들만 몇 점씩 흐트러져 있을 뿐이었다. 부근에 사는 어부들에게 물어 보니 완씨 형제들은 호수 한가운데에 있는 섬으로 떠났다는 것이었다.

"이곳 석갈촌은 물살이 세고 깊은 데다 언덕이 험하기로 이름난 곳이오. 그러니 우리가 여러 패로 나누어서 쳐들어갔다가는 놈들의 잔꾀에 빠질 염려가 있으니 한꺼번에 쳐들어가는 것이 좋을 것 같습니다."

하도는 한꺼번에 밀고 들어가기로 하고 모두 작은 배에 올랐다. 그들이 어부들에게 빼앗은 배에 네댓 명씩 나누어 타고 한동안 미끄러져 갈 때였다.

문득 갈대숲에서 완소오의 배가 나와 그들을 유인하더니 사라져 버리고, 머리에 삿갓을 쓰고 푸른 도롱이를 걸친 완소칠이 갈대밭 사이 수로를 향해 빠져 나갔다.

하도가 소리쳤다.

"이젠 됐다, 양쪽 기슭은 언덕이다! 그리고 저 수로는 틀림없이 막다른 곳일 것이다! 이젠 독 안에 든 쥐다! 뒤를 쫓아라!"

하도가 이번에는 꼭 사로잡고 말겠다는 듯이 군졸들을 내몰았다. 관군들의 배가 일제히 수로를 향해 노를 저어 나가기 시작했다. 그런데 이게 어찌 된 일인가? 배를 저어 나가면 나갈수록 수로는 점점 더 좁아지고 있었다. 많은 배들이 한꺼번에 좁은 수로에 접어든 탓에 서로 부딪치고 엉겨 붙어서 옴짝달싹 못할 지경에 이르렀다. 그제야 하도는 황급히 군사들에게 명했다.

"배를 세워라! 모두들 배를 조금씩 뒤로 물려서 저 옆의 늪 쪽으로 빠져나가라!"

그러나 말처럼 쉬운 일이 아니었다. 저희들끼리 뒤엉켜 크게 혼란에 빠져 허우적대는 군졸들에게 하도가 다시 명을 내렸다.

"모두들 배에서 내려 언덕으로 기어올라라!"

하도가 언덕으로 올라가서 내려다보니 수없이 많은 섬에 갈대만 무성하게 우거져 있을 뿐 사람이 다닐 수 있는 길은 하나도 나 있지 않았다. 갈대밭 사이로 물길이 나 보였으나 너무 좁을 뿐 아니라 어느 쪽으로 가야 빠져 나갈 수 있는지 알 길이 없었다.

하도가 어쩔 줄 몰라 하다가 물길을 알아보기 위해 빠른 배에 옮겨 타고 앞으로 나아가는데 갑자기 물속에서 시커먼 사내 하나가 솟아올라 하도의 발목을 낚아챘다. 그리고는 하도의 목을 휘어 감고 물속으로 들어가 버렸다.

물속으로 하도를 끌고 들어간 사내는 하도가 물을 들이켜서 늘어지자 곧 물 밖으로 끌고 나왔다. 기다리고 있던 다른 사내가 허리띠를 풀어서 삽시간에 하도를 꽁꽁 묶어 버렸다. 완소오와 완소칠이었다.

"우리 삼형제는 본래 사람 죽이고 불 지르는 데 이골이 나 있
는 사람들이다! 네놈이 아무리 간이 크기로서니 감히 우리 형
제를 잡겠다고 군사를 이끌고 왔다는 말이냐?"

하도가 눈물을 흘리며 빌었다.

"이놈이 눈이 삐어서 감히 호걸님들을 알아뵙지 못했습니다.
저는 다만 위에서 시키는 대로 했을 뿐입니다. 제가 어찌 감히
호걸님들을 잡으려 들겠습니까? 제발 목숨만은 살려 주십시오.
집에는 처자식과 팔순 노모가 기다리고 계십니다."

"형님, 우선 이놈을 거적으로 말아서 배 위에 던져두기로 합
시다."

하도가 워낙 간곡히 애원하자 완소칠은 차마 죽이지 못하고
완소오에게 말했다. 이에 완소오가 고개를 끄덕였다.

완소칠이 하도를 거적에 싸서 배 위로 털썩 집어던지고 군졸
들의 시체를 물속에 처넣자 완소오는 두 손가락을 입 속에 집
어넣어 길게 휘파람을 불었다. 그러자 우거진 갈대숲 사이에서
네댓 명의 사내들이 불쑥불쑥 고개를 쳐들며 나타나 각기 두
척의 배에 나누어 타고 어디론가 사라졌다.

시간은 어느덧 초경(저녁 8시경) 무렵인데, 홀연 싸늘한 바람이
일더니 '쏴아!' 하고 비바람이 몰아쳤다. 그러자 서로 뒤엉켜 있
던 배들이 뒤집힐 듯이 흔들렸다. 군졸들이 당황해서 소리를
질렀다.

"배가 부딪친다! 모두 중심을 잡도록 하라. 위험하다!"

"배가 부서질 것 같다!"

군졸들이 우왕좌왕하자 배는 더욱 중심을 잃고 출렁거렸다. 뱃머리와 뱃머리가 부딪쳐 '와지끈!' 소리를 내며 깨지는가 하면, 노가 부러져 나가고 삿대마저 동강나고 있었다.

그런데 그때, 맞은편 갈대숲으로부터 활활 타오르는 불덩이가 물 위를 미끄러지듯 달려오는 것이 아닌가. 불붙은 갈대 더미를 실은 배들이었다.

"이젠 꼼짝없이 앉아서 죽게 되었구나!"

좁은 물길을 빠져 나가지 못하고 있던 군졸들은 불덩이를 싣고 오는 배들을 보자 어찌할 바를 몰랐다. 불붙은 배들이 군졸들이 타고 있는 배의 무리들과 부딪치자 순식간에 불이 옮겨붙으면서 불길이 치솟았다. 조개가 화공법을 쓴 것이었다.

군졸들은 달아날 길을 찾아 무조건 배에서 뛰어내렸으나, 그곳은 사방이 아득한 갈대밭이요 늪지대인지라 마른 땅이 없었다. 게다가 앞뒤의 갈대밭에도 불길이 옮겨 붙어 치솟아 올랐다. 불길은 바람을 타고 금세 갈대밭으로 번지고 있었다. 오백 명에 달하는 군졸들은 어쩔 수 없이 다시 늪 쪽으로 뛰어들었으나 태반은 불에 타 죽고 나머지는 물고기 밥이 되고 말았다. 살아남은 자는 오직 하도뿐이었다. 하도는 거적에 둘둘 말린 채 배 위에 쓰러져 있었다.

완소이가 하도를 언덕 위로 끌어올린 뒤 꾸짖었다.

"네 이놈, 하도야! 하룻강아지 범 무서운 줄 모른다더니 네 놈이 바로 그 꼴이로구나! 내가 네놈을 단칼에 찔러 죽일 것이

로되 부윤에게 알릴 말이 있어 목숨만은 살려 주겠다! 제주부
윤에게 돌아가거든 똑똑히 내 말을 전하거라! 우리는 석갈촌의
완씨 삼형제와 동계촌의 탁탑천왕托塔天王 조개라고 말하라. 우
리가 성 안으로 먹을 양식을 빼앗기 위하여 찾아가는 일이 없
거든 결코 부윤도 우리를 죽일 생각을 하지 말라 하고, 사람을
보내거나 찾아오지 말라고 전하여라! 만일 또다시 이런 일이 있
을 때에는 한 놈도 살려 보내지 않을 것이다. 부윤 따위는 말할
것도 없고, 만일 채 태사가 직접 오더라도 몸뚱이에 구멍을 수
십 개 뚫어서 죽일 것이다! 돌아가는 즉시 내 말을 분명히 전하
여 다시는 죽음을 재촉하는 짓을 저지르지 말도록 하라!"

말을 마치자 완소이는 완소칠에게 일렀다.

"소칠아, 수고스럽지만 어찌하겠느냐? 네가 이놈을 석갈촌 큰
길까지 데려다 주고 오너라!"

이에 완소칠은 하도를 싣고 배를 저어 완소이 집 근처로 갔다.
완소칠이 하도를 배에서 내려주며 당부했다.

"네놈은 운이 좋은 줄 알아라! 그러나 네 부하들이 모두 죽
었는데 너 혼자서 멀쩡히 산 채로 돌아간다면 제주부윤이 너를
그냥 두지 않을 것이다. 그러니 이곳에 귀 두 쪽만 남겨 두고 가
거라."

그러고는 칼을 꺼내어 하도의 양쪽 귀를 모두 잘라 버렸다.
하도는 피가 철철 흐르는 양쪽 귀를 감싸쥔 채 달아났다.

하도를 놓아 주고 난 완소칠은 곧장 일행에게로 돌아와서 함
께 이가도구 네거리 쪽으로 배를 저어 갔다. 먼저 떠난 오용과

유당은 호숫가에 배를 대놓은 채 기다리고 있었다.

그들은 배에서 내려 싣고 온 짐들을 모두 챙겨 가지고 주귀가 있는 주막으로 갔다. 주귀는 그들을 보고 깜짝 놀랐다. 그곳에서 길목을 지켜 온 이래 이토록 많은 사람이 양산박에 들기위해 찾아온 것은 처음이었기 때문이다. 더군다나 찾아온 일곱은 모두 한눈에 보기에도 범상한 인물들이 아니었다.

오용이 자신들이 온 뜻을 밝히자 주귀는 황망히 그들을 맞아들여 술을 대접하며 그들로부터 자세한 이야기를 들었다. 다듣고 나서 주귀가 말했다.

"잘 알겠습니다. 오늘은 아무 걱정 마시고 이곳에서 편히주무십시오. 제가 그동안 양산박에 이 일을 알리도록 하겠습니다."

다음 날 아침, 조개 일행은 금사탄金沙灘을 건너 양산박 두령왕륜의 영접을 받았다.

그들은 왕륜을 따라 산채로 올라가게 되었다. 산채의 본부로쓰이는 이층의 정각亭閣에 오르니 맨 위 처마 밑에 '취의청聚議廳'이라고 쓴 현판이 걸려 있었다.

취의청에 이르자 왕륜은 우선 두천, 송만, 임충 등 부두령들을 불러서 인사시켰다. 그러고 나서 조개 일행을 객사로 안내하여 잠시 쉬게 했다.

그동안 왕륜은 잔치 준비를 서둘렀다. 산채에서는 암소 두 마리, 염소 열 마리, 돼지 다섯 마리를 잡아서 잔칫상을 마련했다.

잔치는 정오부터 시작되어 그칠 줄 몰랐다. 풍악이 은은하게 울려 퍼지는 가운데, 두령 왕륜을 중심으로 빙 둘러앉아서 모두들 술을 마셨다. 조개는 왕륜에게 자신들이 양산박을 찾아오게 된 동기와 그간의 경위를 처음부터 끝까지 자세히 설명해 주었다. 왕륜은 이야기를 들으면서 때로는 감탄하고, 때로는 놀라는 듯했다.

정오부터 시작된 잔치는 오후 내내 계속되었고, 밤이 되어서야 겨우 끝이 났다. 잔치가 끝나자 조개 일행은 또다시 객사로 안내되었다.

그날 잔치의 분위기를 파악하던 오용은 두령 왕륜이 자신들을 받아들이지 않을 것이며, 임충과도 뜻이 맞지 않는 느낌을 받았다. 그래서 조개에게 일깨워 주듯 말했다.

"왕륜이 만일 우리를 이곳에 받아들이려고 마음먹었다면 두천, 임충, 송만 등 부두령들과 인사시킬 때에 이미 순서를 가려 자리를 마련해야만 했습니다. 그런데 잔치가 벌어진 다음에도 그저 술만 마셔 대게 했단 말입니다. 제가 보건대 두천과 송만은 그런 걸 생각할 것도 없는 평범한 인물이지만 임충이란 자는 조금 달랐습니다. 그는 이곳에 오기 전에 동경에서 금군교두를 지낸 사람입니다. 두목 왕륜을 능가하는 호걸임에 틀림없습니다. 그 사람 한 명을 빼놓고는 모두 다 제가 생각했던 호걸들이 아니었습니다."

"왕륜이 속 좁은 사람이란 소리는 나도 오래전부터 들어온 바이지만, 지금 이렇게 환대를 받고 있는 터에 우리가 그를 너무 가볍게 여기는 것이 아니오?"

"그렇지 않습니다. 어차피 그는 우리를 받아들이지 않을 것입니다."

"그럼 이 일을 어쩌면 좋겠소?"

"제게 묘책이 하나 있으니 두고 보십시오. 제가 수작을 걸어서 임충으로 하여금 산채의 주인이 되게 하겠습니다."

조개가 그 말을 듣고 생각에 잠기다 말했다.

"그렇다면 오 선생의 묘책만 믿겠소."

다음 날 아침, 졸개 하나가 찾아와 넷째 두령 임충이 왔음을 알렸다. 그 말을 듣자 오용이 조개에게 말했다.

"그 사람 역시 우리에게 긴한 뜻이 있어 찾아왔을 겁니다. 그를 맞아들여 살펴보십시오."

조개와 함께 임충을 객관으로 맞아들인 오용이 공손히 입을 열었다.

"어제는 이곳 산채에서 너무도 분에 넘치는 환영을 받았습니다. 거기다 이렇게 찾아 주시기까지 하니 감사한 마음 어떻게 전해야 할지 모르겠습니다."

임충이 오히려 면구스런 얼굴로 대답했다.

"겸양의 말씀이십니다. 다소 소홀했던 점도 있었고, 또 기분이 상하신 점도 있었던 것으로 생각됩니다. 여러분을 극진히 모시고 싶은 생각은 간절했지만 제 뜻대로 할 수 없는 처지이니 부디 잘못을 용서하십시오."

"저희처럼 보잘것없는 사람들에게 그처럼 따뜻한 말씀을 해 주시니 고맙기 그지없습니다. 저희가 목석이 아닌 다음에야 어찌 임 두령님의 그런 뜻을 눈치 채지 못했겠습니까? 정말 감사합니다. 자, 이쪽으로 잠깐 들어오십시오."

오용이 그렇게 말하며 임충을 안으로 맞아들이자, 조개가 그로 하여금 윗자리에 앉도록 권했다. 그러나 임충은 거듭거듭 사양하면서 조개를 윗자리에 눌러 앉히고 자신은 나머지 여섯 사람과 함께 아랫자리에 앉았다.

모두 자리에 앉고 나자 오용이 말했다.

"교두께서 동경에 계실 때 호걸이셨다는 말씀을 많이 들었습니다. 그런데 어찌하여 고구와 사이가 나빠져 모함을 받게 되셨습니까? 뒤에 들으니 창주에 계실 때도 초료장에 불이 난 건 모두 고구의 계략이라고 들었습니다. 교두께서는 어느 분의 권고를 받아 여기 양산박으로 오셨습니까?"

"저는 고구의 이름만 들어도 이가 갈리고 치가 떨립니다. 그놈 때문에 제가 겪은 그간의 고초는 이루 다 말할 수 없을 지경입니다. 그놈 때문에 창주 땅으로 귀양을 가게 되었는데, 그놈은 끝까지 사람을 보내서 저를 죽이려고 했지요. 제가 이곳에 오게 된 것은 소선풍 시진이 천거해 주신 덕분입니다."

오용이 다시 물었다.

"소선풍 시진이라면 바로 그 대주大周 황제의 적파嫡派 후손인 시 대관인을 말씀하시는 겁니까?"

"그렇습니다."

그 말을 듣고 있던 오용이 슬며시 임충의 속마음을 떠보았다.

"허어, 그렇다면 알 수 없는 일이로군요. 시 대관인은 사해에 이름을 떨치시는 분이니 임 교두의 무예가 뛰어나지 않았다면 어찌 천거했겠습니까? 제가 말을 함부로 하는 것 같지만, 왕 두령이 이치를 아는 분 같으면 마땅히 임 교두를 첫째 두령으로 모셔야지요. 그렇게 하는 것이 시 대관인이 추천하신 뜻을 저버리지 않는 길일 텐데 말입니다."

"저는 결코 그런 과분한 칭찬을 들을 만큼 훌륭한 사람이 못됩니다. 저는 본래 큰 죄를 짓고 도망쳐서 시 대관인에게 신세를 지고 있었습니다. 그분은 제게 계속 그곳에 머물도록 권했지만, 그분께 해를 끼칠까 봐 걱정이 되어서 그곳을 떠나온 겁니다. 그런데 이제 이곳에서 이러지도 저러지도 못하는 난처한 입장에 처하게 되었습니다. 이곳을 떠나자니 마땅히 갈 곳도 없고, 또 그냥 머물러 있기도 불편한 상황입니다. 왕 두령이 본래 의심이 많은 성격인데다 시기심이 많고 마음이 좁아 뜻이 맞지 않기 때문입니다. 결코 제가 왕 두령의 위에 올라서지 못해서 이런 마음을 품고 있는 것이 아닙니다. 저는 다만 왕 두령의 도량이 좁아 뜻을 함께할 수 없음이 안타까울 뿐입니다."

오용의 물음에 임충이 서슴없이 왕륜에 대한 불평을 털어놓았다. 그러자 오용이 짐짓 걱정스러운 얼굴로 말했다.

"왕 두령이 사람을 대할 때는 너그러운 것 같은데…. 참 알 수 없는 일이로군요."

그러자 임충이 다시 깨우쳐 주듯 말했다.

"이번에 여러 호걸께서 오시어 한식구가 된다면 그건 그야말로 가뭄에 단비요, 비단에 수를 놓는 격이지요. 그러나 그 속

좁은 사람은 그렇게 생각하지 않고 자기보다 잘난 사람을 보면 자기를 누르지 않을까 의심부터 합니다. 어젯밤에 여러 호걸들이 관군을 죽였다고 말할 때 그가 여러분을 받아들이지 않을 것임을 저는 그의 얼굴을 보고도 알 수 있었습니다. 그래서 여러분을 관문 밖 객관에 쉬게 한 것입니다."

"왕 두령의 생각이 그러하시면 그분이 우리에게 떠나라고 말씀하시기 전에 우리가 먼저 이곳을 떠나는 것이 좋을 것 같습니다."

오용이 그렇게 말하니 임충이 간곡히 말렸다.

"제발 떠난다는 말씀은 하지 마십시오! 이 임충에게 다 생각이 있습니다!"

호걸은 호걸을 알아보는 법이다. 오용이 한눈에 임충의 호걸됨을 알아보았듯이, 임충 또한 이들 일곱 명의 호걸을 한눈에 알아보았던 것이다.

"그렇지 않아도 여러 호걸들께서 이곳을 떠나실 생각을 하실까봐 두려워서 제가 이처럼 아침 일찍 찾아온 것입니다. 여러 호걸들께서는 제발 저를 믿으시고 이곳에서 저희들과 힘을 합하여 뜻을 펴 주시기 바랍니다. 제가 어디 한번 가만히 두고 보겠습니다. 왕 두령이 여러 호걸들을 받아들이겠다고 말한다면 그대로 내버려 두겠지만, 만일 그렇지 않을 경우에는 아주 요절을 내버릴 생각입니다."

바로 오용이 바라던 대로였다. 임충은 그렇게 말하고 나서 자리에서 몸을 일으키며 말했다.

"이따가 뵙겠습니다."

임충이 산채로 올라간 지 얼마 지나지 않아, 산채로부터 졸개 하나가 내려와서 말했다.

"오늘은 왕 두령께서 여러 호걸님들을 모시고 남쪽 호수 위의 수채水寨에서 오찬을 베푸시겠답니다."

"흔쾌히 응하겠노라고 두목님께 말씀 전해 주게나."

조개가 그렇게 대꾸했다. 졸개가 돌아가고 나자 조개가 오용 에게 가만히 물었다.

"이번 자리에 대해서 어떻게 생각하오?"

오용이 빙그레 웃으며 말했다.

"오늘 임 교두는 분명히 산채의 주인을 바꾸려 들 것입니다. 만일 그렇게 되지 않을 경우에는 제가 이 세 치 혀를 이용하여 기필코 그렇게 되도록 만들고 말겠습니다. 그러니 여기에 있는 사람들은 모두 무기를 감추고 앉아 있다가 내가 손으로 수염 을 세 번 쓰다듬거든 일제히 일어나서 임 교두를 돕도록 하십시 오."

오용의 말에 따라 그들은 모두 몸에 무기 하나씩을 지니고, 그 위에 겉옷을 단정히 입었다.

잠시 후 일곱 채의 가마가 그들을 태우러 왔다. 그들은 각기 가마에 올라타고 꼬불꼬불 산길을 올라가서 산등성이를 넘은 다음 양산박의 남쪽 끝으로 내려갔다.

그곳에는 호수 위에 한 채의 정자가 세워져 있었다. 그리고 정 자와 물가 사이에는 좁다란 다리가 놓여 있었다.

그들이 가마에서 내리자 졸개들이 정자 안으로 맞아들였다. 정자 안에는 이미 왕륜을 비롯하여 임충, 송만, 두천, 주귀가 기다리고 있었다. 왕륜이 제일 상석에 앉고 나머지 사람들은 양쪽으로 나뉘어 서로 마주 보고 앉도록 자리가 정해져 있었다.

이윽고 술과 음식이 나오고 연회가 베풀어졌다. 술잔이 몇 순배 돌았을 무렵 조개는 기회를 보아 산채에 들기를 청하려 했으나, 왕륜은 조개가 그 말을 꺼내려고 할 때마다 말을 딴 곳으로 돌리곤 했다. 문득 오용이 곁눈질로 바라보니 임충의 얼굴이 붉으락푸르락해지고 있었다.

이윽고 술자리가 끝나자 술상이 거두어지고, 단술과 과일 쟁반이 날라져 들어왔다. 그때 왕륜은 졸개들에게 시켜 무언가를 가져오게 했다. 곧 졸개들이 쟁반을 들고 왔는데 그곳에는 다섯 개의 커다란 은괴銀塊가 담겨 있었다.

왕륜이 그 쟁반을 받아들더니 조개에게 말했다.

"이번에 여러 호걸들께서 의를 위해 뭉치고자 이렇게 저희 산채를 찾아 주신 것을 고맙게 생각합니다. 그러나 보시다시피 이곳은 매우 초라한 곳입니다. 사방이 물길에 둘러싸인 채 우물 안 개구리 같은 생활을 하고 있으니, 여러 호걸들께서 큰 뜻을 펴기에는 너무 좁은 곳입니다. 어찌 용이 웅덩이에 머무를 수가 있겠습니까. 그래서 변변치 못하나 여기에 노자를 대신하여 은괴를 마련하였으니, 부디 이곳보다 큰 곳을 찾아가셔서 마음껏 천하를 호령하십시오."

조개는 '드디어 올 것이 왔구나.' 하고 쓴웃음을 지었다. 그러나 곧 정색을 하고 왕륜에게 말했다.

"저희는 이곳에서 의로운 호걸들을 널리 받아들인다기에 찾아온 것이지, 결코 이런 은괴를 얻으려고 온 것이 아닙니다. 왕 두령님께서 저희들을 받아들이지 않으시겠다면 저희들은 흔쾌히 이곳을 떠나겠습니다. 이 은덩이는 특별히 저희들을 생각하시어 주시는 것이나 저희들도 노잣돈은 있으니 거두어 주십시오. 우리는 채비를 갖추어 곧 이곳을 떠나겠습니다."

조개가 선뜻 그 말을 받아들이자 왕륜도 미안했던지 변명을 길게 늘어놓았다.

"너무 섭섭하게 생각지는 마십시오. 이곳에는 많은 식구들이 모여 사는 터라 양식도 모자라고 거처할 곳도 변변치 않습니다. 혹시라도 붙들었다가 여러 호걸들의 앞날을 그르칠까 두려워 감히 청하지 못하겠습니다."

그러나 그 말이 채 끝나기도 전에 벼락같이 소리치는 사람이 있었다.

"네 이놈, 왕륜아!"

모두들 놀라 바라보니 다름 아닌 표자두 임충이었다. 임충은 두 눈을 부릅뜨고 왕륜을 쏘아보며 소리 높여 꾸짖었다.

"네놈은 지난날 내가 이곳을 찾아왔을 때도 지금처럼 양식이 없다, 거처할 방이 없다는 등 갖은 핑계를 다 대면서 따돌리더니, 또 똑같은 수작을 되풀이하느냐! 이게 네놈의 도리냐?"

그러자 오용이 나서서 싸움을 말리는 척했다.

"임 두령께서는 잠시 고정하십시오. 저희들이 찾아와서 공연히 산채의 정분을 깨는 듯하여 몸둘 바를 모르겠습니다. 왕 두령께서는 노잣돈까지 주시며 예의로 대해 주시었소. 그러니 우리가 이곳을 떠나면 그만입니다!"

오용이 그렇게 말하니 임충은 더욱 화가 날 수밖에 없었다. 왕륜을 노려보며 더욱 소리를 높여 꾸짖었다.

"너는 웃음 속에 비수를 감추고 있는 비열한 놈이다! 너처럼 겉과 속이 다른 놈은 이 산채의 두목이 될 자격이 없다!"

왕륜도 그 소리를 듣고는 더 참지 못하고 임충을 노려보며 소리쳤다.

"짐승만도 못한 놈 같으니라구! 네가 감히 은혜를 원수로 갚으려 드는구나! 술도 취하지 않았는데 눈깔이 뒤집혀서 위아래를 알아보지 못하는구나!"

왕륜의 말이 채 끝나기도 전에 임충이 탁자를 발로 걷어차면서 시퍼런 칼을 뽑아 들었다. 그의 눈에서 푸른 불꽃이 일고 있었다. 그것을 보자 오용은 헛기침을 한 번 크게 하더니, 수염을 연달아 세 번 쓰다듬었다.

이를 신호 삼아 완씨 삼형제가 송만, 두천, 주귀에게 달려들어 그들을 뒤에서 꼭 끌어안았다. 그리고 조개와 유당은 왕륜의 양쪽 옆구리에 찰싹 달라붙어서 싸움을 말리는 척했다.

"왕 두령께서는 제발 고정하십시오!"

그렇게 말하면서 그들은 소매 밑으로 왕륜의 허리를 꽉 움켜쥐고 놓지 않았다. 심상치 않은 낌새를 눈치 챈 왕륜이 악을 쓰듯이 소리 질렀다.

"네 이놈들! 감히 누구에게 이 따위 무례한 짓들이냐?"

하지만 여전히 조개와 유당에게 붙들려 꼼짝도 못한 채 고래고래 소리만 지를 뿐이었다.

"뭣들 하느냐? 어서 이놈들을 모두 없애 버려라!"

그러나 졸개들은 임충의 기세가 사납고 일곱 명의 호걸들이 어떻게 나올지 몰라 감히 덤벼들 엄두를 내지 못했다. 세 부두령들도 완씨 삼형제의 팔에 휘감긴 채 옴짝달싹하지 못했다. 천하의 그 누가 완씨 삼형제의 팔뚝 힘을 당해 낼 수 있단 말인가!

그때 오용이 슬쩍 몸을 비키면서 임충을 놓아 주었다. 그러자 임충은 성큼성큼 왕륜 쪽으로 다가가 멱살을 움켜잡고 칼끝을 세웠다. 그제야 왕륜의 얼굴이 새파랗게 질리며 임충에게 사정했다.

"여보게, 임충. 사… 살려 주게나. 제… 제발, 모… 목숨만…."

그러나 임충의 칼끝이 순식간에 왕륜의 가슴팍을 파고들었다. 왕륜은 채 말끝을 맺지도 못한 채 그 자리에서 나무토막처럼 쓰러져 버렸다. 그리하여 왕륜은 여러 해를 양산박에서 주인 노릇을 하다가 마침내 임충의 손에 죽고 말았다.

왕륜이 쓰러지자 조개와 유당은 품속에서 칼을 빼어 들었다. 완씨 삼형제도 송만, 두천, 주귀를 감았던 팔을 풀어 주고 칼을 빼어 들었다. 공손승도 시퍼런 칼을 움켜쥔 채 사방을 두리번거렸다.

어느새 임충은 왕륜의 목을 뎅겅 잘라 높이 치켜들고 있었다.

그걸 본 송만, 두천, 주귀는 얼굴이 새파랗게 질린 채 그 자리에 무릎을 꿇고 빌었다.

"저희들은 모두 형님을 받들겠습니다. 말채찍을 들고 등자鐙子(안장에 달아 말의 양쪽 옆구리로 늘어뜨려 말을 탈 때 딛고 올라가며, 타고 있을 때에 두 발로 디디게 되어 있는 물건)를 잡는 일도 마다하지 않겠습니다."

조개가 바라보니 그 사이에 많은 졸개들이 정자 주위로 몰려와 있었다. 오용이 얼른 의자를 끌어다 놓고 임충을 자리에 앉히면서 큰소리로 외쳤다.

"모두들 잘 듣거라! 어느 놈이든 우리의 뜻에 따르지 않는 자는 살아남지 못하리라! 이제부터는 임 교두님을 이곳 양산박의 첫째 두령으로 모신다!"

그러자 임충이 나섰다.

"안 됩니다! 그건 당치도 않은 말씀이십니다. 저는 단지 여러 분 호걸들의 의기를 존중하여 소인배 왕륜을 죽였을 뿐입니다. 결코 첫째 두령 자리가 탐이 나서 왕륜을 죽인 것이 아닙니다. 제가 만일 그 자리에 앉는다면 천하의 영웅호걸들이 모두 비웃을 것입니다. 그러니 억지로 권하지 마십시오. 차라리 죽으면 죽었지, 그 자리에는 앉지 않겠습니다. 제가 지난날 동경에 있을 때 금군교두를 지낸 적이 있는 것은 사실이지만, 이제 제 손으로 직접 소인배 왕륜을 죽인 마당에 제가 첫째 두령의 자리에 오를 수는 없는 일입니다. 왕륜이 속이 좁은 데다가 어질고 재주 있는 사람을 미워하고 시기하기 때문에 죽인 것이지, 결코 첫째 두령이 탐이 나 한 짓은 아니었습니다. 이제 장차 의를 세워서 관군을 물리치고 폐하를 둘러싼 흉악한 간신배들을 물리쳐야 할 우리들입니다. 그런데 제가 감히 어떻게 첫째 두령 자리를 감당할 수 있겠습니까? 마침 다행히도 여기에 적임자가 한 분 계십니다. 바로 동계촌에서 오신 탁탑천왕 조개님이십니다. 이분이야말로 지혜와 용기를 지니신 참다운 호걸이시며, 재물을 헌신짝처럼 버리고 의를 받드는 분입니다. 천하에 그분의 이름 아래 따르지 않는 사람이 없습니다. 그러니 이분을 우리 산채의 새 주인으로 받들고자 합니다. 어떻습니까?"

그러자 전각 아래에 모인 많은 졸개들이 소리 높여 모두 만세를 불렀다.

"만세, 조개 두목님 만세!"

전각 위에 꿇어앉았던 부두령 세 명도 간곡한 목소리로 청했다.

"지당하신 말씀입니다! 조개님, 제발 저희들의 소망을 저버리지 마시고 우두머리가 되어 주십시오!"

그러나 조개는 손을 휘휘 내저으면서 사양했다.

"그건 당치도 않은 말씀입니다! 예로부터 '손님이 주인 노릇 하는 법은 없다.' 하였습니다. 저는 이 산채에 몸을 의지하러 온 한낱 손님에 지나지 않는데 어찌 산채의 주인이 된다는 말씀입니까?"

그러나 임충은 왕륜이 앉았던 의자를 끌고 오더니, 그곳에 조개를 강제로 눌러 앉히며 말했다.

"자, 모든 사람이 원하는 일이니 더 이상 사양치 마십시오!"

그러고는 다시 졸개들을 향해서 소리쳤다.

"이제부터 조개님을 우리들의 새 두목님으로 모시겠다! 모두 엎드려 절하여라! 만일 다른 뜻을 품는 자가 있을 때는 저 왕륜처럼 한칼에 목을 베리라!"

이제 와서 어느 누가 임충의 말을 거스를 수 있겠는가. 모든 사람들이 엎드려 땅바닥에 이마를 대면서 절하였다.

임충은 졸개들을 시켜서 미리 대채에 올라가 잔치 준비를 서두르도록 하는 한편 왕륜의 시체를 불태우게 했다. 그러고 나서 조개의 손을 이끌어 가마에 태운 다음 그곳에 있는 모든 사람들을 데리고 대채에 있는 취의청으로 올라갔다.

취의청에 오르자 임충은 조개를 예전에 왕륜이 앉았던 최고 두령의 자리에 앉게 했다. 그런 다음 가운데 놓여 있는 향로에 향을 피우고 나서 허리 굽혀 절을 올리며 말했다.

"이제 여러 호걸들이 한곳에 모였고, 두령님께서 이곳 산채의 새로운 주인이 되셨습니다. 그러므로 두령님을 받들 새로운 서열이 필요합니다. 이제 대의를 분명히 세웠으니, 이전처럼 덧없이 날만 보낼 수가 없습니다. 바라건대, 여기 계신 오용 선생님을 군사軍師로 삼으시어 병권兵權을 장악하도록 하시고, 마땅히 두 번째 두령의 자리에 앉도록 하십시오."

그 말에 오용이 얼른 입을 열었다.

"저는 한낱 시골 촌구석의 서생에 지나지 않습니다. 손오병법 孫吳兵法(춘추 시대의 병법가 손무와 오기의 병법)을 조금 읽었다 하나

아직 털끝만 한 공도 세우지 못한 터에 어찌 그 자리를 감당하겠습니까?"

"일이 이미 정해졌으니 사양치 마시고 둘째 자리에 앉으십시오."

임충이 그렇게 말하며 그를 둘째 자리에 앉히자 많은 사람들이 우레 같은 박수를 쳤다.

임충이 다시 좌우를 둘러보며 말했다.

"공손 선생께서 세 번째 자리에 오르십시오."

"그건 아니 되오. 임 교두께서 이러시면 제가 먼저 이 자리를 물러나겠습니다."

그러자 이번에는 조개가 나서 양산박에 먼저 와 있던 임충을 셋째 두령에 앉히려 했으나 임충이 그 말을 꺼내기도 전에 먼저 입을 열었다.

"공손 선생은 그 이름을 세상에 널리 떨치셨을 뿐 아니라 군사를 잘 부리고 바람과 비를 부리는 술법을 지니신 분입니다. 그러니 공손 선생 말고 어느 누가 그 자리에 앉겠습니까?"

공손승이 나서서 임충의 말을 받았다.

"제가 비록 술법을 좀 안다고 하나 경륜이 없는데 어찌 그 자리에 앉겠습니까? 셋째 자리는 마땅히 임 교두께서 앉으셔야 합니다."

"이번에 관군을 크게 물리친 것도 선생의 술법 때문이었습니다. 솥은 다리가 세 개 있어야 하니 공손 선생이 빠져서는 아니 될 것입니다. 선생은 여러 말 마십시오."

임충의 말에 공손승은 더이상 말문을 열지 못하고 엉겁결에 셋째 두령 자리에 앉았다.

그런데 임충이 다음 자리까지 사양하자 조개, 오용, 공손이 자리에서 벌떡 일어서며 결연한 어조로 말했다.

"임 교두께서 솥은 다리가 셋이어야 한다고 하기에 할 수 없이 그 말에 따랐습니다만 교두께서 이번에도 마다하시면 저희들은 이 산채를 떠날 수밖에 없습니다."

세 사람이 그렇게 입을 모아 말하니 임충도 마지못해 네 번째 자리에 앉기로 했다. 이어 다섯 번째 유당, 여섯 번째는 완소이, 일곱 번째는 완소오, 여덟 번째는 완소칠, 아홉 번째는 두천, 열 번째 자리에는 송만, 열한 번째는 주귀로 정해졌다.

그리하여 이때부터 양산박에는 열한 명의 호걸들이 자리를 잡고 웅지의 나래를 펴게 되니 그 아래 졸개들이 무려 칠팔백여 명이나 되었다.

조개는 두목의 자리에 오르자 먼저 잔치를 베풀었다. 그리고 창고를 열어 모든 졸개들에게 곡식과 재물을 골고루 나누어 주었다. 또한 자신들이 빼앗아 왔던 양중서의 생신 축하 예물도 아낌없이 모두 나누어 주었다.

조개는 또 소와 말을 잡게 하여 천지신명께 제사를 드려 양산박의 의로운 형제들이 변함없이 지낼 수 있기를 빌었다.

왕륜이 죽자 졸개들은 내심 겁에 질려 있었으나 새로 두령 자리에 오른 우두머리들이 모두 너그럽고 서로 우의가 두터운 걸 보고 비로소 안심하였다. 그들은 지난날 하잘것없는 좀도적에 불과했으나 이제 새로운 두령들을 맞이하여 의를 위해 싸우기로 굳게 맹세하였다.

조개는 산채의 사람들 중 원하는 자가 있을 때는 자신의 처자식을 양산박으로 데리고 들어와서 살 수 있도록 허락하였다. 그러므로 졸개들은 더욱 감읍하여 충성을 맹세하였다.

임충은 조개가 하는 일들이 하나하나 맺고 끊음에 있어 막힘이 없고 너그러운 것을 보자, 자신의 판단이 옳았음을 알고 마음속으로 기뻐했다.

그 후 산채에 얼마간 평온한 나날이 계속되는 동안 조개와 여러 두령들은 창고를 점검하여 양식을 마련해 두는 일을 잊지 않았다. 또한 양산박을 둘러싼 울타리와 관문도 손보았다. 창과 칼, 활을 비롯한 병장기를 갖추어 관군을 맞아 싸울 채비를 하는 한편, 크고 작은 배들을 새로 만들고 졸개들을 조련시켰다.

이윽고 긴 겨울이 지나고 봄이 되자 양산박에 급보가 날아들었다. 제주부의 관군 이천여 명이 사오백 척의 배를 준비하여 석갈촌에 진을 치고 있다는 것이었다. 그 소식을 듣고 조개가 좌우를 둘러보자 오용이 빙그레 웃으면서 말했다.

"아무 염려하지 마십시오. 제게 한 가지 계략이 있으니 맡겨만 주십시오."

그러고 나서 오용은 완씨 삼형제를 불러 지시를 내리고, 임충과 유당을 불러 계책을 일러 주었다. 그리고 두천과 송만을 불러 다른 지시를 내리자 그들은 빙그레 웃으면서 대답했다.

"네, 군사께서 시키신 대로 따르겠습니다."

한편 석갈촌에 주둔한 관군의 총지휘관은 제주부윤의 명을 받고 출병한 단련사團練使 황안黃安이었다. 지난번 귀가 잘린 하도가 달려가서 관군이 모두 꺾인 것을 말하고 그들이 양산박으로 간 것을 알리자 화가 난 제주부윤은 다시 병력을 증강해서 황안으로 하여금 양산박 패거리들을 쳐부수도록 했다.

황안은 석갈촌에 이르러 군사를 재정비한 다음 양산박으로 밀고 들어갔다. 그들이 탄 배가 금사탄 근처에 이르렀을 때 바람결에 이상한 소리가 들려왔다. 휘파람 소리 같기도 하고, 악기 소리 같기도 한 그 소리를 듣고 황안이 군사들에게 소리쳤다.

"수상한 소리다. 모두들 두 패로 갈라져 갈대숲 사이로 숨어들어라!"

관군의 배들은 즉시 두 패로 나뉘어서 갈대숲 사이로 숨어들었다. 그들이 갈대숲 속에 숨어들어 사방을 살피는데 문득 아득한 호수 저편에서 배 세 척이 다가오고 있었다.

배가 점점 가까이 다가오는데 문득 바라보니 세 척의 배가 모두 똑같은 모습을 하고 있었다. 각 배에는 다섯 명씩 타고 있었는데, 네 명은 두 명씩 짝을 지어 노를 젓고 있었고, 한 명은 뱃머리에 우뚝 서 있었다. 각각 뱃머리에 우뚝 선 세 명의 사내는 붉은 비단옷을 몸에 걸치고 있었고, 이마에는 시뻘건 두건을 질끈 동여맨 모습이었다. 이상한 소리는 바로 그들이 휘파람을 분 것이었다.

그들의 모습이 낯이 익은 군졸 하나가 황급히 황안에게 알렸다.

"저놈들이 바로 그 완씨 삼형제입니다!"

황안이 단번에 그들을 사로잡을 듯한 기세로 명을 내렸다.

"자, 모두 한꺼번에 달려가 저 세 놈을 해치워라!"

관군들은 더욱 힘껏 노를 저어 그들을 뒤쫓았다.

그때였다. 문득 뒤쪽에서 다시 휘파람 소리가 들렸다. 깜짝 놀라 뒤를 돌아보니, 뒤쪽의 갈대밭 속에서 수십 척의 배들이 붉은 깃발을 펄럭이면서 쏟아져 나오고 있었다.

황안은 당황하여 손발이 제대로 움직이지 않는 가운데도 배를 돌려 세우고 싸우게 했다. 그때 갈대숲에서 포성이 일었다. 황안이 보니 갈대숲에 수많은 깃발이 세워져 있었다. 꼼짝없이 대군에게 에워싸였다고 여겨 어쩔 줄 모르고 있는데 등 뒤로부터 다가온 배에서 우렁찬 목소리가 들려왔다.

"네 이놈, 황안아! 네놈의 목을 놓고 가거라!"

얼핏 바라보니 어느새 완씨 삼형제의 뒤에도 이미 수십 척의 배들이 붉은 기를 펄럭이고 있었다.

"갈대숲 사이로 도망쳐라, 어서!"

황안은 배들을 이끌고 바로 옆쪽의 무성한 갈대숲 속으로 달아났다. 그런데 갈대숲 속에서도 사오십여 척의 작은 배가 쏟아져 나왔다. 그들은 그곳에서 호리병 같은 목을 지키고 있다가 관군의 배가 들어오는 족족 노를 휘둘러서 두들겨 패고 창칼을 휘두르는가 하면 화살을 메겨 관군의 배에 소나기 퍼붓듯 쏘아댔다.

황안은 정신이 아득한 가운데도 화살을 무릅쓰고 달아났다.

잠시 후 뒤를 살피니 따라오는 배는 겨우 서너 척이었다. 황안은 작고 빠른 배에 올라탔다. 배에 오른 후 뒤돌아보니 뒤따르던 배 위의 관군이 모두 물속으로 끌려 들어가고 있었다.

그때였다. 문득 우레 같은 고함 소리가 들렸다.

"네 이놈, 어딜 달아나느냐?"

황안이 고개를 들어 바라보니 갈대숲 사이에서 배 한 척이 돌아 나오고 있었는데, 그 위에 한 사내가 긴 쇠갈퀴를 높이 들고 서 있는 것이 보였다. 다름 아닌 유당이었다. 유당은 재빨리 쇠갈퀴를 황안이 탄 배 쪽으로 뻗더니 힘껏 자기 쪽으로 끌어당겼다. 황안의 배가 스르르 끌려가고 있다고 생각된 순간, 유당이 번개처럼 그의 배 위로 건너뛰었다. 그러자 벌벌 떨고 있던 관군들은 노를 젓다가 말고 물속으로 뛰어들었고, 황안은 유당의 손에 사로잡히는 신세가 되고 말았다. 유당이 황안의 멱살을 움켜쥐고 소리쳤다.

"하룻강아지 범 무서운 줄 모른다더니, 여기가 어딘 줄 알고 감히 쳐들어왔느냐?"

황안은 아무 말도 하지 못한 채 사시나무 떨듯 온몸을 부들부들 떨고 있을 뿐이었다.

그리하여 유당이 황안을 사로잡아 돌아오니, 양산박 하늘은 승리의 함성 소리로 가득 찼다. 사로잡힌 관군은 백오십 명이 넘었고, 빼앗은 배도 백여 척에 이르렀다. 그러나 무엇보다도 조개가 양산박에 온 이래로 첫 싸움에서 크게 이긴 것이기에 더욱 뜻이 깊었다.

취의청으로 돌아온 조개는 싸움에 이긴 걸 기뻐하며 잔치 준비를 하게 하는 한편, 이번 싸움의 공을 치하하여 각 두령들에게 은전을 내렸다. 그리고 다시 창고를 열어서 졸개들에게도 많은 재물을 나누어 주었다.

그들이 한창 승리의 기쁨에 들떠서 잔치를 벌이면서 술을 마시고 있는데 졸개 하나가 달려와서 알렸다.

"이가도 네거리의 주귀 두목께서 쏘아 보내신 전갈입니다."

조개가 다 읽고 나서 두령들을 둘러보며 말했다.

"오늘 밤 수십 명의 장사꾼들이 많은 재물을 지니고 이가도를 지나간다는 전갈이다. 마침 재물이 넉넉지 못하던 차에 잘되었구나! 이 일을 누가 맡겠느냐?"

그러자 완씨 삼형제가 서슴없이 앞으로 나섰다.

"저희에게 맡겨 주십시오!"

조개는 완씨 삼형제가 나서자 선선히 응낙했다.

"조심해서 다녀오도록 하라!"

완씨 삼형제는 말을 마치고 나자 자기들 처소로 돌아가서 평복으로 갈아입은 다음, 칼을 차고 박도를 든 채 백여 명의 졸개를 거느리고 산채를 내려갔다.

완씨 삼형제가 떠나가자 조개가 다시 유당에게 분부했다.

"만일을 몰라서 하는 말이니, 아우가 뒤따라가서 저들을 도와주게. 한 가지 주의할 것은 재물만 빼앗고 사람은 절대로 죽여서는 안 된다는 걸세. 사람을 죽이고 재물을 빼앗는다면 우리가 다른 좀도둑들과 다를 게 뭐가 있겠나?"

이에 유당이 산채를 내려가고 나자 조개는 나머지 부두령들과 함께 술을 마시면서 소식 오기만을 기다렸다. 그런데 자정이 넘도록 아무 소식도 없었다. 늦도록 소식이 없자 조개가 걱정이 된 듯 두천과 송만에게 분부했다.

"혹시 모르는 일이니 아우들이 내려가 보고 오게."

그러나 그것은 조개의 지나친 조바심이었다. 완씨 삼형제는 유당, 두천, 송만의 도움을 받지 않고도 이미 재물을 거두어들인 후였다.

완씨 삼형제는 해가 떨어지자마자 즉시 이가도 네거리로부터 얼마 떨어지지 않은 동쪽 언덕으로 갔다. 그들은 그곳에서 몸을 숨긴 채 장사꾼들을 기다리고 있었다.

밤이 깊어 주위가 깜깜해지자 멀리서 왁자지껄 요란한 소리가 들리더니 사오십 명의 장사꾼들이 떼를 지어 나타났다. 그들은 수레에 짐을 가득 싣고 있었으며, 각자 조그만 등짐을 지고 있었다.

그들이 가까이 오기를 기다렸다가 완씨 삼형제는 벼락같이 소리를 지르면서 달려들었다.

"목숨이 아깝거든 수레를 내놓아라!"

뜻밖에도 일은 싱겁게 끝나고 말았다. 장사꾼들은 마치 물건들을 바치기 위해서 그곳에 온 사람들처럼 제대로 한번 뻗대지도 못한 채 기겁을 하며 달아나 버렸던 것이다.

완씨 삼형제는 주귀에게 전갈을 보내 재물을 모두 **빼앗았음**을 알렸다. 주막에는 유당, 두천, 송만이 내려와서 기다리고 있었다. 그리하여 그들은 장사꾼들의 재물을 수레째 몽땅 탈취하여 양산박으로 끌고 갔다.

그들이 그 일을 마치고 양산박의 대채로 돌아온 때는 동이 트는 새벽녘이었다. 희끄무레하게 동쪽 호숫가가 서서히 밝아 오고 있었다.

조개는 몹시 기뻐하면서 그들을 맞았다.

"수고들 했네. 혹여 사람은 죽이지 않았겠지?"

"그들은 저희들을 보자마자 싸울 생각도 하지 않고 달아나 버렸습니다. 그래서 단 한 사람도 다치지 않고 짐을 빼앗아 올 수 있었습니다."

완씨 삼형제가 그렇게 대답하자 조개가 고개를 끄덕이며 말했다.

"우리가 의를 위해 떨쳐 일어난 이상, 재물이 필요하다고 해서 함부로 사람을 죽여서는 안 된다."

조개는 완씨 삼형제가 빼앗아 온 재물들을 보자 매우 흡족했다. 졸개들은 그 재물들을 하나하나 풀어 비단과 옷가지들은 한쪽에 쌓는 한편, 금은보화는 가운데 쌓고, 돈은 따로 모아서 한쪽 구석에다 깊숙이 넣어 두었다.

조개는 우선 그 재물 중 절반을 창고에 넣어 두게 했다. 그리고 나머지 절반을 다시 둘로 나누어서 절반은 두령들이 모두 똑같이 나누어 갖도록 했으며, 나머지 절반은 졸개들에게 골고루 나누어 주었다. 조개 일행을 잡으러 양산박에 쳐들어온 황안은 토굴 속에 감금시키고, 사로잡힌 관군들은 얼굴에 낙인을 찍어 노역에 종사시켰다. 몸집이 크고 튼튼한 자는 각각의 산채에 배치되어 장작을 패거나 말을 기르는 일을 하게 되었고, 그렇지 않은 자는 수레를 손보거나 말먹이로 쓸 풀을 베는 일을 해야 했다. 이 모든 것이 조개의 분부에 의한 것이었다. 예전의 왕륜 같았으면 그들은 아마 한꺼번에 물귀신이 되고 말았을 것이다.

취의청에 두령들이 둘러앉자 조개가 문득 생각난 듯이 오용을 바라보면서 말했다.

"우리 일곱이 오늘날 이곳에서 편히 지내게 된 것은 모두 누구 덕이겠나? 생각하면 운성현에 있는 송강과 주동, 뇌횡의 은혜를 빼놓을 수 없는 일일세. 그들이 우리 일곱 사람의 목숨을 구해 주지 않았던들 어떻게 오늘의 영광이 있을 수 있겠는가? 그러니 우선 사람을 시켜 그들에게 약간의 금은보화를 보내 은혜를 갚는 것이 우리가 해야 할 첫 번째 일일 걸세. 그리고 두 번째로는 제주부에 갇혀 있는 백승도 구해 내야겠네."

그러자 오용이 그 일에 대해 이미 생각해 둔 바가 있으니 조금만 기다리자고 했다.

한편 제주부윤은 황안이 양산박에 사로잡혀 갔다는 말을 듣고 크게 놀라고 신관 부윤이 내려와 양산박의 도적떼에 맞설 준비를 하였다. 우선 상부로 탄원서를 보내서 이웃의 각 군郡과 현縣에도 제주부에 도움을 주라는 공문을 내려 줄 것을 청하였다.

제주부윤이 내린 공문은 관내의 운성현에도 전해져 압사인 송강도 읽게 되고, 각 고을에 공문을 돌려 방비에 소홀함이 없도록 지시했다.

존경받는 벼슬아치에서
살인자가 된 송강

이 무렵 송강은 불쌍한 염씨 할멈을 만나게 되어 은혜를 베풀고 있었다. 그 늙은이는 열여덟 살 된 딸과 술자리에 나가 노래 부르며 어렵게 살아오던 터에 염씨가 갑자기 죽게 되어 모녀에게 남은 건 빚뿐이었다. 그 사정을 듣고 송강이 많은 돈을 들여 구제해 주었던 것이다. 염씨 할멈은 이에 보답코자 딸 염파석閻婆惜을 송강에게 시집보냈다. 염가네 모녀들은 송강으로부터 충분한 돈을 얻어 한 달여 만에 팔자가 폈다.

송강은 처음에는 염파석과 자주 잠자리를 같이하였으나 날이 갈수록 점점 뜸해지고 있었다. 원래 송강은 여색女色을 별로 밝히지 않는 편이었기 때문이다. 염파석 또한 그때 나이 열여덟의 한창때라 나이가 많은 데다 작고 못생긴 송강을 날이 갈수록 피하려 들었다. 그러다 보니 둘 사이는 자연히 멀어지게 된 것이다.

송강은 집과 멀어져 심부름 시킬 일이 있게 되면 자기 밑에 서사書司(서기직)로 있는 장문원張文遠을 집으로 보냈다. 그는 훤칠한 키에 타고난 미남자로 여자 다루는 솜씨도 능숙했을 뿐만 아니라 피리와 거문고 다루는 솜씨까지 제법이어서 기생집에 드나들 때는 기녀들의 사랑을 한몸에 받고 있는 터였다.

염파석도 죽은 아버지를 따라 창기娼妓 노릇을 한 적이 있던 터라 잘생긴 데다 풍류를 알고 있는 장문원을 보자 첫눈에 반하고 말았다.

장문원은 송강의 눈을 피해 수시로 염파석의 집에 드나들면서 젊은 욕망을 불태웠다. 그러나 꼬리가 길면 밟히듯이 염파석이 장문원과 정을 통한다는 소문은 송강의 귀에까지 들어갔다.

송강은 그 소문을 듣자 마음에 두지 않기로 작정하여 염파석이 있는 집에 발길을 끊었다. 그러나 염파석의 어미는 딸과 달랐다. 딸이 지금은 장문원에게 미쳐 있지만 송강에게 버림받는다면 그 뒤가 걱정이었다.

할멈이 보아하니 장문원은 두 모녀가 의지할 만한 사람이 되지 못했다. 그런 연유로 할멈은 송강에게 사람을 보내 수차례 청했으나, 그는 그때마다 일이 바쁘다는 핑계를 대고 가지 않았다.

어느 날 저녁, 거리에 황혼이 짙게 깔릴 무렵 송강이 현청에서 일을 마치고 나와 건너편 찻집에 들어가고자 할 때 문득 큰 보따리를 짊어진 덩치 좋은 사내가 송강을 불러 세웠다. 양산박에서 온 유당이었다.

송강은 유당을 찻집의 조용한 방으로 안내하여 양산박의 소식을 자세히 들었다.

"아무튼 모두 무사히 잘 지내고 계시다니 무엇보다 반갑네."

"여기 두령님의 편지가 있습니다. 그리고 이것은 두령님께서 보내신 황금 백 냥입니다. 부디 저희들의 성의라 여기시고 거두어 주십시오."

유당은 보따리를 풀어 편지를 송강에게 전하고 황금덩어리 열 개를 꺼내어 앞에 놓았다.

송강은 편지를 다 읽고 나더니 황금덩어리 열 개 중 하나만을 옷 속에 집어넣으며 말했다.

"나머지는 도로 넣어 두게. 새로 두령이 되셨으니 조개님께서도 재물이 많이 필요할 걸세. 그러니 어서 도로 넣어 두게. 그리고 나는 본래 관청에서 녹을 먹는 사람이니 이처럼 많은 황금은 필요 없네."

송강은 그렇게 말하며 유당이 거듭 권하는 금을 받지 않고 대신 조개에게 답장을 써 주었다.

유당은 송강이 써 준 편지를 품속에 넣고, 주동과 뇌횡 두 도두에게도 고맙다는 인사를 드려야 한다며 보따리와 박도를 챙겨 들었다. 이때 송강이 고개를 저으며 말했다.

"주 도두도 살림이 넉넉한 편이니 줄 것이 없네. 내가 아우의 뜻을 대신 전해 주겠네. 그리고 뇌 도두는 내가 조 보정을 도와준 일을 모르고 있네. 거기다가 노름에 미쳐 있으니 더더욱 금은을 주어서는 아니 되네. 만약 그걸 주었다가 노름판에 쓰기라도 하여 일이 잘못되면 큰일 아닌가. 아우를 집에 데려가서 하룻밤 묵게 했으면 좋겠으나 아는 사람이라도 만날까 두려우니 이만 산채로 돌아가 보게. 이 송강이 두령을 찾아뵙고 축하드리지 못해 죄송하다는 말이나 전해 주게."

유당은 작별 인사를 올리고 발걸음을 옮겼다. 송강은 숙소로 돌아오면서 혼잣말로 중얼거렸다.

'조 보정도 이제는 꼼짝없이 산채의 도적이 되고 말았구나. 한 치 앞 사람의 일이란 참으로 알 수 없는 것이로구나!'

송강은 허전한 마음으로 한동안 발걸음을 옮기다 염파석의 어미와 딱 마주쳤다. 그녀는 작정한 듯 송강의 옷자락을 단단히 틀어쥐며 말했다.

"압사님, 제가 그동안 사람을 여러 번 보내어 오시라고 말씀드렸는데 너무하십니다. 이 늙은이를 보아서라도 오늘 밤만은 집으로 가 주십시오. 제가 그 애를 잘 타이르겠습니다."

"오늘은 급한 볼 일이 있어서 안 되겠소. 그 대신 내일은 시간을 내어 한번 찾아가겠소.”

그러나 할멈은 선뜻 물러서지 않고 송강의 소매를 잡아끌었다.

“아무리 급한 공무가 있으시더라도 오늘은 절대로 놓아드릴 수가 없습니다. 누구한테 무슨 소릴 들으셨는지 모르지만 반년이 지나도록 제 딸년을 한 번도 찾아 주시지 않다니요. 어서 함께 가십시다. 집에 가서 긴히 드릴 말씀도 있습니다.”

송강은 원래 남의 청을 매정히 뿌리치는 성미가 못 되었다. 염파석의 어미가 그렇게까지 끈질기게 달라붙자 체면도 있고 하여 못 이기는 척 염파석의 집 안에 들어섰다.

“애야, 네가 그토록 기다리던 낭군님을 모셔 왔다. 어서 내려오려무나.”

그때 염파석은 이층에서 자리에 누운 채 장문원이 찾아와 주기만을 기다리고 있었다. 황급히 일어나 옷매무새를 고친 후 계단을 뛰어 내려오다가 얼핏 아래층을 보니, 장문원이 아닌 송강이 자기 어머니에게 허리춤을 잡힌 채 우두커니 서 있었다. 그녀는 갑자기 기운이 쭉 빠지면서 맥이 탁 풀렸다.

‘쳇, 저 샌님을 왜 데리고 왔어!’

염파석은 도로 계단을 올라가더니, 자기 방으로 들어가서 자리에 벌렁 드러누웠다.

“저 애가 압사님을 기다리다 지쳐서 화가 난 모양입니다. 그러니 서운하게 생각지 마시고 저를 따라오세요. 제가 모셔다 드리겠습니다.”

송강은 온갖 정나미가 떨어졌지만 노파가 소매를 잡아끄는 바람에 어쩔 수 없이 어정쩡하게 이층으로 따라 올라갔다. 방 안에 들어서자 염파석은 벽 쪽을 향해 돌아누운 채 아예 거들 떠보지도 않았다.

"저 애가 저렇게 철이 없답니다. 어서 이리 앉으십시오. 서 러다가 곧 풀어질 겁니다. 참, 내 정신 좀 봐! 마침 좋은 술이 한 병 있으니, 제가 술상을 보아 가지고 오겠습니다. 그동안 저 애 를 잘 구슬려서 정담이나 나누고 계십시오."

노파는 곧바로 부엌으로 가 장작불을 지피고 부산을 떨면서 씨암탉 삶은 요리와 술을 따끈하게 데워 가지고 와 침상 옆에 놓여 있는 식탁 위에 죽 늘어놓았다.

송강은 여전히 머리를 푹 숙인 채 앉아 있었고, 딸 염파석은 벽 쪽을 향해 누워 있었다. 할멈은 그 모습을 보자 어떻게든 화 해를 시키려고 수선을 떨었다.

"자아, 압사님. 우선 한 잔 받으십시오. 이 늙은이가 한 잔 따라 올리겠습니다."

송강은 내키지 않았지만 한 잔 받아 마시지 않을 수 없었다. 그는 술 한 잔을 들이켜고 나서 씁쓸한 표정을 지었다. 갑자기 염파석이 일어나 말했다.

"어머니, 저도 따라 주세요! 한잔 마셔야만 잠이 올 것 같아 요."

노파는 자리에서 부스스 일어난 염파석에게 잔을 따라 주고 나서 송강의 귀에다 속삭였다.

"압사님, 이제야 겨우 저 애의 꽁한 마음이 좀 풀렸나 봅니다. 적당히 몇 잔 더 먹인 다음 꼭 끌어안아 주세요. 여자란 다 남자가 하기 나름 아닙니까?"

잠시 뒤 노파는 핑계를 대고 자리를 떴다.

노파가 내려가고 나자 이층 방은 다시 조용해졌다. 그 사이 염파석은 저 혼자 몇 잔의 술을 따라 마시더니 옷도 벗지 않은 채 돌아누웠다.

송강은 일층에 있는 할멈 때문에 밖으로 나가기는 틀렸다고 생각하며 잠을 자기 위해 겉옷을 벗고 허리에 두르고 있던 전대를 풀었다. 전대에는 서류 주머니와 유당에게 받은 편지와 열 냥짜리 금덩어리가 들어 있었다. 송강은 전대를 침상 난간에 걸고 버선을 벗은 뒤 침상 위로 올라갔다.

송강은 침상에 올라가기는 했지만 그녀의 몸과 반대쪽으로 돌아누워 이불을 살짝 끌어당겼다.

남녀의 몸이 한 이불로 덮여 있었으나, 염파석은 장문원만을 생각할 뿐이었으니 송강이 가까이 오는 것이 싫을 수밖에 없었다. 그렇게 되니 서로 잠인들 제대로 올 리 없었다. 가까스로 새벽녘이 되자 송강은 자리에서 일어났다. 송강은 낮을 대강 씻은 다음, 옷을 입고 두건을 쓰고 방문을 나섰다.

송강은 마치 호랑이굴을 벗어난 듯 재빠른 걸음으로 걸었다. 아직 이른 새벽이라 거리에는 사람도 보이지 않는데, 문득 허리춤에 서늘한 기운이 들었다.

'아뿔싸! 전대를 놓고 나왔구나. 그까짓 금덩어리야 아까울 것이 없지만, 유당이 가지고 온 조 보정의 편지가 그 속에 들어 있으니 큰일 아닌가! 진작에 태워 버렸어야 했는데…. 그 계집이 제법 글씨를 알아보는 것 같던데, 만일 그 편지를 읽었다면 어찌 될 것인가!'

생각이 거기에 미치자 송강은 더 이상 머뭇거릴 수가 없어 염파석의 집을 향해 달렸다.

한편 염파석은 송강이 나가 버리고 나자 가슴이 다 시원해 그제야 편안한 마음으로 늘어지게 잠을 잘 수 있게 되었다는 듯 옷을 훌훌 벗어 버리고, 송강이 누워 있던 자리가 불결하게 느껴져 이불을 털어 냈다.

그때 염파석의 눈에 침상 난간에 걸쳐져 있는 송강의 전대 꾸러미가 들어왔다. 호기심이 발동해 열어 보니 거기에는 열 냥짜리 금덩어리 하나와 조그만 단검, 그리고 편지 한 통이 들어 있었다. 편지를 뜯어보니 양산박 산채의 두령 조개로부터 온 것이었다. 그 당시 조그만 시골 마을 운성현에서도 양산박에 대해서는 다들 알고 있었다.

그녀는 전대 속에 금덩이와 편지를 도로 집어넣으면서 몹시 기뻐했다.

"흥, 양산박의 도적놈들에게 황금 백 냥을 받아먹다니! 알고 보니 네놈이 양산박 패거리와 한통속이었구나. 내 이걸 돌려주나 봐라!"

그렇게 중얼거리는데 대문 여닫는 소리가 들리고 아래층에서 송강이 뛰어오르는 발소리가 쿵쾅거렸다.

염파석은 전대를 둘둘 말아 침상 밑에 깔고 누운 다음 이불을 뒤집어썼다. 송강이 방 안으로 뛰어들어 침상 난간을 보니 있어야 할 전대가 보이지 않았다. 송강은 염파석을 흔들어 깨웠다.

"여보게, 여기에 걸쳐 두었던 전대 어떻게 했나?"

"무슨 말이에요. 나는 계속 잠만 자고 있었는데, 무슨 전대가 어쨌다는 거예요?"

"제발 부탁이네. 전대만은 돌려주게. 아까 내가 나갈 때 분명히 옷을 입고 누워 있었는데 지금은 발가벗고 누워 있지 않나."

염파석은 더는 속일 수 없다고 여겨 벌떡 일어나 앉으며 눈을 치뜨고 말했다.

"흥, 눈치 하난 빠르시군요! 양산박의 도적떼들과 내통을 하고, 또 그놈들로부터 황금 백 냥을 받아먹으면서… 어쨌든 그 편지는 제가 맡아 두겠어요. 하지만 제 청을 세 가지만 들어 주시면 돌려드릴 수도 있다구요."

송강이 비로소 한숨을 쉬며 타이르듯 부드럽게 말했다.

"어서 말해 보게. 세 가지가 아니라 내 힘으로 할 수 있는 일이라면 뭐든지 다 들어주겠네."

계집이 한참 뜸을 들이다가 입을 열었다.

"좋아요. 그렇다면 말씀드리겠어요. 첫째로, 나의 첩 문서를 돌려주세요. 그리고 내가 장문원과 살더라도 시비를 걸지 않겠다고 약속하세요."

계집으로서는 감히 할 수 없는 말이었으나 염파석은 눈썹 하나 까딱하지 않고 그렇게 말했다. 송강은 두말없이 그 말을 받아들였다.

"알았네! 그렇게 하고말고!"

그러자 염파석이 다시 말했다.

"둘째로, 이곳에 있는 모든 살림살이와 내 몸에 걸친 모든 장신구를 내게 준다는 약속을 문서로 써 주세요. 그리고 마지막으로, 양산박의 두목이 보낸 황금 백 냥을 모두 제게 주세요. 그러면 이 편지를 돌려드리고 모든 일을 없었던 걸로 해드릴 테니까요."

"앞의 두 가지는 쉽게 들어줄 수 있지만 황금 백 냥 건은, 편지에는 그렇게 쓰여 있지만 열 냥만 받고 나머지는 돌려보냈기 때문에 열 냥밖에 줄 수가 없네."

"내 그렇게 나올 줄 알았어요. 가져온 금덩이를 도로 돌려보냈다니 그 말을 곧이들을 사람이 어디 있겠어요. 관가에 가서도 그렇게 말씀하시나 두고 보죠! 누구를 속이려 드는 거예요? 관가에 가서 무서운 꼴을 당하기 전에 어서 금을 가져오세요!"

염파석은 숨 쉴 틈도 주지 않고 송강을 거세게 몰아붙이며 전대를 내어 줄 생각을 하지 않았다.

"뭐얏? 관가에 가!"

송강은 눈이 확 뒤집히는 것 같았다. 참았던 화가 봇물 터지듯 치솟으며 염파석이 끌어안고 있던 이불자락을 획 낚아채 버렸다. 그녀는 알몸이 고스란히 드러난 채 침상 밑에 감추어 두었던 송강의 전대를 꼭 끌어안았다.

"안 돼! 그냥은 죽어도 못 줘!"

송강이 힘껏 전대를 잡아당기자 전대 속에 들어 있던 단검이 침상 위에 톡 떨어졌다. 그걸 본 송강의 눈빛이 달라졌다. 계집도 송강의 심상찮은 눈빛을 보고 소리를 질렀다.

"사람 살려요! 사람…."

그 외침은 송강의 분노를 부채질하고 말았다. 송강은 왼손으로 그녀의 입을 틀어막으며 오른손에 움켜쥔 단검으로 그녀의 목을 찔렀다. 순간 피가 오른쪽 손아귀를 적시며 염파석의 몸이 푸들거렸다. 그는 단검을 뺐었다가 다시 또 찔렀다. 그러자 그녀는 그대로 사지를 쭉 뻗고 말았다.

그래도 분이 풀리지 않자 송강은 그녀의 목을 뚝 잘라 침상 위에 팽개쳐 버린 다음, 얼른 전대를 주워 들고 조개의 편지를 꺼내 등불에 불살라 버렸다. 그러고 나서야 비로소 크게 숨을 몰아쉬었다.

송강은 계단을 내려와 대문을 나섰다. 아래층에서 자던 노파는 어렴풋이 다투는 소리를 듣기는 했으나 사랑싸움을 하는 것이려니 생각하며 들여다보지도 않았다.

얼마간 시간이 지난 후, 염파석이 아침밥도 달라고 하지 않고 너무 조용하여 조심스레 올라가 본 노파는 기절하듯 놀라 쓰러졌다.

딸 염파석의 목과 벌거벗은 몸뚱이가 진동하는 피비린내와 함께 널브러져 있었다.

노파는 소리 지를 새도 없이 관가로 뛰어가 장문원을 만나

자초지종을 말하고 장문원이 하라는 대로 지현에게 소장을 제출하여 살인자 송강을 체포할 것을 주청하였다.

지현 시문빈은 송강이 염파석을 죽인 살인자라는 데 깜짝 놀랐다. 지현은 그동안 염파석과 장문원에 대해 이러쿵저러쿵 말들이 많았고, 송강이 그 집을 찾아간 지도 반년이 넘어 숙소를 따로 쓰고 있다는 말도 여러 차례 들어 알고 있었을 뿐만 아니라, 송강의 인품을 높이 사고 있었기에 가급적 시간을 끌며 송강이 멀리 달아나기를 바랐다.

그러나 장문원이 앞장서서 소장을 내고 송가촌을 덮쳐 체포할 것을 주청하니 마지못해 주동과 뇌횡 두 도두를 시켜 송강을 잡아오라 명하였다. 주동과 뇌횡은 군졸 사십여 명을 이끌고 송가촌을 에워싸도록 하였다.

뇌횡이 먼저 형식적으로 장원 안을 한 바퀴 획 둘러보고 나와 주동한테 들어가 보라 했다.

주동은 지난날 송강으로부터 대청 밑에 땅굴이 있다는 소리를 들은 적이 있는지라 분명 송강이 그곳에 있으리라 여겼다. 그는 익숙한 솜씨로 마룻장을 벗겨 내고 새끼줄을 몇 번 잡아당겨 송강과 마주했다.

"형님, 놀라지 마십시오. 저는 형님을 체포하기 위해 왔지만, 어찌 그럴 수 있겠습니까? 부디 오늘 밤중으로 멀리 달아나십시오."

주동은 그렇게 다짐을 준 후 밖으로 나와 뇌횡과 함께 지현에게로 돌아와 보고했다.

"송강은 이미 그곳에 없었습니다. 저희들이 장원 안팎을 두 번씩이나 뒤졌지만 송강은 그림자도 보이지 않았습니다. 그의 아비 송 태공은 앓아누운 채 꼼짝도 못 하고 있었고, 그의 동생 송청도 지난달에 집을 나가 돌아오지 않고 있었습니다. 그래서 송 태공이 송강과 부자의 인연을 끊었음을 증명하는 서류만 베껴 가지고 돌아왔습니다."

서류를 받아 든 지현은 남의 눈 때문에 마지못해 두 도두를 보냈던 터라, 오히려 잘됐다는 얼굴로 명을 내렸다.

"제주부에 이 일을 그대로 알리고, 방문을 내걸어 송강을 사로잡도록 하라!"

그러고 나서 지현은 주동을 시켜 슬며시 장문원과 염파석의 어미를 달래도록 하였다. 주동이 염파석의 어미에게 돈푼을 다소 쥐여 주고 타이르는 데다, 장문원까지 상관의 여자와 간통한 일이 크게 퍼져 그 일에서 손을 떼니, 마침내 상급기관인 제주부에 고소장을 내는 일은 없었던 일이 되었다.

지현은 송강을 사로잡으라는 방만 내걸게 했을 뿐 송강을 잡아들이려 하지 않았다.

한편 주동과 뇌횡이 군졸들을 이끌고 돌아가자 송강은 땅굴 속에서 나와 여장을 꾸린 다음 아버지와 아우에게 말했다.

"아버님, 주동이 눈감아 주지 않았다면 저는 관가에 끌려갔을 것입니다. 그 사람의 은혜가 실로 무겁습니다. 이제 아우를 데리고 멀리 달아나고자 합니다. 먼 훗날 하늘의 도움으로 대사령이라도 받게 된다면, 그때 다시 아버님을 찾아뵙겠습니다. 아버님께서는 주동에게 은밀히 금은을 보내 높고 낮은 관리들에게 뇌물로 쓸 수 있도록 해 주십시오. 그리고 염파석의 어미에게도 얼마간 돈을 주어 주州에 소장을 내지 않도록 하십시오."

송강이 송 태공에게 당부했다.

새벽녘의 하늘이 희뿌옇게 밝아 오고 있었다. 송강과 송청은 송 태공에게 큰절을 올려 하직 인사를 했다.

두 형제는 각기 허리에 칼을 차고 박도를 든 채 총총히 송가촌을 떠났다. 송강과 송청은 몇 번이나 정든 송가촌을 뒤돌아보았다.

송강은 이미 오래전부터 대주황제의 적손으로 의를 무겁게 쓰며 재물을 초개같이 여기고 천하의 호걸들과 사귀기를 좋아한다는 창주 땅 시柴 대관인과 편지를 주고받은 바 있는지라 그곳에 몸을 의탁하기로 하여 길을 떠났다.

사람들의 눈을 피해 좁고 험한 길을 택해 며칠을 걸은 끝에 그들은 소선풍 시진의 장원 앞에 이를 수 있었다.

송강은 문을 지키는 하인의 안내로 시진과 마주할 수 있었다. 시진이 송강 앞에 엎드려 절하며 말했다.

"정말 오늘의 이 기쁨을 뭐라고 말씀드릴 길이 없습니다. 오랫동안 뵙게 될 날만을 기다려 왔는데 오늘에야 비로소 그 소원을 풀게 되었습니다."

그러자 송강도 땅바닥에 엎드려 절을 올리며 말했다.

"이 송강은 하찮은 벼슬아치에 지나지 않습니다. 오늘 이렇게 불쑥 찾아왔으니 면구스럽기 짝이 없는 일입니다."

"오늘 아침 문득 까치가 울어 무슨 기쁜 소식이 있으려나 하고 기다렸는데, 뜻밖에도 귀한 분께서 찾아오셨습니다."

말을 마치고 나서 시진은 얼굴 가득 환한 웃음을 머금었다. 시진이 즐거워하는 것을 보자 송강은 그곳에 찾아오길 잘했다는 생각이 들었다. 그는 비로소 송청을 시진에게 인사시켰다.

"이쪽은 제 아우인 송청입니다. 인사 받으십시오."

그러자 송청이 넙죽 엎드려서 시진에게 네 번 절하여 예를 갖추었다.

시진은 하인들을 시켜서 송강과 송청의 봇짐을 옮기게 하는 한편, 후당後堂에 두 형제의 거처를 마련해 주었다.

"제가 듣기로 운성현에서 현청 일을 보고 계시다 했는데 어쩐 일이십니까? 이처럼 먼 곳까지 아우를 찾아오셨으니 궁금하기 짝이 없습니다."

시진이 온 까닭을 공손히 물었다. 송강이 그 물음에 겸연쩍어하며 그동안의 경위를 자세히 설명해 주었다.

"아무 걱정하지 마십시오! 설사 조정의 대관을 죽이고 나라의 재물을 뺏었다 해도 제 장원에 숨겨드릴 것입니다."

그러고 나서 시진은 송강과 송청에게 깨끗이 목욕을 하도록 권한 다음, 옷과 신발까지 모두 새것으로 갖추어 주었다.

그 사이 시진은 잔칫상을 차리게 하여 권커니 잣거니 하면서 술을 마셨다. 어느덧 땅거미가 지면서 밖이 어두워졌다. 시진은 하인들에게 등불과 촛불을 밝히게 했다. 술자리가 깊어 갈수록 그들의 정담도 점점 깊어 가고 있었다. 술이 몹시 취한 송강은 잠시 자리를 뜨고자 했다.

"잠시 바람을 좀 쏘이고 오겠습니다."

시진은 하인을 불러서 송강을 안내해 주게 했다. 하인이 초롱불을 들고 앞장을 섰다. 송강은 그 뒤를 따르고 있었는데, 아무리 정신을 차리고 똑바로 걸으려 해도 계속 갈지자걸음이 되었다.

그런데 그 회랑의 중간쯤에 몸집이 큰 사내 하나가 웅크리고 앉아 온몸을 덜덜 떨면서 손잡이가 달린 화로를 꼭 끌어안고 있었다.

송강은 얼굴을 뒤로 젖히고 비틀거리면서 그 앞을 지나다가 그만 그 화로 손잡이를 톡 건드리고 말았다. 그러자 화로 속에 담겨져 있던 불씨들이 튀어오르면서 사내의 얼굴로 날아들었다. 사내는 얼른 불씨를 피했지만 분통이 치밀어 벌떡 일어나 송강의 멱살을 움켜잡았다.

"네 이놈, 누구 얼굴 가죽을 벗기려고 하느냐!"

술에 취해 일어난 일이라 송강이 미처 아무 말도 하지 못하자 등불을 들고 가던 하인이 나섰다.

"손님께 너무 무례하지 마시오. 이분은 주인어른께서 받들어 모시는 분이십니다."

그러자 사내가 코웃음을 쳤다.

"흥, 손님이라구?"

사내는 주먹을 치켜들더니 송강을 때리려 했다. 그때 소란스러운 소리를 듣고 시진이 달려왔다.

"어찌 된 일이냐?"

시진의 물음에 사내를 뜯어말리던 하인이 본 대로 말하자 시진이 그 사내를 나무랐다.

"압사님께 그 무슨 무례한 짓인가? 어서 그 손을 놓고 사과드리지 못하겠나?"

그러자 사내가 볼멘소리로 말했다.

"쳇, 압사님이라고? 압사면 다 압삽니까, 운성현의 송 압사님이라면 또 모를까…."

시진이 껄껄 웃으며 그 말을 받았다.

"자네가 운성현의 송 압사님을 안단 말인가?"

"직접 만나 뵙진 못했지만, 천하호걸 송공명을 모르는 사람이 어디에 있겠습니까? 저 역시 병이 낫는 대로 곧바로 그분을 찾아갈 생각이었습니다."

그 말에 시진이 껄껄 웃고는 그제야 송강을 가리키며 말했다.

"등잔 밑이 어둡다고 하더니, 딱 들어맞는 말이었군 그래. 이분이 바로 그 유명한 운성현의 송 압사님일세."

사내는 얼이 빠진 듯 입을 딱 벌린 채 한동안 송강의 아래위를 훑어보더니, 곧 땅바닥에 엎드려 사죄했다.

"제 눈이 멀었습니다! 태산 같은 분을 눈앞에 두고도 알아뵙지 못했습니다! 저의 무례를 용서하십시오! 저는 본래 청하현清河縣 태생으로, 성은 무武가이고 이름은 송松이라고 합니다. 사람들은 제가 둘째 아들이라고 해서 '무이랑武二郎'이라고 부르지요."

두 사람이 인사를 나누고 나자 시진이 청했다.

"뜻밖에 호걸이 한자리에 모였으니 이건 결코 우연한 일이 아닙니다. 자, 안으로 들어가셔서 함께 이야기라도 나눕시다."

송강도 무송을 이끌어 다시 후당으로 들어갔다.

무송은 고향인 청하현에서 술을 먹고 싸움을 하게 되었는데, 상대방이 그곳 현청의 관리였다. 무송이 주먹으로 갈겼는데 그자가 그만 뻗어 버렸다. 이에 무송은 그자가 죽은 것으로 알고 도망쳐서 이곳 시진의 장원으로 오게 되었는데, 소문을 듣자니 그자는 죽지 않고 깨어났다는 것이었다. 그래서 무송은 고향에 들렀다가 곧바로 운성현의 송강을 찾아갈 작정이었다. 그런데 그만 학질에 걸려 오도 가도 못하게 된 터였다. 무송이 대략 그동안의 경위를 들려준 후 덧붙였다.

"조금 전에도 또 한기가 들고 몸이 떨려 화로를 들고 회랑에 나가서 불을 쬐고 있었습니다. 그런데 압사님께서 나타나셔서 발길로 걷어차는 바람에 어찌나 놀랐는지 모릅니다. 얼굴 가죽이 벗겨지는 줄 알았지 뭡니까? 그 바람에 등줄기에 식은땀이 쭉 흐르더니 학질이 뚝 떨어진 것 같습니다. 몸이 아주 거뜬해졌습니다."

송강이 그 말을 듣고 껄껄 웃었다.

삼경 무렵이 되어 술자리가 끝나자 송강은 무송을 자기 거처로 데리고 가서 함께 잠을 청했다.

이튿날 아침, 그들이 일어나자 시진은 양과 돼지를 잡아서 다시 잔치를 벌였다. 송강 형제는 무송과 더불어 그간의 피로와 걱정을 말끔히 씻을 수 있었다.

송강이 그곳에 이른 지 열흘이 지났을 때 무송은 고향에 다녀오겠다며 청하현을 향해 길을 떠났다. 이에 송강은 그와 의형제를 맺고 배웅해 주었다.

호랑이를 때려잡은
무송

　며칠 후 무송이 양곡현陽穀縣 주막에 들렀는데 거기에는 '삼완불과강三碗不過岡', 세 사발을 마시면 고개를 넘을 수 없다는 글귀가 씌어 있었다.

　무송은 주막으로 들어가자 우선 술부터 시켰다. 그러자 주인이 너스레를 떨었다.

　"저희 집 술은 맛이 좋고 독하기로 이름이 나 있습니다. 세 사발만 마시면 누구나 몹시 취하게 되어 있습니다. 그러니 그 이상 마시면 저 앞산 고개를 넘지 못할 수밖에 없죠. 그래서 이곳을 지나는 나그네들은 모두 세 사발 이상은 청하지 않습니다. 또한 저희 집 술은 향기가 병을 뚫고 나온다 하여 '투병향透瓶香'이라고도 하며, 문을 나서는 순간 푹 고꾸라진다 하여 '출문도出門倒'라고도 합니다. 처음 술을 마실 때는 잘 모르지만, 조금 앉아 있다 보면 취해 쓰러집니다."

그 말을 듣고 무송이 말했다.

"여러 말 말고 술과 안주나 듬뿍 내오시오!"

그렇게 하여 마신 술이 무려 열다섯 사발이나 되었다. 처음에는 주인과 실랑이를 벌였으나 나중에는 주막 주인도 '에라, 모르겠다. 죽든지 살든지 네 맘대로 하여라!' 하는 마음으로 무송이 달라는 대로 따라 주었다.

주인이 눈을 휘둥그렇게 뜨며 놀라고 있는 사이에 무송은 어느덧 자리를 털고 일어나며 말했다.

"어허, 이제 좀 살 것 같구나! 주인장, 잘 먹었소!"

무송은 봇짐을 둘러메고 봉을 손에 든 다음, 주막을 나와 휘적휘적 걸었다. 그런 무송을 주인이 따라 나오며 큰소리로 외쳤다.

"손님! 어디로 가시려 합니까?"

무송이 뒤돌아보더니 대답했다.

"실컷 먹었으니 이제 고개를 넘어가려 하오!"

무송이 대답하자 주인이 말했다.

"이 앞 경양강景陽岡 고개에는 이마에 털이 흰 호랑이 한 마리가 살고 있는데, 밤마다 나타나서 사람을 해친답니다. 지금까지 벌써 이십여 명 정도가 죽었습니다. 관가에서는 사냥꾼들을 풀어 호랑이를 잡게 했지만 아무 소용이 없었습니다. 그래서 저 고개 어귀 곳곳에 방문을 써 붙였습니다. 밝은 낮 동안에만 고개를 넘도록 하고 해질녘부터는 고개를 넘지 못하며, 낮 동안에도 많은 사람이 무리를 지어 한꺼번에 넘어가라는 방입니다. 지금 해가 지려 하고 있는데 손님께서는 그것도 혼자서 고개를 넘으시겠다니 공연히 목숨을 잃으려 하십니까? 그러지 마시고 오늘 밤 저희 집에서 푹 주무신 다음, 내일 아침에 사람들이 모이기를 기다렸다가 함께 천천히 넘어가도록 하십시오."

"그런 돼먹잖은 소리 말게. 호랑이가 있다 해도 나는 무섭지 않네. 혹시 주막에 재우고 밤중에 재물이라도 털려는 속셈이 아닌가? 그래서 호랑이가 있다고 거짓말을 꾸며 대는 게 아닌가?"

그러자 주인은 죽든지 말든지 네 맘대로 하라는 듯 고개를 설레설레 저으면서 주막 안으로 들어가 버렸다.

무송은 산기슭을 따라 사오 마장쯤 걸어서 경양강 고개 밑에 이르렀다. 그가 주막을 나올 때는 해가 지지 않은 시각이었으나, 어느새 해가 기울고 땅거미가 지고 있었다. 반 마장쯤 더 올라가자 낡은 산신묘山神廟가 하나 있었는데, 벽면에 하얀 종이가 붙어 있었다. 무송이 가만히 들여다 보니, 관인官印이 찍힌 방문이었다.

양곡현에서 알린다. 이곳 경양강 고개에는 커다란 호랑이가 나타나 사람을 해치고 있다. 사냥꾼을 불러들여 잡으려 했으나 아직 잡지 못하고 있으니, 이곳을 지나가는 사람은 사시에서 미시까지만, 반드시 떼를 지어 넘어가도록 하라. 그 외의 시각이나 혼자서는 절대 산을 오르지 말라. 모든 백성은 이 영을 지켜 목숨을 잃는 일이 없도록 하라.

관인이 찍힌 것을 보자, 무송은 비로소 그것이 사실임을 알고 도로 주막을 향해 내려가려고 하다가 문득 발길을 멈추었다.

'내가 큰소리를 땅땅 치고서 여기까지 왔는데, 이제 돌아간다면 주막집 주인놈이 비웃을 것이다! 대장부로 태어나서 어찌 그런 비웃음을 당할 수 있으랴!'

무송은 잠시 동안 그런 생각을 하더니 결심한 듯 중얼거렸다.

"내가 천하에 무엇을 두려워하랴. 우선 올라가서 맞닥뜨리고 볼 일이다!"

무송은 마음을 고쳐먹고 다시 고갯길을 오르기 시작했다. 술기운은 점점 더 심해져서 이제 팔자걸음이 되어 있었다.

"호랑이는 무슨 얼어죽을 놈의 호랑이가 있다고 그래? 사람들이 괜히 겁을 집어먹고 그러는 거지, 뭐!"

무송이 문득 앞쪽을 바라보니, 숲 속에 크고 평평한 바위 하나가 나타났다. 마침 숨이 턱에 차오르던 터라 그곳으로 가서 벌렁 드러누우니, 저절로 눈이 감겼다.

그때 어디선가 부스럭거리는 소리가 들렸다. 짐승이 나뭇잎을 밟는 소리 같았다. 주위가 조용해 오직 나뭇잎 밟는 소리만이 선명하게 들려왔다.

순간, 주위에 차가운 기운이 감돌면서 거센 바람이 불더니 짐 승의 울음소리가 들렸다. 옛사람들이 이르기를, '구름은 용을 따라다니고 바람은 호랑이를 따라다닌다'고 했다. 숲 속에서 불 쑥 모습을 드러낸 짐승을 보니 바로 호랑이였다. 두 눈은 두 개 의 횃불처럼 활활 타오르고 있었고, 온몸에는 금빛 터럭에 검은 줄무늬가 선명했다. 코털은 마치 송곳처럼 줄기줄기 곧추세웠으 며, 이마에는 흰 털이 수북이 나 있었다. 호랑이는 킁킁거리면 서 무송이 누워 있는 쪽으로 어슬렁어슬렁 걸어왔다. 오랜만에 사람의 냄새를 맡은 듯, 꼬리를 설렁설렁 흔들어 대고 있었다.

호랑이는 앞발로 땅을 찍은 채 몸을 날리려고 웅크리고 앉 았다. 호랑이가 날카롭게 흰 이빨을 드러냈을 때, 문득 정신을 차린 무송의 눈과 호랑이의 눈이 서로 불꽃을 튕겼다. 무송은 흠칫하며 등줄기에 식은땀이 흘러내렸다. 무송은 호랑이를 노 려보다 몽둥이를 들고 호랑이 꼬리 쪽으로 몸을 피했다.

호랑이는 본래 적이 꼬리 쪽으로 도는 것을 가장 싫어한다고 하였다. 호랑이는 화가 난 듯 갑자기 빙글 한 바퀴 돌고 나더니, 펄쩍 뛰어오르면서 무송을 향해 앞발을 내리쳤다.

"어흥!"

무송은 비명 소리와 함께 몸을 날려 호랑이를 피했다. 그의 바로 옆으로 호랑이가 떨어지면서 '쿵!' 소리를 냈다. 하마터면 호랑이의 밥이 될 뻔한 순간이었다.

공격이 빗나간 호랑이는 몸을 잔뜩 웅크리더니 등을 높이 치켜들었다. 그러고 나서 '어흥!' 하고 울부짖으니 그야말로 하늘에서 벼락이 치는 듯하며, 산과 나무가 부르르 떠는 듯하였다. 거센 콧바람은 흙먼지를 날리고, 성난 금빛 눈은 불꽃을 뿜어냈다.

호랑이는 다시 몸을 날려 시뻘건 아가리를 벌리고 날카로운 발톱을 세운 채 무송을 덮쳤다. 무송은 재빨리 몸을 날려 호랑이를 피했다. 호랑이는 다시 쇠뭉치 같은 꼬리를 쳐들어 무송을 후려쳤다. 무송이 또 몸을 날려 꼬리를 피했다. 원래 호랑이는 덮치고, 걷어차고, 꼬리로 후려치는 것이 그 공격 수단이었다. 이 세 가지 공격이 먹혀들지 않으면 그 기세가 반 이상 꺾이게 마련이었다.

무송이 그 세 가지 공격을 피하자 기세가 꺾인 호랑이는 '어흐흥!' 하며 무송 앞으로 몸을 날렸다.

이번에는 무송의 차례였다. 무송은 몽둥이를 번쩍 치켜들고 있는 힘을 다해 호랑이의 정수리를 향해 힘껏 내리쳤다. 그 순간, 나뭇잎이 매달린 채로 나뭇가지들이 우수수 쏟아져 내렸다. 눈을 똑바로 뜨고 바라보니 호랑이는 맞지 않고, 나뭇가지만 부러뜨린 꼴이었다. 뿐만 아니라 자신의 몽둥이가 뚝 부러져서 나머지 반동강만 손아귀에 쥐어져 있었다.

호랑이는 정말 화가 난 듯 크게 울부짖었다. 그러고는 다시 몸을 날려 무송을 덮쳤다. 무송은 몸을 솟구쳐서 뒤로 열 걸음 정도 물러섰다. 그러자 이번에는 호랑이가 앞발 두 개를 번쩍 치켜들더니 무송의 얼굴로 덮쳐 왔다. 순간, 무송은 손에 들고 있던 부러진 봉을 팽개치고 두 손으로 호랑이의 이마에 나 있는 흰 털을 꽉 움켜쥐었다. 그러고 나서 있는 힘을 다해 아래로 내리눌렀다.

호랑이는 네 발로 버둥거렸지만 무송의 억센 팔뚝 힘을 당해 낼 수 없었다. 그리하여 결국 머리를 땅바닥에 짓눌린 채 꼼짝도 할 수 없게 되었다. 무송은 두 손으로 호랑이의 대가리를 꽉 내리누른 후 발길질로 호랑이의 두 눈과 콧잔등을 마구 걷어 찼다.

호랑이는 큰소리로 울부짖으면서 제 몸 밑의 흙을 마구 파헤쳐 구덩이를 만들고 있었다.

무송은 호랑이의 주둥이가 구덩이 속에 처박히도록 사정없이 눌렀다. 한참을 그러고 나니 제아무리 호랑이라 할지라도 기운이 빠질 수밖에 없었다.

호랑이가 기운이 다 빠졌을 즈음, 무송은 왼쪽 손으로 호랑이의 머리를 꽉 누른 채 오른손을 높이 쳐들어 있는 힘을 다해 주먹질을 해댔다. 호랑이는 그 무쇠 같은 주먹으로 오육백 번을 계속 얻어맞자 푸들푸들 떨더니 그만 축 늘어지고 말았다. 호랑이는 눈, 코, 입 그리고 귀에서 붉은 피를 쏟아 내고 있었다.

그래도 무송은 안심할 수가 없었다. 그는 동강 난 몽둥이를 주워들고서 호랑이의 몸뚱이를 향해 사정없이 후려갈겼다. 그렇게 얼마간 후려갈기다 바라보니 죽은 게 틀림없었다.

'흥, 이젠 살아나지 못하겠지! 그나저나 이놈을 끌고서 고개

밑으로 내려가야 할 텐데….'

무송은 호랑이를 둘러업고 가려고 있는 힘을 다해 들어올렸지만, 어찌나 무거운지 꼼짝도 하지 않았다. 무송 역시 호랑이와 싸우는 동안에 힘이 다 빠져 버렸기 때문에 손발도 제대로 놀릴 수 없는 지경이 되었다.

무송은 휘적휘적 몇 걸음 걷다가 또다시 바위 위에 벌렁 드러눕고 말았다. 그는 하늘의 별들을 바라보며 생각했다.

'휴, 한바탕 하고 났더니 죽을힘조차도 없구나! 아까는 어떻게 요행으로 호랑이를 해치울 수 있었지만 만일 또 호랑이를 만난다면 그땐 어떻게 할 것인가? 이젠 힘이 빠져 끌고 갈 힘도 없다. 오늘은 우선 고개를 내려갔다가 내일 아침에 다시 올라와서 저놈을 끌고 내려갈 궁리를 해야겠구나!'

무송은 부스스 일어나서 고개를 내려가기 시작했다. 그런데 그가 반 마장도 채 내려가지 못했을 때, 길가의 마른 풀숲에서 갑자기 두 마리의 호랑이가 툭 튀어나왔다.

'어이쿠, 이젠 끝장이로구나!'

무송은 갑자기 온몸의 힘이 쑥 빠지면서 등줄기에서 식은땀이 흘러내렸다. 그는 이제 더 이상 싸울 기력이 남아 있지 않았다.

그런데 가만히 보니, 그것은 진짜 호랑이가 아니었다. 호랑이 가죽을 뒤집어쓴 사람이었던 것이다. 그들은 사냥감을 몰이할 때 쓰는 창을 손에 들고 있었는데, 무송을 보자 흠칫 놀라며 물었다.

"누… 누구요, 이 밤중에 맨몸으로 고개를 넘어온 당신은? 짐 승의 간에 사자의 다리라도 가졌단 말이오? 빈손으로 이 밤에 이 산을 넘어오다니…. 사람이오, 귀신이오?"

무송이 그 말에 대답 대신 물었다.

"당신들이야말로 누구요? 이 밤중에 호랑이 가죽을 뒤집어쓴 채 이곳에 있다니?"

"우리는 저 아랫동네에 사는 사냥꾼이오. 그런데 당신은 지금 저 고개를 넘어오고 있는 길이오?"

"보면 모르겠소? 그런데 당신들은 이곳에 무엇 하러 왔소?"

무송이 다시 묻자 사내 중의 하나가 말했다.

"정말 몰라서 묻는 거요? 요즘 이곳 경양강 고개에는 호랑이 가 나타나서 사람을 잡아먹고 있소. 고개를 넘다가 죽은 사람 이 벌써 몇 명인지 모르오. 우리 사냥꾼들도 벌써 십여 명이나 목숨을 잃었소. 그래서 이곳 지현께서 각처에서 사냥꾼을 불러 들여 호랑이를 잡도록 했소. 호랑이를 잡지 못하면 곤장을 치시 겠다니 난처한 일 아니겠소? 하지만 감히 고개 위로 올라갈 수 도 없고, 모두들 조를 짜서 이곳에서 매복이나 서기로 한 거요. 오늘은 우리 두 사람이 순서가 되어서 이렇게 매복을 서고 있는 데 난데없이 고개 위에서 당신이 내려왔던 거요. 그러니 우리가 깜짝 놀라지 않을 수 있었겠소? 형씨는 도대체 누구요? 혹시 고개를 넘어오는 동안에 호랑이를 보지 못했소?"

"나는 청하현 사람으로서 무송이라고 하오. 그리고 조금 전 에 고개를 넘어오다가 커다란 호랑이를 주먹으로 때려죽여 버렸소."

사내들이 믿지 못하겠다는 듯이 말했다.

"거, 우스갯소리도 잘하시네!"

무송이 말했다.

"정 믿어지지 않거들랑 피 묻은 내 몸뚱이를 보시오!"

사내들이 바라보니 정말 무송의 몸뚱이는 온통 검붉은 피로 범벅이 되어 있었다. 그제야 비로소 사내들은 고개를 갸웃거렸다.

무송이 그들에게 호랑이 때려잡은 일을 한바탕 떠벌리고 나자, 그들은 한편으로 놀라면서도 한편으로는 여전히 믿지 못하겠다는 표정이었다. 그러고는 숨어 있던 나머지 일행 열 명을 불러들여 무송이 주먹으로 호랑이를 때려잡은 이야기를 들려주었다. 그러나 그들 역시 한결같이 믿지 못하겠다는 얼굴이었다.

"그렇다면 나를 따르시오. 가서 보면 알 거요."

사내들은 저마다 부싯돌로 불을 일으켜 횃불 여러 개를 밝힌 다음 무송의 뒤를 따라가다가 고개 위에 죽어 있는 호랑이를 보자 기뻐 어쩔 줄 모르며 함성을 질러댔다.

그리하여 그들은 함께 호랑이의 네 다리를 묶은 다음, 여남은 명이 한꺼번에 둘러메고 내려왔다. 그들이 호랑이를 메고 산밑에 이르자 이미 소문을 들은 칠팔십여 명의 마을 사람들이 기다리고 있다 무송을 가마에 태웠다.

양곡현 관내의 백성들은 경양강 고개에서 수많은 사람들을 잡아먹었다는 호랑이와 그놈을 맨손으로 때려잡은 무송을 보기 위하여 길거리에 발 디딜 틈도 없이 몰려나와 있었다. 그들은 서로 밀고 밀리면서 환호성을 질러대고 있었다.

무송을 태운 가마와 호랑이를 실은 들것이 현청에 이르자 호랑이 때문에 골머리를 앓았던 지현이 버선발로 뛰어나와서 무송을 맞았다.

"그대가 바로 저 호랑이를 때려잡은 장사로구나! 어떻게 저 큰 호랑이를 때려잡았는지 자세히 말해 보라."

무송이 다시 지현에게 호랑이를 때려잡은 일을 들려주었다. 지현의 눈에도 과연 무송은 늠름하고 용맹스러워 보였다.

'음, 과연 대장부로구나! 이런 대장부가 아니고서는 저런 호랑이를 감히 때려눕힐 수가 없었을 것이다!'

주위에 있던 여러 사람들도 감탄해 마지않았다. 지현은 호랑이를 잡는 사람에게 주기 위하여 여러 고을의 유지들로부터 모아 두었던 상금 천 관을 무송에게 주도록 명했다.

그러나 무송은 사양했다.

"제가 어쩌다가 요행으로 호랑이를 때려죽인 것은 상공의 복때문이지, 저의 힘이 아닙니다. 어찌 그 상금을 저 혼자 거두어들이겠습니까? 제가 듣기로는 저 호랑이를 잡기 위하여 많은 사냥꾼들과 관리들이 수고를 했다고 들었습니다. 그들에게 이상금을 골고루 나누어 주어 그간의 노고를 치하함이 옳다고 생각합니다."

그 말을 듣고 지현은 무송의 인품에 속으로 감탄해 마지않으며, 그 말을 받아들였다.

"그대의 생각이 정 그렇다면 그렇게 하도록 하겠다."

그리하여 무송 덕에 많은 사냥꾼들과 관리들은 뜻하지 않은 상금까지 받게 되었다. 그들 모두 무송의 너그러움에 감복했다.

지현은 무송의 사람됨이 충직한 데다 너그러운 걸 보고 슬며시 욕심이 일어 좋은 얼굴로 무송에게 말했다.

"그대가 비록 청하현 사람이라 할지라도 그곳은 우리 양곡현과 아주 가까운 곳이니, 여기에서 나와 함께 일해 보는 것이 어떻겠나! 만일 그대만 좋다면 내가 그대를 우리 고을의 도두都頭로 삼고 싶은데…."

무송은 고향으로 간다 해도 그곳에 마땅히 할 일이 있는 것은 아니었다. 그저 형님의 얼굴을 뵙고 다시 그곳을 떠날 작정이었던 터였기에 털썩 무릎을 꿇으며 말했다.

"만약 상공께서 써 주신다면 평생의 은인으로 알고 받들겠습니다!"

지현은 곧 압사를 불러 무송을 도두로 삼는 문서를 꾸미게 했다. 그리하여 무송은 뜻하지 않게 양곡현의 보병 도두가 되었다.

그러던 어느 날, 무송이 현청을 나와서 거리를 걷고 있는데 뒤에서 누군가 부르는 소리가 들렸다.

"무송아, 네가 여기 와서 벼슬아치가 되었구나. 그런데 어찌하여 나를 찾아오지 않는 것이냐?"

무송은 양곡현에는 아는 사람이 없었으므로 흠칫 놀라서 뒤

돌아보았다. 한 사내가 그곳에 서 있었다.

"아니, 형님!"

무송은 만두통을 멜대에 걸어 멘 사내를 보자마자 그대로 땅바닥에 넙죽 엎드려 절을 올렸다. 그는 다름 아닌 무송의 형, 무대武大였던 것이다.

무송이 놀란 얼굴로 물었다.

"아니, 형님께서 이 고을에는 웬일이십니까?"

"아내를 얻었기 때문이란다."

무대는 그렇게 말하면서 무송을 데리고 거리 저편의 한적한 연못가로 갔다. 그곳에 멜대를 벗어 놓은 무대는 무송에게 그간의 경위를 이야기해 주었다.

한 뱃속에서 태어난 형제였지만, 무대는 여러 가지 면에서 무송과 다른 점이 많았다. 무송은 키가 여덟 자에다가 힘이 장사인 반면에, 무대는 키가 여섯 자 정도에 힘도 세지 못했고 얼굴이 몹시 얽어 있었다. 그래서 사람들은 그를 가리켜 '난쟁이 곰보딱지'라고 부르곤 했다.

무송은 어릴 적부터 자기 형을 놀리거나 업신여기는 자들이 있을 때에는 가차 없이 혼을 내주곤 했다. 그러므로 무송이 죄를 짓고 도망치기 전까지는 아무도 감히 무대를 못 살게 구는 자가 없었다. 그런데 무송이 없어지고 나자 사정은 달라지고 말았던 것이다. 더군다나 무대는 뜻하지 않게 예쁜 아내를 얻게 되었는데, 그녀는 반금련潘金蓮이라는 여인으로, 아내로 맞게 된 사연은 이러했다.

반금련은 방년 스물의 꽃다운 나이로서, 빼어난 미모와 더불어 고혹적인 자태를 자랑하고 있었다. 그러나 집안이 가난했던 탓에 그녀는 청하현의 큰 부잣집에 종으로 팔려가게 되었다.

그런데 그 집 주인 영감이 그녀를 보고 군침을 흘렸다. 영감이 계속 치근대면서 덤벼들자 그녀는 본처에게 그 사실을 일러바쳤다. 영감은 반금련의 고자질로 뜻을 이룰 수 없게 되자 그만 심술이 났다. 그리하여 그는 마치 '못 먹는 떡 돼지에게나 던져 준다'는 식으로 그곳 청하현에서 가장 못생긴 무대에게 그녀를 주어버렸던 것이다. 영감은 그렇게 함으로써 그녀에게 톡톡히 앙갚음을 하는 한편 본처의 의심으로부터도 벗어날 수 있었다.

무대가 한탄하듯 무송에게 말했다.

"네가 청하현에서 술 취해 사람을 때리고 달아난 후에 나는 관가에 끌려가 한 달이나 고생을 했단다. 그래서 검사하여 청하현을 떠나 이곳 양곡현의 자석가紫石街로 이사 오게 된 거란다. 이곳에 셋방을 얻어 매일같이 이렇게 만두장사를 하면서 살아간단다. 그러나 이곳에서도 사람들이 나를 업신여기고, 아내마저 도무지 나를 남편으로 여겨 주지 않는구나. 만약 네가 함께 있었다면 감히 누가 나를 그렇게 대하겠느냐? 그러니 어찌 너를 원망하고 그리워하지 않을 수 있었겠느냐?"

"제가 없는 동안에 그런 일들이 있었군요. 그렇지만 그런 미인과 함께 산다는 건 행복한 일이니까 세상 사람들이 시기하는 것도 잘 참아 내셔야 합니다."

"그래, 네 말이 옳다. 며칠 전 거리에서 경양강의 호랑이를 때려잡은 장사의 성이 무武씨인데 지현께서 도두로 삼았다는 말을 들었다. 그 소리를 듣고 그 도두가 네가 아닌가 하고 생각했는데 오늘에야 너를 만나게 되었구나. 오늘은 장사를 그만하고 너와 함께 집으로 가서 회포나 풀어야겠다."

무대가 그렇게 말하며 무송을 끌었다. 무송도 기뻐하며 형님과 함께 집으로 향했다.

무대의 집은 사람의 왕래가 별로 없는 뒷골목에 있었다. 모퉁이에 찻집 하나가 있었는데 그 찻집과 담장 하나를 사이에 둔 집이었다.

무대는 집 앞에 이르자 안쪽을 향해 소리쳤다.

"여보, 문 열어요!"

그러자 문 안에 내려진 발을 걷으며 반금련이 나왔다.

"아니, 오늘은 웬일로 이렇게 일찍 돌아오세요?"

반금련이 갈대발을 쳐들고 말하자, 무대가 나섰다.

"응, 동생을 만났거든. 당신은 이제야 비로소 시동생을 만나게 된 거라구. 경양강에서 호랑이를 때려잡은 사람이 누군 줄 알아? 바로 여기 있는 내 아우 무송이었다구!"

반금련은 무송을 보자 어리둥절해하면서도 한눈에 반해 버렸다. 무대는 무송을 집 안에 들게 한 후 술안주거리를 사러 다시 밖으로 나왔다.

'남편과 이 사람은 한 어머니의 뱃속에서 나왔을 텐데 어쩌면 이렇게도 다를 수 있을까? 남편에 비한다면 이 사람은 얼마나 대장부인가! 훤칠한 키에다 몸집도 크구나. 그런데 남편이란 사람은 키도 작고, 곰보에다 그 생긴 꼬락서니가…. 게다가 이 사람은 호랑이를 주먹으로 때려잡았다니 힘은 또 얼마나 세겠어? 아직 장가도 들지 않은 총각이라지? 옳지, 우리 집에 들어와서 함께 살자고 하면 되겠구나! 알 수 없지, 그러다가 나와 좋은 인연이 될지.'

그렇게 생각한 반금련은 얼굴에 웃음을 머금은 채 무송에게 물었다.

"도련님은 어디에 묵고 계세요?"

"이제 새로 도두가 된 지 얼마 지나지 않아 군졸들과 함께 관사에서 지내고 있습니다."

"그러지 말고 저희 집으로 오셔서 함께 사는 게 어떻겠어요? 제가 시중들어 드릴 테니까요."

무송은 형수가 진정으로 시동생을 생각해 하는 말이라 여겨 감사한 마음으로 그 말을 받아들였다.

"고맙습니다, 형수님."

그때 무대가 생선과 쇠고기, 그리고 술과 과일을 한 바구니 가득 사 들고 들어왔다. 그러자 반금련은 저도 모르게 평소에 하던 버릇대로 남편을 윽박질러 종 부리듯 하였다.

반금련은 평소 이웃집의 왕 노파를 불러다가 음식과 안주를 만들어 달라고 부탁하곤 자신은 손에 물 한 방울 묻히지 않았다. 그날도 마찬가지로 탁자 위에 음식과 술이 가지런히 차려지자 무대는 연신 술을 따라 주었고, 술이 떨어지면 즉시 내려가서 다시 데워 가지고 올라왔으나 반금련은 무대를 종처럼 부리듯 하며 자신은 꼼짝도 않고 술만 마셨다. 무송은 그걸 보자 마음이 편치 않았다.

반금련은 본래 남의 비위를 잘 맞출 줄 알았다. 그녀는 계속 무송의 비위를 맞추면서 그의 환심을 사려고 갖은 아양을 다 떨었다.

무송은 마음이 별로 안 좋아 술 몇 잔을 마시고는 자리에서 일어났다. 그러자 무송의 마음을 모르는 무대가 서운하다는 듯 말했다.

"무송아, 몇 잔만 더 마시고 가려무나."

"형님, 많이 마셨습니다. 오늘은 일도 해야 하고요. 형님을 뵈러 다시 또 오겠습니다."

그러자 반금련이 말했다.

"도련님, 꼭 저희 집으로 짐을 옮겨 오셔야 해요. 그렇게 하셔야만 형님과 저도 마음 놓고 편히 지낼 수가 있을 거예요. 안 그래요, 여보?"

무대는 멋도 모른 채 좋아서 입이 벙싯벙싯해졌다. 그렇게 하여 무송은 지현에게 보고한 후 무대의 집으로 짐을 옮겨 살았다.

그날부터 반금련은 새날을 맞이한 듯 무송을 위해 정성으로 음식상을 마련하여 대접하며 갖은 애교를 다 떨었다.

그러던 어느 날, 함박눈이 내리는 것을 바라보다 반금련은 무송을 꼬드기기로 작정하였다. 무대에게는 저녁 늦게 올 수 있는 곳으로 멀리 심부름을 보내고 이웃집 왕 노파를 불러서 맛있는 안주와 술을 마련해 두게 하고 무송의 방에 뜨끈하게 불을 지펴 놓은 다음, 그가 돌아오기를 기다리고 있었다.

저녁 무렵, 무송이 흰 눈을 밟으면서 집으로 돌아왔다. 집 앞에 이르러 신발을 털고 있는데 살며시 문 앞의 발이 들쳐지면서 웃음을 가득 머금은 형수의 얼굴이 나타났다.

"어머나, 이제 오세요? 굉장히 추우셨죠? 어서 들어오세요."

그녀는 여느 날보다 상냥한 몸짓으로 맞이해 주었다.

방 안에는 이미 술상이 차려져 있는 가운데 그녀가 술을 한 잔 가득 따르더니 은근한 목소리로 무송에게 권하였다.

"자, 어서 한 잔 드세요. 얼었던 몸이 조금은 풀릴 거예요."

무송은 형님이 돌아오시면 함께 먹겠다며 사양하다가 하는 수 없이 그 잔을 받아 마셨다. 그러자 형수는 또다시 한 잔을 따르더니 말했다.

"자, 이번엔 우리 함께 들기로 해요."

무송이 좋은 말로 거절했다.

"그보다도 제가 이걸 마시고 형수님께 한 잔 따라드리겠습니다."

무송이 또 한 잔을 벌컥 들이켜고 나서 형수에게 술을 따라 주었다.

"어머나, 고맙기도 해라!"

그녀는 무송이 권하자 술잔을 들어 단숨에 벌컥 들이켜고 나서, 또다시 한 잔을 따라 무송의 앞으로 밀어놓았다. 그렇게 하여 몇 잔의 술이 오고 가자 반금련은 취한 척하며 옷깃을 풀어 헤친 채 젖가슴을 살짝 드러내 보였다. 뿐만 아니라 구름 같은 머릿결을 반쯤 헝클어뜨린 자세로 무송을 바라보면서 방긋 웃음을 머금더니 치솟는 욕정을 억누르지 못하고 무송의 어깨를 부여잡으며 쓰러지듯 수작을 걸었다.

"제가 도련님을 따뜻하게 해드릴까요?"

무송은 그만 참았던 화를 억누르지 못하고 반금련을 밀쳐 내며 냅다 소리쳤다.

"형수! 어찌 부끄러움을 모르시오? 나는 하늘을 머리에 이고 땅을 밟고 선 부끄럼 없는 사내 대장부요. 개돼지 같은 짐승이 아니라는 말이오. 그러니 형수는 이런 부끄러운 짓을 하지 마시오. 만약 앞으로 좋지 못한 소문이 난다면 나는 형수를 알아볼지 몰라도 이 주먹은 형수를 알아보지 못할 거요."

무송이 그렇게 으름장을 놓자 계집은 얼굴이 새빨개진 채 주섬주섬 술상을 치우며 쫑알거렸다.

"장난으로 한번 해 본 것을 가지고 무얼 그렇게 화를 내는 거예요…."

계집은 그렇게 투덜대며 주전자와 접시 등을 챙겨 뒷문을 열어젖히고 부엌 쪽을 향해 꽁무니를 뺐다.

반금련이 무안을 당한 채 방을 나가 버리자 무송도 더는 입을 열지 않았으나 마음은 불쾌하기 짝이 없어 옷을 갈아입고 전립을 썼다.

그때 무대가 눈을 흠뻑 뒤집어쓴 채 돌아왔다.

"어딜 가려고 그러느냐? 난 아직 저녁도 먹지 못했다. 함께 밥이나 먹자."

그러나 무송은 아무 대꾸도 없이 밖으로 횅하니 나가버렸다.

무송이 떠나가자 계집은 갑자기 소리 높여 욕설을 퍼부어 댔다.

"그래, 남들은 도두 동생을 두어 큰 도움이나 받는 줄 알지만 천만에, 형수에게 수작이나 걸며 덤벼들기나 하고…. 잘 갔다, 잘 갔어. 천지신명께 감사를 드려야 할 판이다."

무대는 동생에 대한 욕설을 듣고 있노라니 마음이 괴로웠으나 그런 아내를 나무라지도 못한 채 우두커니 서 있었다.

무송이 짐을 챙겨 가지고 다시 관사로 돌아가 살게 된 후에도 무대는 계속 거리로 나가 만두장사를 했다. 그는 무송을 찾아가고 싶은 생각이 하루에도 수십 번씩 일곤 했지만, 아내 반금련이 절대 찾아가면 안 된다고 다짐을 두었던 탓에 그럴 수도 없었다. 만일 그런 일이 있을 경우 함께 살지 않겠노라고 무대에게 강한 엄포를 놓았던 것이다.

무송이 형의 집을 나온 지도 어느덧 십여 일이 지나고 있었다. 양곡현 지현은 그곳에 부임해 온 지난 이 년 동안에 꽤 많은 금은을 거두었던 터라 동경에 있는 친척들에게 예물로 그걸 올려 보낼 작정을 했다. 그러나 섣불리 올려 보냈다간 도중에 도적들에게 털릴까 봐 걱정이었다. 궁리를 거듭하고 있던 지현은 어느 날 무송을 떠올렸다.

"그렇지. 무송이라면 그 일을 맡길 만하다. 그런 호걸이 있다는 걸 왜 진작 생각지 못했다는 말이냐…."

지현은 그렇게 중얼거리며 곧 무송을 불러들였다. 무송은 형수와의 관계에서 뭔가 개운치 않던 터에 홀가분히 개봉부를 다녀오는 것도 좋은 일이라 생각되어 흔쾌히 다녀오겠노라 답했다.

다음 날 아침, 무송은 동경 개봉부로 떠날 채비를 하면서 형님 댁을 들러 봐야겠다고 생각했다.

무송은 술과 고기, 또 형수에게 줄 선물까지 사서 군졸에게 지워서 오랜만에 무대의 집으로 갔다.

문의 발을 들치고 들어서자, 뜻밖이라는 듯 반금련이 눈을 크게 뜨고 바라보다가 속으로 생각했다.

'흥, 나를 못 잊어서 되돌아온 모양이지? 아무리 뻣뻣한 척해도 저도 남자인데 별수 있을라구. 어디 한번 슬쩍 마음을 떠볼까?'

무송을 보자 아직 미련이 남아 있던 반금련은 곧장 자기 방으로 가서 화장대 앞에 앉았다. 분을 짙게 바르고 머리를 빗은 다음 야한 옷으로 갈아입고 다시 무송에게로 와 천연덕스럽게 말했다.

"도련님, 그동안 통 오시지 않아 무얼 잘못 생각하고 계신 줄 알았어요. 저는 날마다 그이에게 현청에 찾아가서 도련님을 만나보라 했지만 만날 수가 없다고 하더군요. 그런데 이렇게 찾아오셨으니 여간 기쁘지 않아요. 이런 건 뭣 하러 다 사 오셨어요."

무송이 형수의 너스레에 무뚝뚝한 어조로 받았다.

"형님과 형수님께 드릴 말씀이 있어 찾아왔습니다."

그때 무대가 점심을 먹으러 들어왔다. 그는 오랜만에 무송을 보자 몹시 반가워했다.

"오오, 아우로구나! 잘 왔다, 잘 왔어! 그동안 어떻게 지냈느냐?"

무송은 무대가 오자 무대와 반금련을 윗자리에 앉히고 자신은 아랫자리에 앉았다. 술상이 차려지고 술이 오갔다. 그러는 동안 반금련은 무송에게 은근한 눈길을 보냈다.

무송은 못 본 척하며 술잔을 기울였다. 술잔을 대여섯 번 비우자 무송이 무대에게 술잔을 권하며 말했다.

"형님! 저는 이번에 상공의 분부를 받들어 동경 개봉부에 다녀오게 되었습니다. 내일 떠나면 빨라야 사오십 일 이후에나 돌아올 것입니다. 특별히 말씀드리고 싶은 바는 형님께서는 본래부터 착하기만 할 뿐 모질지가 못해서 제가 없는 동안 남들로부터 업신여김을 당하실까 봐 그것이 걱정입니다. 그러니 형님께서는 제가 시키는 대로 하십시오. 이제까지 만두를 하루에 열 통씩 파셨다면 내일부터는 그 절반인 다섯 통씩만 파십시오. 그리고 아침에 늦게 나가셨다가 저녁에 일찍 들어오십시오. 뿐만 아니라 남들과 어울려 술을 마시지 말고 곧바로 집으로 들어오십시오. 집에 돌아오시고 나면 즉시 문을 닫아걸고 외부와의 교류를 차단하십시오. 그리고 누가 형님을 업신여기거나 시비를 걸더라도 절대 싸우려 들지 말고 꾹 참으셔야만 합니다.

그렇게 하고 계시면 제가 돌아와서 그놈들과 시비를 가리겠습니다. 제 말씀대로 하실 결심이 서셨다면 이 아우가 따르는 술을 드십시오."

무송이 간곡히 말하자 무대가 고개를 끄덕이며 말했다.

"무송아, 네 말이 옳구나! 네가 시키는 대로 할 테니 아무 염려하지 말아라."

그리고 무대는 무송이 권하는 술을 쭉 들이켰다. 무송은 그 잔을 받아서 다시 한 잔 가득 따르더니 이번엔 형수에게 권하며 말했다.

"형수님께서는 매사에 사리가 밝으신 분이니 길게 말씀드리지 않겠습니다. 형님은 원래 순박하신 터이니 부디 형수님께서 잘 보살펴 주십시오. 옛말에 이르기를 '울타리가 튼튼하면 강아지 새끼 한 마리도 드나들지 않는다.'고 했습니다. 그러니 형수님께서 집안을 잘 돌보시면 형님이야 근심할 게 무엇이겠습니까? 부디 이 술을 드시고 제 말씀대로 해 주십시오, 형수님."

그 말을 듣자 반금련은 부끄럽고 화가 나 귓바퀴까지 새빨개지더니 만만한 무대를 향해 욕을 퍼부었다.

"당신이 밖에 나가 덜떨어진 소리나 하고 다니니 내가 이런 욕을 당하지 않아요? 내 비록 갓 쓴 사내는 아니지만 그렇게 줏대 없는 아낙은 아니란 말이에요. 내가 이 집에 시집온 이후로 개미새끼 한 마리도 집 안에 들여놓은 적이 없었는데, 무슨 울타리가 허술해서 강아지 새끼가 집 안으로 들어온단 말이오? 누구에게 감히 그 따위 말을 하게 하는 거예요. 아휴, 분해! 어디 두고 봅시다, 하늘을 향해 침을 뱉으면 누구의 얼굴에 떨어지는지!"

무송은 그 말을 들으니 다시 속에서 화가 치밀었으나 자기가 없을 동안 형의 처지를 생각하니 걱정이 앞서 속마음을 드러내지 않고 말했다.

"형수님께서 그처럼 사리가 밝으시니 저도 한결 마음이 놓이는군요. 아무튼 제가 드리는 이 술 한 잔 받으십시오."

무송이 그렇게 말하며 반금련의 마음을 누그러뜨리려 했으나 허사였다. 반금련은 여전히 앙칼진 얼굴로 술잔을 밀어젖히고는 자리에서 발딱 일어나 아래층으로 내려가더니 위를 향해 욕을 퍼부었다. 두 형제는 아무 말 없이 술잔을 비웠다.

"형님, 그럼 부디 건강하셔야만 합니다. 그리고 아까 제가 드린 얘기를 잊지 마시고 그대로 하셔야 합니다."

"무송아, 먼 길에 몸조심하고 되도록 빨리 돌아오너라. 나는 네가 돌아올 날만을 기다리고 있겠다."

무대의 두 눈에서는 무송을 다시는 보지 못하기라도 할 것처럼 쉴 새 없이 눈물이 주르륵 흘러내리고 있었다.

무송의 형을 죽인
서문경과 반금련

다음 날 아침, 무송은 지현에게 하직 인사를 올린 다음 동경을 향해 길을 떠났다. 커다란 수레 한 대에 예물 상자를 가득 싣고, 씩씩하고 날렵한 군졸 넷으로 하여금 호위하게 했다.

무대는 날마다 아침 늦게 나갔다가 저녁 일찍 들어왔다. 무대를 볼 때마다 구박과 폭언을 퍼붓던 반금련은 이제는 무대가 들어올 때면 아무 소리도 하지 않은 채 문 앞의 발을 걸어 놓고 있다가 문을 쾅 닫아걸곤 하였다. 무대는 오히려 그것이 마음 편하게 느껴졌다. 길게 잔소리를 듣는 것보다 한결 견디기 쉬웠던 것이다.

먼 산의 눈도 녹기 시작하여 어느새 봄기운이 싹트고 있었다. 반금련은 그날도 무대가 장사를 마치고 돌아올 시간이 되자 창문의 발을 걷기 위해 밖으로 나왔다. 그런데 발을 벗겨 내리려다 그만 대나무 장대를 놓쳐 버려 지나가던 서문경西門慶의 머리 위에 떨어뜨렸다.

"에구머니나, 죄송해요. 용서해 주십시오."

난데없이 머리를 얻어맞고 화가 난 서문경이 고개를 들고 보니 뜻밖에도 아리따운 여인이 아닌가. 서문경은 화난 마음이 봄기운에 눈 녹듯이 녹았다.

"괜찮습니다. 아무 염려 마십시오."

서문경이 반금련을 그윽한 눈길로 바라보자, 반금련 또한 얼굴을 붉히고 살포시 고개를 숙였다.

서문경이 가던 길을 몇 걸음 걸어가다가 다시금 힐끔 뒤돌아보니 반금련도 그를 바라보고 살포시 미소지었다. 두 사람의 눈길이 마주치자 여인은 얼굴을 붉히며 황급히 고개를 돌렸다.

그때 이웃에서 찻집을 하는 왕 노파가 그 광경을 바라보다가 서문경에게 반갑게 인사를 하였다.

"아이구, 서문경 나리 아니세요? 그 집 처마 밑을 지나시다가 봉변을 당하신 겝니까?"

"내가 실수한 것이네. 저 여인의 허물이 아니네."

서문경은 그렇게 말하면서 점잖은 걸음걸이로 그곳을 떠났다.

서문경은 이곳 양곡현의 현청 앞에서 한약 도매상을 하는 사람으로서 천하의 난봉꾼이었다. 그는 생약포生藥鋪를 해 양곡현 제일의 부자라는 소리를 듣고 있었는데 사람들은 그를 서문대랑西門大郞, 또는 서문 대관인大官人이라 부르기도 했다.

그의 생김새는 훤칠하며 남자다웠다. 그리고 봉술깨나 쓸 줄도 알고 관원들에게 뇌물을 뿌리니 현청의 관리들 중 그를 모르는 사람이 거의 없을 정도였다. 그렇기에 거리에서 그를 만나면 모두 허리를 굽실거렸다. 게다가 관리들과 짜고 돈과 주먹으로 세도를 부리니 사람들은 그의 비위를 건드릴 수가 없었다.

그런 서문경이 반금련을 본 후로 마음이 후끈 달아올랐다. 서문경은 반 식경이 지나지 않아 왕 노파의 찻집으로 찾아갔다.

"아니, 나리. 무슨 일이세요?"

"다름이 아니라, 아까 그 여인은 누구의 아낙이오?"

서문경은 숨길 것도 없다는 듯이 바로 물었다. 왕 노파 또한 능구렁이에다 오지랖이 넓은 할멈이었다. 그녀는 이웃의 사정에 정통하여 재물이 들어오고 나가는 일에서부터 어느 집 아낙네의 행적은 물론 남편의 궁둥짝에 생긴 부스럼까지 모두 훤히 꿰뚫고 있었다. 게다가 돈이 생기는 것이라면 무슨 일에든 발벗고 나섰다.

"놀라지 마십시오. 다름 아닌 만두 장수 무대랑의 아내랍니다."

서문경은 믿어지지 않는 듯 다시 물었다.

"그 장안의 못난이 곰보딱지 무대랑의 아내란 말이오?"

"그렇다니까요."

"좋은 양고기가 개 아가리 속에 처박힌 격이로군!"

서문경이 놀란 얼굴로 혼잣말처럼 중얼거렸다. 그리고 잠시 생각에 잠기더니 반금련의 집 쪽을 향해 눈을 흘끔거리면서 왕 노파를 채근해 은자 열 냥을 줄 테니 반금련을 다시 만날 수 있는 기회를 만들어 달라고 부탁하기에 이르렀다. 왕 노파는 그 말을 듣고는 선뜻 허락하지 않고 서문경의 애간장만 태웠다.

"하지만 나리, 그 여인에겐 남편이 있으니 일이 그렇게 호락호락하지만은 않답니다. 원래 여자를 후려내려면 다섯 가지 조건을 갖추어야 된다고들 하지 않습니까?"

"남은 애간장이 녹는 줄도 모르고 할멈은 태평스런 말만 골라서 하는구려. 그 다섯 가지 조건이라는 게 대체 뭐요?"

"첫째는 얼굴이 잘생겨야 하며, 둘째는 마치 당나귀의 것처럼 그 물건이 커야 하며, 셋째는 남부럽지 않을 만큼 돈이 많아야 하며, 넷째는 솜옷 속에서 바늘이 찔러도 참고 있을 정도로 참을성이 많아야 하며, 다섯째는 몸이 한가로워야 합니다."

왕 노파가 숨도 쉬지 않고 그렇게 주워섬겼다. 그러자 서문경이 서슴없이 그 말을 받았다.

"그 다섯 가지 조건이라면 난 이미 다 갖추어 놓고 있소. 얼굴이 이만하면 어디다 내놔도 빠지지 않으며, 어려서부터 그 물건이 커서 커다란 거북이 대가리만 하니 그만하면 됐고, 이곳 양곡현에서 저만한 생약포를 하고 있으니 돈 아쉬울 것 전혀 없고, 본래부터 참을성이 많아서 만일 그 여인이 내 뺨을 백 대나 때린다 할지라도 참고 있을 것이오. 또한 나는 어디에도 얽매인 몸이 아니니 얼마든지 틈을 낼 수 있소. 이만하면 되지 않겠소?"

서문경이 그렇게 말했으나 왕 노파는 그래도 선뜻 허락하지 않았다.

"하지만 제가 보기엔 아직 딱 한 가지가 부족합니다."

"그게 뭐요? 어서 말해 보시오."

"제 말씀을 너무 언짢게 듣진 마십시오, 나리. 여자를 사귀는 데는 본래부터 많은 돈이 들게 마련입니다. 돈이 아까운 사람은 계집질을 하지 말아야지요. 열 푼을 써야 할 때에 아홉 푼만을 써서 일이 어그러질 수도 있는 법입니다. 제가 알기로 나리께서는 너무나도 인색하시니 그게 걱정입니다."

왕 노파가 자기가 하고 싶은 말을 거리낌 없이 털어놓자 몸이 단 서문경은 다짐하듯 말했다.

"그런 점이라면 당장 고칠 수 있으니 아무 염려하지 마시오."

왕 노파는 서문경의 다짐을 받고서야 계집 후리는 일에 대해 좀더 자세한 가르침을 주고자 입을 열었다.

"나리께서 그런 마음이시라면 제게 한 가지 계략이 있긴 합니다만, 나리께서 제 얘기를 따라 주실지 어쩌실지 그것이 걱정입니다."

"뭐든지 할멈이 시키는 대로 하겠다고 하지 않았소? 어서 말해 보시오. 그 계책이란 게 도대체 무엇인지!"

그러자 왕 노파는 능청스레 웃음기 머금은 얼굴로 반금련이 바느질 솜씨가 좋으므로 자기에게 수의壽衣 한 벌을 지을 옷감을 끊어 주면 그녀에게 부탁하여 찻집에서 바느질할 적에 나타나 수작을 부리라는 계획을 이야기했다.

이에 서문경은 그 노파가 원하는 대로 다 들어주고 나서야 반금련을 만날 수 있었다.

왕 노파는 서문경의 소매를 끌 듯하여 방 안으로 맞아들인 후 반금련에게 말했다.

"이분이 바로 내게 수의를 짓도록 옷감과 솜 등을 보내 주신 그 마음씨 좋은 나리시라우."

서문경이 단정하게 허리를 굽혀 인사했다. 그러자 반금련은 일감을 손에 내려놓은 채 살포시 고개를 숙였다. 왕 노파가 너스레를 떨었다.

"나리께서 주신 수의감을 일 년 동안이나 짓질 못했습니다. 그런데 고맙게도 이번에 이 색시가 틈을 내어 수의를 지어 주는데, 이 바느질 솜씨를 좀 보십시오. 저는 지금껏 육십 평생을 살았지만 이런 훌륭한 솜씨를 가진 사람은 처음 보았답니다. 나리도 한번 보시지요."

서문경이 수의를 잠시 들여다보더니 입을 벌려 환하게 웃으며 한껏 추켜세웠다.

"과연 훌륭한 솜씨입니다. 부인께서는 어디서 이토록 훌륭한 솜씨를 익혔소? 실로 하늘에서 내린 솜씨인 듯하오."

반금련도 서문경의 칭찬에 해죽 웃으며 말했다.

"나리께서 너무 놀리시는군요."

그때 왕 노파가 반금련에게 넌지시 물었다.

"색시, 색시는 이분이 어떤 분인지 아시우?"

"잘 모르겠어요."

"이분은 아마도 우리 고을에서 제일가는 부자 어른이실 거요. 지현 상공과도 친분이 깊으신 분으로서 서문 대관인이라고 소문난 분이 바로 이분이시라우. 현청 앞 큰길가에 있는 그 커다란 생약포 주인으로서 그동안 모은 금은이 창고에 넘칠 만큼 많으신 분이라우. 그뿐 아니라 무소뿔이나 상아 등 없는 게 없다우."

반금련은 아무 대꾸도 하지 않은 채 잠자코 듣고만 있었다.

다소곳이 머리를 숙인 채 바느질만 하고 있는 그녀를 보자 서문경은 문득 가슴속으로부터 욕정이 치솟아 올랐다. 이것저것 따지지 않고 당장 달려들어서 와락 껴안고 싶었지만, 그러지 못하는 것이 한스러웠다.

왕 노파가 듣기 좋은 말로 입을 열었다.

"나리, 이렇게 때맞추어 와 주신 것도 인연인가 싶습니다. 나리께서는 제게 옷감과 솜을 사 주셨고, 이 색시는 바느질을 도와주니, 이제야 비로소 이 늙은이의 저승길이 편하게 되었습니다. 두 분께서는 모두 제 은인이십니다. 모처럼 이렇게 두 분 은인께서 만나셨는데, 나리께서 저를 대신하여 이 색시에게 한턱 내시는 게 어떻겠습니까?"

왕 노파의 말이 떨어지자마자 서문경은 기다렸다는 듯 선뜻 전대를 풀어 은자를 꺼내 놓으며 말했다.

"아, 내가 미처 그 생각을 하지 못했소. 여기에 돈이 있으니 할멈이 어떻게 좀 준비해 주시오."

"어머나, 저 때문에 이러실 것까진 없어요!"

반금련이 그렇게 말했으나 자리를 뜨려는 기색은 아니었다. 그걸 본 왕 노파가 서문경이 내놓은 은자를 가지고 밖으로 나가면서 말했다.

"색시, 잠시만 내 대신 나리에게 말벗이나 해드리고 있으시우. 내가 금방 다녀올 테니 말이우."

왕 노파가 나가고 나자 서문경은 그윽한 눈길로 반금련의 모습을 훔쳐보고 있었다. 반금련도 자리에 앉은 채 바느질을 계속하고 있었으나 역시 서문경 쪽을 향하여 흘끔흘끔 곁눈질을 하였다. 잘생긴 외모에다 풍채 또한 좋았다. 거기다 돈까지 많은 남자! 반금련은 뛰는 가슴을 억누르며 바느질을 계속했다.

왕 노파는 잠시 후 돌아왔다. 그녀는 저잣거리에서 사 가지고 온 여러 가지 과일과 안주를 탁자 위에 늘어놓은 다음 술 한 병을 따뜻하게 데워 왔다.

"색시, 나리께서 색시를 위해 내놓으신 돈으로 이렇게 여러 가지를 장만했다우. 그러니 오늘 일은 잠시 밀쳐 두고 한잔 하도록 합시다."

"나리를 모시고 할머니나 드세요. 저는 별로 생각이 없어서…."

반금련이 그렇게 말했다. 그러나 여전히 자리를 털고 일어설

기미는 보이지 않았다. 왕 노파가 어림도 없다는 듯이 말했다.

"모두 색시를 위해서 차린 것들인데, 무슨 말을 그렇게 섭섭하게 하우? 자, 사양하지 말고 이쪽으로…."

왕 노파는 그렇게 말하면서 반금련의 팔목을 잡아끌었다. 반금련은 한번 튕겨 보긴 했지만 못 이기는 척하면서 탁자 앞에 끌려와 앉았다.

세 사람이 탁자 앞에 앉자, 서문경이 먼저 술 한 잔을 가득 따라서 반금련에게 권했다.

"부인, 우선 제 잔을 받으십시오."

반금련은 사양은커녕 잔을 받으며 감사했다.

"고맙습니다, 나리."

그러자 왕 노파도 한 잔 가득 넘치게 따라 반금련에게 건네주며 말했다.

"색시, 이 자리는 색시를 위해서 마련한 자리라우. 그러니 내 잔도 한 잔 받으시구랴."

"고맙습니다, 할머니."

반금련은 왕 노파의 잔도 서슴없이 받아들였다.

이럭저럭 술잔이 세 순배쯤 돌고 나자 왕 노파는 술을 데우기 위해 방을 나갔다. 그때 서문경이 반금련에게 물었다.

"부인, 실례가 될지 모르겠습니다만 올해 나이가 어떻게 됩니까?"

"부질없이 나이만 먹어 스물세 살입니다."

"그렇다면 저보다 다섯 살이나 아래이십니다. 바느질 솜씨도 좋으시고, 예의가 바른데다 아름답고 싹싹하시니, 정말이지 댁의 남편이 부럽기 짝이 없습니다."

그러자 그때 술을 가지고 들어온 왕 노파가 끼어들었다.

"나리, 정말 그 말씀 한번 잘하셨습니다. 제가 쓸데없는 말을 하는 것 같지만 사실 말이야 바른말이지, 나리도 댁에 많은 사람들을 거느리고 계시겠지만, 어디 이 색시만 한 사람이 하나라도 있습니까?"

왕 노파의 말에 서문경이 문득 처연한 얼굴로 말했다.

"그렇게 말하면 내가 할 말이 없구려. 모든 게 다 내가 복이 엷어 그렇겠지만."

"그렇지만 돌아가신 부인은 참 좋은 분이셨잖아요?"

"그랬소. 하지만 아내가 죽은 후로 집안 꼴이 말이 아니라네. 집안에 일하는 여자가 여럿 있지만 밥이나 축낼 뿐 무엇 하나 제대로 하는 사람이 없다네."

"부인께서 돌아가신 지 몇 년째죠, 나리?"

"벌써 삼 년이 지났네. 비록 하찮은 집에서 왔으나 워낙 밝고 덕스러워서 요모조모 집안일을 잘 꾸려 나갔지. 하지만 지금은 집안 꼴이 엉망이 되어 버리고 말았소. 내가 바깥으로 나돌게 된 것도 실은 집안에 낙이 없어진 까닭이라네."

서문경과 왕 노파가 반금련을 옆에 앉혀 두고 그렇게 말을 주고받으니 반금련도 그 소리를 듣지 않을 수가 없었다. 반금련이 들으니 모두 듣기에 좋은 소리뿐이었다. 서문경의 부인이 죽고 없는 데다 말하는 걸로 보아 그 부인 또한 자기와 신분이 그렇게 다르지 않은 듯했다. 서문경이 거기까지 말하자 왕 노파가 슬며시 반금련을 걸고 들어갔다.

"하지만 나리, 말이야 바른 말이지 부인의 바느질 솜씨도 이 색시보다 대단하진 못하셨을 걸요?"

서문경이 왕 노파의 말을 받았다.

"물론 바느질도 그렇지만 예쁘기도 이 부인만은 못했지…."

왕 노파가 웃으며 반금련에게 구미가 당길 말을 물었다.

"나리, 혹시 나리의 마음에 드실 만한 여자가 생긴다면 제가 찾아가서 중매를 서 드려도 될까요?"

서문경이 서슴없이 대답했다.

"아, 할멈은 지금 그걸 말이라고 하고 있소? 아내가 없는 홀아비에게 중매를 서는데 그 누가 뭐라고 한단 말이오!"

왕 노파가 눈을 찡긋하면서 말했다.

"헌데 나리의 마음에 그렇게 쏙 들 만한 여자가 어디 있겠습니까?"

서문경이 문득 탄식조로 그 말을 받으며 여운을 남겼다.

"왜 없겠소? 다만 내가 여자 복이 없어서 이러고 있을 뿐이지."

그러자 왕 노파가 깜박 잊고 있었다는 듯이 입을 열었다.

"나리, 한창 술맛이 나려던 참인데, 술이 떨어졌으니 이를 어쩌죠?"

서문경이 서슴없이 품속에서 다시 은자를 꺼내더니 탁자 위에 내놓았다.

"술이 떨어졌으면 당연히 술을 더 사 가지고 오면 될 것 아니오? 자, 여기 술값은 얼마든지 있으니, 할멈이 알아서 하시오."

왕 노파가 일어서면서 반금련을 보니, 그녀도 춘심春心이 일었는지 상기된 얼굴을 다소곳이 숙인 채 두 사람의 이야기에 귀를 기울이고 있었다.

왕 노파가 그녀에게 부드러운 목소리로 속살거렸다.

"색시, 그럼 내가 얼른 다녀올 테니 그동안 나리와 함께 재미있는 말씀이라도 나누고 계시구랴. 좋은 술을 구하려면 현청 앞까지 다녀와야 할 테니 시간이 좀 걸릴 거유."

반금련이 말했다.

"어머나, 그렇게까지 멀리요…."

그러나 반금련은 말만 그렇게 할 뿐 왕 노파를 말리려고 하지 않았다. 왕 노파는 재빨리 밖으로 나와서 문에 지그시 빗장을 질렀다.

왕 노파가 나가고 나자 서문경은 드디어 때가 왔다고 생각했다. 그는 술잔을 집는 척하면서 슬쩍 옷소매를 쓸어서 젓가락을 탁자 밑으로 떨어뜨렸다. 일이 되려고 그랬는지 몰라도 젓가락은 공교롭게도 반금련의 발이 있는 쪽으로 굴러 떨어졌다.

서문경은 짐짓 허리를 굽혀 젓가락을 줍는 척했다. 탁자 밑에서 바라보니 반금련의 조그만 발이 더욱 앙증스러워 보였다. 서문경은 젓가락을 줍는 대신 반금련의 허벅지 쪽으로 손을 쭉 뻗어서 그곳을 살짝 어루만졌다. 그러자 반금련은 성을 내기는커녕 해죽 웃으며 말했다.

"어머나, 나리! 그러지 마세요, 간지러워요!"

서문경은 순간 정신이 아득해지면서 입술이 바싹 타 들어가는 듯한 느낌이 들었다. 그는 그 자리에서 털썩 무릎을 꿇으며 말했다.

"부인, 제발 나를 좀 살려 주시오!"

그러자 서문경 못지않게 몸이 달아 있던 반금련이 자리에서 일어서더니, 살며시 그를 안아 일으켰다.

그렇게 되니 서문경이 어찌 가만히 있을 수 있겠는가? 그녀를 와락 끌어안더니 번쩍 들고 가서 왕 노파의 침상 위에 눕혀 놓았다. 두 사람은 한 겹 두 겹 옷을 벗어 던졌다. 그리고 벌거숭이가 된 채 한 덩이가 되어 뒹굴었다.

밖으로 나온 왕 노파는 술을 사러 간 것이 아니었다. 그녀는 짐짓 문 밖에 기대선 채 안쪽의 동정을 살피고 있었다. 그런데 그들 두 남녀가 누가 먼저랄 것도 없이 한데 엉켜 몇 번이나 자지러지는 것이 아닌가.

폭풍이 지나고 주위가 조용해졌다고 생각되었을 무렵이었다.

왕 노파는 헛기침을 두세 번 한 다음, 문을 거세게 흔들어서 소리를 내며 빗장을 풀고 안으로 들어갔다.

두 남녀는 운우雲雨의 정을 흠뻑 나누고 나서 이제 막 옷가지들을 열심히 꿰입고 있는 중이었다.

왕 노파가 놀란 척하며 두 사람을 번갈아 가면서 바라보자 그들은 얼굴이 새빨개진 채 어쩔 줄 몰라 했다.

왕 노파가 소리쳤다.

"원 세상에, 별 망측한 일도 다 있지! 색시, 이럴 수가 있는 거유? 내가 색시를 부른 것은 바느질을 해 달라는 것이었지, 서방질을 하라는 게 아니었수! 색시 남편이 나중에 이 일을 알게 되면 아마도 나를 죽이려고 할 거유! 차라리 내가 먼저 찾아가서 일러바치는 편이 낫겠구랴!"

그러고는 몸을 획 돌려서 뒷문 쪽으로 달려 나가려고 했다. 그러자 반금련이 그녀의 팔을 붙잡으면서 빌었다.

"할머니, 용서하세요! 제발 한 번만 용서해 주세요!"

서문경은 어리둥절했으나 우선 왕 노파에게 사정했다.

"할멈, 제발 부탁이니 큰소리로 떠들지 좀 마시오!"

그러자 왕 노파가 차갑게 웃으면서 말했다.

"흥, 그래도 양심들은 있는 모양이구랴! 두 사람 모두 내 입을 막고 싶다면 각자 한 가지씩 내가 시키는 대로 해야 합니다. 그러실 수 있겠수?"

반금련이 살았다는 듯 안도의 한숨을 내쉬며 말했다.

"한 가지뿐 아니라 열 가지라도 시키시는 대로 하겠어요."

"먼저 색시는 내가 따로 부르지 않더라도 이곳에 와서 이 나리께서 하자는 대로 따라야만 합니다. 그러면 내가 입을 다물고 있겠수. 하지만 만약 단 하루라도 약속을 어기는 날에는 내가 곧 색시 남편 무대에게 달려가서 이 사실을 일러바치겠수. 알겠수?"

왕 노파가 그렇게 올가미를 씌웠다. 반금련이 들으니 싫지 않은 소리라 얼른 대답했다.

"할머니, 걱정 마세요. 꼭 그대로 할게요."

왕 노파가 이번엔 서문경 쪽을 향해 말했다.

"나리껜 제가 긴 말씀 드리지 않겠습니다. 저와 하신 약속을 잊지 마십시오. 만일 그렇지 않을 경우엔 즉시 저 색시 남편에게 달려가서 몽땅 털어놓을 테니까 말이우."

그 약속이란 은자를 주기로 한 것을 말함이었다. 서문경이 고개를 끄덕이며 말했다.

"할멈, 아무 걱정하지 마시오. 내가 어찌 그걸 잊겠소."

두 사람 모두에게서 약조를 받아 낸 왕 노파는 비로소 굳었던 얼굴을 풀고 가지고 온 술을 두 사람에게 권했다.

밖을 보니 어느덧 해가 서쪽으로 기울고 있었다. 반금련이 살며시 일어나면서 말했다.

"할머니, 남편이 만두 팔고 돌아올 시간이에요. 눈치 채기 전에 얼른 돌아가 봐야겠어요."

그녀가 살금살금 뒷문으로 빠져 나가자, 왕 노파가 서문경에게 너스레를 떨었다.

"나리, 제 계략이 어땠습니까?"

"실로 놀라웠소. 내가 집에 가거든 곧 은 한 덩이를 보내겠소."

서문경은 그렇게 약속했다.

"그럼 이 늙은이는 눈이 빠지게 기다리고 있겠습니다. 이왕이면 관값에다 후하게 수고비까지 얹어 주시우."

"알겠소. 그렇게 하리다."

서문경은 흡족한 웃음을 머금으며 집으로 돌아갔다.

반금련은 다음 날부터 무대가 집을 나서면 곧장 찻집으로 건너갔다. 그들의 정분은 날이 갈수록 두터워져서 마치 풀칠을 한 듯, 아교칠을 한 듯 한번 붙으면 떨어질 줄 몰랐다.

그러나 옛말에 이르기를 '좋은 소문은 문 밖으로 나가지 않으나, 나쁜 소문은 천리를 간다'고 하지 않았던가! 두 사람의 음탕한 관계는 결코 비밀로 지켜질 수 없었다. 그들이 찻집에서 은밀히 만나기 시작한 지 채 보름도 지나지 않아 소문이 꼬리에 꼬리를 물고 온 고을을 떠돌게 되었던 것이다.

다만 사람들이 자기들끼리만 수군거렸던 터라 단 한 사람, 즉 무대만이 그 소문을 듣지 못하고 있었다. 실로 등잔 밑이 어두운 격이었다.

양곡현에는 과일을 팔러 다니는 열대여섯 살가량 된 소년이 하나 있었다. 성이 교喬가였지만 사람들은 그를 가리켜 흔히들 '운鄆가'라고 불렀다. 그의 아버지가 운주鄆州 땅에 귀양 가 있을 때 그 소년을 낳았기 때문이었다.

소년은 늙고 병든 아비를 부양하기 위해 철따라 나는 햇과일을 팔아 살아갔는데 부지런하고 눈치가 빨라 사는 형편은 어렵지 않았다.

서문경은 이 운가의 과일을 팔아 주는 단골 중의 한 사람이었다. 그날도 소년은 서문경의 집으로 가 보았으나 서문경이 집에 없어 과일바구니를 짊어진 채 서문경이 갈 만한 곳을 찾아다녔다. 그러자 한 사람이 운가에게 일러 주었다.

"그분은 요즘 매일같이 자석가에 있는 왕 노파의 찻집에 드나들면서 만두 장수 무대랑의 여편네와 한창 재미를 보고 있지. 하지만 넌 아직 어린애니까 들어가 봐도 괜찮을 게다. 그곳으로 한번 가보려무나."

그리하여 소년은 한걸음에 왕 노파의 찻집으로 달려가게 되었다. 문간의 발을 들치고 들어서자, 왕 노파는 의자에 앉아 실을 감고 있는 중이었다. 소년은 과일바구니를 바닥에 내려놓고 왕 노파에게 인사했다.

"할머니, 안녕하세요?"

"아이쿠, 깜짝이야! 그래, 운가 녀석이로구나. 그런데 네가 여긴 웬일이니?"

왕 노파가 놀란 얼굴로 묻자 운가가 대답했다.

"나리를 뵙고서 이 과일을 팔아 달라고 말씀드리려구요."

그러자 왕 노파가 시치미를 뗐다.

"나리라니, 도대체 어떤 나리 말이냐?"

"누군 누구예요, 서문경 나리죠."

그는 대답을 마치자마자 과일바구니를 들고 집 안으로 들어가려 했다.

그러자 왕 노파가 그의 뒷덜미를 낚아챘다.

"요 원숭이 같은 놈! 들어가긴 어딜 들어가려고 하느냐? 사람이 집 안으로 들어갈 때는 언제나 남녀를 가리는 법이다, 이놈아!"

"할머니, 이 손 놓으세요. 저는 그분을 꼭 만나야 해요!"

"이 못된 녀석 같으니라구! 어째서 내 침실에 서문경 나리가 있다고 생떼를 부리느냐?"

"할머니, 너무 이러지 마세요. 저도 다 알고 왔다구요. 할머니 혼자서만 벌어먹지 마시고 함께 사이좋게 벌어먹고 살자고요. 제게도 찌꺼기는 좀 남겨 주실 수 있잖아요?"

그 말을 듣자 왕 노파는 화를 버럭 내면서 소리쳤다.

"이 망할 놈의 새끼가 보자 보자 하니까 못하는 말이 없구나! 네가 알긴 뭘 안다고 찌꺼기가 어쩌고 건더기가 저쩌고 해, 이놈아!"

운가도 지지 않고 소리쳤다.

"할머니, 세상에 비밀이 어디에 있다고 끝까지 이러세요? 제가 한번 입만 뻥끗했다 하면 만두 장수 무대랑 아저씨가 가만히 있을 줄 알고 이러시는 거예요?"

왕 노파는 그만 기가 막혀 얼굴이 파랗게 질려 있다가 운가를 향해 욕설을 퍼부었다.

"이 원숭이 같은 자식, 별소릴 다 씨부렁거리는구나! 이놈의 새끼, 내가 가만두지 않겠다!"

왕 노파가 그렇게 나오자 운가도 화가 나 소리쳤다.

"내가 원숭이 새끼라면 할머닌 뭐예요? 뚜쟁이라구요, 뚜쟁이!"

그러자 왕 노파가 더 이상 참지 못하겠다는 듯 소년의 뺨을 냅다 후려갈겼다. '철썩!' 소리와 함께 벌건 손자국이 나자 운가도 악을 썼다.

"왜 때려, 왜 때려? 씨이, 뚱쟁이 할망구가 왜 때려?"

"이놈의 자식이 그래도 정신을 못 차렸구나! 어디 맛 좀 봐라, 이놈아!"

화가 머리 꼭대기까지 치민 왕 노파는 운가를 발로 차서 문밖으로 내몰더니, 과일바구니마저 길바닥에 내동댕이쳐 버렸다.

왕 노파의 서슬에 눌려서 길바닥으로 쫓겨난 운가는 쏟아진 과일을 바구니에 주워 담으면서 삿대질을 해댔다.

"이 벌레 같은 할망구야, 어디 한번 두고 보자구! 내가 만두 장수 아저씨한테 다 일러바치고 말 테다!"

운가는 분통이 치밀어서 견딜 수가 없어 무대를 찾아다녔다. 네거리를 두 개나 지나쳐서야 만두를 팔고 있는 무대를 만날 수 있었다.

운가는 무대를 만나자 서문경이 찻집 노파 방 안에서 반금련과 놀아나고 있다는 이야기를 소문난 대로 다 주워섬겼다. 아무것도 모르고 있던 무대가 그 말을 듣고 깜짝 놀란 얼굴로 물었다.

"그게… 정말이냐?"

"참, 아저씨는 딱하기도 하십니다. 그렇게 바보같이 구니까 그 두 사람이 붙어 지낼 수밖에요…. 아저씨가 장사를 하러 나오기만 하면 두 연놈이 왕 노파 찻집에서 붙어살다시피 한대요."

그 말을 듣자 무대는 얼굴이 해쓱해지더니 생각난 듯이 말했다.

"음, 그랬었구나! 아내는 매일같이 바느질을 하러 간다고 왕 할멈의 찻집으로 건너갔다가 오후에 얼굴이 벌게져 가지고 돌아오곤 했지! 내 지금이라도 당장 달려가서 연놈을 덮쳐 버려야지."

"그건 안 돼요, 아저씨! 그 늙은 여우 같은 할망구가 호락호락 그 죽일 연놈들을 내어 줄 것 같은가요? 그들 세 사람 사이에는 틀림없이 그들끼리만 통하는 신호 같은 것이 있을 거예요. 그러니 오늘은 모르는 척하고 넘기고 내일 오전에 제가 망보고 있다가 서문경이 왕 할멈의 찻집으로 들어간 후에 제가 할망구를 꼭 붙들고 있을 테니, 그때 아저씨는 뛰어들어가서 곧장 늙은 할망구의 침실을 덮치세요. 그리고 두 연놈이 그곳에 있거들랑 문을 열어젖히고 동네방네가 다 떠나가도록 큰소리로 외치세요."

무대가 들으니 좋은 꾀가 아닐 수 없었다. 다음 날 무대와 운가는 골목 어귀에서 왕 노파의 찻집을 엿보고 있었다.

오래지 않아 다른 날과 다름없이 서문경이 나타나서 왕 노파의 찻집으로 들어가자 조금 후 왕 노파가 문가에 나와 바깥 동정을 살피더니 문 앞에 의자를 갖다 놓고 안쪽을 엿보고 있었다. 이때 운가가 왕 노파에게 달려들어 허리띠를 잔뜩 움켜쥐고서 머리로 왕 노파의 배를 힘껏 들이받았다. 그러자 노파는 배를 움켜쥔 채 그만 뒤로 벌렁 나자빠지며 엉덩방아를 찧었다. 그 틈을 이용해 무대는 즉시 안으로 뛰어들어 곧장 왕 노파의 침실을 향해 성큼성큼 다가갔다. 엉덩방아를 찧은 채 잠시 앉아 있던 노파는 무대를 보자 놀라서 소리쳤다.

"무대다! 무대가 왔어!"

침실 안에서 뒹굴고 있던 서문경과 반금련은 그 소리를 듣자 깜짝 놀랐다. 두 사람은 미처 옷도 주워 입지 못하고 서문경은 엉겁결에 침상 밑으로 기어들어 갔고, 반금련은 재빨리 문고리를 잡고 늘어졌다.

무대가 침실의 문을 열려고 열심히 당겨 보았지만 반금련이 문고리를 잡고 있으니 쉽게 열리지 않았다.

무대가 소리쳤다.

"문 열어! 어서 문 열지 못해!"

반금련이 얼른 문고리를 걸어 잠그고 달아날 길을 찾다가 침상 밑의 서문경을 보고 핀잔을 주었다.

"아니, 평소엔 큰소리 뻥뻥 치더니 지금 그 꼴이 대체 뭐예요? 저런 바보 녀석 하나 제대로 다루지 못하고 침상 밑에 기어들어 가 벌벌 떠는 꼴이라니. 종이에 그린 호랑이를 보고 떠는 격이로군요."

곧 무대를 때려눕히고 달아나라는 소리였다.

그러자 비로소 서문경이 침상 밑에서 기어나오며 말했다.

"아니, 내가 저놈이 무서워서 이러는 줄 알아?"

서문경은 방 안에서 달리 나갈 길이 없음을 알자 갑자기 반금련을 확 옆으로 밀치더니 문고리를 벗기고 문짝을 걷었다. 갑자기 '꽝!' 소리가 나면서 문짝이 왈칵 열리자, 무대는 잠시 멈칫하고 섰다. 순간, 서문경의 발길이 무대의 명치끝을 향해 날아들었다.

그 바람에 무대는 그 자리에서 힘없이 푹 고꾸라지고 말았다. 무대가 쓰러지는 것을 본 서문경은 그 틈을 이용해서 찻집 밖으로 뛰쳐나갔다.

왕 노파를 책임지고 있던 운가는 그 광경을 보자 일이 틀려 버렸음을 깨닫고는 줄행랑을 놓았다. 동네 사람들이 뒤늦게 달려왔지만, 그들이 도울 수 있는 일은 아무것도 없었다.

무대는 땅바닥에 쓰러진 채 꼼짝도 하지 못하고 나자빠져 있었다. 숨을 쉬고 있는 것으로 보아서 죽지는 않은 모양이었다. 그러나 입에서는 피를 토하고 있었고, 얼굴빛이 노랗게 들떠 있었다.

왕 노파는 그제야 물을 떠다가 무대의 이마를 축이고 입술을 적셔 주었다. 무대는 한참만에야 비로소 정신이 들었다.

반금련은 왕 노파와 함께 무대를 부축해 자기 집으로 데리고 갔다. 그러나 무대는 침상에 누운 채 꼼짝도 하지 못하고 앓았다.

다음 날 아침, 날이 밝았다. 서문경은 동정을 살핀 후 별 탈이 없는 것을 알고는 다시 왕 노파의 찻집을 찾았다. 그러고는 다른 날과 다름없이 반금련을 불러내어 어울렸다. 그 다음 날도 마찬가지였다. 그렇게 날마다 어울리며 어서 빨리 무대가 죽기만을 바라고 있었다.

한편 침상에 앓아누운 무대는 닷새가 지났건만 그때까지도 일어날 수가 없었다. 더욱 기가 막힌 일은 그를 돌보는 사람이 아무도 없다는 사실이었다.

반금련은 매일같이 짙은 화장을 하고 왕 노파의 집으로 건너가 버릴 뿐, 불러도 대꾸가 없었고 물 한 모금 떠다 줄 생각조차 하지 않았다.

그런 어느 날, 무대도 더 이상 참지 못하고 곱게 꾸미고 나서는 반금련을 향해 소리쳤다.

"나를 이 꼴로 만들어 놓고도 잘들 놀아나는구나! 나는 이제 요 모양 요 꼴이니 어쩔 수 없다 하더라도 내 동생 무송이 돌아오면 너희들을 그냥 두지 않을 것이다. 네가 나를 조금이라도 불쌍하게 여긴다면 지금부터라도 나를 좀 잘 돌봐 다오. 그러면 무송이 돌아와도 모른 척 덮어둘 것이다. 하지만 그렇지 않을 때는 무송이 돌아오는 즉시 모든 사실을 일러바칠 테니 그리 알아라!"

무대의 말이라면 발톱의 때만큼도 여기지 않던 반금련이었지만 무송이라는 말이 나오자 움찔했다. 그녀는 아무 소리도 하지 않은 채 뒷걸음질 치더니 뒷문을 빠져 나가서 왕 노파의 찻집으로 건너가 서문경과 왕 노파에게 의논했다.

"큰일났어요! 이 일을 어쩌면 좋죠? 머지않아 저 머저리의 동생인 무송이 돌아올 텐데 그러면 우리의 일을 몽땅 일러바친다지 뭐예요?"

서문경도 그 말을 듣자 마치 얼음 구덩이에 처박힌 듯 몸이 떨렸다. 그때 왕 노파가 차갑게 비웃더니 서문경에게 비상砒霜을 생약포에서 가져올 것을 청하며 천연덕스럽게 말을 이었다.

"지금 무대란 놈이 꼼짝도 못하고 누워 있으니, 이때 아예 깨끗이 손을 쓰지요. 나리께서는 비상을 가져오시고, 색시는 가슴앓이 약 한 첩을 지어 가지고 오는 거요. 가슴앓이 약을 달여 먹이는 척하면서 거기에다 비상을 넣는다면 무대란 놈은 그대로 뻗어 버리고 말 것이 아니겠수? 그리하여 화장터로 그 시체를 가져가서 한 줌의 재로 만들어 버리고 나면 일은 끝나는 것이지요. 그러면 무송이 돌아온다 하더라도 아무 걱정이 없게 되는 거죠. 더군다나 시동생과 형수는 옛날부터 내외를 해야 하는 사이이고 보면, 그때 가서 색시가 나리께 재가再嫁를 한다 해도 제 놈이 감히 어쩔 수는 없을 것이오. 그렇게 되면 두 사람은 마음 놓고 즐길 수 있을 것이니, 이것이 바로 두 사람이 오랫동안 부부가 되는 길이지요. 어떻습니까, 제 계략이?"

왕 노파가 무대를 죽여 버리자는 소리를 눈썹 하나 까딱 않고 하자, 서문경은 얼굴이 환하게 밝아지며 말했다.

"과연 할멈의 꾀는 이 세상에서 당할 자가 없겠소!"

서문경은 그 즉시 자신의 생약포로 달려가서 비상 한 봉지를 가져다가 왕 노파에게 주었다. 왕 노파는 그 약을 반금련에게 전하며 무대에게 먹인 후 자신에게 알리라 하였다.

반금련은 약사발을 쟁반에 곱게 받쳐 들고 조심스럽게 이층으로 올라가 무대의 침상으로 갔다. 무대는 세상모르고 잠들어 있었다.

"여보, 약 달여 왔어요. 어서 약을 드셔야죠."

반금련은 무대를 흔들어 깨워 앉힌 다음, 왼손으로 그의 등을 받치고 오른손으로는 약사발을 들어 마시게 했다. 약을 한 모금 들이켠 무대가 이맛살을 찌푸렸다.

"약 맛이 왜 이렇지? 정말 마시기가 힘들구려."

"몸에 좋은 약은 원래 입에 쓴 법이에요. 당신은 뭐 약이 꿀
맛일 줄 알았어요? 자, 어서 드세요. 그래야 병이 낫는다구요."

반금련이 그렇게 말하며 약사발을 다시 무대의 입에 갖다
댔다. 무대가 얼굴을 찡그리면서 약을 마시려 하자, 그녀는 아
예 약을 목구멍 속에 쏟아 넣어버렸다. 그렇게 되니 약은 한 방
울도 남지 않고 모두 목구멍 속으로 넘어가고 말았다. 그러고
나서 그를 부축하여 자리에 눕히고는 얼른 침상에서 내려왔다.

잠시 후, 무대가 얼굴을 심하게 찡그리며 배를 움켜쥐고 뒹굴
면서 신음 소리를 냈다. 반금련은 얼른 무대에게 이불을 덮어씌
웠다. 무대가 이불 속에서 소리쳤다.

"아이쿠, 사람 죽겠다!"

그러나 그 소리는 채 이불 밖으로 새어나오기도 전에 잦아
들고 말았다. 반금련이 침상 위로 뛰어올라가 마치 말을 타듯
양쪽 다리를 벌린 채 무대를 깔고 앉아 숨통을 눌렀기 때문이
었다.

무대는 이불 속에서 몇 번인가 들썩이더니 두어 번 기침을 하
고는 이내 축 늘어졌다.

이윽고 반금련은 덮어씌웠던 이불을 젖혔다. 무대는 눈을 홉
뜨고 죽어 있었는데, 이를 악문 채 일곱 개의 구멍에서 피를 토
하고 있었다. 그 모습을 보자 그녀는 더럭 무서운 생각이 들
었다. 그녀는 얼른 침상에서 뛰어내려와 왕 노파를 불렀다. 왕

노파는 마치 기다리고 있기라도 한듯 득달같이 달려왔다.

"다 끝났수?"

"네, 끝났어요. 그런데 지금 가슴이 떨려서 도무지 어떻게 해야 할지 모르겠어요."

반금련이 그렇게 말하자 왕 노파가 소매를 걷어붙이며 말했다.

"걱정하지 마우. 그러니까 내가 돕겠다고 했잖수?"

왕 노파는 커다란 함지박에 뜨거운 물과 수건을 담아 가지고 올라왔다. 그러고는 무대의 입가를 닦고 일곱 구멍에서 흘러나온 피를 말끔히 닦은 다음 침상의 요도 새것으로 깔았다.

왕 노파와 반금련은 무대의 시체를 아래층으로 옮긴 다음, 단정히 머리를 빗기고 두건을 씌우고 버선을 신겨서 누인 후, 흰 명주로 얼굴을 덮었다. 그러고 나서 그들은 방 안을 깨끗이 치웠다.

왕 노파가 돌아가고 나자, 반금련은 비로소 동네 사람들이 듣도록 소리 내어 울기 시작했다. 이제 울음을 터뜨려 무대의 죽음을 이웃에 널리 알려야 했기 때문이었다. 물론 반금련이 우는 울음은 '아이고!' 소리만 낼 뿐 눈물을 흘리지 않는 거짓 울음이었다.

다음 날 이른 새벽, 서문경은 어찌 되었는지 궁금하기도 하고 장례 준비도 해야겠기에 왕 노파를 찾았다. 왕 노파는 서문경에게 지난밤 무대의 집에서 있었던 일을 자세히 들려주고 은자를 듬뿍 받아 냈다. 그리고 시신을 염하는 하구숙何九叔의 입막음을 잘하라는 말까지 일러두었다.

"아무 염려 마시게. 내 말이라면 아마 그가 거스르지 못할 걸세."

서문경은 그곳을 빠져 나와 하구숙을 불러내 은자 열 냥을 안기면서 무대의 입관을 잘 부탁한다며 입막음을 해 두었다. 그러나 하구숙은 나름대로 생각하는 바가 있었다.

왕 노파는 날이 밝기를 기다려 관과 향, 그리고 초와 지전 따위의 장례용품을 사들여 반금련을 도와서 빈소를 마련하고, 밖에 조등弔燈을 내걸었다. 그러자 이웃 사람들이 찾아와서 문상을 하기 시작했다. 반금련은 하얗게 분칠한 얼굴을 짐짓 손으로 가린 채 슬피 우는 척했다.

이웃들은 한결같이 무대의 갑작스런 죽음에 의아한 생각을 가지고 있었지만, 함부로 물을 수가 없는 일이라 듣기 좋은 말로 위로를 건넬 뿐이었다.

이윽고 염하는 하구숙이 나타나 시체를 살펴보다가 거짓으로, 살煞(시체에서 내뿜는 독하고 모진 기운)을 맞은 것처럼 쓰러지는 소동을 벌였다. 그리고 집으로 업혀 오면서 나머지 일은 자기를 돕는 일꾼들에게 맡겼다.

반금련은 왕 노파와 함께 시신을 입관한 후 밤을 새우고, 다음 날은 중을 불러 경문을 읽게 하는 등 무대의 장례 치르는 일에 정성을 다하는 듯했다.

사흘째가 되자 상여꾼들이 와 상여를 메고 집 밖으로 나섰다.

계집은 거짓 울음을 울며 상여를 뒤따랐고, 이웃 사람들이 나와 무대의 마지막 가는 길을 전송했다.

상여가 화장터에 이르자 왕 노파와 반금련은 화장을 재촉하고 서둘러 시신을 불살라 버렸다. 그때 하구숙이 지전을 들고 왔다. 왕 노파가 하구숙을 보자 인사를 했다.

"이젠 몸이 다 나으셨어요?"

하구숙은 왕 노파나 계집이 의심쩍어할까 봐 말을 둘러댔다.

"이젠 괜찮소. 전에 무대랑에게 만두를 사 먹고 갚지 못한 돈이 있는데…. 소지燒紙라도 올려 명복을 빌까 해서 왔소이다."

"정말 지성이십니다."

왕 노파의 말에 하구숙이 지전을 사르며 그 말을 받았다.

"별 말씀을 다 하시오. 이젠 재당齋堂으로 들어가셔서 이웃 사람들이나 대접하시지요. 제가 불을 보아 드리겠습니다."

시신마저 불태운 뒤라 더 이상 걱정할 것이 없는 반금련과 왕 노파는 하구숙에게 감사하다는 말을 전한 다음 태연스레 재당으로 들어갔다.

하구숙은 왕 노파와 반금련이 가고 나자 부젓가락을 들고 타다 남은 무대의 뼛조각 몇 개를 슬쩍 집어 감추었다. 뼈에는 독약의 기운이 서려 검푸른 빛을 띠고 있었다.

하구숙은 집으로 돌아오자마자 화장한 날짜와 죽은 사람의 이름을 써 둔 후 뼛조각과 서문경으로부터 받은 열 냥짜리 은덩이를 함께 잘 싸서 간수해 두었다.

한편 반금련은 아래층에다 무대의 빈소를 차려 두었다. '망부 무대랑 신위亡父武大郞神位'라고 쓴 위패를 모셔 놓고 불까지 밝혀 두었다. 유리등에 불을 밝히고 불경을 옮겨 적은 것과 부적, 지전 등을 벌여 놓으니 제법 죽은 이의 명복을 비는 초상집다워 보였다. 그러나 반금련의 마음은 딴 곳에 가 있었다. 그녀는 무대가 죽었으므로 이제 귀찮게 왕 노파의 찻집으로 가서 몰래 서문경을 만날 필요가 없게 되었다. 서문경을 자기 집으로 불러들여서 밤낮없이 발가벗고 뒹굴었다.

서문경이 반금련의 집에 머물면서 며칠씩이나 돌아가지 않으니 온 고을에 소문이 퍼져서 그 사실을 모르는 사람이 없었다.

그러나 아무도 나서서 입을 열지 않았다. 공연히 서문경의 비위를 건드렸다가 뒷날 화를 당할까 두려워서였다. 그러나 기쁨이 다하면 슬픔이 오고, 쾌락이 다하면 고통이 오는 것이 세상의 이치가 아닌가. 세월은 빨라 어느덧 오십여 일이 눈 깜짝할 사이에 지나가 버렸다.

형의 원수를 갚고
귀양길에 오르는 무송

그때 무송은 동경에 가서 일을 마친 다음, 거의 두 달 만에 양곡현으로 돌아오고 있었다. 그런데 돌아오는 도중에 거의 매일같이 형 무대가 꿈속에 나타나는 것이었다.

'참 이상도 하지! 어째서 매일 밤 꿈속에 형님이 나타나는 것일까!'

무송은 불길한 예감이 들었으나, 애써 그런 생각을 떨쳐버린 채 하루빨리 도착하기 위해 길을 재촉하였다.

　무송이 동경으로 떠날 때는 추운 겨울이었으나 돌아와 보니 어느덧 봄기운이 완연한 삼월로 접어들고 있었다.

　양곡현에 이른 무송은 일단 관아로 가서 동경에 갔던 일들을 지현에게 자세히 알린 다음, 그곳에서 받아 온 답장을 바쳤다.

　지현이 읽어 보니 자기가 보낸 예물들을 고맙게 잘 받았다는 내용이 줄줄이 적혀 있었다. 지현은 크게 기뻐하면서 무송에게 그간의 노고를 치하하는 한편, 은 한 정錠을 상금으로 내려 주었다.

　무송은 관사로 돌아가서 먼저 옷을 갈아입은 다음 새 두건을 꺼내 쓰고 곧장 형의 집이 있는 자석가로 향했다.

　자석가에 살고 있는 사람들은 거리에 나타난 무송을 보고 깜짝 놀라며 수군거렸다.

　"드디어 무송이 돌아왔군!"

　"이제 한바탕 큰일이 벌어지겠지?"

　"자기 형이 죽은 걸 알면 아마 그 화냥년을 그냥 두지 않을 거야!"

　무송은 무대의 집 앞에 이르자 발을 들치고 안으로 들어갔다.

　그런데 한쪽 구석을 보니 빈소가 차려져 있었고, '망부 무대랑 신위'라고 쓴 위패가 놓여 있었다. 그걸 본 무송은 자신의 눈을 의심했다. 무송은 뜻밖의 광경에 몇 번인가 눈을 부릅뜨고 살펴보다가 위층을 향해서 소리쳤다.

"형수님, 제가 돌아왔습니다!"

그때 서문경과 반금련은 위층에서 한창 뒹굴고 있던 중이었다. 무송의 우렁찬 목소리를 듣자 서문경은 마치 벼락 맞은 송아지처럼 벌떡 몸을 일으켰다. 그리고는 허겁지겁 옷을 꿰입고 재빨리 뒷문을 통해 왕 노파의 찻집으로 달아났다.

놀라기는 반금련도 마찬가지였다. 손발이 떨려 제대로 몸을 가눌 수 없을 지경이었지만 얼른 소리쳐 무송을 기다리게 했다.

"잠깐만 계세요. 곧 내려갈 테니까요!"

반금련은 무대를 독살한 이후 얼굴을 곱게 꾸미고 좋은 옷을 입고 지냈던 터였다. 그녀는 무송이 돌아왔다는 소리를 듣고 한쪽에 처박아두었던 소복을 꺼내서 입고는 얼굴의 화장기를 대충 수건으로 닦아 냈다. 그리고 가지런히 빗었던 머리카락을 두 손으로 마구 헝클어서 풀어헤친 후 아래층으로 내려오면서 짐짓 거짓 울음을 터뜨렸다.

"아이고, 아이고!"

반금련이 산발을 한 채 소복 차림으로 곡을 하는 모습을 보니 형 무대가 죽은 것이 틀림없었다.

"아니, 형수님! 이게 도대체 어떻게 된 일입니까?"

반금련은 대답 대신 더욱 크게 소리내어 슬피 우는 척했다.

"아이고, 아이고! 이제 나는 누굴 믿고 살아요, 도련님. 형님은 병을 앓다 돌아가셨답니다! 아이고, 아이고!"

"형수님, 울지만 마시고 자세히 말씀 좀 해 보십시오! 형님이 언제 돌아가셨으며, 무슨 병을 앓으셨고, 또 어떤 약을 잡수셨습니까?"

무송은 그런 형수를 보고 다그쳐 물었다. 반금련은 슬피 우는 척하며 주워섬겼다.

"도련님께서 떠나신 지 한 열흘쯤 되었을 때 갑자기 가슴앓이 병이 도졌다고 하면서 드러누웠지요. 치성도 드리고 약도 지어다 먹였지만 아무 소용이…. 그리고 열흘 만에 돌아가셨어요. 이제 저는 혼자서 어떻게 살아요, 흑흑…."

"형수님, 그럼 형님의 산소는 어디에 모셨습니까?"

반금련이 말했다.

"저 혼자서 묏자리를 구할 수도 없는 노릇이고 해서, 삼일장으로 화장을 치렀어요."

"형님이 돌아가신 지 며칠이나 지났나요?"

반금련이 말했다.

"앞으로 사흘 후면 사십구 일이에요."

무송은 잠시 무언가 생각에 잠기더니 자리를 박차고 나가 현청으로 갔다.

현청에 든 무송은 흰옷으로 갈아입은 다음, 삼으로 새끼를 꼬아 허리에 둘렀다. 그러고는 날카롭고 짧은 칼 한 자루를 품속에 넣고 은자 몇 닢을 챙긴 뒤 군졸 하나를 불러 말했다.

"이 돈을 가지고 장에 가서 쌀, 국수 등과 향촉, 지전을 사 가지고 오너라."

군졸이 제사에 쓸 물건들을 사 가지고 돌아오자 무송은 그를 데리고 다시 자석가의 무대 집으로 갔다. 그리고 재를 올리고 나서 위패를 바라보다 뭔가 석연찮은 점이 느껴져 시신을 염했다는 하구숙을 불러내 자초지종의 내막을 묻고자 하였다. 그러자 하구숙은 기다리고 있었다는 듯 소매 속에서 보자기로 싼 물건을 끄집어내어 탁자 위에 올려놓으면서 말했다.

"도두님, 진정하시고 이걸 좀 풀어 보십시오. 이 주머니 속에 모든 증거가 들어 있습니다."

무송이 급히 보자기를 풀어 보았다. 그 속에는 시커먼 뼛조각 몇 개와 은자 한 덩이가 들어 있었다. 무송은 영문을 모르겠다는 듯 하구숙에게 물었다.

"이것이 무슨 증거품이란 말인가?"

하구숙이 목소리를 가다듬어 차근차근 말했다.

"저는 일이 어떻게 해서 그 지경에 이르렀는지 그 까닭은 잘 모릅니다, 도두님. 다만 제가 보고 겪은 일들만을 말씀드리겠습니다. 지난 정월 스무이튿날이었습니다. 아침 일찍 자석가에서 찻집을 하는 왕 노파가 찾아와 무대가 갑자기 죽었으니 와서 염을 해 달라는 것이었습니다. 그래서 저는 아침밥을 먹고 자석가로 향했습니다. 그런데 자석가 근처에 갔을 때 현청 앞 네거리에서 생약포 주인 서문경이 저를 기다리고 있었습니다. 그는 다짜고짜 저를 데리고 주막으로 들어가더니 술을 걸쭉하게 사고 나서 이 열 냥짜리 은자를 주었습니다. 저는 영문을 몰라서 이것을 받지 않으려고 했지만 그는 '아무 소리 하지 말고 받아 둔 다음 무대의 시신을 염할 때 잘 덮어 달라.'고 하였습니다. 그는 원래 모질고 독한 사람인지라 저는 마지못해 그 사람이 시키는 대로 이것을 받았습니다."

무송은 거기까지 이야기를 듣자 뭔가 짐작이 간다는 듯 고개를 끄덕이더니 뒷말을 재촉했다.

"그래서? 그 다음에는 어떻게 되었지?"

"제가 그 집에 가서 시체를 살펴보니 일곱 구멍에 모두 피를 쏟은 흔적이 있었고 입술에는 이를 악문 자국이 나 있었습니다. 더군다나 독이 퍼져서 온몸이 시커먼 게 누가 보아도 독살당한 시체가 틀림없었습니다."

무송은 그 말을 듣자 길게 신음 소리를 내며 이를 악물었다.

"으음, 역시 그랬었구나! 그래서 자넨 어떻게 했나?"

"저는 깜짝 놀랐습니다. 그러나 도두님의 형수께서 형님이 가슴앓이로 죽었다고 하니 제가 입을 열 수 없었습니다. 거기다 아무도 나서지 않으니 저 혼자 그 일을 밝힐 엄두가 나지 않았습니다. 그렇다고 그냥 염을 하여 입관을 하자니 저는 그걸 알고도 덮어 버리는 꼴이고… 이럴 수도 저럴 수도 없어서 저는 일부러 시신의 눈을 까뒤집어 보고는 짐짓 살을 맞은 척하고 쓰러졌습니다. 동네 사람들의 부축을 받아 집으로 돌아온 저는 자리에 누워서 앓는 척하고 아랫것들을 부른 다음 그들에게 염하는 일과 입관하는 일을 모두 맡겼습니다. 그러고 나서 저는 아무런 사례도 받지 않았습니다. 그런데 사람을 보내서 알아본 결과 역시 제 짐작대로 화장을 한다는 것이었습니다. 그것이 완전히 증거를 없애 버리겠다는 수작이지 무엇이겠습니까? 저는 나중에 도두님께서 동경에서 돌아오실 날을 대비하여 증거물을 챙겨 두어야겠다는 생각이 들었습니다. 그래서 장례식날 화장터에 따라가서 감쪽같이 뼈 몇 조각을 빼돌렸던 것입니다. 자, 도두님! 보십시오! 이것이 형님의 뼛조각입니다! 이렇게 새카맣게 변한 것으로 보아 독살당하신 것이 틀림없지 않습니까? 제가 말씀드릴 수 있는 부분은 오직 여기까지입니다. 나머지 일들은 도두님께서 직접 알아보셔야만 할 것입니다.”

“그렇다면 내가 이대로 가만히 있을 수가 없지. 역시 형수님이 왕 노파와 짜고 형님을 독살한 것이 틀림없어! 그리고 자네한테 이 은자를 주고 부탁한 것으로 보아 서문경이 형수와 붙어먹은 것이 분명하다. 혹시 자네 서문경에 대해서 뭔가 알고 있는 것 없나?”

“저는 잘 모르는 일이긴 합니다만, 거리에서 과일을 팔러 다니는 운가 녀석이 서문경이 바람피우는 곳으로 찾아갔다가 혼쭐이 나 쫓겨났다는 소문을 들은 적이 있습니다. 자세한 내막은 운가 녀석에게 직접 물어보시는 것이 좋겠습니다.”

무송은 운가를 만나 왕 노파 집에서 무대가 정사 현장을 덮치려다 서문경에게 명치끝을 걷어차여 쓰러진 후 일어나지 못하고 며칠 후 죽었다는 이야기를 자세히 들을 수 있었다.

무송은 무대의 독살 사건에 대한 증거와 증인, 하구숙과 운가 소년을 데리고 현청으로 가 지현에게 고소장을 내었다. 그러나 관리들은 모두 서문경과 한통속인지라 허사가 되고 말았다.

무송은 할 수 없이 자기 숙소로 돌아가서 은자 몇 냥을 챙기고 군졸 셋을 이끌고 현청 문을 나섰다. 그런 다음 장에 들러 돼지머리와 거위 한 마리, 닭 한 마리, 술 한 통, 그리고 갖가지 과일들을 산 다음 군졸들로 하여금 그것들을 지게 하고 형 무대네 집으로 갔다.

무송이 군졸들을 이끌고 자석가로 갔을 때 반금련은 이미 서문경으로부터 송사가 이루어지지 않았음을 전해 들었던 터라 조금도 겁내지 않았다. 집으로 들어선 무송을 맞지도 않은 채 위층에서 어떻게 하나 두고 보자는 식이었다.

무송은 형이 죽은 지 사십구 일째 되는 날을 맞이해 증인이 될 수 있는 이웃 사람들을 끌어모아 수고 끼친 데 대한 보답으로 잔칫상을 벌였다. 그 자리에서 무송은 형수인 반금련과 왕노파를 특별히 감시하며 데려온 군졸들로 하여금 밖으로 나가는 문을 단단히 지키게 했다.

잠시 후 잔칫상 위의 음식을 말끔히 치우고 글줄이나 쓰는 사람을 골라 준비한 지필묵을 꺼내 주며 지금부터 일어나는 일을 하나도 빠짐없이 적어 줄 것을 부탁했다.

그리고 양쪽 소매를 홀떡 걷어붙이더니, 품속에서 시퍼런 비수 하나를 쑥 뽑아들었다. 그리고 그는 그것을 비스듬히 꼬나 쥐더니 두 눈을 부릅뜨며 말했다.

"여러 어르신들께 당부하고자 합니다. 옛말에 이르기를 '원한에는 원한을 만든 사람이 있고, 빚에는 빚쟁이가 있게 마련'이라 했습니다. 자, 이제부터 여러분 모두가 증인이 되어 주셔야만 하겠습니다."

그 말을 마치기가 무섭게 무송은 왼손으로 반금련의 멱살을 움켜쥐고 오른손에 쥔 칼끝으로 왕 노파를 가리켰다. 그러자 반금련과 왕 노파의 얼굴이 새파랗게 질리더니 턱을 덜덜 떨기 시작했다. 그곳에 모여 있던 이웃 사람들도 모두 몸을 떨 뿐 아무도 입을 열지 못했다.

무송이 이웃 사람들을 둘러보며 말했다.

"여러분, 조금도 놀라시거나 이상하게 여기실 것 없습니다! 제가 비록 하찮은 사람이나 원수가 있을 때는 원수를 갚아야 한다는 것을 알고 있습니다. 그러나 죄 없는 분을 해치지는 않겠으니, 여러분께서는 그저 보고 들으신 대로 나중에 증언만 해 주시면 그뿐입니다! 다만 여러분 중 달아나고자 하는 분이 계실 경우 이 칼이 춤을 출 것이니 그때 가서 원망치 마시기 바랍니다!"

호랑이를 맨주먹으로 때려잡은 무송 앞에서 누가 감히 입을 열겠는가. 그들은 다만 부들부들 떨기만 할 뿐 아무 말도 하지 못한 채, 그저 무송의 얼굴만 쳐다보고 있었다.

그때 무송이 왕 노파에게 소리쳤다.

"이 개 같은 년아! 우리 형님을 어떻게 죽였는지 잠시 후에 네년에게 물어볼 테니 그동안 대답할 말이나 잘 준비해 놓고 기다려라!"

왕 노파의 얼굴이 백지장처럼 하얗게 변하자 무송은 반금련의 목덜미를 바짝 치켜세우면서 소리쳐 꾸짖었다.

"천하에 음탕한 화냥년 같으니라구! 네년이 우리 형님을 어떻게 죽였는지 바른 대로 말한다면 목숨만은 살려 주겠다! 어서 말하지 못할까!"

"아니, 도련님! 이게 도대체 무슨 짓이에요? 형님은 가슴앓이 병으로 돌아가셨다고 제가 분명히 말씀드렸잖아요."

겁에 질려 벌벌 떨면서도 반금련은 그렇게 뻗대었다. 그 말이 채 끝나기도 전에 무송은 오른손에 들었던 비수를 탁자 위에 '탁!' 꽂은 다음 그녀의 머리채를 휘어잡았다. 이어 발길질로 탁자를 힘껏 걷어차자 사람들은 겁에 질린 채 두 눈을 질끈 감았다.

다음 순간 '꽈당!' 하는 소리가 두 군데서 들려왔다. 하나는 탁자가 바닥에 나뒹구는 소리였고 또 하나는 무송이 반금련을 번쩍 들어서 제사상으로 내던져 나는 소리였다. 반금련은 이미 넋이 나간 채 나자빠져 있었다. 무송은 탁자 위의 칼을 뽑아들고 왕 노파에게 가 소리쳤다.

"이 돼지 같은 늙은 할멈아, 그래도 바른말을 하지 못하겠느냐?"

왕 노파가 보니 사실대로 말하면 꼼짝없이 살인자로 몰릴 판이었다. 그래서 몸을 빼낼 양으로 뻗대었다.

"도두님, 저… 저는 이 집과는 아무런 인연이 없습니다. 그런데도 무… 무엇을 말하라는 것입니까?"

"이 개돼지만도 못한 할망구 같으니라구! 나는 이미 다 알고 있다! 네년이 무엇을 믿고 이리도 요망을 떤단 말이냐? 오냐, 그렇다면 내가 저 화냥년의 살을 도려내 버리고 난 다음 네년을 죽여 줄 테다! 거기서 잠시만 기다리고 있거라!"

그리고 무송은 제사상 앞에 내동댕이쳐져 있는 반금련을 잡아 일으키더니, 그녀의 얼굴에 칼날을 들이댔다. 그러자 반금련이 얼굴을 감싸쥐고 다급한 목소리로 빌었다.

"도련님, 제… 제발 사… 살려 주세요. 다 말하겠어요."

무송은 그녀를 잡아 일으켜서 제사상 앞에 꿇어앉혔다.

"이 음탕한 계집년아, 어서 말하거라!"

반금련은 꿇어앉은 채 그동안 일어났던 일들을 낱낱이 주워섬겼다. 서문경을 만나게 된 경위로부터 시작하여 어떻게 해서 무대를 독살하게 되었는지에 이르기까지 하나도 빠뜨리지 않고 모조리 털어놓았다. 무송은 계집이 말하는 것을 한마디도 빼놓지 않고 적게 했다.

계집이 모든 걸 털어놓자 왕 노파가 계집에게 소리소리 질렀다.

"이년아, 작작해 두어라! 네년이 그렇게 다 불어 버리고 나면 나는 어쩌란 말이냐?"

반금련이 모든 걸 털어놓자 왕 노파도 가만히 있지 않았다. 서문경한테 죄를 뒤집어씌우며 그동안 있었던 일을 남김없이 털어놓았다. 무송은 왕 노파의 말도 모두 적게 했다.

그러고 나서 두 사람으로 하여금 손도장을 찍고 이름을 적게 하고, 그 자리에 있던 나머지 사람들의 이름도 적게 했다.

무송은 그 글을 품속에 고이 넣어 둔 다음, 반금련과 왕 노파를 함께 묶어 형의 위패 앞에 나란히 꿇어앉혔다. 무송은 눈물을 주르륵 쏟으면서 형의 위패 앞에 술 한 잔을 따르고는 명복을 빌었다.

"형님의 혼백이 계시거든 이 자리를 굽어보십시오. 이 못난 아우가 이제야 형님의 원수를 갚아 원한을 풀어드리게 되었습니다!"

그러고 나서 그는 지전을 불살라 무대의 넋을 위로했다.

반금련은 그 순간 무송이 그 자리에서 자신을 죽이려는 낌새를 알아채고 몸부림을 치며 외마디소리를 질렀으나 이미 무송이 반금련의 머리채를 낚아채 쓰러뜨린 뒤였다.

"사람 살려!"

그녀가 힘없이 벌렁 나가떨어지자 무송은 두 발로 그녀의 양쪽 팔을 꽉 밟은 다음 가슴 앞의 옷자락을 확 뜯어 젖혔다. 서문경이 그토록 좋아했던 풍만한 젖가슴 두 개가 그곳에 고스란히 드러나 있었다. 그러나 다음 순간, 숨 쉴 틈도 주지 않고 무송의 비수가 그녀의 드러난 가슴을 마구 찍어 휘저었다. 그러고 나서, 무송은 휘젓던 칼을 덥석 입에 문 채 두 손으로 그녀의 늑골을 부수고 그 속에서 시뻘건 간과 염통을 빼내어 무대의 위패 앞 제사장에 올려놓았다. 그러고는 다시 칼을 움켜쥐고 그녀의 목을 뎅겅 잘라 버렸다. 순식간에 온 방 안이 피로 뒤덮이며 피비린내가 가득했다. 사람들은 모두 넋을 잃은 채 멍하니 바라보다가 그 참혹한 광경에 눈을 가릴 뿐이었다.

무송은 군졸 하나를 시켜서 보자기를 가져오게 하여 반금련의 머리통을 꽁꽁 묶어서 잘 싸맨 다음 비수를 닦아 다시 품속에 넣었다. 그러고는 여러 사람을 향하여 허리를 굽히며 말했다.

"여러분, 놀라게 해드려서 죄송합니다. 기왕 수고하신 김에 위층 방에 올라가셔서 잠시만 더 기다려 주십시오. 제가 잠시 다녀올 곳이 있으니 그때까지는 참고 기다려 주셔야만 합니다."

사람들은 무송의 무시무시한 기세에 눌려 어쩔 수 없이 울며 겨자 먹기로 그 말에 따를 수밖에 없었다. 무송은 왕 노파도 함께 위층 방으로 올려 보낸 다음, 군졸들로 하여금 대문을 걸고 지키게 하였다.

그러고는 혼자서 반금련의 머리를 싼 보자기 하나만 달랑 든 채 어디론가 줄달음질쳤다.

무송이 달려간 곳은 바로 서문경의 가게인 생약포였다. 생약포 안으로 들어간 무송은 점원을 보고 물었다.

"나리 좀 불러 주게."

"조금 전에 어떤 손님이 오셔서 함께 사자교 아래 술집에 가셨습니다."

무송은 몸을 돌려 사자교 아래 술집으로 달려가 그곳의 점원인 듯한 처녀에게 물었다.

"서문경은 지금 어디에 있느냐?"

"어떤 부자 나리와 함께 이층 방에서 술을 마시고 계십니다."

무송은 곧장 이층으로 뛰어올라갔다. 문틈으로 들여다보니, 서문경은 어떤 사내 하나와 함께 계집을 끼고 술을 마시고 있었다.

무송은 보자기를 풀어 반금련의 머리를 끄집어냈다. 머리에서는 아직도 피가 뚝뚝 떨어지고 있었다. 그는 오른손에 비수를 들고 왼손에 그녀의 머리를 든 채로 발을 들치고 방 안으로 들어서더니 계집의 머리를 서문경 앞으로 휙 던졌다.

서문경은 무송의 얼굴을 보는 순간 벌떡 몸을 일으켰다.

"억!"

서문경은 외마디소리를 지르며 의자 위로 뛰어올라 창문 틈에 한쪽 발을 걸치고 달아나려 했다. 그런데 아래를 내려다보니 두 길이 넘어 보였다. 서문경이 잠시 멈칫거리고 있는 사이에 무송은 탁자 위로 뛰어올라 술잔과 접시들을 마구 짓밟아 버렸다.

술시중을 들고 있던 두 계집은 놀란 나머지 탁자 밑으로 기어들어 가서 잔뜩 웅크린 채 꼼짝도 하지 못하고 있었다. 그리고 함께 술을 마시고 있던 사내는 얼굴이 점점 하얗게 질리더니 손발을 부르르 떨다가 뒤로 자빠지고 말았다.

무송은 서서히 서문경 쪽을 향하여 다가섰다. 서문경도 일이 그렇게 되니 이제 어쩔 수 없다는 듯 슬금슬금 허리를 쳐들면서 무송에게 맞설 자세를 갖추고 있었다. 서문경도 창술과 봉술을 익힌 데다 주먹깨나 쓰는 건달이었다. 그는 무송을 향해 주먹을 날리는 척하면서 그가 자랑하는 발길질로 무송의 오른손을 걷어찼다. 무송은 마구잡이로 덤비다가 오른손을 차이는 바람에 그만 비수를 떨어뜨리고 말았다. 비수는 창문 밖으로 날아가 길바닥에 떨어졌다.

무송이 빈손이 된 것을 알아차린 서문경은 달아날 생각을 버렸다. 그는 이제 무서울 것이 없다는 듯 주먹을 휘둘러 무송의 눈을 속인 후 명치를 향해 발을 날렸다. 그러나 아무리 맨손이라 할지라도 무송이 누구인가. 경양강 고개에서 맨주먹으로 호랑이를 때려잡은 사람 아닌가. 어찌 서문경 따위가 무송을 당해 낼 수 있겠는가!

무송은 서문경의 발길질을 피한 다음 왼손으로 서문경의 어깻죽지를 움켜잡고 오른손으로 그의 왼쪽 다리를 잡더니 번쩍 머리 위로 치켜들었다. 서문경은 버둥거리며 무송의 손아귀를 벗어나려 했으나 소용없는 일이었다. 무송은 창가로 다가가더니 서문경을 아래층 길바닥으로 던져 버렸다. 그리하여 서문경은 마침내 두 발을 하늘로 쳐든 채 길바닥에 머리가 처박혀 사지를 뻗고 말았다.

길 가던 사람들은 모두 다 깜짝 놀라 그 자리에 얼어붙었다.

무송은 방바닥에 아무렇게나 나뒹굴고 있는 반금련의 머리를 움켜쥐더니, 그대로 창문을 통해 길바닥으로 사뿐히 뛰어내렸다. 무송은 그곳에 떨어져 있는 자신의 비수를 집어 든 다음 축 늘어진 서문경을 내려다보았다. 그는 눈을 허옇게 까뒤집은 채 죽어 있었다. 무송은 그의 가슴팍을 밟고 한 손으로 머리칼을 잡아챘다. 그러고 나서 목을 뎅겅 잘라 버렸다. 이어 두 연놈의 머리끄덩이를 한데 묶어서 허리에 찬 다음 자석가의 무대네 집으로 돌아갔다.

무대의 위패 앞에 두 연놈의 머리를 바치고 난 무송은 그 자리에 꿇어앉아 눈물을 흘리며 술 한 사발을 부어 올렸다.

"형님, 이제 이 아우가 간부와 요부를 죽여 형님의 원수를 갚았습니다! 부디 한을 푸시고 편안히 눈을 감으시기 바랍니다."

그러고는 형 무대의 위패와 지전과 축문을 태워 없앴다.

양곡현 거리에는 무송이 두 연놈을 죽여 없앴다는 소문이 확 퍼져서 마치 벌집을 쑤셔 놓은 것처럼 술렁거렸다. 많은 사람들이 길거리에 나와서 현청으로 가는 무송 일행을 구경했다.

지현도 그 소문을 전해 듣고 깜짝 놀라 현청에 나와 있었다. 무송은 왕 노파를 끌고 현청으로 들어가 지현 앞에 그녀를 꿇어앉혔다. 그리고 그 옆에 서문경과 반금련을 죽이는 데 썼던 비수와 두 연놈의 머리를 내려놓았다. 그러고는 품속에서 이웃 사람이 적어 두었던 글을 꺼내어 지현에게 바치며 억울하게 죽은 형의 원수를 갚기 위해 두 사람을 죽이게 된 경위를 자세히 말했다.

이에 지현은 적은 글을 꼼꼼히 읽어 보고 나서 우선 왕 노파를 문초했다. 왕 노파는 이제 모든 것이 끝났다고 생각한 듯, 사실대로 털어놓았다. 지현이 들어 보니 왕 노파의 실토는 모두 그 글에 적혀 있는 내용과 같았다.

지현은 이번에는 증인으로 따라온 이웃 사람들의 증언을 들어 보았다. 그들의 말 또한 그 글에 씌어 있는 것과 어긋남이 없었다.

지현은 하구숙과 운가 소년을 불러다가 증언을 들었다. 그리고 오작행인仵作行人(검시하는 관원)에게 명해 현장으로 달려가서 시신을 살펴보게 한 후 처결을 내리기로 하고, 우선 무송과 왕 노파에게 큰칼을 씌워서 옥에 가두도록 명했다.

지현은 원래 무송을 아끼고 좋아하는 데다가 그가 의기 있는 호걸임을 익히 아는 까닭에 어떻게 해서든 그를 돕고 싶었다. 뿐만 아니라 이번 사건은 지난번에 자신의 심부름으로 무송이 동경에 갔을 때 두 연놈이 간통을 함으로써 비롯된 사건이었다.

지현은 무송을 도울 일을 여러 모로 궁리한 끝에 무송이 원래부터 사람을 죽이려고 작정한 것이 아니라 어디까지나 우발적이고도 정당방위적인 살인을 범한 것으로 조서를 꾸며서 상부 관청인 동평부東平府로 넘겼다.

동평부 부윤 또한 그 당시의 벼슬아치 중에서는 보기 드물게 정직하고 사리에 밝은 관리였다. 그는 형리로 하여금 무송의 목에 씌워진 큰칼을 벗기고 곤장 마흔 대를 치게 하였다. 곤장을 치는 형리 역시 그저 흉내만 낼 뿐 한 대도 제대로 때리지 않고 무송을 봐주었다. 귀양 가는 죄수가 쓰게 되어 있는 여섯 근짜리 큰칼을 목에 거는 일과 얼굴에 낙인을 찍는 일만은 면할 수 없었지만 무송은 가까스로 목숨을 건지고 맹주孟州 땅 뇌성牢城으로 귀양 가는 몸이 되었다.

다음은 왕 노파 차례였다. 왕 노파는 옥에서 끌려나와 판결문을 들은 뒤 수레에 태워졌다. 그리고 사지에 긴 못이 박히고 세 개의 포승줄로 묶인 뒤 저잣거리로 끌려 나갔다. 이윽고 거리 한가운데로 나오자 한 칼에 목이 잘린 뒤 시체가 토막나는 끔찍한 죽임을 당했다. 무송은 큰칼을 목에 쓴 채 그 광경을 끝까지 지켜보았다.

왕 노파가 그렇게 죽고 나자 무송의 호송을 맡은 두 공인은 무송에게 길을 재촉했다.

그들은 무송을 호걸로서 우러르고 있었으므로 무송에 대한 예의가 깍듯하였다. 무송도 두 공인이 그토록 자기를 받드니 그들의 말을 거스르는 법 없이 공손히 따랐다. 그리고 가지고 있던 은자를 나누어 주고 주막을 지날 때마다 고기와 술을 사 대접했다.

그러던 어느 날, 일행은 맹주 땅에서 그리 멀지 않은 십자파十字坡 고갯길에 이르렀다. 주기酒旗가 걸린 문 앞에 한 여인이 앉아 있었다. 그녀는 앞가슴 옷매무새가 흐트러져 있어 가슴이 드러날 듯한데, 붉은 복숭앗빛 치맛단을 두르고 있었다. 그녀는 장청의 아내 모야차 손이랑이었다.

그들은 술에 몽한약을 타서 사람을 죽여 봇짐을 털고 사람 고기로 만두소를 만들어 팔았다. 술과 만두를 먹은 두 공인은 이내 쓰러졌으나 무송은 손이랑의 행동거지가 수상하여 술을 마시는 척만 하고 마시지 않았다. 그리고는 쓰러진 체하고 있으려니 손이랑이 본색을 드러내고 자신을 도마에 올려놓고 요리할 즈음 갑자기 일어나 손이랑의 허리를 꺾으면서 양쪽 다리를 사타구니에 끼워서 패대기를 쳤다.

그러자 계집은 갑자기 당한 일이라 미처 피할 새도 없이 외마디소리부터 질러 댔다.

"으악, 사람 살려! 사람 살려!"

주방에 있던 사내 두 놈은 그 광경을 보고 무송에게 덤비려고 했으나 무송이 호통을 한 번 치자 그만 기가 질린 채 멍하니 바라보고만 있었다.

"손님, 살려 주십시오! 제가 미처 알아보지 못했습니다."

아낙이 어찌 알았겠는가, 상대방이 바로 경양강 고개에서 맨손으로 호랑이를 때려잡은 무송인 줄을! 손이랑은 그 억센 힘을 당하지 못하고 무송에게 빌었다.

그때 마침 나무 한 짐을 가득 지고 와서 주막 앞에 내려놓는 사내 하나가 있었다. 그는 주막 안에서 들려오는 비명소리에 깜짝 놀라 안쪽으로 뛰어들었다. 그가 바라보니 마침 무송이 여인의 허리를 꺾어 위에서 찍어 누르고 있는 중이었다. 그 광경을 보자 사내가 말했다.

"호걸께서는 잠시 노기를 거두십시오. 제가 드릴 말씀이 있습니다."

무송은 그 사내의 기개 또한 가볍지 않음을 엿보았다. 비로소 여인을 놓아 주면서 통성명을 나누었다.

장청 부부는 무송을 극진히 접대하며 자신들의 과거사를 자세히 들려주었다. 그리고 그동안 십자파를 거쳐 간 노지심의 이야기며, 이룡산 보주사에서 청면수 양지와 함께 산채의 두령으로 있다는 이야기를 전해 주었다.

무송도 그동안의 일을 장청 부부에게 자세히 들려주자 그들은 탄식해 마지않으며 그 험악한 뇌성까지 끌려가서 고생할 필요 없이 보주사 산채에 들 것을 권하였다.

그러자 무송이 정색을 하고 대답했다.

"그렇게 나를 걱정해 주시니 실로 고맙소. 그러나 나는 평생에 의를 무겁게 받들며 살고 싶소. 그런 비겁한 짓을 저지르게 되면 천하의 호걸들이 모두 나를 졸장부라고 비웃을 것이오. 그리고 몽한술을 먹고 쓰러진 이 두 공인은 이곳까지 나를 호송해 오면서 정성껏 대해 왔소. 그러니 어서 이들을 구해 주시오."

그러자 장청이 감복한 듯 이렇게 말했다.

"무 도두께서 그토록 의리를 무겁게 여기시니 하는 수 없군요. 곧 그들을 살려 놓겠습니다."

장청은 일꾼들을 불러 두 공인을 부축해 일으켜서 객실로 옮기게 한 후 해독제를 만들어 입 속에 쏟아 넣으니 그들은 반 식경도 지나지 않아 부스스 기지개를 켜면서 깨어났다.

그후 사흘 동안 장청 부부는 온갖 정성을 다해 무송을 대접하였다. 무송은 그들의 호의에 감격하여 마침내 장청과 더불어 의형제를 맺기로 했다. 나이를 따져 보니 장청이 무송보다 다섯 살이나 위였다. 그리하여 장청이 형이 되고, 무송은 아우가 되었다. 장청은 무송과의 작별을 못내 아쉬워하였다.

장청 부부의 전송을 받으면서 길을 떠난 무송과 두 공인은 머지않아 맹주성 안에 이르렀다. 두 공인은 곧바로 부윤에게 가서 동평부에서 가져간 공문을 바치고 무송을 넘겨 주었다. 그러자 부윤은 곧 회신 공문을 작성하여 두 공인에게 건네준 다음 동평부로 돌아가게 하였다. 무송은 수고비로 그들에게 몇 냥씩의 은자를 손에 쥐어 주었다. 그리하여 무송은 뇌성 영내로 옮겨졌다.

문 앞에 이르러 올려다보니, 그곳에는 '안평채安平寨'라고 쓴 커다란 현판이 붙어 있었다.

무송은 곧바로 독방에 수감되었다. 그런데 그가 독방에 새로 들어온 것을 알고는 십여 명의 죄수들이 우르르 몰려왔다.

"어이, 신출내기! 자넨 돈을 많이 가지고 들어왔나? 여긴 바깥세상보다도 돈의 위력이 더욱 센 곳이네! 보따리 속에 관리에게 줄 편지나 돈이 있으면 얼른 꺼내어 준비해 두게. 조금 있다가 차발差撥(교도관)이 올 텐데 그때 그걸 바치란 말이야. 돈이 많은 자에게는 천국이 될 수 있지만 돈 한 푼 없는 자에겐 어김없는 생지옥이 바로 이곳이라구."

"여러분이 그토록 자상히 가르쳐 주시니 고맙소. 내게도 돈 될 물건이 좀 있으니 그들이 좋은 말로 달라면 주겠소. 그러나 억지로 달라고 한다면 나는 한 푼도 주지 않겠소."

"모르는 소리 말게. 이곳에 새로 온 죄수는 으레 살위봉殺威棒 백 대를 맞게 되어 있단 말씀이야! 그것을 다 맞게 되면 입에서 피를 토하고 널브러지게 마련이지! 같은 죄수의 입장에서 불쌍해서 귀띔해 주는 거라구! 과부의 마음은 과부가 알아줘야지, 누가 알아주겠나? 그러니 알아서 하게."

그 말이 채 끝나기도 전에 죄수 한 명이 눈짓을 하며 말했다.

"쉿, 차발이 온다!"

그들은 후닥닥 제자리로 흩어졌다.

차발은 무송이 갇혀 있는 독방 앞으로 오더니 물었다.

"새로 온 죄수 놈이 바로 너냐?"

"그렇습니다."

"생긴 건 멀쩡하게 생겼으면서 어째서 인사할 생각조차 하지 않고 그렇게 멍청히 앉아 있느냐? 참으로 괘씸한 놈이로구나! 경양강 고개에서 호랑이를 때려잡고, 양곡현 관내에서 도두 노릇까지 했다는 놈이 어째서 세상 물정을 그리도 모르느냐? 네 놈이 나에게 잘 보이지 않는 한 이곳은 지옥이나 다름없을 테니 그리 알아라!"

그러나 무송은 들은 체도 하지 않았다.

잠시 후 옥졸 네댓 명이 들이닥치더니 무송을 끌고 점시청點視聽으로 데려갔다. 점시청에는 이미 관영이 나와서 대청 위에 높이 올라앉아 있었다. 그리고 그 밑에는 옥졸 십여 명이 새로 온 죄수에게 살위봉을 치기 위한 준비를 갖춰 놓고 기다리고 있었다.

옥졸들이 무송을 끌고 와서 땅바닥에 꿇어앉히자 관영이 옥졸들에게 일렀다.

"큰칼을 벗겨라!"

옥졸이 큰칼을 벗기자 관영이 무송을 향하여 말했다.

"태조 무덕 황제께서 정하신 이래 대대로 이어지는 법도에 따라 새로 온 죄수에게는 백 대의 살위봉을 치게끔 되어 있다! 너도 그것을 잘 알고 있겠지?"

"알고 있습니다!"

무송이 그렇게 대답하자 옥졸들이 무송의 사지를 꽉 붙들고 살위봉을 칠 준비를 했다.

그때 관영의 옆에 시립해 있던 젊은 사내 하나가 관영의 귀에다 뭐라고 귓속말을 하자 관영이 말렸다.

"잠깐 기다려라!"

그 사내는 처음부터 계속 관영의 옆에 시립해 있었다. 그는 키가 여섯 자가 약간 넘었고, 나이는 스물네댓 살가량 되어 보였다. 얼굴은 눈처럼 흰데, 입 주위엔 삼각수염이 나 있었다. 그는 손을 다쳤는지 흰 비단천으로 한쪽 손을 친친 감고 있었다.

사내는 다시 관영의 귀에다 대고 뭐라고 낮은 소리로 수군댔다. 그러자 관영이 살위봉 치는 일을 다음으로 미루고 다시 가두라 지시했다.

그리하여 무송은 뜻하지 않게 살위봉을 면하고, 다시 독방으로 돌아오게 되었다. 그러나 어찌 된 까닭인지 알 길이 없었다. 그뿐만 아니라 식사 때마다 커다란 술병 한 개와 쌀밥 한 그릇, 국 한 사발과 고기 한 접시, 그리고 떡 한 덩어리까지 꼬박꼬박 광주리에 담겨 왔다. 거기에 목욕물까지 챙겨 주니 점점 의아할 수밖에 없었다.

다음 날이 되자 감옥이 아닌 깨끗한 객실로 옮겨 주고는 영내를 마음껏 활보하도록 해 주었다.

함정에 빠진
무송

무송이 방을 옮긴 지도 벌써 이레째가 지나고 있었다. 그는 끼니마다 군졸이 날라 오는 술과 고기를 실컷 먹으면서 자유로운 생활을 하고 있었다. 하지만 날짜가 지나면 지날수록 궁금증도 커져만 갔다. 죄수의 신분으로서 자기가 그런 대접을 받는 까닭을 도무지 알 수 없었다. 술과 음식을 가지고 오는 군졸도 수발만 들 뿐 아무런 말도 해 주지 않았다.

그날도 점심때가 되자 군졸이 어김없이 술과 음식이 가득 든 광주리를 들고 나타났다.

무송은 두 손으로 광주리를 가져온 군졸을 붙잡고 참지 못해 물었다.

"오늘은 내가 필히 물어볼 말이 있다! 도대체 누구의 심부름 이냐? 도대체 내게 매일같이 이처럼 술과 음식을 보내는 사람 은 누구이며, 어찌하여 이러는 것이냐?"

그러자 군졸이 대답했다.

"저는 관영나리 댁에서 일을 보는 사람입니다."

군졸이 공손히 대답하자, 무송이 다그쳐 물었다.

"관영님이 왜 내게 술과 음식을 보내 주신단 말이냐?"

"실은 관영나리의 아드님께서 보내 주신 것입니다. 그 까닭은 저도 모릅니다."

"관영나리의 아드님이라고? 나는 사람을 죽인 죄인이다. 관영 나리께 아무것도 해드린 일이 없는데, 어찌하여 내게 이러한 음 식을 보내 준다는 말인가?"

그러자 군졸이 하는 수 없다는 듯 넌지시 말했다.

"그분은 지난번 무 도두님께서 점시청에 불려 나가셨을 때, 관영님 옆에 시립해 계시던 분입니다. 그분이 바로 관영나리의 아드님이십니다."

무송이 들을수록 더욱 알 수 없는 말이었다.

"내가 살위봉을 맞게 되었을 때 그분이 구해 주시는 덕에 내 가 풀려난 것 아니냐?"

"그렇습니다. 그때 그분께서 아버님인 관영나리께 말씀드렸기 때문에 도두님께서 살위봉을 면하셨던 것입니다."

"참으로 괴이쩍은 일도 다 있구나! 나는 본디 청하현 사람이요, 그는 맹주 땅 사람이 분명한데다, 언젠가 서로 만났을 리도 없고 알 리도 없는데 어째서 나를 이처럼 돌봐 준단 말이냐? 필시 무슨 까닭이 있을 것이다. 그래, 그분의 성과 이름이 무엇이냐?"

"그분은 시柴가이며, 이름은 은恩입니다. 사람들은 그분을 가리켜서 금안표金眼彪(눈이 노란 표범) 시은이라고 부른답니다."

"그분은 분명 호걸일 것이다. 돌아가 내가 그분을 뵙고 싶어 하더라고 이르거라. 그리하여 까닭을 알아본 다음에 비로소 술과 음식을 먹는 것이 도리일 것이다. 그렇지 않으면 오늘부터 술과 음식은 입에도 대지 않을 것이다."

무송이 그렇게 말하자 군졸이 난처한 얼굴로 말했다.

"도련님께서 제게 이르시기를, 무 도두님께 아무 말씀도 드리지 말고 그저 서너 달쯤 술과 음식만 가져다 드리라고 말씀하셨습니다. 그러면 그 후에 나리께서 직접 도두님을 찾아뵙겠다고 말씀하셨습니다."

그 말을 듣자 무송은 더욱 의아스런 생각이 들어 울러댔다.

"여러 말 할 것 없이 당장 그분을 모셔 오도록 해라! 그렇지 않으면 더 이상 음식을 받지 않겠다!"

무송이 그렇게 버럭 성을 내며 소리치자 군졸은 어쩔 수 없이 시은에게로 가서 사실대로 알렸다. 시은도 그 말을 듣고는 하는 수 없이 무송에게로 달려 나왔다.

시은은 무송을 보자마자 그 자리에 넙죽 엎드려서 절을 올렸다.

"형님께서는 이 동생의 절을 받으십시오!"

무송은 깜짝 놀라 허겁지겁 맞절을 하면서 말했다.

"저는 한낱 죄인의 몸으로 일찍이 나리를 뵈온 적이 없습니다. 아무 이유도 없이 죄수의 몸으로 분에 넘치는 대접을 받고 있으니 불안합니다. 아까 군졸의 말을 들으니 서너 달 뒤에나 찾아오겠다고 하셨다는데, 그 까닭이 무엇입니까?"

"그놈이 쓸데없이 입을 놀린 것 같습니다. 아직은 아시려 하지 마십시오. 차차 말씀드릴 때가 올 것입니다."

"제발 말씀해 주십시오. 궁금해서 못 견디겠습니다. 제게 바라는 게 무엇입니까?"

무송이 물러서지 않고 간곡히 청하자 시은도 하는 수 없다는 듯 입을 열었다.

"사실대로 말씀드리자면 형님께 꼭 부탁드릴 일이 있습니다. 다만 형님은 지금 먼 길을 오시느라고 고생이 많으셨기 때문에 몸이 쇠약해지셨을 것입니다. 그러므로 앞으로 한 서너 달 동안 잘 잡숫고 푹 쉬셔야만 합니다. 그리하여 기력을 회복하게 되면 그때 가서 말씀드리려고 뒤로 미룬 것입니다."

그 말을 듣고 난 무송은 껄껄 웃었다.

"소관영께서는 제 말을 들어 보십시오. 저는 지난번에 석 달 동안이나 학질을 앓고 나서도 경양강 고개에서 술에 잔뜩 취한 채 맨손으로 호랑이를 때려잡은 일이 있었습니다. 그런데 먼 길을 왔다고 기력이 떨어지다니요….”

그러나 시은은 여전히 입을 열려 하지 않았다.

“하지만 지금은 말씀드릴 수가 없습니다. 좀 더 쉬시면서 기력을 돌이키신 뒤에 말씀드리겠습니다.”

“제 말을 믿지 않으시는군요. 정 그러시다면 보여 드리면 되겠습니까? 혹시 천왕당 앞의 커다란 돌을 보신 적이 있으신지요?”

무송이 답답하다는 얼굴로 그렇게 묻자 시은이 대답했다.

“네, 보았습니다.”

“그것의 무게가 대략 얼마쯤 될 것 같습니까?”

“모르긴 해도 오백 근은 족히 넘을 것 같습니다.”

“그럼 지금 저와 함께 그곳으로 가 주셨으면 합니다. 제가 그 돌을 번쩍 들어올릴 테니까요.”

그리하여 무송과 시은은 천왕당 앞으로 나갔다. 여러 죄수들이 무슨 일인가 하고, 일을 하다 말고 그들 쪽을 바라보았다.

무송이 큰 돌을 잡고 흔들어 보며 말했다.

“이거 내가 요즈음 기운이 빠졌나? 들 수 있을지 모르겠구나.”

“꼼짝도 하지 않는 걸 보니 아무리 형님의 힘이 장사라 할지라도 어려울 것 같습니다.”

시은은 무송의 힘이 부치는 줄 알고 그렇게 말했으나 무송은 껄껄 웃더니 말했다.

"그럼 지금부터 제가 힘을 한번 써 보겠습니다."

그렇게 말하고 나서 무송은 웃옷을 벗어서 허리에 질끈 동여맸다. 그러고는 양쪽 팔로 바위를 힘껏 끌어안더니 번쩍 치켜들었다. 그러자 큰 돌은 마치 가벼운 짚단이라도 되는 양 무송의 머리 위로 가볍게 치켜올려졌다. 그리고 다음 순간, 무송은 그것을 힘껏 던졌다. 실로 무시무시한 힘이었다. 큰 돌은 다섯 자 정도나 날아가더니 '퍽!' 소리를 내면서 땅에 틀어박혔다.

무송은 돌이 떨어진 곳으로 다가가 또다시 번쩍 들어 공중으로 집어던지고 그것이 채 땅바닥에 닿기도 전에 가볍게 두 손으로 받아 본래의 자리에 내려놓았다. 그러고는 몸을 돌려 시은과 멍하니 구경하고 있는 사람들을 바라보았다.

그걸 본 시은은 땅바닥에 엎드리며 말했다.

"형님은 여느 사람이 아니십니다! 신인神人이십니다!"

시은은 무송을 자기 집으로 데려가 대청 위에 청해 윗자리에 앉도록 권했다. 무송이 거듭 사양했으나 그는 막무가내였다. 자리에 앉고 나자 시은은 그제야 입을 열었다.

시은이 무송에게 털어놓은 내용은 대략 이러했다.

그곳 동문 밖에 쾌활림快活林이라고 불리는 제법 큰 장터가 있었다. 그곳은 산동山東과 하북河北 지방의 장사꾼들이 모두 모여들어서 장사를 하는 제법 번성한 곳이었다. 커다란 객줏집이 여러 군데 있었으며, 노름판이 벌어지는 곳만 해도 이삼십 군데가 넘었다.

시은은 어려서부터 창술과 봉술을 배워 맹주 땅 일대에서는 그의 무술 솜씨를 알아주던 터였다. 시은은 죄수들 중에서 용감한 자들로 팔구십 명을 뽑아서 부하로 거느리고 다녔기 때문에 그곳 쾌활림에서 행세깨나 하고 지냈다. 그는 거리의 한복판에다 주육점酒肉店(술과 고기를 파는 집)을 차려놓고 객줏집, 노름판, 전당포 등을 거느리고 있었다.

그런데 근자에 와서 그곳 군영에 장張씨 성을 가진 단련團練(지방의 군 책임자)이 새로 부임해 왔다. 그는 동로주東潞州에서 온 자였는데, 장충蔣忠이란 자를 데리고 왔다. 장충은 키가 아홉 자나 되는지라 사람들은 그를 가리켜서 장문신蔣門神이라 불렀다. 그는 몸집이 클 뿐만 아니라 창술과 봉술에도 능했고, 주먹질과 발길질도 제법 할 줄 아는 자였다. 특히 씨름을 잘했는데, 스스로 '천하의 씨름 황제'라고 거들먹거렸다. 그가 말하기를, 삼년 동안을 태악泰嶽의 씨름판에서 겨루었는데 아무도 자기를 당할 자가 없었다고 떠들어댔다.

장문신은 그곳에 온 이후로 시은이 지니고 있던 걸 모두 뺏으려 들었다. 시은이 그대로 물러설 리 없었다. 그러나 그를 당해내지 못하고 결국은 그의 주먹질과 발길질에 죽도록 얻어맞아 두 달 동안이나 누워 있는 신세가 되고 말았다.

거기까지 듣고 난 무송이 벌떡 일어나며 말했다.

"자, 갑시다! 내가 당장 가서 그놈을 때려눕히겠소!"

무송이 대뜸 그렇게 나서자 시은이 말했다.

"형님, 고맙습니다. 하지만 너무 서두르지 마십시오. 내일 그곳에 사람을 보내서 염탐을 한 다음 모레쯤 가는 것이 좋겠습니다. 섣불리 손을 썼다가는 풀숲의 뱀을 잘못 건드리는 격이니, 낭패를 보기 십상입니다."

"그까짓 놈 하나 해치우는 데 염탐이고 뭐고 무슨 필요 있겠소? 옛말에 쇠는 뜨거울 때 두드리라고 했으니 지금 당장 쳐들어가서 요절을 내버립시다!"

그때 병풍 뒤에서 한 사람이 천천히 나타났다. 다름 아닌 관영이었다.

"의사義士, 병풍 뒤에서 다 듣고 있었소. 오늘 하시는 말씀을 듣고 나니 십 년 묵은 체증이 다 싹 가시는 듯이 속이 시원하구려. 이제 의사를 만났으니 제 자식놈은 비로소 구름 속에서 밝은 해를 본 것이나 다름없습니다. 아들놈이 쾌활림에서 장사를 한 것은 재물이 탐이 나서가 아니었습니다. 작게는 이 맹주 땅을 번창시키고, 크게는 호걸의 기상을 드높이기 위해서였습니다. 그런데 장문신이라는 자가 나타나서 그 기상을 꺾어 버렸습니다. 이제 의사의 힘을 빌리지 않고는 이 욕을 씻을 수 없을 듯합니다. 만일 의사께서 제 아들놈을 버리지 않고 거두어 주실 뜻이 있으시면 이 술잔을 받으십시오. 그리고 아들놈이 올리는 절을 받으십시오."

무송이 송구스런 얼굴로 술잔을 받으며 말했다.

"술잔은 받겠습니다. 그러나 제가 감히 어떻게 아드님의 절을 받겠습니까?"

그러자 시은이 불쑥 무송 앞에 넙죽 엎드리며 말했다.

"형님, 부디 이 아우를 저버리지 말아 주십시오. 저는 형님과 더불어 의형제를 맺고 싶습니다."

그렇게 말하고 나서 그는 네 번 절하여 무송에게 공경의 뜻을 표하였다. 그러자 무송도 황망히 맞절을 하여 답례하였다. 그렇게 하여 무송과 시은은 의를 맺어 형제가 되었다.

그날 무송은 관영 부자와 더불어 흔쾌히 술을 마셨다. 관영과 시은은 정성을 다하여 무송을 대접하였고, 무송 역시 사양하는 기색 없이 그들의 호의를 받아들였다.

다음 날, 무송이 쾌활림에 도착한 시간은 정오인지라 태양이 중천에서 이글이글 타오르고 있었다. 무송은 쾌활림에 오기까지 주막집마다 들려 술 석 잔씩을 마셨던 터라 비틀비틀 걸었다.

무송은 같이 따라온 자들과 시은에게 멀리서 지켜보라 이르고 나서 휘적휘적 삼거리 쪽으로 걸어갔다. 무송이 바라보니 번듯한 주막 하나가 어귀에 떡 버티고 서 있는데, 그것이 바로 장문신의 주막인 것 같았다.

그 주막으로부터 얼마 떨어지지 않은 곳에 커다란 느티나무한 그루가 서 있었는데, 그 느티나무 그늘 아래에서 제법 몸집이 큰 한 사내가 쉬고 있었다.

무송이 바라보니 그 사내는 마치 금강역사를 연상케 할 만큼 몸집이 크고 험상궂고 울퉁불퉁하게 생겼는데, 손에는 파리채 하나를 들고 있었다.

'음, 꼬락서니를 보아하니 저놈이 바로 그 장문신인 게로구나!'

무송은 술에 잔뜩 취해 몸을 가누지 못하는 척 비틀거리면서 주막 안으로 들어가 평상에 털썩 앉자마자 탁자를 두드리면서 술주정을 하기 시작했다.

술을 가지고 나오는 대로 술맛이 없다며 퇴짜를 놓고 장문신의 첩에게 술을 따르라고 목소리를 높였다.

"주인마님이 어쨌다는 거냐, 이놈아. 여기 와서 술 한 잔 따르라는데 무슨 말이 그렇게 많으냐?"

무송이 그렇게 억지를 쓰자 계집은 더 이상 참지 못하겠다는 듯 발끈 성을 내면서 일어섰다.

"저게 도대체 어디서 빌어먹다 온 놈이야? 죽으려고 환장을 한 모양이군."

계집이 그렇게 소리치며 술청 뒤쪽으로 나가려고 했다. 그러자 무송이 갑자기 웃통을 홀떡 벗어던졌다. 그러고 나서 술병을 땅바닥에 내동댕이쳐 깨부순 다음 술청 쪽으로 달려갔다.

무송은 한 손으로 여인의 머리채를 휘어잡더니, 다른 손으로 그녀의 허리를 움켜쥐고 번쩍 치켜올렸다. 실로 순식간에 일어난 일인지라 여인은 얼굴이 새파랗게 질린 채 소리 지를 생각조차도 하지 못했다. 무송이 여인을 힘껏 집어던지자 그녀는 뚜껑이 활짝 열려 있던 술독 쪽으로 날아가 그 속에 거꾸로 처박히고 말았다.

그걸 본 술집 안의 네댓 되는 일꾼들이 가만히 있을 리 없었다.

도마 앞에서 삶은 고기를 열심히 썰고 있던 사내 몇 명이 식칼을 든 채 일제히 달려들었다. 무송은 덤벼드는 두 놈을 차례로 하나씩 들어 술독 속에 처박았다. 이어 다른 한 놈은 무송이 주먹을 내지르자 비명도 지르지 못한 채 나동그라지고, 또하나는 발길질 한 번으로 땅바닥에 널브러지고 말았다.

문득 바라보니 한 놈이 비틀비틀 일어나더니 꽁무니가 빠질 듯이 급히 달아나고 있었다. 무송은 그가 달아나게 내버려 두고 생각했다.

'흠, 저놈은 장문신에게로 달려가는 것이리라. 이제 큰길가로 나가서 놈을 기다려야겠는걸! 여러 사람이 보는 앞에서 놈을 웃음거리로 만들어야지!'

무송이 그 사내를 따라 큰길가로 나오니, 아니나 다를까 소식을 전해 들은 장문신이 파리채를 내던지면서 달려오고 있는 것이 보였다. 무송은 술 취한 척 비틀거리면서 장문신 쪽으로 다가갔다.

무송과 장문신이 맞닥뜨렸다. 무송도 몸집이 컸지만 장문신의 덩치가 워낙 컸기 때문에 그는 장문신의 턱밑에도 미치지 못했다.

장문신은 그 무렵 술과 계집에 곯아 제대로 힘을 쓰지 못하고 있었다. 그래서 무송이 술에 취해 비틀거리는 걸 보자 안심이 되었다.

'이 쥐새끼 같은 놈, 어디서 술은 잔뜩 취해 가지고 꼴좋구나,

이놈아! 내가 네놈에게 뜨거운 맛을 보여 주마.'

장문신은 무송을 향해 덥석 달려들었다. 그 순간, 무송은 그의 얼굴을 노리는 척하면서 두세 번 헛주먹질을 했다. 술에 취한 척하며 헛주먹을 날리고는 잘 맞지 않자 마치 달아나려는 듯 몸을 획 돌렸다. 그러자 장문신은 무송이 달아나도록 내버려 두지 않겠다는 듯 크게 주먹을 휘두르며 뒤쫓았다. 장문신이 마구잡이로 덤벼들자 무송은 그대로 한 바퀴 빙 돌면서 발을 날려 장문신의 배를 힘껏 차 올렸다. 그 발길질에 장문신은 그대로 배를 움켜쥔 채 '쿵!' 소리와 함께 나가떨어졌다.

그러자 무송은 앞으로 달려들면서 그의 얼굴을 다시 한 번 힘껏 걷어차 버렸다. 그러니 아무리 몸집이 크다 해도 무슨 소용이 있을 것인가! 장문신은 그대로 뒤로 벌렁 나자빠지고 말았다. 무송은 다시 한 걸음 앞으로 성큼 다가서더니, 그의 가슴을 밟아 누른 다음 주먹을 움켜쥐고서 그의 얼굴을 향해 호랑이를 때려잡은 그 주먹을 날렸다. 승부는 그것으로 끝이었다.

장문신은 무송의 발밑에 깔린 채 얼굴이 온통 피투성이가 되어 빌었다.

"장사님, 제발 살려 주십시오!"

"내가 네놈을 살려 주는 건 문제가 아니다만, 세 가지 조건을 받아들여야만 하느니라!"

무송이 그렇게 말하자 장문신이 얼른 대답했다.

"장사님, 제발 살려 주십시오! 세 가지뿐 아니라 백 가지, 천 가지라도 모두 다 받아들이겠습니다!"

무송이 장문신에게 그 세 가지 조건을 말했다.

첫째로 시은으로부터 빼앗은 주막 및 그 외의 재물 일체를 모두 돌려줄 것, 둘째로 이곳 쾌활림 패거리의 우두머리들을 모두 불러다 시은에게 그동안의 잘못을 빌 것, 셋째로 즉시 쾌활림을 떠나되 다시는 나타나지 말 것이었다.

무송은 장문신을 밟은 채 다시 한 번 으름장을 놓았다.

"만일 네가 다시 이곳에 나타났다가 내 눈에 띄는 날이면 그 때는 내 손에 맞아 죽을 줄 알아라. 알겠느냐?"

"네, 잘 알았습니다. 시키는 대로 하겠습니다."

장문신은 우선 살고 봐야겠다는 생각에 고개를 끄덕이며 대답했다. 무송은 비로소 장문신을 밟고 있던 발을 땅바닥에 내려놓았다. 장문신은 비틀거리면서 일어났지만, 그 꼴이 말이 아니었다. 볼따구니는 퍼렇게 멍이 든 데다 입술은 터져 부르텄고, 코가 비뚤어지고 이마에서는 피가 뚝뚝 흐르고 있었다.

무송이 그런 장문신에게 다시 기죽이는 소리를 했다.

"네 이놈, 감히 허튼 생각을 했다간 경양강 고개에서 맨주먹으로 호랑이를 때려잡은 이 어르신네가 용서치 않을 것이니라! 네놈 따위는 한 주먹감도 되지 않는다."

그러자 장문신은 비로소 상대방이 무송이라는 것을 알아 챘다. 그는 간담이 서늘해져 손이 발이 되도록 용서를 빌었다.

그때 시은이 장정 스무 명을 데리고 나타났다. 그가 보니 이미 장문신의 얼굴은 피범벅이 되어 있었다. 시은은 그걸 보자 기쁨을 감출 수가 없었다.

시은이 오자 무송이 장문신에게 명했다.

"네 이놈, 여기에 본래의 주인께서 오셨느니라! 어서 나와 약속한 세 가지를 이행하도록 해라."

어느덧 그 근처엔 많은 사람들이 몰려들어 있었다. 그들 중엔 그곳 쾌활림 패거리의 우두머리들도 여럿 섞여 있었다.

무송은 장문신이 시은에게 세 가지 조건을 지키는 것을 보기 위해 주막 안으로 들어갔다. 주막 안은 술과 음식이 여기저기 쏟아져 있는 가운데 계집은 술독에서 빠져 나왔으나 두 사내는 아직 술독에 처박혀 있었다. 바닥에 나자빠져 있던 녀석은 어디로 달아났는지 보이지 않았다.

무송은 그들을 술독에서 빼내 주게 하고 술집 일꾼들에게 일러 계집을 수레에 태워 보냈다. 그리고 싸울 때 장문신에게 달려갔던 일꾼을 불러 건달패의 우두머리들을 불러오게 했다. 무송은 술독을 헐어 탁자 위에 술잔을 늘어놓고 술을 따르게 한 뒤 그 자리에 모여든 사람들에게 권했다. 술이 몇 순배 돌자 무송이 여러 사람들을 향해 입을 열었다.

"여러분, 제 이름은 무송이라고 합니다! 양곡현에서 사람을 죽이고 이곳에 귀양 온 사람입니다! 그런데 제가 이곳에 와서 들으니 이곳 주막은 본래 소관영의 것이었는데, 여기에 있는 이 장문신이란 자가 나타나서 주막을 빼앗았다고 했습니다. 여러분은 제가 혹시 소관영이 시켜서 한 짓이 아닌가 생각하실지 모르나 저는 다만 주막을 빼앗은 그릇된 일을 보고 참지 못해 주먹을 썼을 뿐입니다. 아마 길을 가다가도 이런 일을 보았다면 칼을 뽑아 들고 억울한 사람을 도왔을 것입니다. 그렇게 하다 죽는 한이 있더라도 나는 두려워하지 않을 것입니다. 원래 제 성미대로였다면 장가놈은 이미 살아남지 못했을 것이나 여러분을 보아 특별히 살려 둔 것입니다. 대신 오늘 밤 안으로 이놈은 이곳을 떠나야만 합니다! 만일 내일 아침 이후에 이놈이 이곳에서 얼쩡거리다가 제 눈에 띄는 날에는 이놈을 그 자리에서 경양강 고개의 호랑이처럼 만들어 버리겠습니다! 여러분께서 그 증인이 되어 주십시오!"

그가 바로 경양강에서 호랑이를 때려잡은 무송임을 알게 되자 사람들은 장문신을 대신해 말했다.

"호걸께서는 노여움을 거두십시오. 우리가 장문신을 내보내고 이 집을 원래의 주인에게 돌려드리도록 하겠습니다."

장문신은 단단히 혼이 난 데다 그가 거느리고 있던 사람들마저 그렇게 나오니 아무 소리도 하지 못한 채 듣고만 있었다.

그는 꼼짝없이 시은에게 모든 것을 다 되돌려 준 다음, 수레에 짐을 싣고 어디론가 떠나갔다.

그렇게 하여 그날부터 시은은 다시 쾌활림을 맡게 되었다. 시은의 주막은 더욱 번창하였다. 손님이 전보다 훨씬 많아졌음은 물론, 이익금도 더욱 늘어났다.

시은의 아버지 관영은 가끔씩 말을 타고 와서 아들의 장사하는 모습을 살펴본 다음 돌아가곤 하였다. 부근의 주막과 환전상, 노름판 등으로부터 들어오는 뒷돈도 예전보다 훨씬 더 많아졌다. 그야말로 시은은 원수를 갚고 소원을 푼 셈이었다. 그는 무송을 그곳에 머물게 하여 마치 친부모 모시듯 정성껏 섬겼다.

어느덧 무더위가 물러가고 날씨도 한층 서늘한 가을로 접어든 어느 날, 병마도감 장몽방張蒙方의 수하가 찾아왔다.

"이곳에 경양강 고개에서 호랑이를 맨주먹으로 때려잡은 무도두가 머물고 계시다던데, 그분은 지금 어디에 계십니까?"

"무 도두는 무슨 일로 찾소?"

"저희는 장 도감님의 수하에 있는 자들로서 도감님의 분부를 받들어 그분을 모시러 왔습니다."

"도감님께서 왜 그분을 찾는다고 하시던가?"

시은이 의아스런 얼굴로 물었다.

"상공께서는 그분이 뛰어난 호걸이란 소문을 들으시고 직접 만나 뵙길 원하십니다. 그래서 이렇게 타고 가실 말까지 준비해서 보내셨습니다. 여기에 상공께서 내리신 글도 있습니다."

시은이 진서를 받아 보니 봉투의 뒷면이 큼지막한 관인으로 봉인되어 있었다.

시은은 그 글을 읽고 나서 생각했다.

'이것 참 난처하게 됐군! 병마도감 장몽방은 우리 아버님의 상관뻘 아닌가! 무송 형님을 안 보내 드릴 수도 없고⋯.'

그리하여 무송은 채비를 한 다음 새 옷으로 갈아입고 군졸들이 끌고 온 말에 올라탔다.

맹주성 안에 이르자 그들은 곧 장 도감에게 무송이 왔음을 알렸다. 장 도감은 대청 위에 앉아 있다가 무송이 들어오는 것을 보자 반가워하며 말했다.

"자네의 이름을 들은 지 이미 오래일세. 그런데 도무지 만날 기회가 없었지 뭔가? 그런데 오늘에야 비로소 그 소원을 풀게 된 걸세. 과연 이렇게 만나고 보니 의기가 넘치는 장부 중의 장부로군! 내 수하에는 자네 같은 인물이 없네. 앞으로 내 곁에서 함께 일할 생각은 없나?"

그 말을 듣고 무송은 뛸 듯이 기뻤다. 어차피 자기는 그곳 맹주 땅 뇌성으로 귀양 온 몸이었다. 그런데 도감이 그렇게 청하니 잘하면 귀양 온 죄도 면할 수 있게 되는 것이 아닌가.

무송은 털썩 무릎을 꿇으며 도감에게 아뢰었다.

"한갓 귀양 온 죄수에 지나지 않으나 상공께서 써 주신다면 이 몸이 부서져서 흙이 되는 날까지 몸 바쳐 충성을 다하겠습니다!"

그러자 장 도감은 크게 기뻐하며 무송을 데리고 후당으로 들어가 술을 권했다.

다음 날은 시은의 집에서 짐을 옮겨 오게 하고 바깥채의 행랑방 하나를 내주어 그곳에 거처를 정하고 머물도록 했다.

그후 장 도감은 무송을 마치 한 집안 식구처럼 허물없이 대했다. 그리고 자주 후당으로 불러들여서 술과 음식을 권하곤 했다.

무송은 가끔 시은을 생각하며 혼자 중얼거렸다.

"아, 장 도감님은 참으로 고마운 분이시다. 나를 이처럼 따뜻이 대해 주시다니! 그러나 어쨌든 시은에게 안부를 전해야 할 텐데…"

그러나 장 도감이 늘 곁에 붙들어 두고 있던 탓에 무송은 시은에게 안부를 전할 시간이 없었다. 시은은 시은대로 맹주성 안에 사람을 보내어 무송에게 안부를 전하고자 하였으나, 장 도감댁 문지기가 그들을 들여보내 주지 않아 뜻을 이루지 못하고 있었다.

　무송은 장 도감댁에 온 이후로는 넉넉하고 편안한 생활을 즐기고 있었다. 장 도감은 무송의 말이라면 무엇이건 마다하지 않고 들어 주었다. 그러므로 사람들은 공사公事에 관한 일을 부탁하려면 일단 무송을 찾곤 했다. 무송도 자기가 들어줄 수 있는 것이면 상공께 말씀드려 들어주었다. 그 바람에 무송에게 제법 많은 재물이 들어왔다. 무송은 사람들로부터 받은 금, 은, 비단을 커다란 궤짝 속에 차곡차곡 넣어 두었다.

　어느덧 시간은 흘러 팔월 한가위가 되었다. 장 도감은 후당 깊숙한 곳에 있는 원앙루鴛鴦樓에 잔칫상을 마련했다. 장 도감은 그 자리에 무송을 불러서 술을 권했다.

　무송이 술잔을 받으면서 살펴보니 도감의 부인과 딸을 비롯한 가족들이 모인 자리였다. 무송은 송구스런 마음이 일어 술 한 잔을 마시고 나서 슬그머니 그 자리에서 물러나려고 했다.

　"어딜 가려고 그러는가?"

　자리를 뜨는 무송을 보고 장 도감이 물었다.

　"가족과 함께 오붓한 자리를 즐기시려는데 제가 끼어서 불편하시리라 생각됩니다. 그러니 저는 이만 물러가겠습니다."

　그러자 장 도감이 껄껄 웃으며 말했다.

"그건 자네가 나의 마음을 전혀 몰라서 하는 말이네. 나는 자네를 의사로 여기며, 한 가족과 다름없이 생각하고 있네. 그러니 조금도 불편하게 생각지 말게."

"저는 한낱 죄수에 지나지 않는 몸입니다. 어찌 감히 상공의 가족과 한자리에 앉겠습니까?"

무송이 그렇게 사양했으나 장 도감은 그런 무송을 놓아 주지 않고 커다란 은잔에 술을 거듭 따라 주었다. 무송은 장 도감이 따라 주는 대로 마다하지 않고 모두 받아 마셨다.

어느덧 날은 저물고, 휘영청 밝은 달이 솟아올라 주위를 밝히고 있었다.

무송은 이제 제법 취기가 도는 것 같았다. 무송은 열 잔을 연거푸 더 받아 마신 다음 혹시 실수라도 할까 봐, 장 도감과 부인에게 인사하고 그곳을 물러나와 자기 방으로 들어가 잠자리에 누웠다.

그때 후당 쪽으로부터 여자의 찢어질 듯한 외침이 들려왔다.

"도둑이야!"

무송은 그 소리를 듣자 벌떡 몸을 일으켜 문을 박차고 나왔다.

그때 마침 수양딸 옥란이 허겁지겁 뛰어나오며 소리쳤다.

"무 도두님, 도둑이 저기 꽃밭 속으로 숨었어요!"

무송은 그녀가 가리키는 대로 꽃밭 속을 향해 뛰어들었다. 그는 봉을 한 손에 꽉 움켜쥔 채 한 바퀴 휙 둘러보았으나 사람의 그림자는 어디에도 보이지 않았다. 무송은 다른 곳을 찾아보기 위해 얼른 몸을 돌이켰다. 그런데 그 순간 어둠 속에서 의자 한 개가 휙 날아오더니 그의 정강이를 후려쳤다. 무송은 그 자리에 푹 고꾸라지고 말았다.

"꼼짝 마라, 이 도둑놈!"

그 소리와 함께 어느새 군졸 예닐곱 명이 나타나서 다짜고짜 무송을 묶었다.

"날세, 이 사람들아! 나야!"

무송이 그렇게 소리쳤으나 군졸들은 들은 척도 하지 않고 무송을 후당으로 끌고 갔다. 무송이 바라보니 후당에는 어느새 불이 대낮처럼 밝혀져 있었고, 장 도감이 엄한 자세로 대청 위에 앉아 있었다.

"어서 그 도둑놈을 이리 데려오너라!"

장 도감이 명하자 강제로 끌려온 무송은 꽁꽁 묶인 채 소리쳤다.

"접니다! 저 무송입니다!"

무송은 장 도감이 자기임을 알아보면 풀어 줄 것이라 생각하고 그렇게 소리쳤다. 그러나 이게 어찌 된 일인가? 장 도감은 무송을 보자 버럭 화를 내면서 벽력같이 소리를 질렀다.

"이 귀양살이 온 죄수놈아! 원래 도둑의 마음을 가진 건 어쩔 수 없구나. 나는 그래도 너를 어떻게 사람으로 만들어 볼까 해서 가까이 부렸다만 네놈은 어찌하여 나를 거스르고 도둑질을 하였느냐? 천하에 나쁜 놈 같으니라구!"

마른하늘에 날벼락 같은 소리인지라 무송이 외쳤다.

"저는 아무 짓도 저지르지 않았습니다! 다만 도둑이 들었다기에 도둑을 잡으려고 꽃밭에 뛰어들었을 뿐입니다! 사내대장부로서 어찌 감히 그런 낯 뜨거운 짓을 저지를 수 있겠습니까?"

그러나 장 도감은 들은 척도 하지 않고 소리쳤다.

"저놈이 그래도 계속해서 시치미를 떼는구나! 여봐라, 어서 저놈의 거처를 살펴보아라!"

그러자 군졸들은 무송을 끌고 행랑채에 있는 그의 방으로 갔다.

방의 한쪽 구석에 커다란 궤짝 하나가 있었다. 군졸들은 그 궤짝을 열어 젖혔다. 그 속에는 무송이 그동안 사람들로부터 받아서 넣어두었던 금, 은, 비단이 차곡차곡 쌓여 있었다.

궤짝이 열리고, 그 속의 물건들이 드러나자 무송은 그만 기가 콱 막힌 채 말이 나오지 않았다. 이제 꼼짝없이 올가미를 쓰게 될 판이었다.

군졸들은 그 궤짝을 끌어낸 다음 무송을 이끌고 장 도감에게로 갔다.

장 도감은 그 물건들을 보자 펄펄 뛰며 무송을 꾸짖었다.

"이런 뻔뻔스러운 놈이 있나? 네가 훔친 물건이 네 방에서 나왔는데 이래도 거짓말을 하겠느냐? 짐승을 기르기는 쉬워도 사람은 기르기 어렵다고 하더니, 바로 네놈을 두고 한 말이었구나! 겉만 사람의 거죽을 뒤집어썼을 뿐 속은 시커먼 도둑놈의 심보였구나."

무송을 꾸짖고 난 장 도감은 다시 군졸들에게 명을 내렸다.

"여봐라, 이 장물을 봉해 두고 저놈은 당장 감방에다 처넣어라! 내일 아침 날이 밝는 대로 부중府中으로 넘겨서 법으로 엄중히 다스리게 할 것이니라!"

그리하여 무송은 꼼짝없이 감방에 갇히는 신세가 되었다. 그리고 장 도감은 그날 밤 부중으로 사람을 보내서 부윤에게 그일을 알리는 한편, 압사와 공목 등 관리들에게는 많은 돈을 나누어 주었다. 무송을 도둑으로 몰기 위함이었다.

다음 날, 날이 밝자 무송은 증거물과 함께 즉시 부중으로 넘겨졌다. 부윤이 관아에 나와 높은 자리에 앉자 좌우 집포관찰組補觀察이 무송과 방 안에 있던 궤짝을 끌어내 왔다. 그리고 장도감의 집에서 보낸 증인들이 무송이 도둑임을 고소하는 문서를 바쳤다.

그 문서를 대강 훑어본 지부知府는 무송을 앞으로 끌어내어 형틀에 묶은 다음, 곤장을 들어 빗발치듯 엉덩이를 내리쳤다. 무송은 꼼짝없이 장 도감의 덫에 걸린 것이었다. 곤장이 거듭 내리쳐질수록 참지 못하게 된 무송은 결국 거짓 자백을 할 수밖에 없었다.

"제가 훔쳤습니다!"

"진작 그렇게 나올 일이지! 여봐라, 저놈을 당장 옥에 가두어라!"

지부는 무송에게 죄를 뒤집어씌우고 큰칼을 씌워 죽을죄를 지은 죄수들이 갇힌 감옥에 가두게 했다.

'억울하고 분하구나! 장 도감 그놈이 미리 파 놓은 함정에 걸려들다니! 내가 어떻게든 살아 나가서 이 복수를 꼭 하고야 말리라!'

무송은 감옥으로 끌려가면서 그제야 모든 것을 짐작하고 이를 갈았다.

무송이 옥에 갇히자 옥졸이 들어와 두 다리에 족쇄를 채우고 두 팔마저 묶어 버렸다. 그렇게 되니 무송은 옴짝달싹할 수가 없게 되었다.

한편 시은은 무송이 도둑으로 몰려서 감옥에 갇혔다는 소문을 듣고 깜짝 놀랐다. 그는 황급히 맹주성으로 달려가서 아버지와 그 일을 의논했다.

아들로부터 무송의 소식을 들은 관영이 한숨을 쉬며 말했다.

"음, 네 말이 사실이라면 장 단련이 장문신의 앙갚음을 하기 위해 장 도감을 끌어들인 게 틀림없다. 장문신으로부터 뇌물을 받은 장 단련이 장 도감을 시켜 무송을 함정에 빠뜨리게 한 것 같구나. 거기다 장문신이 여기저기 돈을 뿌려 부탁을 해 두었을 테니, 아무도 무송의 말을 들어 주지 않을 것이다. 그러나 내가 살펴건대 고작 물건을 도둑질한 죄에 지나지 않으니 그게 어찌 죽을죄가 되겠느냐? 양원兩院의 압뇌押牢와 절급節級을 구워삶으면 그를 다른 곳으로 귀양 보낼 수 있을 것이니, 우선 그렇게 일을 꾸민 다음 다시 의논하기로 하자."

시은이 그 말을 듣자 생각난 듯이 말했다.

"아버님, 마침 그곳 감옥의 절급 중에 강康씨 성을 가진 자가 하나 있는데, 저와는 옛날부터 친한 사이입니다. 그자와 의논하는 것이 어떨까요?"

"마침 잘된 일이다. 따지고 보면 무송은 우리 때문에 잡혀간 게 아니냐? 어서 빨리 손을 쓰도록 해라!"

관영이 그렇게 재촉했다. 그리하여 시은은 즉시 강 절급의 집으로 찾아가 무송의 일을 자세히 들려준 후 방책을 물었다. 그러자 강 절급은 시은에게 자초지종을 이야기해 주었다.

장 도감과 장 단련은 서로 성이 같기 때문에 일찍부터 의형제를 맺고 있었다. 그런데 지난번 쾌활림에서 쫓겨난 장문신이 이곳 맹주 땅을 떠나지 않고 장 단련의 집에 숨어 있으면서 관리들에게 뇌물을 바쳐 무송을 죽여 없애달라고 했다. 장 단련은 장 도감에게 그 일을 맡겼던 것이다.

그리하여 장 도감은 한 가지 계략을 짜냈으니 그것이 바로 무송을 불러들여 도둑으로 죄를 뒤집어씌우는 일이었다. 부중의 부윤에게까지 뇌물을 듬뿍 먹여 놓았으니 무송은 독방에 갇힌 채 그들의 처분만 기다리는 신세가 되었다. 그들은 무송을 우선 옥에 가둔 후 죄를 무겁게 해 소리 없이 없애 버리기로 했는데, 그 일을 맡은 사람이 섭葉씨 성을 가진 공목孔目이었다.

그는 원래 충직한데다 의를 무겁게 여기는 사람이라 그만한 일로 무송을 죽이려 들지 않았다. 장 도감이 은근히 당부하고 장문신으로 하여금 뇌물을 건네게 했으나 말을 듣지 않았다.

무송은 그 사람 덕분에 지금껏 목숨을 부지하고 있는 셈이었다.

시은은 강 절급에게 감사한 다음, 은자 백 냥을 강제로 떠맡기다시피 하고 영내로 돌아왔다. 그리고 섭 공목과 친하게 지내는 사람을 시켜서 은자 백 냥을 보내는 한편, 되도록 하루빨리 판결이 내려질 수 있도록 부탁했다.

섭 공목은 원래부터 무송이 의기로운 호걸임을 알고 있었다. 장 도감으로부터 뇌물을 받은 부윤이 무송에게 무거운 판결을 내리게 했으나 듣지 않고 판결을 늦추면서 무송을 살릴 궁리를 하고 있던 참이었다. 그러던 차에 시은으로부터 백 냥의 은자가 전해졌다. 섭 공목은 무송의 무죄를 믿고 있었으므로 즉시 조서를 고쳐 썼다. 그리하여 죄를 가볍게 하는 한편 빠른 시일 안에 판결이 내려질 수 있도록 문서를 꾸몄다.

다음 날 시은은 무송을 면회하여 밖의 사정을 말해 주었다. 그리고 옥리들에게도 일일이 은자를 듬뿍 뿌려 무송을 잘 보살펴 달라고 부탁했다. 그러는 사이 미결수를 가두어 둘 수 있는 기간인 육십 일이 다가오자 섭 공목은 무송을 감옥에서 끌어내어 즉시 판결을 내렸다.

죄인 무송은 죄수의 신분임에도 남의 재물을 훔쳤으므로 척장 스무 대를 쳐서 은주 땅 뇌성으로 유배시키고, 장물은 본래의 주인에게 되돌려 준다.

그리하여 무송은 두 공인과 함께 유배길에 올랐다. 그들이 맹주성을 떠나 오 리쯤 걸었을 때 시은이 주막에서 기다리다가 무송을 만났다. 시은이 작은 보따리 하나를 허리에 채워 주며 귀엣말을 했다.

"보따리 속에 은자와 삼베 신 두 켤레가 들어 있습니다. 형님, 아무래도 이놈들의 태도가 수상합니다. 누군가를 기다리는 것도 같고, 부디 긴장을 늦추지 마십시오!"

"아무 염려 말게. 나도 벌써부터 낌새를 눈치 채고 있었다네. 일은 내가 알아서 할 테니까 아우나 몸조심하게."

무송이 고개를 끄덕이며 말했다. 시은은 울먹이면서 무송에게 작별 인사를 올렸다.

그들이 이삼십 리쯤 걸어 '비운포飛雲浦'라는 강나루에 도착했을 때, 낯선 사내 두 사람이 뒤따르고 있었다. 그들은 허리에 큰 칼을 차고 있었고, 손에는 박도를 들고 있었다.

무송은 일부러 그들을 못 본 척하고 나무다리 위에 올라서자 걸음을 멈추면서 두 공인에게 말했다.

"잠깐 오줌 좀 누고 가게 해 주시오!"

무송이 조금 떨어진 곳으로 가 허리춤을 내리려 하자, 뒤따르던 두 수상한 사내가 박도를 뽑아 들고 날렵하게 무송의 뒤로 다가섰다. 그 순간, 무송은 휙 돌아서면서 왼쪽 발을 날려 한 놈을 걷어찼다. 그러자 그는 '악!' 소리와 함께 강물 속으로 떨어지고 말았다. 나머지 한 놈은 몸을 돌려서 피하다가 이번에는 무송의 오른쪽 발에 차여서 강물 속으로 떨어졌다.

사내 둘이 물속에 처박히자 두 공인은 깜짝 놀라서 허겁지겁

다리 아래로 달아났다.

"이놈들, 게 섰거라!"

무송이 그렇게 소리치며 힘을 주어 몸을 한 번 크게 뒤틀자 목에 걸었던 큰칼이 와지끈 부러져 나갔다. 뒤돌아본 공인 하나가 그걸 보고 그 자리에 그만 벌렁 나자빠져서 엉덩방아를 찧었다.

무송은 계속 달아나는 공인을 뒤쫓아가 뒤에서 주먹으로 머리통을 후려갈겼다. 그러자 그는 외마디소리도 지르지 못한 채 그 자리에 쭉 뻗어 버리고 말았다. 무송은 물가에 떨어져 있는 박도 하나를 주워 그것으로 뻗어 있는 공인의 숨통을 찔렀다. 그리고는 엉덩방아를 찧은 채 넋이 빠져 있는 또 한 공인에게로 다가서서 박도를 마구 휘둘렀다. 그리하여 두 공인은 숨 한 번 크게 쉬어 보지 못한 채 순식간에 죽임을 당하고 말았다.

무송이 바라보니 강물 속에 떨어졌던 두 놈이 엉금엉금 기어나와 달아나려 하고 있었다. 무송이 득달같이 달려가서 한 놈을 단칼에 찔러 죽였다. 그러고 나서 나머지 한 놈의 뒷덜미를 낚아채고 을러댔다.

"네 이놈, 누가 시켰느냐? 바른 대로 말해라! 그러면 목숨만은 살려 주겠다."

그러자 사내는 새파랗게 질린 채 털어놓았다.

"저희는 장문신의 제자입니다. 장사님을 뒤따라가다가 적당한 곳에서 두 공인을 도와 장사님을 죽이라는 명을 받았습니다."

"너희 스승 장문신이란 놈은 지금 어디에 있느냐?"

무송이 묻자 그 사내가 머뭇거림 없이 말했다.

"아마 지금쯤 장 도감님댁 뒤뜰의 원앙루에서 저희들을 기다리고 계실 겁니다. 저희가 떠나올 때 스승님은 그곳에서 장 단련, 장 도감과 함께 술을 마시고 계셨습니다."

사내가 그렇게 말하자 무송은 눈을 부릅뜨고 그 말을 받았다.

"오냐, 알겠다. 하지만 네놈 혼자서 살아 돌아가 봤자 반겨 줄 사람이 아무도 없을 것이다. 자, 그러니 네 목을 내놓고 가거라."

무송은 단칼에 그의 목을 베어 버렸다. 그러고는 한 놈씩 번쩍번쩍 치켜들어서 강물 속으로 던져 넣었다.

무송은 곧 박도 하나를 집어 들더니 발길을 돌려 맹주성을 향해 달리듯 걸음을 빨리했다. 그가 죽여야 할 세 사람이 함께 있는 자리에 한시라도 빨리 이르러야 한다는 생각에 걸음이 절로 빨라졌던 것이다.

무송이 맹주성 장 도감의 집 뒤뜰 밖 마구간에 숨어든 것은 황혼녘이 되어서였다.

잠시 후 마부 하나가 등불을 들고 오더니 마초를 한번 살펴보고 나서 잠자리에 들어가 벌렁 드러누웠다. 무송은 작정한 듯 몸을 서서히 일으키더니 마부를 단칼에 베어 마초더미에 숨긴 뒤 시은이 준 보따리에서 솜옷을 꺼내 입고 은자를 전대에 넣어 허리에 둘렀다.

무송이 장 도감의 뒤뜰 쪽 담을 넘은 곳은 부엌이었다. 그곳에는 계집종 둘이 술시중을 들기 위해 음식을 장만하고 있었으나 무송에게는 그들이 사람으로 보이지 않았다.

무송은 요도를 빼들고 부엌문을 왈칵 열어젖히고 뛰어들어가 단숨에 목을 베어 버렸다. 그러고는 발자국 소리를 죽여 가면서 살금살금 층계를 밟고 누각에 올라 엿들으니, 장 도감의 말소리가 들려왔다.

"비운포 다리에 이르는 대로 곧 일을 해치우라고 일러두었으니 지금쯤은 일을 끝내고 돌아오는 중일 걸세. 그들이 곧 돌아와서 소식을 전할 테니까 조금만 더 기다려 보세."

그러자 장문신도 입을 열어 거들었다.

"두 명을 더 딸려 보냈으니, 네 명이서 큰칼을 목에 건 한 놈쯤 해치우지 못하겠습니까? 제놈 목숨이 백 개라도 아마 살아나지는 못할 겁니다."

그들이 노닥거리는 소리를 듣자 무송은 가슴속에 불길이 삼천 길이나 치솟아 오르는 듯했다. 그는 칼을 쓱 뽑아 들고 그들이 술을 마시고 있는 원앙루의 이층 방을 향해 성큼성큼 걸어갔다.

제일 먼저 무송의 모습을 본 건 장문신이었다. 그는 무송이 걸어 들어오는 것을 보자 깜짝 놀라 입을 벌린 채 몸을 떨었다. 오장육부가 갑자기 뒤집히듯 아득한 가운데 입을 딱 벌린 채 의자에서 몸을 일으키려는 순간 무송이 달려들면서 그의 얼굴에 칼날을 후려쳐 의자까지 두 쪽으로 갈라 버렸다.

무송은 휙 돌아서면서 장 도감을 향해 칼날을 겨누었다. 장

도감은 넋이 빠진 채 달아나려 하였으나 그가 도망칠 곳은 아무 데도 없었다. 무송의 칼날이 장 도감의 귀밑에서부터 목까지 내리그으니 그도 외마디소리 한 번 내지 못하고 쓰러졌다.

그러나 장 단련만은 무관이라 두 사람과는 달랐다. 장 단련은 두 사람이 칼에 맞는 동안 이미 달아날 길이 없음을 알고 얼른 의자를 집어 들었다. 그는 의자를 휘두르면서 무송에게 달려들었다. 그러나 어찌 무송의 적수가 될 수 있겠는가! 무송이 휘둘러오는 의자를 덥석 받아 쥐고 발길질을 하자 장 단련은 의자를 떨어뜨리면서 엉덩방아를 찧고 말았다. 무송은 성큼성큼 다가가더니 칼로 장 단련의 가슴을 내리찍었다. 장 단련이 다시 기를 쓰고 일어났으나 무송은 왼발로 걷어차 쓰러뜨리고는 그의 목을 잘랐다.

무송은 그들이 입고 있던 옷자락을 북 잡아 뜯더니, 거기에다 피를 흠뻑 적셔 가지고 원앙루 벽면에다 글을 썼다.

호랑이를 때려잡은 무송이 이들을 죽였노라!

글을 다 쓰고 난 무송은 상 위에 술과 고기가 있는 걸 보고 술 네댓 잔을 거푸 마셨다. 그리고 아래층으로 내려가려고 하는데 문득 계단 쪽에서 두런두런 여자의 목소리가 들려왔다. 바로 장 도감의 부인과 자기를 도둑으로 몰았던 시종 두 놈이었다. 무송은 문 뒤에 숨어 있다가 그들이 들어선 순간 차례대로 두 놈을 한 칼에 베어 버리고 장 도감 부인의 얼굴을 칼로 찍었다.

여자가 외마디소리와 함께 나동그라졌다. 무송이 다시 칼로 여자의 목을 베었으나 어쩐 일인지 잘 베어지지 않았다. 무송이 칼을 달빛에 비춰 보니 칼날이 무디어져 있었다.

"이걸로는 목을 베기가 어렵겠구나."

무송은 그렇게 중얼거리며 칼을 버리고는 부엌 쪽으로 가서 거기 세워 두었던 칼을 들고 누각 위로 올라갔다.

그때 장 도감의 수양딸 옥란이가 등불을 들고 계집종 둘과 함께 누각 위로 올라왔다.

"에그머니! 이게…."

깜짝 놀라 어쩔 줄 모르고 있는 옥란의 가슴팍을 무송의 칼날이 파고들었다. 무송은 칼을 잡아 뺀 다음 또다시 그녀의 목줄기를 후려갈겼다. 그러자 그녀의 하얀 목이 뎅겅 잘려 나가면서 방바닥에 머리가 뒹굴었다. 그를 따르던 두 계집종도 무송의 칼날에 목이 달아났다. 이미 살기에 가득찬 무송은 다시 집 안으로 뛰어들어 계집 두셋을 끌어내 죽여 버린 후에야 칼을 거두었다.

"아, 이제야 가슴이 좀 후련해지는 것 같구나! 이젠 달아나야겠다."

무송은 성문이 열릴 때까지 기다렸다간 붙잡힐 테니 날이 새기 전에 벽을 넘어야겠다고 생각하며 성벽 위를 기어올랐다. 맹주성은 원래 작은 성이라 성벽이 그리 높지 않았다.

무송은 박도를 든 채 오솔길로 정처 없이 걷다 동이 틀 무렵 조그만 옛 사당 앞을 지나게 되었다. 한숨 자고 가기엔 안성맞

춤인 듯 싶어 사당 안으로 들어서 벌렁 드러누웠다.

술이 취한 채 금세 잠이 들어 인사불성인데, 무언가 자기 목을 옥죄어 떠메어 가고 있는 것 같았다. 무송이 멍한 채 끌려간 곳은 어느 주막의 부엌인 듯한데, 그곳 대들보엔 사람의 다리 두 개가 대롱대롱 매달려 있었다.

'하필이면 사람 백정에게 잡혀 개죽음을 당하게 되었구나! 이럴 줄 알았다면 맹주성에서 도망치지 않고 자수하는 편이 훨씬 나을 뻔했구나. 그랬다면 갖은 고초를 겪더라도 이름만은 떳떳이 남길 수 있었을 텐데….'

무송은 한탄해 마지않았다. 무송이 묶여 있는 곳에는 방 쪽으로 통하는 문이 하나 나 있었다. 무송이 바라보니 방 안에도 사람이 머물고 있는지 등잔불이 환하게 밝혀져 있었다.

방 안에서 두 사람이 어슬렁어슬렁 나오는데, 하나는 남자였고, 또 하나는 여자였다.

그들은 곧장 무송 쪽으로 다가왔다. 그런데 여자 쪽에서 무송을 보더니 놀란 얼굴로 소리를 내질렀다.

"아니, 저게 누군가?"

그러자 남자도 무송을 알아본 듯 깜짝 놀라며 소리쳤다.

"아니, 아우! 웬일인가? 어서 내 아우를 풀어 주어라!"

그들은 바로 저 십자파 외딴 주막의 채원자菜園子 장청과 모야차 손이랑 부부였다. 원래 장청은 십자파에 몇 군데 주막을 내고 있었다. 무송이 잡혀온 주막도 그중의 하나였다. 장청은 무송에게 얼른 새 옷을 내주어 갈아입도록 한 다음, 그를 데리고 방 안으로 들어갔다.

"아우는 어쩌다가 이 꼴이 되었나?"

"형님, 말씀드리자면 좀 깁니다. 저는 그때 형님과 작별한 후, 두 공인과 함께 맹주 뇌성으로 갔습니다."

그렇게 입을 연 무송은 그간의 일들을 모두 다 털어놓았다.

장청 부부는 무송으로 하여금 우선 편안히 쉬게 한 다음 술과 안주를 내와 대접하며 말했다.

"아우가 내 마음을 어찌 알겠는가만, 나는 아우가 떠난 이후 어쩐지 아우가 이곳으로 다시 돌아올 것 같은 생각이 들었다네. 가다가 일을 저지르고 돌아올 것 같은 생각에 저놈들에게 앞으로 칼을 쓰지 말고 갈고리만 써서 사람을 잡아오게 했네. 조금 전에도 저놈들이 떠드는 소리가 들리기에 혹시나 하고 나와 본 것일세. 그런데 정말 아우일 줄이야 누가 알았겠나!"

장청의 말이 끝나자 손이랑이 입을 열었다.

"도련님이 장문신을 때려눕혔다는 소식에, 그것도 술에 취해 그랬다니 사람들이 다 놀랐지요. 쾌활림에 드나드는 장사치들이 전하는 말을 들었는데, 그 후로는 소식을 듣지 못했어요."

무송은 장청과 술을 네댓 잔 마신 후 그날은 일찌감치 잠자리에 들어 곯아떨어졌다.

어느덧 무송이 장청의 주막집에 머문 지 네댓새가 지나고 있었다. 장청은 부하들을 맹주성 쪽으로 보내서 동정을 알아보게 했다. 얼마 후 맹주성을 살펴보고 온 부하 하나가 말했다.

"형님, 지금 맹주성 안팎은 마치 벌집을 쑤셔 놓은 것처럼 발칵 뒤집혀 있습니다. 포리들이 삼삼오오 짝을 지어 가지고 다니면서 오가는 사람들을 조사하는 한편, 범인을 잡는 자에겐 삼천 관의 상금을 준다는 방이 곳곳에 나붙기 시작했습니다."

이에 장청 부부와 무송은 생각한 끝에 일전에 이야기했던 노지심과 양지가 있는 이룡산 보주사에 숨어들기로 하였다.

"몇 년 전 한 떠돌이중을 잡아 죽여 만두소로 만들어 며칠 동안 장사를 잘했지요. 그 떠돌이중이 입고 있던 승복과 지녔던 물건들이 지금 이곳에 있어요. 허리끈, 도첩, 그리고 사람 머리뼈로 만든 염주가 있는데, 특히 그중에서도 상어가죽 칼집에 쇠로 만든 계도戒刀 두 자루는 일품이죠. 그 계도는 얼마나 많은 사람을 죽였던지 지금도 한밤중이면 울음소리를 내는데 지난번 도련님도 보신 적이 있지요? 도련님이 머리를 깎고 그 떠돌이중 노릇을 한다면 아마 귀신도 알아보지 못할 것입니다."

그리하여 무송은 중으로 꾸미고 이룡산 보주사를 향하여 길을 떠나게 되었다. 장청이 떠나는 무송에게 당부했다.

"부디 조심해서 가게. 술은 조금만 마시고 다른 사람과의 시비나 싸움을 절대로 하지 말게. 그리고 이룡산 보주사에 무사히 이르거든 안부나 전해 주게. 어쩌면 우리도 머지않아 이곳 십자파를 떠나서 그곳에 갈지도 모르겠네. 노지심과 양지, 두 두령께도 안부 전해 주게."

무송은 장청 내외와 작별한 다음 몇 날 며칠의 길을 재촉했다.

어느덧 세월은 흘러 11월에 접어들고 있었다. 날씨는 무척 쌀쌀했다. 무송은 날씨가 추운지라 따끈한 술 한 잔 생각이 간절했다. 한 곳에 이르니 멀리 주막이 보였다. 무송은 주막 안으로 들어서자마자 외쳤다.

"주인장, 여기 술 두 각하고 삶은 고기도 좀 썰어 오구려!"

"스님, 죄송해서 어쩝니까? 술은 싸구려 술밖에 없고, 고기는 이미 다 팔아서 한 점도 남아 있지 않답니다."

무송은 추운 데다 목이 말라 우선 술부터 청했다. 주인은 안쪽으로 들어가더니 술과 나물 한 접시를 가지고 나와서 무송에게 주었다. 무송은 술 두 각을 한꺼번에 들이켜고 나서, 두 각을 더 시켰다. 술이 들어가자 고기 생각이 간절했다. 무송이 주인에게 아무리 사정해도 술집 주인은 고기는 없고 술만 있다고 뻗대었다.

그때 스물네댓쯤 되어 보이는 젊은이들이 들어오자 주인은 그쪽을 향해 달려가더니 허리를 연신 굽히며 말했다.

"도련님, 어서 오십시오. 주문한 닭고기와 쇠고기를 삶아 놓고 청화옹주도 준비해 놓았습니다."

도련님이라 불린 사내는 무송의 바로 맞은편 윗자리에 앉고, 나머지 셋은 그 아랫자리에 앉았다.

주인은 안쪽으로 들어가더니 삶은 닭고기와 쇠고기를 쟁반에 잔뜩 받쳐 들고 나왔다. 그리고 그것을 탁자 위에 다 늘어놓고 나자 이번에는 청화옹주 한 병을 들고 나왔다. 그 술은 마개를 막고 나서 진흙을 발라 봉해 둔 것으로써 한눈에 보아도 아주 값비싼 술임을 알 수 있었다.

무송은 자기 앞에 놓인 초라한 나물 접시를 바라보자 심사가 뒤틀렸다. 무송이 주막집 주인을 불러 따지고 들자 주인 또한 젊은이들을 믿고 대들었다.

그러자 무송은 벌떡 일어서더니 다섯 손가락을 펴 주막집 주인의 얼굴을 힘껏 후려갈겼다. 주막집 주인은 얼굴에 코피가 터지면서 뒤로 벌렁 나동그라졌다. 이에 젊은이들도 '버릇없는 땡추중 놈'이라며 밖으로 나서 싸울 자세를 취했다.

이윽고 무송이 한 발을 쓱 앞으로 내딛더니 우두머리격인 사내의 손목을 낚아챘다. 사내는 무송의 힘을 거꾸로 이용해 엎어 메치려고 했으나 무송은 꿈쩍도 하지 않았다. 그러자 무송은 단번에 사내를 앞으로 확 끌어당겼다가 뒤로 밀쳐 버렸다. 사내는 어린아이처럼 힘없이 나동그라지면서 엉덩방아를 찧었다. 무송이 다시 달려들면서 오른쪽 발로 얼굴을 세게 차자 그는 얼굴을 감싼 채 앞으로 푹 고꾸라졌다. 사내는 처음부터 무송의 상대가 되지 못했던 것이다.

무송은 사내를 두 손으로 번쩍 치켜들더니 획 집어던져 버렸다. 사내는 멀리 날아가 시냇물 속에 풍덩 처박히고 말았다. 사내의 부하 세 놈은 감히 덤빌 엄두조차 내지 못하고 있다가 사내가 시냇물에 처박히는 것을 보고 뛰어들어가 사내를 부축하여 달아나버렸다.

무송은 다시 주막으로 들어갔다. 하지만 주막집 주인은 이미 겁을 집어먹고 어디론가 숨어 버린 뒤였다.

"흥, 쥐새끼 같은 놈들! 이제 다 쫓아 버렸으니 어디 이 어른이 슬슬 먹어 보기로 할까?"

무송은 그렇게 중얼거리며 청화옹주 한 병을 몽땅 마셔 버리고 나서 닭 두 마리와 쇠고기를 젓가락도 쓰지 않고 손으로 뜯어먹었다. 실컷 먹고 나자 기운이 펄펄 나는 게 비로소 살 것 같았다.

무송은 주막을 나와서 다시 길을 걷기 시작했다. 시냇물을 따라 걷고 있노라니 차가운 북풍이 몰아쳐서 얼굴을 들 수가 없었다. 무송은 잔뜩 취한 채 몸을 가누지 못하고 비틀거렸다.

얼마쯤 내려가다 보니 흙으로 된 담장이 길가에 죽 둘러쳐져 있는데 그만 발을 헛디뎌 개울물 속으로 풍덩 빠져 버리고 말았다.

무송은 비틀거리며 일어서다가 다시 물에 엎어지고 말았다. 그때 조금 전 주막집에서 쫓아버린 젊은 사내들을 포함하여 십여 명이 달려들어 개울물 속에서 허우적대는 무송을 꽁꽁 묶어 버렸다. 무송은 그들과 맞서 보려 했으나 워낙 술에 많이 취한데다 사내들이 개미떼처럼 달라붙는 바람에 어찌해 볼 수가 없었다. 그들은 마치 산돼지를 잡아가듯이 긴 장대에 무송의 몸을 비끄러매고는 앞뒤에서 여럿이 걸머지고 어디론가 데리고 갔다.

무송을 끌고 간 곳은 백호산 공 태공孔太公의 장원이었다. 그들은 아직도 술에 취해 눈만 끔벅대고 있는 무송을 커다란 버드나무 둥치에 묶어 놓고는 두 형제가 등나무 채찍을 들어 연신 그의 몸을 후려갈겼다.

이때 문득 집 안에서 한 사내가 나오며 물었다.

"잠깐 기다리게! 보아하니 이 사람도 호걸인 듯한데 내가 그를 한번 보아야겠네."

그때 무송은 그제야 술에서 좀 깨어났으나 짐짓 눈을 감고 그저 그들이 하는 대로 몸을 맡기고 있었다. 그 사람은 무송의 앞으로 다가가 자세히 얼굴을 들여다보더니 순간 불에 덴 듯 깜짝 놀랐다. 머리를 깎고 눈을 감았지만 분명 무송이었던 것이다.

"아니 아우, 이게 웬일인가?"

무송은 그 소리에 두 눈을 번쩍 떴다. 눈앞에 낯익은 얼굴이 있었다.

"아니, 형님!"

"여보게들, 어서 이 사람을 풀어 주게! 이 사람은 내 아우일세!"

누런 전포의 사내와 초록 전포의 사내는 동시에 두 눈이 휘둥그레지며 물었다.

"아니, 이 사람이 스승님의 아우란 말씀입니까?"

"그렇다네. 이 사람이 바로 내가 평소에 자네들에게 이야기한, 경양강에서 호랑이를 때려잡았다는 그 무송일세."

무송을 풀어 주라고 한 사내는 지난날 시진의 집에서 무송과 의형제를 맺은 송강이었다. 형제는 무송을 풀어 주고 나서 마른 옷을 입힌 뒤 곧바로 초당 안으로 안내했다. 무송이 엎드려 절을 하려고 하자 송강이 말렸다.

"아우는 아직 술이 깨지 않았으니 좀 앉았다가 이야기하세."

무송이 그제야 송강을 더욱 분명히 알아보니 몹시 기뻐 취기가 절반쯤 달아나는 듯했다. 무송은 더운 물에 낯을 씻고 술 깨는 음식을 먹고 나니 정신이 들었다. 그때서야 송강에게 절을 올린 후 말했다.

"형님께서는 아직 시 대관인 댁에 계신 것으로 알고 있었는데, 이런 곳에서 만나 뵙게 되다니요? 혹시 제가 꿈을 꾸고 있는 것은 아닌지요?"

송강이 그 말을 듣고 웃으며 입을 열었다.

"분명히 꿈은 아닐세. 나는 시 대관인 댁에서 아우와 헤어지고 나서, 반 년가량 더 그곳에 머물고 있었다네."

이렇게 운을 뗀 송강은 그간의 일들을 무송에게 자세히 말해 주었다.

시 대관인의 장원에 머물다 고향에 계신 아버지가 걱정되어 찾아갔다가 여기 백호산 공 태공이 사람을 보내 이곳에 머물며 그의 두 아들 공명孔明과 공량孔亮에게 무예 지도를 해 준 지 벌써 반년이 지났다는 것이었다.

무송 또한 시 대관인 댁에서 송강과 작별한 후 경양강 고개에서 맨손으로 호랑이를 때려잡은 일, 양곡현에서 도두가 되었던 일, 형수 반금련이 서문경과 간통을 하고 자기 형을 독살해 두 연놈을 죽여 버린 일을 모두 들려주었다. 이어 동평부로 넘겨져서 맹주 땅으로 유배 가던 도중 십자파에서 장청, 손이랑 부부를 만나 의형제를 맺었던 일, 맹주성에서 시은의 도움을 받고 그의 원수를 갚아 주었던 일, 도둑으로 몰려 죽을 뻔하였다가 장 도감 일족을 목 벤 일, 그리고 다시 도망치다 장청, 손이랑 부부에게 사로잡혔던 일들을 모두 자세히 들려주었다.

"십자파 주막에서 그들 부부의 도움을 받게 되었죠. 그래서 지금 이렇게 떠돌이중으로 꾸며 이룡산 보주사를 찾아가고 있는 중입니다. 그런데 그만 어쩌다가 성질을 이기지 못하여 주막에서 싸움을 하게 되었고, 결국 이 꼴이 되고 말았습니다."

무송의 말이 끝나자 공명, 공량 형제는 크게 놀란 듯 얼굴색이 변하더니, 그 자리에 넙죽 엎드려서 절을 했다.

"저희들이 눈이 있어도 태산을 알아뵙지 못했습니다. 부디 용서하십시오."

무송이 황망히 맞절을 하면서 말했다.

"나도 잘한 것은 하나도 없습니다. 내가 먼저 주먹질을 했으니…. 너무 언짢게 여기지 마시오."

그렇게 하여 서로 이야기를 나눈 후 송강은 무송을 데리고 공 태공에게로 가서 인사시켰다. 그러자 공 태공은 크게 기뻐하면서 술과 안주를 내어 무송을 대접했다.

잔치가 끝나자 송강은 가만히 무송에게 다가가 물었다.

"아우는 앞으로 어디에 가서 몸을 의탁할 예정인가?"

"이미 말씀드린 바 있습니다만 저는 지금 이룡산 보주사를 향해 가고 있는 중입니다. 그곳에 가서 산채에 들겠습니다."

이에 송강이 자신은 청풍채淸風寨의 소이광小李廣 화영花榮에게 갈 예정인데 같이 가기를 권했으나 무송은 고개를 저으며 사양했다. 송강은 더 이상 권하지 못하고 공 태공과 그의 두 아들이 섭섭하여 놓아 주질 않자 보름을 더 머물러 있다가 이룡산과 청풍채로 각각 나뉘어 작별했다.

양산박으로 떠나는
송강의 무리

무송과 헤어진 뒤 청풍산을 향해 사흘을 걸은 송강 앞에 사방팔면이 험준한 절벽으로 이루어진 청풍산이 나타났다. 송강은 산의 경치에 넋을 잃은 채 열심히 발걸음을 옮기던 중 그물에 걸려 산적의 산채에 끌려갔다. 거기에는 두목인 금모호 연순燕順과 부두목인 왜각호 왕영王英, 백면낭군 정천수鄭千壽가 오백여 명의 졸개를 거느리고 있었다.

송강은 그들 앞에 끌려가 두목의 안주거리로 간과 염통이 도려지는 순간 장탄식을 하였다.

"아, 억울하다! 천하의 송강이 여기에서 죽어야만 하다니!"

그러자 연순이 송강을 알아보고 황망히 엎드려 절하며 자신들과 함께 머물기를 청하였다.

송강은 매일같이 좋은 술과 음식을 대접받으며 며칠간을 더 그 산채에서 묵었다.

그러던 어느 날, 조상 산소에 성묘 가는 청풍채 문관지채 유고劉高의 아낙이 붙들려 왔다.

그 당시 청풍채에는 우두머리 격인 지채知寨가 둘이 있었는데, 문관지채가 유고이고, 무관지채가 소이광 화영이었다.

이때 송강은 화영과 같은 벼슬에 있는 동료의 부인이니 그녀를 구해 주지 않으면 뒷날 청풍채에 갔을 때 낯이 서지 않을 것 같아 두령들에게 사정하여 풀어 주게 하였다.

그리고 청풍산 산채에서 며칠간 더 머무른 다음, 세 두령과 하직하고 그곳을 떠나 청풍채로 향하였다.

송강이 청풍채에 이르러 보니 꽤나 번창한 곳이었다. 사오천의 인가가 있었으며, 조금 높은 곳에는 망루가 설치되어 있었다. 송강이 지나가는 사람에게 길을 물었다.

"지채의 영채가 어느 쪽에 있는지요?"

"저기 망루 있는 쪽으로 쭉 올라가시면 거리 한복판에 공청이 있습니다. 공청 건물의 남쪽에 있는 것이 문관지채의 영채이고, 북쪽에 있는 것이 무관지채의 영채입니다."

송강은 곧장 북쪽에 있는 무관지채의 영채로 찾아갔다. 영채 앞에는 군졸이 지키고 있다가 안으로 들어가 송강이 찾아왔음을 전했다.

군졸이 말을 전하자마자 군관 차림의 젊은 사내 하나가 허겁지겁 뛰어나와 송강을 맞았다.

"형님, 어서 오십시오!"

바로 이곳 청풍채의 무관지채인 소이광 화영이었다.

송강이 바라보니 그는 이전보다 더욱 훌쩍 큰 키에 탄탄해 뵈는 몸집이 마치 천리를 달리는 준마처럼 날래 보였다.

"형님과 헤어진 지도 벌써 오륙 년이나 되었군요. 저는 그동안 자나깨나 형님 생각만 하면서 지냈습니다. 형님께서 못된 계집 하나를 죽이고 관아에 쫓기고 있다는 소문을 듣고부터는 마치 바늘방석에 앉아 있는 듯했습니다. 그런데 오늘 형님께서 이렇게 직접 저를 찾아주셨으니 실로 평생에 잊지 못할 기쁨입니다."

송강은 그동안 자신이 겪어 온 일들을 자세히 들려주었다. 염파석을 죽이고 도망친 일, 시 대관인의 장원에 몸을 숨기고 있었던 일, 공 태공의 장원으로 옮겼던 일과 그곳에서 무송을 우연히 만났던 일, 그리고 청풍산에서 하마터면 죽을 뻔했던 일 등을 모두 낱낱이 들려주었다.

"그래서 지금 청풍산을 떠나 이렇게 아우를 찾아오게 된 걸세."

이야기를 다 듣고 난 화영은 그동안의 고초를 짐작하겠다는 듯 고개를 끄덕이더니 말했다.

"형님, 이제 아무 걱정하지 마시고 이곳에서 편안히 지내십시오. 이곳이라면 안심하실 수 있을 겁니다. 몇 년이건 저와 함께 지내시면서 앞날을 의논하시지요."

화영은 송강을 후당으로 청해 들여 아내와 가족으로 하여금 뵙고 절하게 했다. 그러고는 향수를 뿌린 물에 몸을 씻게 하고 새 신발과 새 옷을 내어놓은 후 곧 술상을 내왔다.

술잔이 몇 순배 돌고 나자, 송강은 문득 문관지채 유고 부인의 일이 생각나 그녀를 구해 주었던 일을 화영에게 이야기했다. 그러자 이야기를 다 듣고 난 화영은 뜻밖에 이맛살을 찌푸리며 말했다.

"형님, 차라리 그냥 내버려 두시는 편이 더 나을 걸 그랬습니다. 그깟 년을 뭣 하러 구해 주셨습니까?"

"알다가도 모를 일이군. 나는 청풍산의 왕영이 자신의 아낙으로 삼겠다고 간곡히 부탁하는 것도 뿌리치고 구해 주었는데, 아우는 어찌 그런 말을 하는가?"

송강이 알 수 없다는 얼굴로 묻자 화영이 그 까닭을 말했다.

"그럴 만한 까닭이 있습니다. 이 청풍채는 원래 청주에서 가장 요긴한 곳입니다. 제가 혼자서 이곳 청풍채를 지키고 있을 때는 감히 산적떼 따위가 얼씬거리지 못했습니다. 그런데 근자에 청풍채에 지채 한 명이 더 내려왔습니다. 유고란 자로서 문관으로 정正지채로 온 것이지요. 그는 문관이라지만 글도 신통치 않은 데다 이곳에 온 후로 백성들로부터 세금이나 긁어모으고 법도를 어지럽히며 온갖 못된 짓만 하고 다닐 뿐입니다. 저는 무관으로 부副지채이니 늘 그놈에게 더러운 꼴을 당하며 지냅니다. 그래서 꼬투리만 잡히면 그놈을 쳐죽이리라 생각하고 있는 중입니다. 그런데 형님께서는 어째서 그런 자의 여편네를 구해 주셨습니까? 그자의 여편네는 그 남편보다 한술 더 뜨는 계집입니다. 자기 남편을 충동질하여 갖은 못된 짓을 다 하도록 하는 한편, 착한 백성들의 재물 빼앗는 일에 앞장서 날뛰고 있지요. 그런 년은 욕을 당하고 천하게 살게 내버려 두었어야 하는데…."

그러자 송강이 듣기 좋은 말로 타이르며 동료로서 잘 지내라고 충고했다.

화영은 송강에게 술과 음식을 대접하면서 극진히 모셨다. 송강으로 하여금 거리의 번화가나 교외에 있는 극장과 도관, 절 등을 구경하게 하였다. 그때마다 사람을 번갈아가며 딸려 보내주고 시중들고 안내하게 하니, 송강은 조금도 불편함을 느끼지 않고 청풍채 거리를 마음껏 구경하며 하루하루를 편안히 지낼 수 있었다.

그러는 동안 송강이 청풍채에 온 지도 한 달이 넘고 어느덧 해가 바뀌어 정월 대보름을 맞이하였다.

정월 대보름은 원소절元宵節이라고 하여 연등을 내거는 등 여러 가지 민속행사가 펼쳐지는 날이다.

그날 밤, 송강은 화영의 영채에서 하인 두셋을 데리고 거리로 구경을 나섰다. 그런데 연등놀이를 흥겹게 구경하다가 그만 청풍산에서 자신이 살려 준 문관지채 유고의 부인에게 걸려들고 말았다.

송강은 꼼짝없이 문관지채 유고의 장원으로 끌려갔다. 군졸들이 송강을 끌고 와 댓돌 아래 꿇어앉히자 유 지채가 높은 자리에 앉아 소리쳤다.

"네 이놈, 청풍산 산적놈이 간도 크구나! 감히 여기가 어디라고 거리로 나와 연등놀이를 구경하고 돌아다니다니! 이제 꼼짝없이 붙들렸으니 할 말이 없겠지?"

송강은 그 소리에 움찔하여 급히 둘러댔으나 유고의 아낙이 나타나 없는 일까지 덧씌워 모함하였다.

"이제 거짓말을 해도 소용없다. 그날 네놈이 산채에서 나를 위협하지 않았느냐? 그리고 그곳에 두세 명의 우두머리가 더 있었는데, 그들은 모두 네놈에게 '형님'이라고 부르면서 굽실거렸다. 그러니 네놈이 그곳 산채의 두령이 아니고 무엇이냐? 내 말이 틀리느냐?"

송강이 하도 억울해 다시 입을 열었다.

"나는 그곳 산채의 우두머리들을 달래 부인을 살려 주라고 말했소. 그런데 그 은혜는 갚지 못할망정 나를 어찌 도적으로 모시오?"

그러자 유 지채가 버럭 소리치며 송강에게 물었다.

"네놈이 나그네로 그곳에 잡혀 있었다면 어찌하여 지금 산에서 내려와 한가롭게 연등놀이를 구경할 수가 있다는 말이냐?"

송강은 불문곡직하고 사정없이 곤장을 얻어맞고 살이 터져

흐무러졌다. 유 지채는 그런 송강을 쇠사슬로 단단히 묶어 옥에 가두게 했다. 그리고 청주부 지부地部에게 화영이 청풍산 산적과 연통하여 반역을 꾀한다고 알렸다.

청주부의 지부는 성이 모용慕容이요, 이름은 언달彦達이라는 자로, 휘종 황제의 애첩 모용 귀비貴妃의 친정 오라비였다. 그는 누이 덕택에 청주지부의 벼슬자리에 오른 후 백성들의 재물을 쥐어짜고 관리들 들볶기를 일삼았다.

모용언달은 유고가 보낸 글을 받아 보고 나서 깜짝 놀랐다.

"화영은 공신의 자손인데 어찌 이럴 수가 있단 말이냐? 만일 그자가 청풍산 산적떼와 내통한 것이 사실이라면 결코 가볍게 보아 넘길 일이 아니다! 우선 이게 사실인지 그것부터 알아봐야겠구나."

지부가 그렇게 중얼거리며 병마도감 황신黃信을 불러서 이 일을 알아보게 했다. 병마도감 황신은 무예가 뛰어난 데다 그 위엄이 청주 부근에 널리 알려져 있었다. 사람들은 그를 가리켜 진삼산鎭三山(세 개의 산을 진압함)이라고 불렀다.

청주에는 산적떼가 흉악하기로 소문난 세 개의 산이 있었는데, 바로 청풍산淸風山, 이룡산二龍山, 도화산桃花山이었다. 그런데 황신은 늘 큰소리를 치고 있었던 것이다.

"이 황신이 그 세 산의 산적놈들을 모조리 사로잡아 버리고 말겠다!"

그를 '진삼산'이라고 부르게 된 까닭도 바로 그 때문이었다.

지부의 명령을 받은 황신은 즉시 새 갑옷으로 갈아입고 날랜 군졸 오십여 명을 거느리고 청풍채로 달려갔다. 청풍채에 이른 황신은 즉시 공청의 남쪽에 있는 유고의 영채로 들어갔다.

유고는 청주부에서 관리가 내려오기를 기다리고 있던 터라 맨발로 달려 나와서 황신을 맞아들였다. 그는 황신을 뒤채로 안내하여 술과 음식을 대접하는 한편, 그가 이끌고 온 군졸들에게도 술과 고기를 내렸다. 그리고 무관지채인 화영을 끌어들여 송강과 함께 함거에 실어 청주부로 압송할 꾀를 썼다.

다음 날 아침, 유고는 대채의 마당 여기저기에 날랜 군사를 매복시키고 병마도감 황신이 화영을 데려오자 그를 묶어 송강의 함거 속에 함께 처넣어 버렸다. 그리하여 송강과 화영은 꼼짝없이 청주부로 끌려가게 되었다.

이 소식은 청풍산 두령들에게도 이미 알려졌다. 황신의 일행이 청풍채를 떠나 삼사십 리쯤 갔을 때, 문득 눈앞에 큰 숲이 나타났고 오백여 명의 도적들이 대오를 가지런히 하여 달려 나왔다. 그중 세 호걸이 동시에 황신에게 달려드니 황신은 십여 합도 싸우지 못하고 달아나기에 바빴다. 같이 동행했던 유고는 땅바닥에 굴러 떨어져 꽁꽁 묶이는 신세가 되었다.

이렇게 산채의 세 두령들은 호송되어 가던 수레를 뺏어 송강과 화영을 구하고, 산채 취의청에 모여 앉아 잔치를 벌였다. 그리고 화영의 부인과 여동생 구할 일을 의논하는데 은혜를 원수로 갚은 계집에 대한 미움이 새삼 끓어올라 송강이 물었다.

"그런데 유고란 놈은 어떻게 처치하는 게 좋겠나?"

"그놈은 지금 큰 나무기둥에 묶어 두었습니다. 당장 그놈의 배를 가르고 염통을 끄집어내서 형님께 술안주로 바치겠습니다."

연순이 그렇게 대답하자 화영이 간곡한 목소리로 청했다.

"제가 그놈을 벨 수 있도록 해 주십시오!"

연순은 졸개들에게 명령하여 유고를 끌어오게 하였다.

겉옷이 벗겨진 채 유고가 끌려나오자 송강이 엄한 목소리로 꾸짖었다.

"네 이놈, 유고야! 너와 나는 지난날 원수진 일이 없는데, 어찌하여 못된 네 계집의 말만 듣고서 나를 죽이려 하였느냐? 이제 네놈이 이렇게 사로잡히고도 어디 할 말이 있거든 해 보아라."

그러나 유고가 잘못을 빌 틈도 없었다. 화영이 눈에 불을 켜고 나섰다.

"형님, 이런 개돼지만도 못한 놈에게 무엇을 따지시겠습니까."

그러고는 한칼에 유고의 가슴을 도려내고 염통을 끄집어내서 송강에게 바쳤다. 그러자 졸개들이 유고의 시체를 한쪽 구석으로 끌고 가서 치워 버렸다.

송강은 그래도 분이 풀리지 않아 한탄했다.

"이제 이 짐승 같은 놈은 죽였지만 그 간교한 계집년을 잡아 죽이지 못했으니 아직 마음이 시원치 않구나!"

"형님, 아무 걱정 마십시오. 제가 내일 산을 내려가서 그 계집년을 사로잡아 올 테니까요. 하지만 형님, 이번엔 그 계집년을 꼭 제게 맡기셔야만 합니다."

왕영이 얼른 그렇게 말했다. 그러자 모두들 큰소리로 껄껄 웃었다. 그날 밤 그들은 마음껏 술을 마시고 나서 각기 잠자리에 들었다.

다음 날 아침, 잠에서 깨어나자마자 그들은 머리를 맞대고 앉아서 청풍채 칠 일을 의논했다.

연순이 먼저 입을 열었다.

"어제 우리 부하들이 고단했을 듯하니 오늘 하루는 좀 푹 쉬게 하는 것이 좋겠습니다. 내일 아침에 일찍 산을 내려가더라도 늦지 않을 것입니다."

송강도 지나치게 서둘 필요가 없다고 여겨 머리를 끄덕였다.

한편 졸개들과 수레를 버린 채 혼자서 말을 달려 청풍채로 달아난 황신은 도적들을 맞아 싸울 채비를 서둘렀다. 사방의 문을 굳게 닫아걸도록 하는 한편, 편지 한 통을 써서 급히 청주부의 모용 지부에게 구원군을 청했다.

화영이 조정을 거스르고 도적떼와 손을 잡았습니다. 도적떼가 다시 청풍채로 밀고 들어오기 전에 용맹스런 장수와 군사들을 보내 주시어 이곳을 지킬 수 있도록 해 주십시오.

편지를 받은 지부는 크게 놀랐다. 지부는 곧 진명秦明을 불러 들이게 했다.

청주의 모든 병마를 맡고 있는 진명은 본래 개주開州 땅 사람이었다. 그는 성미가 급한 데다 목소리가 마치 천둥소리와 같았으므로 사람들은 그를 가리켜 벽력화霹靂火라고 부르기도 했다. 진명은 대대로 내려오는 무관 가문 출신으로서 특히 낭아봉狼牙棒(가시 돋친 몽둥이)을 잘 썼을 뿐만 아니라 수만 명의 적을 혼자서 대적할 만한 용맹을 지니고 있었다.

진명은 모용 지부의 부름을 받자마자 즉시 부중으로 달려왔다. 진명이 지부에게 예를 갖추자 지부가 청풍채에 있는 도감 황신의 글을 건네주었다.

편지를 읽고 난 진명은 성이 나 얼굴이 붉어지며 다짐했다.

"어찌 하찮은 산적놈들 주제에 감히 이 따위 짓을 저지른단 말입니까? 제게 맡겨 주십시오! 제가 비록 재주는 없사오나 군졸들을 이끌고 나아가 놈들을 모두 사로잡아 돌아오겠습니다. 그렇지 못할 시에는 맹세코 다시 상공을 뵙지 않겠습니다!"

진명이 그렇게 벼락치듯 나서자 지부가 부추기듯 말했다.

"알겠소. 장군이 서두르지 않으면 그놈들이 청풍채를 먼저 떨쳐버릴지도 모르오."

"어찌 이런 일에 늑장을 부리겠습니까? 오늘 밤 군사를 일으켜 내일 아침 일찍 떠나겠습니다."

지부는 그 말을 듣고 술과 고기를 내어 진명을 대접했다. 진명은 화영이 조정을 배반했다는 말에 몹시 화가 났다. 술자리가 끝나자 곧 말을 몰아 지휘사指揮司로 달려 마군 백 명과 보군 사백 명을 뽑았다.

다음 날 아침, 진명은 군졸들을 이끌고 요란한 북소리와 더

붙어 청풍산 지나는 샛길을 택해 진격하기로 하였다. 그들이 청풍산에 다다르기 전에 이미 그 소식은 산채에 전해졌고, 산채의 세 두령과 송강은 화영의 계책에 따르기로 하였다.

그들은 산채의 졸개들로 하여금 채비를 갖추도록 하였다. 화영은 좋은 말 한 필을 고른 다음 갑옷 한 벌과 활, 화살, 쇠창 등을 갖추어 놓고 관군을 기다렸다.

진명이 군졸들을 이끌고 청풍산 산기슭에 이르자 넓은 빈터가 나타났다. 진명은 그곳에 진을 벌여 세우고 북을 울려 싸움을 돋우었다.

그러자 산 위에서도 징소리가 요란하게 울리더니, 한 떼의 인마가 바람처럼 달려 내려와 마주 진을 벌여 세웠다. 그들의 우두머리는 화영이었다.

진명은 화영을 보자 대뜸 큰소리로 꾸짖었다.

"네 이놈, 화영아! 네놈의 집안은 윗대로부터 무관 벼슬을 해왔다. 또한 네놈은 나라의 명을 받아 청풍의 지채가 되었던 놈이다! 그런데 어찌하여 산적놈들과 손을 잡고 조정을 등졌느냐? 이제 내가 몸소 네놈을 사로잡기 위해 여기에 왔다. 만일 네놈이 조금이라도 부끄러움을 아는 놈이라면 즉시 말에서 내려와 순순히 결박을 받아라."

화영이 껄껄 웃더니 입을 열었다.

"진 총관께서는 들으시오. 제가 어찌 조정을 거스를 수 있겠습니까? 실은 유고란 놈이 사사로운 원한을 가지고 저를 나라의 법으로 옭아매려 했던 것이오. 그 바람에 저는 집이 있어도 머무를 수가 없고, 나라가 있어도 몸을 의탁할 수 없는 처지가 되었소. 그리하여 잠시 이곳 청풍산에 몸을 숨기고 있을 뿐이니 진 총관께서는 저의 처지를 밝게 살펴 주시기 바랍니다."

"네놈이 듣기 좋은 말로써 나를 속이려 하나 어림도 없는 수작이다. 얼른 말에서 내려 결박을 받지 않고 또 어느 때를 기다리려 하느냐!"

그 소리와 함께 진명은 낭아봉을 휘두르며 화영에게 덤벼들었다. 이어 두 사람의 말이 뒤엉키고 화영의 창과 진명의 낭아봉이 불꽃을 뿜었다. 그러나 사오십 합이 지나도록 승부가 나지 않았다.

양쪽 진영에서는 북소리와 징소리가 동벌을 찌를 듯 울리고 '와아!' 하는 함성이 땅을 뒤흔들었다.

두 사람이 맞붙어 승부를 겨루고 있는 모습은 마치 두 마리의 사나운 범이 먹이를 노려 다투는 것 같았고, 또 어찌 보면 북해北海의 두 마리 푸른 용이 몸을 뒤틀며 승부를 겨루는 것 같기도 했다.

화영이 정신을 모아 범의 발톱처럼 날쌔게 창을 찔러 들어가니, 진명의 가슴에서 겨우 반 뼘을 빗나갔다. 또한 진명이 낭아봉으로 천 가지 솜씨를 보이다 내리치니 화영의 이마에서 터럭만큼 빗나갔다.

그들이 그렇게 육칠십 합을 싸우고 났을 때, 화영이 슬며시 몸을 빼더니 말머리를 돌려서 달아나기 시작했다. 그러자 진명이 그 뒤를 쫓으면서 외쳤다.

"비겁한 놈, 당장 그 자리에 서지 못하겠느냐!"

그 소리가 채 끝나기도 전에 멀찍이 달아나던 화영은 문득 말을 멈춰 세웠다. 그러고 나서 창을 말안장의 고리에 건 후, 왼손에 활을 꺼내 들고 오른손으로 전통箭筒(화살꽂이통)에서 화살 한 개를 뽑아 들었다.

화영이 활을 쏘려 하고 있음을 진명이 알아챈 순간, 이미 화살은 바람을 가르면서 날아왔다. 그리고 화살은 정확하게 진명의 투구 위에 달린 꽃술을 맞혀서 땅바닥에 떨어뜨렸다.

깜짝 놀란 진명은 감히 더 이상 뒤쫓지 못한 채 말머리를 돌려서 달아났다. 자기 진으로 돌아와 군사를 수습하며 바라보니 화영은 이미 산꼭대기를 향해 사라진 뒤였다. 그의 졸개들도 함성을 지르면서 그 뒤를 따르고 있었다.

진명이 군졸들을 호령하여 그들을 뒤쫓아 얼마쯤 올라갔을 때, 산꼭대기로부터 커다란 통나무와 바윗돌과 똥물들이 마구 범벅이 되어 쏟아져 내렸다.

앞서 가던 군졸 사오십 명이 삽시간에 바윗돌과 통나무에 깔려 죽었다. 군졸들은 기겁하여 뒤로 물러섰다. 그때 홀연 서쪽 기슭에서 징소리가 울려 퍼지더니, 숲속에서 붉은 기 한 쌍을 든 졸개들이 뛰어나왔다. 진명은 군사들을 이끌고 그쪽으로 쫓아가 보았으나 이미 인마가 자취를 감춘 뒤였다.

그렇게 밥 한 끼 못 먹고 하루 종일 동으로 서로 내달리다 보니 밤이 되었다. 문득 산 아래에 남겨 두고 온 군사가 걱정이 되어 산 밑으로 내려와 보니 그들은 이미 활과 쇠뇌에 맞아 나자

빠지거나 계곡물에 떼밀려 죽어 있었다.

진명은 그 광경을 보고 화가 날 대로 나 앞뒤 가리지 않고 말을 몰아 산꼭대기로 달려갔다. 그러나 그것도 뜻대로 되지 않았다. 말이 몇 발자국 옮기기도 전에 그는 '악!' 하는 외마디소리와 함께 말 아래로 굴러 떨어졌다. 산적들이 그의 말을 향해 십여 개의 화살을 쏘아댔던 것이다. 그는 꼼짝없이 쇠갈퀴에 걸려서 사로잡히는 신세가 되고 말았다.

이 모든 일은 화영이 세웠던 계책에서 비롯된 것이었다. 적을 속이는 한편 기습을 하고, 계곡의 상류를 튼튼하게 막아 두었다가 적절한 시기에 허물어 버리는 이른바 수공水攻까지 펼친 것이었다.

진명의 군사는 죽은 자가 태반이요, 사로잡힌 군사가 이백이었다. 산채에서는 거두어들인 말이 칠팔십이요, 살아서 도망간 군사는 하나도 없었다.

진명을 사로잡은 산적들은 그를 데리고 산채로 향했다. 이미 동쪽 하늘이 뿌옇게 밝아 오고 있었다. 다섯 명의 호걸들은 취의청에 앉아서 진명을 기다리고 있었다.

졸개들이 진명을 끌고 와서 댓돌 아래에 꿇어앉히자 화영이 황망히 자리에서 일어나 달려 내려갔다. 그는 손수 결박을 풀고 진명을 부축하여 취의청 위로 이끌었다. 그러고 나서 그 앞에 넙죽 엎드려 절을 올렸다.

그러자 어리둥절해진 것은 오히려 진명 쪽이었다. 그는 얼떨결에 맞절을 하면서 놀란 얼굴로 물었다.

"나는 이미 사로잡힌 몸이오. 찢어 죽인다 한들 할 말이 없는데 어찌하여 절까지 하시오?"

화영은 한술 더 떠서 이제 무릎까지 꿇었다.

"졸개들이 높으신 어른을 알아뵙지 못한 채 거칠게 대한 듯합니다. 바라건대 용서해 주십시오."

그러고 나서 그는 곧 새 옷을 가져오라고 하여 진명으로 하여금 깨끗이 갈아입도록 했다.

화영이 그렇게 깍듯이 예를 베풀어 받들자 진명도 마다할 수가 없어 옷을 갈아입고 물었다.

"저 위쪽에 앉아 계신 분들은 누구시오?"

화영이 대답했다.

"저분은 제가 형님으로 모시고 있는 송강 형님입니다. 그리고 이쪽에 계신 분은 이곳의 두령이시고, 또 이쪽 두 분은 부두령들입니다."

진명이 송강을 보고 고개를 갸웃거리며 물었다.

"아니, 저분이 바로 산동 땅의 급시우 송공명 님이란 말이오?"

이에 송강이 화영 대신 대답했다.

"그렇소, 제가 바로 그 사람이오."

그러자 진명이 놀란 얼굴로 그 앞에 넙죽 엎드려 절을 올렸다.

"높으신 이름은 익히 들어서 알고 있었습니다만, 이런 곳에서 만나 뵙게 될 줄이야 꿈엔들 알았겠습니까?"

송강도 일어나서 맞절을 했다.

그런데 진명이 송강의 움직임을 보니 다리를 절고 있었다. 다리를 심하게 다친 것 같았다.

"아니, 어쩌다가 다리를 그렇게 다치셨습니까?"

진명이 궁금한 얼굴로 물었다. 그러자 송강은 운성현을 떠나게 된 데서부터 시작하여 청풍채의 문관지채 유고에게 붙들려서 옥에 갇혀 매를 맞게 된 데에 이르기까지를 자세히 들려주었다.

그 말을 다 듣고 난 진명은 고개를 설레설레 젓더니, 면구스런 얼굴로 말했다.

"참으로 한쪽 말만 들었다가 크게 일을 그르칠 뻔하였습니다. 제가 청주부로 돌아가게 되면 모용 지부께 사실을 말씀드리겠습니다."

두령 연순이 진명에게 청했다.

"진 총관께서는 다만 며칠 동안만이라도 이곳에서 쉬었다가 내려가십시오!"

진명은 마음이 급했으나 어쨌거나 산채에 사로잡혀 와 어찌 두령의 말을 마다하겠는가.

"고마우신 말씀입니다. 이 은혜를 장차 어찌 다 갚겠습니까?"

연순은 졸개들에게 명하여 양과 말을 잡아 푸짐하게 잔칫상을 차리게 했다. 상이 차려지자 진명은 몇 잔을 마시고 나서 청했다.

"호걸님들께서 정녕 이 몸을 살려 주시려거든 제 투구와 갑옷, 그리고 낭아봉도 좀 돌려주십시오! 그리하여 청주부로 다시 돌아갈 수 있도록 해 주십시오!"

연순은 잠시 쓴웃음을 짓더니 깨우쳐 주듯 말했다.

"총관께서 잘못 생각하고 계신 것 같습니다. 생각해 보십시오. 이미 데리고 온 오백 명의 군졸들을 모두 다 잃으셨는데 빈손으로 혼자 돌아가셔서 어쩌자는 겁니까? 모용 지부가 총관을 그냥 둘 성싶으십니까? 아마도 즉시 어두운 감방에 처넣고 말 겁니다. 일이 그러하니 어떻습니까? 이곳이 거친 풀로 얽은 산채이기는 하나 여기에 머물러 계시는 것이 낫지 않겠습니까? 썩을 대로 썩어빠진 고관들 밑에서 굽실대면서 관리 노릇을 하는 것보다 차라리 낫지 않겠습니까?"

그 말을 듣자 진명이 자리에서 일어나 댓돌 아래로 내려서며 말했다.

"저는 살아서도 송나라 백성이요, 죽어서도 송나라의 귀신이 될 것입니다. 또한 조정으로부터 병마총관 통제사의 벼슬을 제수받은 몸입니다. 제가 여러분의 뜻을 따르리라고는 추호도 생각지 마십시오! 자, 그러니 어서 창이든 칼이든 가져와서 차라리 제 가슴을 찔러 주십시오!"

그러자 화영이 황망히 뛰어내려가 진명을 얼싸안고 말했다.

"형님의 깊은 뜻은 제가 누구보다도 잘 압니다. 하지만 형님께서는 어제 아침부터 지금까지 온통 정신과 힘을 다 쏟아부으셨습니다. 오죽이나 피곤하시겠습니까? 그러니 잠시 올라가셔서 한잔 하시고 쉬셨다가 내일 떠나도록 하십시오! 말도 무얼 좀 먹고 쉬어야만 움직일 수 있을 것이 아니겠습니까?"

진명은 순순히 취의청으로 올라갔다. 그러자 다섯 호걸들이 차례로 술잔을 들어 그에게 권했다. 한 잔 받아 마시면 다시 한 잔 권하는 것이 술자리의 도리 아닌가! 권커니 잣거니 하다 보니 진명은 어느새 흠뻑 취해 버리고 말았다. 혼자서 다섯 호걸들을 상대하다 보니 자연히 그렇게 될 수밖에 없었다.

그가 흠뻑 취한 것을 알자, 다섯 호걸들은 그를 부축해서 방으로 데려다가 잠을 재웠다.

진명이 술에 취해 잠에 곯아떨어지자 그들은 일이 매우 잘되어 가고 있다는 듯 서로 눈짓을 주고받았다.

하룻밤을 산채에서 묵은 진명은 자신의 투구와 갑옷, 그리고 낭아봉을 돌려받고 다섯 호걸들의 전송을 받으며 청주부로 향하였다.

청주부에 이르러 보니 지난밤에 무슨 일이 있었는지 성 주위의 집들이 잿더미로 변해 있고, 군졸들의 시체와 새카맣게 그슬린 백성들의 시체가 여기저기에 널려 있었다.

성문 앞에 이르러 진명이 소리쳤다.

"성문을 열어라!"

그런데 이게 웬일인가. 성벽 위에 모용 지부의 험상궂게 일그러진 얼굴이 나타나더니 진명을 향해 소리 높여 꾸짖었다.

"네 이놈, 반역죄를 저지르고도 어찌하여 부끄러움을 모르느냐!"

진명이 들으니 기가 막히는 소리가 아닐 수 없었다.

사연은 이랬다. 어젯밤 산채에서 진명이 술에 취해 잠자고 있는 동안 산채의 두령들이 진명의 갑옷과 투구를 갖추고 낭아봉을 휘두르면서 성을 들이쳤던 것이었다. 하여 새벽에 모용 지부가 역적의 무리라며 진명의 처자식들을 처형하여 성벽 위에 매달아 놓았던 것이다.

그걸 본 진명은 커다란 바윗덩이에 짓눌린 듯 숨이 턱 막혔다. 하룻밤 사이에 반역의 무리가 된 것이다.

진명은 할 수 없이 말머리를 되돌려 청풍산으로 돌아와 소리쳤다.

"어떤 천하의 몹쓸 놈이냐? 지난밤에 나를 가장하여 청주성을 치고 백성들을 죽였을 뿐만 아니라 내 가족까지 죽게 한 자가 누구인가?"

그러자 송강이 부드러운 목소리로 말을 꺼냈다.

"총관께서는 잠시 저희 이야기를 들어주십시오. 저희들은 어제 총관을 산채에 함께 모시고 싶었습니다. 그런데 총관께서 기어이 마다하시기에 이 송강이 한 가지 일을 꾸몄습니다. 총관께서 술에 취해 계신 동안 총관과 생김이 비슷한 졸개 한 명을 뽑아서 총관의 투구와 갑옷을 입히고, 낭아봉까지 손에 들게 했지요. 그렇게 해놓고 보니 영락없는 총관의 모습이었습니다. 그로 하여금 붉은 두건을 쓴 산채의 졸개들을 거느리고 가서 청주성을 치게 했던 것입니다. 그러는 한편 두령 연순과 부두령 왕영으로 하여금 오십여 명의 졸개를 이끌고 뒤따라가서 돕도

록 했습니다. 그들은 짐짓 총관이 시킨 것처럼 총관 댁으로 가
가족들을 데려오려 했습니다. 총관께서 돌아가실 길을 아예 끊
어 버리려고 말입니다. 그러나 일이 틀어져 뜻밖에도 총관의 가
족들을 죽게 한 꼴이 되고 말았습니다. 저희들의 죄를 나무라
주십시오!"

진명도 어렴풋이 눈치 채지 못한 것은 아니었으나 그 말을 듣
자 화가 머리끝까지 치솟았다. 그는 그 자리에서 송강을 때려죽
이고 싶었으나 지금으로서는 그마저도 마음대로 할 수 있는 처
지가 되지 못했다.

다섯 호걸과 싸워 이길 수도 없는 데다 그들에게 사로잡힌
몸이었으니 어쨌든 죽이지 않고 살려 준 은혜가 있었다. 그렇게
생각하니 진명은 산채에 들어 그들을 만나게 된 것도 어쩌면 인
연일지 모른다는 생각이 들었다.

그리하여 진명은 가슴속에서 치밀어 오르는 분노를 애써 억
누르며 한이 서린 한마디를 내뱉었다.

"여러분들이 저를 산채에 머물게 하기 위해서 그런 일을 벌이
셨다지만, 참으로 그 계교가 모집니다. 그 바람에 저는 아내와
자식들을 모두 잃고 말았습니다."

송강이 면구스런 얼굴로 그 말을 받았다.

"그렇게라도 하여 총관의 마음을 돌리려 하다 보니 그만···.
제가 알기로 아우 화영에게 현숙한 매씨가 한 분 있는데 제가
중매를 설 테니, 그 사람을 배필로 맞으시는 것이 어떻겠습니
까?"

진명이 송강의 말을 얼른 받아들일 리가 없었다. 그러나 연순 등 여러 사람이 간곡히 권하며 좋은 말로 위로하는 걸 보자 그들이 모두 자신을 호걸로 존중하고 있음을 알게 되었다.

　진명이 아무 말 없이 그들의 말을 듣고 있자 여럿이 진명을 청해 가운뎃자리에 앉혔다. 이어 풍악이 울리는 가운데 술을 마시며 청풍채 치는 일을 의논했다.

　한동안 여럿의 이야기를 듣고 있던 진명이 의견을 냈다.

　"그건 별로 어렵지 않은 일이니 제게 맡겨 주십시오. 황신은 원래 제 밑에 있던 사람이며, 제가 무예를 가르친 제자이기도 합니다. 또한 저와는 교분이 두텁습니다. 그러니 내일 제가 청풍채로 달려가 그를 달래 데려오는 한편, 화 지채의 가솔들도 모셔오지요. 그런 다음 유고의 계집을 잡아와 송강 형님의 분을 풀게 해드리고 제가 산채에 들게 된 예물로 삼고자 합니다. 여러 형제들의 뜻은 어떠하십니까?"

　그 말을 듣자 송강은 몹시 기뻐했다.

　그날은 모두 술을 취하도록 마신 다음, 밤이 이슥해지자 각자 자기 거처로 돌아가서 쉬었다.

　다음 날 아침, 진명은 일찍 일어나 아침밥을 먹고 나서 무장을 갖추었다. 진명은 말 위에 오르자 낭아봉을 치켜들고 말을 달려서 나는 듯이 청풍채로 달려갔다.

　그 무렵 청풍채의 황신은 사방의 문을 걸어 잠근 채 청주부로부터 구원병이 오기만을 목놓아 기다리고 있었다. 그런데 구원병은 오지 않고 뜻밖에도 진 총관 홀로 찾아온 것이다.

황신이 대청 안으로 진명을 청해 들여 예를 올린 후 물었다.

"아니, 총관께선 어쩐 일로 이렇게 혼자 오셨습니까?"

진명은 청풍산을 치러 갔다가 군사를 모두 잃고 사로잡힌 것부터 시작하여 마침내 산채에 가담하기까지의 경위를 숨김없이 모두 털어놓은 후 황신에게 권했다.

"산동의 급시우 송공명은 재물을 아끼지 않으며 의리를 무겁게 여기고 천하의 호걸들과 널리 사귀는 분이니 누가 그분을 공경하지 않겠나? 세상 사람들이 모두 만나고 싶어 하는 그분이 지금 청풍산 산채에 머물고 계시다네. 그래서 나도 그곳에 들기로 작정했네. 자네는 가족이 없으니 나보다 더 홀가분한 몸이 아닌가? 부디 자네도 나처럼 산채에 함께 가 그 아니꼬운 문관 놈들로부터 업신여김을 당하지 않도록 하세."

그 말을 들은 황신은 머뭇거리는 기색 없이 쾌히 응낙했다.

그때 군졸 한 명이 헐레벌떡 뛰어오더니 알렸다.

"지금 수많은 인마가 이곳을 향해 쳐들어오고 있습니다! 북을 치고 징을 울리면서 달려오고 있습니다."

진명과 황신은 즉시 달려가 바라보았다. 과연 멀리서부터 요란한 말발굽 소리와 더불어 두 무리의 인마가 밀려오고 있었다. 진명이 자세히 살펴보니 한 무리의 앞에는 송강과 화영이 있었고, 또 한 무리의 앞에는 연순과 왕영이 있었다.

황신이 송강을 알아보고 군사들에게 명했다.

"여봐라! 저분들은 적군이 아니다! 어서 적교를 내리고 성문을 활짝 열어젖혀라!"

송강은 성에 들어서자마자 졸개들에게 엄명을 내렸다.

"단 한 명의 양민과 군사도 해쳐서는 안 된다!"

그러나 단 한 곳, 진 남쪽에 있는 문관지채 유고의 영채만
은 예외였다. 그곳에는 청풍산의 산적들이 창칼을 들고 밀려들
었다. 왕영이 앞장서 달려가 유고의 가솔이나 집 안에 있는 모
든 사람들을 가리지 않고 죽여 없앴다. 왕영은 유고의 부인을
끌어내서 한쪽 팔로 자신의 허리에 끼고 다녔다.

청풍산의 졸개들은 유고의 집안사람들을 죽이고 나자 집 안
에 있던 재물을 털었다. 금은을 털고 보니 한 수레에 그득했다.

한편 화영은 성 안에 들자마자 자신의 영채로 달려갔다. 다행
히도 그의 아내와 누이동생은 별일 없이 무사했다. 화영은 아내
와 아이들과 누이를 구해 내고 집 안의 재물을 수레에 실어 청
풍채를 떠났다.

송강은 화영의 가솔들에게 거처할 곳을 마련해 주고 유고의
집에서 털어 온 재물을 졸개들에게 골고루 나누어 주었다.

한편 왕영은 유고의 계집을 자기가 차지할 욕심으로 허리에
끼고 다니다가 자신의 방에 가둬 두었다. 산채에서의 뒷수습이
끝나자 연순이 문득 생각난 듯 물었다.

"유고의 계집은 지금 어디에 있나?"

"형님, 이번엔 제발 제게 맡겨 주십시오! 제가 데리고 살겠습
니다!"

왕영이 나서서 그렇게 말하자 연순이 안심시켰다.

"내가 긴히 할 말이 있으니 그 계집을 이리 좀 데려오게. 그러고 나서 돌려줄 테니 말일세."

"나도 그 계집에게 꼭 물어볼 말이 있네."

송강도 청했다. 그러자 왕영은 하는 수 없이 계집을 취의청 앞으로 데리고 나왔다.

왕영의 손에 이끌려 나온 계집은 목놓아 울며 빌었다.

"제발 목숨만은 살려 주십시오!"

송강이 계집을 매서운 눈길로 쏘아보며 물었다.

"네 이년, 내가 애써 너를 살려 줬건만, 네년은 오히려 나를 죽이려고 했다. 세상에 은혜를 원수로 갚는 일도 다 있다더냐? 자, 이제 다시 이렇게 잡혀왔으니 그래도 할 말이 있거든 해 보아라."

그러자 연순이 벌떡 자리에서 일어서며 소리쳤다.

"이런 잡년에게 말은 시켜서 뭣 하겠습니까?"

연순은 말을 마치기가 무섭게 허리에서 칼을 빼어 들고 계집을 향해 냅다 후려쳤다. 그러자 계집은 비명 한 번 지르지 못한 채 두 동강이 나서 땅바닥에 나뒹굴었다.

왕영이 그걸 보자 화가 머리끝까지 치민 듯 박도를 뽑아 들고 연순에게 덤벼들었다.

"형님이고 나발이고 이번엔 용서하지 않겠소! 저 계집을 내게 달라고 그렇게 통사정을 했건만!"

그러자 송강과 나머지 호걸들이 나서며 뜯어말렸다. 왕영의 분이 조금 가라앉자 송강이 달랬다.

"그 계집은 죽어 마땅한 년일세. 은혜를 원수로 갚는 년이니, 그런 계집을 어진 아우가 데리고 산다면 앞으로 어떤 화를 당하게 될지 알 수 없는 일 아닌가? 뒷날 내가 반드시 좋은 짝을 찾아서 맺어 주겠으니 그리 알고 참게나."

연순도 좋은 말로 한마디 덧붙였다.

"저런 년을 살려 두었다간 뒷날 반드시 우리가 해를 입을 걸세. 그러니 아우는 그 따위 계집 일은 일찌감치 잊어버리게."

다른 호걸들도 모두 송강과 연순의 말을 거들고 나섰다.

왕영은 여러 호걸들이 그렇게 나오니, 속은 끓었지만 입을 꾹 다문 채 참을 수밖에 없었다.

그들은 졸개들을 시켜서 계집의 시체를 치우게 한 다음, 말과 양을 잡아 황신이 새로 산채에 든 것과 송강의 원수 갚은 일을 축하하는 잔치를 벌였다.

그리고 다음 날, 진명과 화영 누이의 혼례식이 치러졌다. 혼례식이 끝난 후 그들은 네댓새 동안 밤낮으로 축하 잔치를 벌였다.

네댓새나 이어졌던 잔치가 끝난 어느 날, 산 아래에 머물며 바깥소식을 살피던 졸개가 산채로 돌아와서 머지않아 중서성中書省의 대군이 밀려들 것이라는 소문을 알렸다.

송강은 두령들을 앉혀 놓고 차라리 이참에 양산박으로 산채를 옮기는 것이 어떻겠는가 의견을 물었다. 모두가 찬성하기에 짐을 정돈하고 보니 수레가 서른 대에다 따르는 자들이 무려 사백 명이나 되었다.

송강은 일행을 세 부대로 나누어서 각기 양산박을 치러 가는 관군처럼 꾸몄다. 길을 떠난 지 대엿새에 이르러 청주 땅에서 멀리 벗어나 대영산對影山 어귀를 지나는데 산기슭에서 백여 명의 졸개들을 거느리고 두 젊은 장수가 서로 싸우고 있었다. 그들은 서로가 맞수로서 하루 종일을 싸워도 승부가 날 것 같지 않았다. 그러다 두 장수의 창끝에 장식으로 매달린 실매듭이 그만 엉켜 두 사람이 창을 떼어 내려고 안간힘을 썼으나 아무 소용도 없었다.

그걸 본 화영이 화살 한 개를 빼어 들고 활시위에 매겨 화살을 날렸다. 화살은 보기 좋게 그 뒤엉킨 매듭을 딱 맞혀 끊어 버렸다. 두 장수는 비로소 자기 창을 거두어들이며 각자 뒤로 물러설 수 있었다.

그 광경을 본 양쪽 진영의 졸개들이 모두 놀라며 감탄의 함성을 질렀다. 창술을 겨루던 두 젊은 장수도 즉시 싸움을 멈추고 화영과 송강이 있는 쪽으로 달려왔다. 그들은 말 위에서 예를 올린 후 물었다.

"과연 신궁神弓이십니다! 높으신 존함을 듣고 싶습니다."

화영도 말을 탄 채 부드러운 목소리로 대답했다.

"여기에 계신 이분은 나와 의형제를 맺은 송강 형님이신데, 운성현에서 압사를 지낸 분이오. 그리고 나는 청풍채에서 지채를 지냈던 소이광 화영이란 사람이오."

그 말을 듣자 두 젊은 장수는 황망히 말에서 뛰어내리더니 넙죽 엎드려 절을 했다.

"실로 태산과도 같은 두 분의 존함을 들어왔으나 오늘에야 뵙게 되었습니다."

그들이 깍듯이 절을 올리자 송강과 화영도 말에서 내려 두 사람을 붙들어 일으키며 이름과 사연을 물었다.

한 사람은 담주 땅의 여방呂方인데, 산동 지방에 생약재를 팔러 갔다가 밑천을 몽땅 날리고 고향에 돌아갈 수 없어 이곳 대영산에 들어와 산적이 되었다고 하였다.

그리고 다른 장수는 서천 가릉 사람으로 곽성郭盛인데, 수은을 팔러 나섰다가 황하에서 풍랑을 만나 다 털어먹고 이곳 대영산에 창을 잘 쓰는 장수가 산적 노릇을 한다기에 승패를 가려 산적 두령이나 되어 볼까 하여 열흘째 계속 겨루고 있다 하였다.

송강은 두 젊은 장수의 말을 다 듣고 나서 껄껄 웃으면서 두 사람을 화해시키고 양산박에 들 것을 권하니 그들 또한 흔쾌히 따라나섰다. 그리하여 양산박으로 가게 된 사람들은 두 장수가 거느린 인마까지 합쳐 오백에 이르렀다.

한꺼번에 많은 인마를 거느리고 양산박으로 간다면 문제가 발생할지 모른다는 생각에 송강은 연순과 함께 졸개 십여 명만 거느리고 양산박으로 먼저 떠났다.

그들이 이틀쯤 길을 갔을 때 주막이 하나 나타났다. 술 한 잔 할 요량으로 주막에 들어갔는데 그곳에서 마침 송가촌 송청의 심부름을 온 석용石勇을 만나게 되었다.

석용이 건네준 송청의 편지에는 청천벽력 같은 내용이 담겨 있었다.

형님, 아버님께서 금년 정초부터 편찮으시더니 결국 세상을 떠나셨습니다. 이 편지를 받으시는 대로 집으로 돌아오십시오. 저는 관을 준비해 놓고 형님께서 돌아오시면 아버님의 장례를 모시고자 이렇게 눈물로써 기다리고 있는 중입니다. 부디 빨리 돌아와 주십시오. 이 아우는 목 놓아 울면서 형님을 기다립니다.

송강은 털썩 자리에 주저앉아서 탁자에 얼굴을 파묻고 두 주먹으로 가슴을 치며 '아버님 임종도 보지 못한 불효막심한 놈'이라 자책하며 울부짖다가 까무러쳤다.

연순과 석용이 놀라 그런 송강을 돌보자 반 식경이 지나서야 정신을 차렸다. 정신을 차린 송강은 또다시 통곡을 터뜨렸다. 그 자리에 있던 사람들은 모두 송강의 지극한 효성에 감동해 마지않았다.

송강은 연순에게 양산박으로 보내는 편지 한 통을 써 주었다. 그리고 석용이 지니고 있던 신 한 켤레를 얻어 신고 은자 몇 냥을 지닌 채 송가촌으로 향했다.

그로부터 며칠 후, 연순 일행의 산채 식구 오백여 명은 송강의 편지 한 통으로 무사히 양산박에 도착하여 양산박의 두령들로부터 환영을 받았다. 양산박은 새로 들어온 아홉 호걸을 포함하여 호걸이 스물한 명이 되었다.

그들은 모든 수책과 배를 새로 손보고 졸개들을 훈련시키는 한편, 병장기를 새로 갖추어 관군이 밀고 들어올 것에 대비하였다.

신행태보 대종과
흑선풍 이규

　그 무렵, 송강은 밤낮없이 길을 걸어서 송가촌 어귀의 장 노인 주막에 들어 잠시 쉬며 마음을 가다듬기로 했다. 장 노인이 먼저 송강을 알아보고 그동안의 소식을 전해 주었다.

　지난날 사건에 대해서 대사령이 내려졌다는 것과 그 일로 송태공께서 송강이 하루빨리 돌아올 것을 학수고대한다는 내용이었다.

송강은 장 노인의 말을 듣자니 문득 의심이 들어 집으로 달려갔다. 집 대문 앞에 이르러 바라보니 변한 데 없이 옛 모습 그대로였다. 그때 일꾼이 달려 나와 허리를 굽혔다.

"이제 돌아오십니까? 태공께서 얼마나 기다리셨는지 모릅니다. 태공께서는 조금 전 동촌에 사시는 왕 태공과 장 사장 주점에서 함께 술을 드시고 조금 전에 돌아오셔서 초당에서 주무시고 계십니다. 어서 안으로 들어가시지요."

송강은 그 말을 듣고 허겁지겁 초당으로 달려 들어갔다. 마침 아우 송청이 초당 앞에 서 있었다. 그는 상복喪服을 입고 있지 않았다.

송강은 그 모습을 보자 화가 울컥 치밀어 소리쳐 꾸짖었다.

"네 이놈, 돌아가시지도 않은 아버님을 어찌 돌아가셨다고 거짓 편지를 썼느냐? 내가 얼마나 놀랐는지 알기나 하느냐?"

송강이 그렇게 아우를 꾸짖고 있는데 초당 안에서 송 태공의 목소리가 들려왔다.

"애야, 너무 화내지 말거라! 네 동생은 아무 죄도 없다. 모두 내가 시킨 일이다."

아버지의 모습을 보자 송강은 기쁜 얼굴로 그 자리에 넙죽 엎드려 절을 올렸다.

"아버님, 용서하십시오! 저는 아버님께서 돌아가신 줄로만 알고 있었습니다!"

"오냐, 잘 왔다. 네가 보고 싶어서 그동안 견딜 수가 없었다. 그래서 네 아우에게 그런 편지를 쓰도록 시켰던 것이다."

"아버님께서 돌아가셨다는 아우의 편지를 받자마자 그만 그 자리에서 혼절해 버렸습니다."

"그래, 미안하구나. 하지만 이 애비의 심정도 조금은 헤아려 주었으면 한다. 소문을 듣자 하니 네가 가 있는 그 백호산白虎山 일대에는 산적떼가 우글거린다더구나. 네가 만의 하나라도 그들과 한패가 되어 작게는 이 애비를 거스르고 크게는 나라를 거스르는 사람이 될까 봐 걱정이 되었다. 그래서 급히 편지를 보내서 너를 집으로 돌아오게 할 작정이었는데 마침 그때 석용이란 젊은이가 찾아왔다. 그래서 네 아우를 시켜서 그에게 편지를 전해 달라고 부탁하게 된 것이다. 또 내가 죽었다고 편지에 쓰게 한 것은 그래야만 네가 빨리 돌아올 것으로 믿었기 때문이었다. 하나에서 열까지 모두 이 애비가 시킨 일이니 네 아우를 너무 탓하지 말거라."

그날 송가촌 송 태공의 장원에는 세 부자가 둘러앉아 오랜만에 웃음꽃이 피고 있었다. 그로부터 한 시각쯤 지날 무렵 갑자기 장원의 앞뒷문에서 떠들썩한 소리가 들려왔다. 동구 밖 장노인 주막에서 잠시 쉬고 있는 송강을 본 자가 관청에 고발하여 관청에서 송강을 소환하기 위해 들이닥친 것이었다.

송강은 자청하여 끌려갔다. 지현 시문빈은 송강이 온 것을 보자 기뻐하며 송강에게 스스로 지은 죄를 쓰게 하고 옥에 가두었다가 제주부로 호송하여 판결을 받도록 했다.

송강이 제주부로 호송되자, 지부는 죄인에 관한 문서들을 훑어보았다. 그런데 이미 대사령에 의해 죄가 감해진 사건이라 지부는 곧 판결을 내렸다.

　판결 내용은 이러했다.

　살인자 송강은 대사령에 의해 죄가 감해졌으니, 곤장 스무 대를
치고 얼굴에 낙인을 찍어서 강주 뇌성으로 귀양을 보낸다.

　그런데 제주부의 관리들 중에도 송강을 잘 아는 사람들이 있
었고, 또 송 태공이 그곳에까지 뇌물을 써 두었기 때문에 대충
눈가림식으로 곤장 스무 대를 맞으니 송강은 몸에 아무런 상처
도 입지 않고 귀양을 갈 수 있었다.

　제주부에서 강주 땅까지 송강을 이끌고 가게 된 공인은 장천
張千과 이만李萬이란 자였다. 그들이 송강에게 큰칼을 씌워서 관
문 밖으로 데리고 나오자, 송 태공과 송청이 기다리고 있다가
얼른 그들을 데리고 근처의 주막으로 들어갔다.

　송 태공은 두 공인에게 술을 사 주고, 은자를 손에 쥐어 준
다음, 송강에게 옷을 갈아입게 한 후 당부했다.

　"네가 강주 땅으로 가는 길은 양산박 근처를 지나게 되어
있다. 그곳 양산박의 산적떼들은 너와 친한 사이이니, 그들이 너
를 빼앗아 가지 않을까 그것이 걱정이로구나. 그들이 너를 데리
고 가려 해도 결코 응해서는 안 된다. 결코 이 애비를 거스르고
나라를 거스르는 사람이 되어서는 안 된다. 내 말을 새겨듣고,
부디 몸조심해라. 나는 네가 빨리 귀양살이를 마치고 돌아와서
함께 살 날만 기다리고 있겠다."

송강은 눈물을 흘리면서 하직 인사를 올리고 강주 땅을 향해 길을 떠났다.

세 사람은 날이 저물어서야 주막을 찾아들었다. 송강은 두 공인에게 술과 고기를 사서 대접하면서 가만히 말했다.

"내일 아침 이곳을 나서면 우리는 곧 양산박 부근을 지나가야 할 것이오. 산채에 있는 여러 호걸들은 모두 나와 잘 아는 사람들인데, 만일 그들이 내가 이곳을 지나가는 걸 안다면 틀림없이 나를 구해 내려 할 것이오. 그러면 두 분께서는 목숨을 잃게 되는지도 모릅니다. 그러니 내일 아침에 일찍 일어나 조그만 샛길을 찾아서 빠져 나가야만 합니다. 아무리 생각해도 그 길밖에는 달리 도리가 없을 것 같습니다."

두 공인은 그 말을 듣자 얼굴빛이 달라지며 그러기로 하였다.

그리하여 다음 날 아침, 그들은 아침밥을 먹는 둥 마는 둥 하고 샛길을 찾아 접어들었다. 그런데 그들이 약 삼십 리쯤 걸어갔을 때, 문득 앞쪽 산기슭에서 사오십 명의 도적들이 우르르 달려 나왔다. 그 도적들의 앞에는 적발귀 유당이 떡 버티고 서 있었다.

"형님, 제가 왔습니다!"

유당이 그렇게 말하며 다가오자 두 공인은 그만 얼굴이 새파랗게 질린 채 꿇어앉아서 오들오들 떨고 있었다.

유당은 칼을 빼어 높이 치켜들더니 두 공인을 베려 하였다. 순간 송강이 사이를 가로막으며 유당에게 물었다.

"여보게, 왜 이 사람들을 베려고 하는가?"

"형님을 구하기 위해서입니다. 저희가 사람을 풀어서 알아본 결과, 형님께서는 운성현으로 돌아가신 뒤 관청에 사로잡혔다고 하더군요. 그래서 곧 운성현으로 쳐들어가서 형님을 구해 낼 궁리를 하고 있었습니다. 그러던 중 형님께서 강주 땅으로 귀양을 가시게 되었다는 소식이 전해졌습니다. 그래서 저희가 이곳을 지나는 모든 길목에 숨어 기다리고 있던 중입니다. 이제 이렇게 형님을 구할 수 있게 되었으니 천만다행입니다. 어서 저 두 놈을 죽여 없애고 나서 저와 함께 대채로 돌아가시지요!"

그때 소란스런 소리를 듣고 다른 샛길을 지키고 있던 군사 오용과 화영이 각기 사오십 명의 졸개들을 거느리고 달려왔다. 그들은 말에서 껑충 뛰어내리더니 송강에게 예를 갖추어 인사한 후 유당을 나무랐다.

"아니, 왜 아직도 형님이 쓰고 계신 칼을 벗겨드리지 않았소?"

그러자 유당이 미처 대답하기도 전에 송강이 고개를 저으며 말했다.

"이 칼은 나라의 법도에 의해서 내게 씌워진 것일세. 그런데 누가 감히 이 칼을 함부로 벗긴다는 말인가?"

오용이 송강의 속마음을 알겠다는 듯 빙그레 웃으면서 말했다.

"형님의 말씀이 옳으십니다. 또 형님께 억지로 저희와 함께 가시도록 요구하는 것도 도리는 아닙니다. 하지만 조개 두령이 형님을 꼭 만나 뵙고 싶어하십니다. 그러니 저희와 함께 대채로 가셔서 잠깐 만나 뵙고 떠나시더라도 늦지 않으실 것입니다. 그러면 그때 저희가 형님을 먼 곳까지 잘 전송해 드리겠습니다."

"과연 선생은 제 마음을 알아주시는구려!"

그리하여 송강은 두 공인과 함께 금사탄을 건너서 양산박의 대채로 안내되었다. 취의청에 이르니, 조개를 비롯한 여러 두령들이 그곳에서 그를 기다리며 차례로 인사를 마쳤다. 그러자 조개가 송강에게 감사의 말을 했다.

"그때 운성현에서 송 압사께서 저희들을 구해 주시지 않았더라면 어찌 오늘날의 저희가 있을 수 있겠습니까? 송 압사님 덕분에 저희들은 별일 없이 탈출하여 이렇게 양산박의 주인이 되었습니다. 한시도 그 은혜를 잊은 적이 없습니다. 또한 일전에는 화영, 진명을 비롯한 여러 호걸들을 이곳으로 보내 주셔서 산채가 더욱 빛나게 되었습니다. 이 은혜를 어떻게 갚아야 할지 모르겠습니다."

그 말을 듣고 송강은 조개에게 양산박으로 오다가 급히 집으로 가게 된 까닭을 말한 후 덧붙였다.

"저는 지금 한낱 죄수에 지나지 않는 몸입니다. 그때 조 두령께서 유당을 제게 보내 주셨는데 그와 헤어진 후 염파석을 죽인 죄로 일 년 반 동안이나 떠돌아다녔습니다. 그러다가 이제 비로소 나라의 법도에 따라 죄를 씻기 위해 강주 땅으로 귀양 가게 되었습니다. 그런데 오용 선생이 두령님을 한번 만나 뵙고 가라고 특별히 말씀하시기에 이렇게 따라온 것입니다. 이제 뵙고 싶은 얼굴을 뵈었으니 강주 땅을 향해 다시 떠나야 하겠습니다."

그러자 조개가 황망히 송강의 손을 잡으며 청했다.

"어찌 이렇게 섭섭히 떠날 수가 있습니까? 정 저희와 함께 이
곳에 머무르길 원치 않으신다면 더 이상 마음을 괴롭혀 드리지
는 않겠습니다. 하지만 저희들과의 정리를 생각하셔서라도 하
루쯤 이곳에 머물다가 떠나셔도 늦지 않으실 것입니다. 부탁입
니다!"

송강은 조개가 간곡히 권하자 차마 거절할 수 없었다.

산채의 부두령들은 급히 말과 양을 잡아서 술자리를 벌였다.

그들이 송강의 목에 걸린 칼을 벗겨 주려 하였으나 송강은
단호히 거절했다. 뿐만 아니라 두 공인의 옆에서 조금도 떨어지
려 하지 않았다.

다음 날 아침, 송강은 떠날 채비를 서둘렀다. 그러자 오용이
송강에게 말했다.

"형님, 꼭 강주 땅으로 가시려거든 제 말씀을 좀 들으십시오.
저는 원래 강주 땅 사람으로, 그곳에 잘 아는 사람이 있습니다.
성은 대戴가요 이름은 종宗인데, 사람들은 그를 가리켜 대 원장
戴院長이라 부르지요. 그 사람은 그곳에서 양원압뇌절급兩院押牢
節級이라는 형리의 자리에 있는데, 재물보다 의리를 무겁게 여기
는 호걸입니다. 제가 지난밤에 편지 한 통을 썼습니다. 형님께서
는 이 편지를 가지고 가셔서 그에게 보이십시오. 그러면 형님을
해롭게 하지는 않을 것입니다."

송강은 그 편지를 받아서 품속에 넣으며 감사했다.

"고맙소, 오용 선생!"

산채의 두령들은 곧 금과 은을 쟁반에 수북이 담아 가지고 와서 송강에게 바쳤다. 그리고 또 은자 스무 냥을 내어다 두 명의 공인에게 각각 열 냥씩 나눠 주자 두 공인이 황송해 어쩔 줄 몰라 했다.

송강이 떠나려 하자 그들은 모두 산 밑까지 내려와서 그를 전송하였고, 오용과 화영은 함께 배를 타고 건너와서 큰길가 이십 리 밖까지 전송해 주었다.

양산박 두령들과 헤어진 송강이 두 공인과 함께 강주 땅을 향해 길을 떠난 지 보름쯤 되었을 때, 게양령 고개를 넘어 산기슭 주막에 들어 술 한 잔씩을 마시고는 쓰러졌다. 그 주막은 본래 술에 몽한약을 타서 사람을 죽이고 재물을 빼앗기 때문에 최명판관催命判官(염라대왕)이라 일컫는 곳이었다.

그때 마침 양자강에 배를 띄워서 노를 젓고 사는 혼강룡 이준李俊이 송강을 마중하기 위해 심양강가에서 소금장사를 하는 동위, 동맹 형제와 함께 그 주막에 찾아들었다가, 술집 주인의 말을 듣고 송강과 두 공인을 해독시켜 가까스로 살려 놓아 대접했다.

송강은 함께 살자는 이준의 만류를 뿌리치고 죗값을 치르기 위해 발걸음을 재촉해 게양진에 이르렀다.

거기서 떠돌이 약장수 설영薛永에게 온정을 베풀었다는 괘씸죄에 걸려들어 게양진 건달패거리 목홍穆弘과 목춘穆春 형제에게 쫓기는 몸이 되었다. 그리고 가까스로 심양강을 건너기 위해 배를 탔으나 뱃사공 장횡張橫에게 걸려들어 물고기 밥이 될 찰나, 이준을 다시 만나 구사일생으로 살아났다.

그리고 그들의 대접을 받다 헤어진 후, 강주 뇌성에 도착하고 제주부에서 온 두 공인은 회문을 받아 가지고 제주부로 돌아갔다.

강주 뇌성으로 넘겨진 송강은 그곳 관리들에게 아낌없이 뇌물을 써 문서 꾸미는 초사방抄事房에서 일하며 편하게 지냈다.

그러나 가장 중요한 요직에 앉은 절급에게만은 한 푼의 성의도 표하지 않아 그의 화를 불렀다. 바로 새로 온 죄수에게 살위봉 백 대를 치는 절급이었다.

절급은 화가 머리끝까지 치솟아 직접 곤장을 치켜들고 송강을 때리려 달려들었다.

"잠깐 멈추시오! 내가 무슨 죄가 있다고 나에게 매질을 하려 하시오?"

송강이 절급을 보며 태연히 묻자 절급이 소리쳤다.

"네 이놈, 네놈은 내 손아귀에 있는 죄수놈이란 사실을 모르느냐? 내 앞에서는 감히 함부로 기침만 해도 죄가 되는 법이다!"

"당신은 내게서 꼬투리를 잡아 보려 하나 나는 죽을죄를 짓지 않았소이다!"

"네놈이 아무리 죄가 없다 해도 내게 잘못 보이면 죽을 수도 있다는 사실을 알아야지! 나는 죄수 한 놈 때려죽이는 걸 파리한 마리 죽이는 것쯤으로 생각하는 사람이다!"

절급이 그렇게 소리치자 송강이 쓴웃음을 지으며 내뱉었다.

"상례전常例錢을 바치지 않는다고 해서 그게 죄가 된다면, 양산박의 군사 오용과 어울리며 왕래하는 당신은 무슨 죄에 해당되겠소?"

그 말을 듣자마자 절급은 치켜들었던 곤장을 그대로 든 채 잠시 멍하니 서 있더니 잠시 후 곤장을 내던지며 물었다.

"지금 뭐라고 했느냐?"

그러자 송강이 속삭이듯 다시 말해 주었다.

"양산박의 군사 오용과 한패인 당신은 무슨 죄에 해당하는가 물었소."

절급은 잠시 동안 어쩔 줄 몰라 하며 허둥대더니 대뜸 송강의 멱살을 움켜쥐고 다그쳤다.

"네놈은 대체 누구냐? 어디에서 그런 말을 주워들었느냐?"

"나는 산동 땅 운성현의 송강이오! 그리고 그 말은 양산박에서 오용 군사에게 직접 들었소!"

그러자 절급은 깜짝 놀라서 반문했다.

"그럼 형님이 바로 급시우 송공명 님이란 말씀입니까?"

절급은 대뜸 송강을 형님이라 부르며 깍듯이 예를 표했다.

"그렇소. 하지만 입에 올릴 만큼 대단한 이름은 못 되오."

절급이 문득 주위를 둘러보더니 가만히 말했다.

"형님, 여기는 속 깊은 이야기를 나눌 곳이 못 됩니다. 제가 형님을 성 안으로 모시겠으니 그곳에 가셔서 이야기를 나누도록 하시지요."

"좋소. 그렇다면 잠깐만 기다려 주시오."

송강은 자기 방으로 돌아가서 오용의 서신과 은자를 챙겨 가지고 나왔다. 그리고 패두에게 잠시 자리를 비우겠다고 말하고 나서 절급에게로 갔다.

뇌영을 나서자 절급은 송강을 데리고 강주성 안으로 들어갔다.

그 절급은 곧 양산박의 오용이 송강에게 편지를 써 주면서 전하라고 말했던 강주성의 양원압뇌절급 대종이었다.

그는 한 가지 놀라운 도술을 지니고 있었다. 긴급한 일이 있을 경우에는 신행법神行法(축지법)을 쓰곤 했는데, 두 다리 위에 나란히 갑마甲馬 부적을 붙여 놓으면 하루에 오백 리를 달리는 기묘한 도술이었다. 또한 갑마 넉 장을 붙이면 하루에 팔백 리를 달렸다. 그래서 그를 '신행태보 대종'이라고도 불렀다.

송강이 이번에 이곳 강주 땅으로 귀양 오는 도중 여러 호걸들을 만났던 일을 이야기하자, 대종도 열띤 목소리로 자신이 어떻게 해서 오용과 친구가 되었는지를 이야기했다.

그런 얘기를 하며 의기가 통한 두 사람이 술잔을 주고받는데 갑자기 누각 아래에서 왁자지껄한 소리가 들려왔다. 무언가 시비가 벌어진 듯 다투고 있는 소리였다.

이어 주막집 머슴 하나가 헐레벌떡 뛰어오더니 대종에게 아뢰었다.

"원장님, 제발 저 사람 좀 말려 주십시오! 원장님밖에는 저 사람을 타이를 사람이 없습니다!"

"도대체 어느 놈이 저렇게 소란을 피우느냐?"

대종이 술자리를 방해하는 머슴을 보고 꾸짖듯 물었다.

"평소 원장님께서 데리고 다니시던 철우鐵牛 나립니다."

"왜 저렇게 소란을 피운다더냐?"

"주인어른께 돈을 꾸어달라고 막무가내로 강짜를 부리고 있습니다."

그 말을 듣자 대종이 껄껄 웃으면서 말했다.

"그놈이 또 노름판에서 판돈을 다 날린 모양이로군! 형님, 잠깐만 여기에 앉아 계십시오. 제가 내려가서 그놈을 꾸짖어 데리고 올라오겠습니다."

말을 마친 대종이 누각 아래로 내려가더니 잠시 후 얼굴이 시커먼 데다 눈이 부리부리한 젊은 사내 하나를 데리고 올라왔다.

송강이 그를 가리켜 물었다.

"이 장사는 누구요?"

"제 밑에서 일하고 있는 옥리獄吏로서 성은 이李가요, 이름은 규逵라고 합니다. 본래 기주沂州 땅 기수현沂水縣 태생으로, 흑선풍黑旋風이라고도 불립니다. 일찍이 고향인 기주 땅에서 사람을 때려죽이고 도망쳤는데, 최근 대사령이 내려서 죄가 풀렸습니다. 그렇지만 고향으로 돌아갈 생각조차 하지 않은 채 술주정과 노름에만 미쳐 있답니다. 고향에선 이 사람을 가리켜 '철우'라고 부른답니다. 쌍도끼를 잘 쓰고 주먹질과 봉술에는 당할 자가 없습니다."

그동안 이규는 멀뚱히 송강을 쳐다보더니 대종에게 물었다.

"형님, 이 시커먼 자는 누굽니까?"

그러자 대종이 빙긋 웃으며 말했다.

"네놈이 평소에 그렇게도 만나 뵙고 싶어 하던 급시우 송공명 님이시다!"

그러자 이규의 두 눈이 휘둥그레졌다. 그러고는 몸을 크게 뒤로 젖혔다가 넙죽 엎드려 절을 하자, 송강이 황망히 맞절로 답례하면서 이규를 일으켜 세웠다.

"어서 일어나시오!"

"자, 내가 한 잔 따라 주마!"

이규가 몸을 일으키자 대종이 잔을 권하며 말했다. 송강이 아까부터 궁금하게 여기고 있던 일을 이규에게 물었다.

"그런데 장사는 조금 전에 무슨 일로 그렇게 소란을 피웠소?"

"형님, 제 말씀 좀 들어 보십시오. 지난날 제게 큰 은덩이가 한 개 있었는데, 그걸 저당 잡히고 어떤 사람에게 은자 열 냥을 얻어서 썼습니다. 그래서 오늘은 이 집 주인놈에게 은자 열 냥을 꾸어다가 그 은덩이를 찾아서 쓰려고 했습니다. 그런데 이 집 주인놈이 도무지 말을 들어먹질 않는 겁니다. 그래서 그만…."

"그럼 은자 열 냥만 있으면 그 은덩이를 되찾을 수 있단 말이오? 이자가 또 있을 텐데?"

송강이 묻자 이규가 천연덕스럽게 대답했다.

"이자는 이미 제가 마련해 놓았습니다. 그러니 원금 열 냥만 있으면 그 은덩이를 되찾을 수 있습니다."

"자, 여기 은자 열 냥이 있소. 이것을 가지고 가서 그 은덩이를 찾도록 하시오."

대종이 얼른 나서서 말리려고 하였으나 은자 열 냥은 어느새 이규의 손에 넘어가 있었다.

"휴, 이제 살았습니다! 두 분 형님께서는 잠깐만 이곳에 앉아 계십시오! 제가 곧바로 뛰어가서 은덩이를 찾아 가지고 돌아올 테니까요. 그러고 나서 제가 두 분 형님을 성 밖으로 모시겠습니다. 그곳에 가서서 저와 함께 큰 사발로 술을 드시지요."

이규가 휭 하니 사라져 버리자 대종이 송강에게 공연한 짓을 했다는 표정으로 쓴웃음을 지으며 말했다.

"저놈은 성미가 곧긴 합니다만 술과 노름에 미쳐 있는 것이 탈이랍니다. 저놈에게 저당 잡힌 은덩이가 있을 리 만무합니다. 형님께서는 그냥 속아 넘어가신 겁니다. 저렇게 황급히 달아나는 것으로 보아 틀림없이 노름판으로 뛰어갔을 겁니다."

"핫핫핫, 아무리 그렇기로서니 우리 사이에 은자 열 냥이 무슨 문제가 된단 말이오! 내가 보기엔 매우 충직한 사람처럼 보이오만. 그가 노름판에서 그 돈을 몽땅 잃는다 해도 그를 탓하지 않겠소."

대종도 그 말을 듣자 머리를 끄덕이며 말했다.

"저놈은 힘은 장사지만 워낙 성격이 거칠어 늘 그게 탈이지요. 술에 취하기만 하면 뇌성 안의 죄수들은 건드리지 않지만 간수들을 닥치는 대로 마구 두들겨 팬답니다. 그러나 절대로

약한 자는 괴롭히지 않고 공평하지 않은 처사를 보면 꼭 힘이 센 놈만 골라서 두들겨 패곤 합니다. 어쨌든 그 성정이 사나워 사람들은 모두들 그를 무서워한답니다."

송강은 대종의 말을 듣고 고개를 끄덕이더니 성 밖으로 나가기를 청했다.

한편 송강에게 은자 열 냥을 받아 가지고 나온 이규는 은자를 만지작거리며 생각에 잠겼다.

'과연 송강 형님은 의리를 존중하고 재물을 초개같이 여기신다더니 그 소문이 거짓이 아니었구나! 나를 깊이 사귀어 본 적도 없는데 은자 열 냥을 선뜻 내주다니… 그런데 그분을 뵙고도 돈이 없어 대접을 못 하니 말이 아니구나. 아무튼 마침 잘된 일이다. 이제 은자 열 냥을 얻었으니, 이 돈으로 한 판 붙어서 돈을 따야겠구나! 그래서 송강 형님께 돈도 갚고 멋지게 술도 한잔 사야지!'

이규는 생각이 거기에 미치자 마음이 급했다. 얼른 성 밖으로 달려 나가 소장을小張乙이라는 자가 벌이고 있는 노름판을 찾아갔다.

이규는 은자 열 냥을 탁자 위에 내던지며 재촉했다.

"자, 누가 나설 테냐? 내가 돈을 걸겠다."

이규는 '으랏차!' 하고 냅다 소리를 지르면서 투전을 집어던졌다. 그러나 두 판 만에 거덜이 났다. 호기 있게 덤벼들다가 끗수에 진 것이다. 그러나 이규로서는 잃어서는 안 되는 돈이었다. 우선 송강 형님에게 돈도 갚고 술대접할 일이 걱정이었다. 이규는 벌레 씹은 얼굴이 되었다가 판돈을 휩쓸어 품속에 넣고 냅다 밖으로 뛰쳐나갔다. 노름꾼들이 달려들어 길을 가로막았으나 이규는 그들을 번쩍번쩍 집어 들어 던져 버린 후 문을 박차고 밖으로 뛰쳐나가다가 대종에게 붙잡히는 꼴이 되었다. 뿐만 아니라 그의 뒤에는 송강이 떡 버티고 있었다.

대종이 꾸짖었다.

"네 이놈, 남의 돈까지 몽땅 빼앗아 가지고 어딜 그렇게 달아나느냐?"

이규가 풀이 죽은 목소리로 말했다.

"형님, 이런 꼴을 보여 드려 정말 죄송합니다. 하지만 이래 봬도 저는 평소에 노름만은 깨끗하게 해 왔습니다. 그런데 송강 형님으로부터 받은 은자 열 냥을 몽땅 잃고 나니 그만 눈앞이 캄캄했습니다. 송강 형님께 술을 한잔 대접하기는커녕 꾼 돈조차도 갚지 못하게 되었으니 말입니다. 그래서 그만 생각다 못해 그곳에 있는 판돈을 몽땅 쓸어 모아 가지고 뛰쳐나오는 길입니다."

그 말을 듣자 송강이 큰소리로 껄껄 웃고는 말했다.

"핫핫핫, 돈이 필요하면 내게 더 달라고 말할 것이지! 아무튼 그 돈은 이리 내놓게. 생떼를 써서 빼앗은 돈이니 주인에게 돌려줘야겠네."

이규가 머쓱한 얼굴로 품속에 쑤셔 넣고 나온 판돈을 몽땅 꺼내서 송강에게 건네주자, 송강은 곧 소장을 데려오게 해서 그 돈을 모두 돌려주었다.

대종은 아무 말도 하지 않았다. 이규에게는 나중에 조용히 타이를 작정인 것 같았다.

소장을이 돌아가고 나자 송강이 대종에게 말했다.

"자, 이제 셋이서 어디 조용한 곳에 가 한잔 합시다."

"저쪽으로 조금만 더 걸어가면 심양강가에 비파정琵琶停이란 술집이 나옵니다. 바로 당나라 때의 시성詩聖 백낙천白樂天이 '비파행琵琶行'이란 시를 지었다는 곳이죠. 그곳에 가서 빼어난 경치를 보면서 술을 마시는 게 좋을 것 같습니다."

비파정 정자에 오르니 주위 경관이 빼어나 선경仙境을 방불케 했다.

구름 밖의 아득한 산은 비취빛으로 빛나고 있었고, 강물은 먼 곳으로부터 은빛으로 흘러들고 있었다. 새하얀 모래톱에서는 갈매기와 백호가 무리를 지어 날아오르고, 멀리 포구에서는 수 척의 고기잡이배들이 유유히 삿대질하여 돌아 나오고 있었다.

그런데 마침 그날은 잡은 물고기 주인이 나오질 않아 싱싱한 물고기를 살 수 없었다.

그 말을 듣자 이규가 자리를 떨치고 일어났다.

"제가 가서 싱싱한 물고기 두 마리를 구해다가 형님들을 대접하겠습니다!"

말을 마치자마자 이규는 그 자리에서 일어나 후닥닥 밖으로 뛰쳐나갔다.

이규가 나가고 나자 대종이 벙긋이 웃으며 송강에게 말했다.

"저놈을 불러온 게 잘못이었나 봅니다. 원래 성정이 그러니 형님께서는 언짢게 생각지 마십시오!"

"타고난 천성은 남이 고쳐 줄 수 없는 법이오. 그리고 저 아우는 솔직하고 꾸밈이 없으니 어쨌든 그 점이 마음에 드는구려."

송강도 껄껄 웃으며 술잔을 기울였다.

한편 이규는 강변으로 달려가 생선을 구하려 하였으나 주인이 나타나지 않아 어부들이 생선을 팔 수 없노라며 한결같이 거절하였다. 그러자 그는 강제로 생선을 얻고자 배의 선창을 연다는 것이 잘못되어 그만 생선을 다 방류하고 말았다. 뒤늦게 생선 주인인 장순張順이 나타나 이규를 물속에 끌어들여 강물을 배 터지도록 마시게 했다.

송강과 대종이 뛰쳐나와 상황을 살펴보는데 구경꾼 중 한 사람이 말했다.

"저분은 장순이란 분으로서 이곳에서 어부들의 물고기 판매를 대신 맡아 하고 있는 거간입니다."

송강은 그 말에 눈을 번쩍 빛내더니 다시 물었다.

"혹시 저 사람이 낭리백도浪裏白跳 장순, 그 사람이오?"

"맞습니다. 바로 그 사람입니다."

송강이 얼른 대종에게 말했다.

"내가 저 사람의 형인 장횡으로부터 편지를 받아 가지고 왔는데, 뇌성의 초사방에다 놔두고 나왔소."

그러자 대종이 반색을 하며, 강 한가운데를 향해 소리쳤다.

"여보시오, 장형! 그 사람은 나의 아우이니 이제 그 정도로 해 두시오. 여기에 장형의 형님 장횡으로부터 편지를 받아 가지고 온 분이 기다리고 있소!"

그 말을 들은 장순은 문득 언덕을 바라보다 그 사람이 다름 아닌 대종 원장임을 알아보았다.

"대 원장 어른, 제가 너무 무례한 짓을 했나 봅니다."

"내 낯을 봐서라도 우선 아우를 물속에서 구해 주시오! 내가 당신에게 소개해 드릴 분이 있소!"

장순은 재빨리 언덕 아래로 내달더니 '풍덩!' 소리와 함께 물속으로 뛰어들었다. 이규는 강 한가운데에서 연신 발버둥치며 물속에 가라앉았다 떠올랐다를 반복하고 있었다.

장순은 그에게 가까이 다가가서 머리채를 힘껏 움켜쥐었다. 그러고는 마치 평지를 걸어 나오듯 배꼽 아래만 물에 담근 채 발헤엄을 쳐 유유히 이규를 한 손으로 떠밀며 뭍으로 향했다. 장순은 순식간에 이규를 언덕 위로 끌어올려 놓았다.

평지를 걷듯 하는 그의 헤엄 솜씨에 탄복한 구경꾼들은 일제히 박수갈채를 보내면서 환호성을 질렀다. 송강과 대종도 넋을 잃은 채 그 광경을 지켜보고 있었다.

언덕 위에 눕혀진 이규는 연신 웩웩거리면서 뱃속의 것들을 토해 내고 있었다. 송강과 대종은 가까이 다가가서 그의 등을 두드려 주었다.

이윽고 이규가 제정신을 차리자 대종이 장순에게 권했다.

"우리 다 함께 비파정으로 가서 한잔 하면서 자세한 이야기를 나누도록 합시다!"

그리하여 그들 네 사람은 모두 비파정으로 향하여 자리를 정해서 앉아 통성명을 나눴다. 송강이 그간의 사정을 말했다.

"실은 이리로 오는 길에 게양령을 지나가다 그 아래 혼강룡 이준의 집에서 묵은 적이 있었소. 그 후에 심양강에서 목홍을 만났으며, 거기서 형님 되는 장횡도 만나게 되었소. 그때 형님께선 편지를 주며 장형에게 전해 달라고 부탁하셨소. 그런데 그 편지를 뇌성 영내에 둔 채 가지고 나오질 못했소. 영내로 돌아가는 즉시 편지를 가져다 드리리다. 그리고 오늘은 우리 세 사람이 이곳 비파정에 나와서 술을 마시게 되었는데 물고기로 매운탕을 끓여오라고 했더니 싱싱한 물고기가 없어서인지 짭짤하기만 할 뿐 맛이 형편없었소. 그 바람에 저 아우가 싱싱한 물고기를 구해다 주겠노라고 큰소리치고 밖으로 뛰쳐나갔던 거요. 그런데 잠시 후 술집 심부름꾼이 들어오더니 아우가 강가에서 어떤 사람과 싸우고 있다고 알려 주었소. 우리는 싸움을 말리려고 부랴부랴 이곳으로 달려 나왔는데 우연히 이렇게 장형을 만나게 된 것이오. 자, 오늘은 하루 만에 세 분의 호걸을 만났으니 참으로 기쁜 날이오. 어서 함께 석 잔 술을 마십시다."

송강은 그렇게 말하고 나서 술과 안주를 더 시켰다. 술은 역시 강주 땅의 명주인 옥호춘玉壺春이었다. 그들이 옥호춘의 진흙을 두 개나 뜯어냈을 때 장순이 말했다.

"형님께서 싱싱한 물고기를 원하신다면 제가 가서 얼마든지 가져오겠습니다."

"그것 참 반가운 말씀이오."

그러자 이규도 따라 나섰다.

"저도 함께 가겠습니다."

"가만히 앉아 있질 못하고 또 엉덩이를 들썩거리는구나! 아무래도 강물을 덜 마신 모양이지?"

그러자 일동은 유쾌하게 폭소를 터뜨렸다.

장순과 이규가 함께 나가 황금빛 잉어 네 마리를 가져와 주인을 불러 일렀다.

"한 마리는 매운탕을 끓여 오고, 또 한 마리는 회를 쳐 가지고 오게나. 나머지 두 마리는 그대로 남겨 두게."

이규와 장순의 나이를 비교하니 이규가 형뻘이었다. 그래서 이규가 세 번째 자리에 앉았고, 장순은 제일 끝의 네 번째 자리에 앉았다.

이야기를 나누며 술잔을 기울이다 보니 어느새 날이 저물었다. 송강은 초사방에 이르러 장순에게 장횡의 편지를 전했다. 그리고 장순이 두고 간 잉어 두 마리 중 한 마리를 관영에게 보내고 나머지 한 마리를 요리해서 먹었다. 그런데 잉어가 싱싱한 데다 맛이 너무 좋아 그만 과식하여 탈이 나고 말았다.

반역죄로 몰린 송강을 구하는
양산박 두령들

　송강은 자리에 누운 지 대엿새가 지나서야 배탈이 나왔다. 몸이 낫자 바깥 공기를 쐬고 싶어 발길 닿는 대로 걷다 보니 심양루潯陽樓에 오게 되었다.

　누각으로 올라가니 위층은 각기 다섯 칸의 방으로 나뉘어져 있었다. 어느 방에서 바라보아도 심양강의 풍경은 그저 황홀할 따름이었다. 하늘엔 마침 솜털구름이 첩첩이 쌓여 있었고, 그

구름 아래 먼 산기슭으로부터 강물이 굽이쳐 오고 있었다. 강물 위에는 점점이 고깃배들이 떠 있는데, 그 여유로움이 세속의 번뇌를 깨끗이 씻어 주는 듯했다. 그는 홀로 앉아서 한 잔 두 잔 술을 따라 마셨다.

얼마쯤 마시고 나니 문득 취기가 돌면서 울적한 마음이 들기 시작했다.

'나는 일찍이 산동 땅에서 태어나고 자라서 글줄이나 읽었지만 지금의 이 꼴이 대체 무엇인가? 몇몇 호걸들과 사귀어 쥐꼬리만 한 이름을 얻었다지만 이제 나이 서른이 넘도록 아무것도 이룬 것이 없구나! 어디 그뿐인가? 두 뺨에 글자를 넣어 이곳 강주 땅에 귀양 온 몸이니, 장차 부끄러워 고향의 아버님과 아우를 어찌 대한단 말인가!'

송강은 울적한 마음을 달래지 못한 채 취기가 오르자 눈에 눈물이 맺혔다. 그는 쓸쓸한 기분으로 계속 술잔을 들이켰다. 얼마쯤 마시고 나니 더욱 취기가 올랐다. 문득 옆을 바라보니 흰 벽 위에 어지러이 글씨가 씌어 있었다. 그곳을 다녀간 많은 취객들이 시흥詩興이 돋아서 써 놓고 간 시구와 낙서들이었다. 한쪽 구석에는 벼루와 먹, 그리고 붓이 가지런히 놓여 있었다.

'나도 여기에 글 한 줄을 남기자. 뒷날 내가 뜻을 이룬 뒤에 이곳을 지나게 되면 이 글을 읽어 볼 수도 있을 것이다. 그때 괴롭고 쓸쓸했던 옛날을 돌이킬 수 있을 것이 아닌가.'

송강은 벼루에 먹을 간 다음 붓을 들고 먹물을 듬뿍 찍어 숨 한 번 몰아쉬고 흰 벽에 휘갈겼다.

어려서부터 경서와 사서를 읽고

자라나서는 권모술수도 배웠노라.

흡사 맹호가 거친 언덕에 누운 듯

이빨과 발톱을 감춘 채 때를 기다리고 있었네.

양쪽 뺨에 낙인까지 찍혀

강주 땅에 유배된 불행한 신세.

뒷날 이 한을 풀 기회를 얻게 된다면

심양강 어귀는 붉은 피로 물들리라.

다 쓰고 나서 한번 읽어 보니 절로 가슴이 후련해졌다.

"이만하면 됐다! 먼 훗날 부귀영화를 얻어서 다시 이곳을 지날 기회가 있다면, 반드시 이곳에 들러서 이 시를 읽어 보리라!"

송강은 그렇게 중얼거리며 다시 또 술을 따라서 여러 잔 들이켰다. 그리고 흥이 난 듯 붓을 들어 아까 쓴 시 옆에다 시 한 수를 더 써 넣었다.

마음은 산동 땅에 있고, 몸은 오吳 땅에 있으니

공연히 강호에 떠돌면서 한숨만 짓고 있도다.

만약 뒷날 뜻을 이룰 때가 되면

비웃으리라, 황소는 대장부가 아님을.

이렇게 쓰고 나서 제일 마지막에 '운성현 송강'이라고 써넣었다.

붓을 탁자 위에 놓고 난 송강은 다시 술 몇 잔을 더 마신 후 비틀거리며 누각을 내려와 영내로 돌아왔다. 그리고 숙소에 도착하자마자 침상에 푹 고꾸라졌다.

송강이 잠에서 깨어난 것은 다음 날 새벽이었다. 그는 심양루에서 벽면에 시를 휘갈겨 쓴 기억조차도 잊고 있었다. 오직 뒷머리가 당기고 아파서 다시 눕고 싶은 생각뿐이었다.

심양강 건너편에는 조그만 성이 하나 있었는데, 무위군無爲軍이라고 불리는 곳이었다. 별로 보잘것없는 마을이었는데 이곳에 통판通判(부윤과 동등한 지위의 지방 관리) 벼슬을 지낸 황문병黃文炳이란 자가 살고 있었다.

그는 비록 경서를 읽었다고는 해도 아첨하기를 좋아하는 데다 속이 좁아 어진 이를 곧잘 시기하고 해치는 걸 능사로 삼았다.

그는 계절이 바뀔 때마다 귀한 선물들을 배에 싣고 강주 땅으로 건너와 강주부윤 채구蔡九에게 바치곤 하였다. 채구는 당대 조정의 최고 권세가인 채 태사蔡太師의 아들이었다. 강주부윤 채구의 눈에 들어 다시 벼슬길에 나가려는 속셈이었다. 그런데 송강의 운명이 기구하게 되려 했는지 이 황문병에게 걸려들게 되었다.

그날도 황문병은 예물을 잔뜩 싣고 건너와 강주부윤을 만나려 했으나 부청의 사정으로 만나 뵙질 못하고 더위도 식힐 겸 심양루에 올랐다. 거기서 송강의 시구를 발견한 것이다.

'이건 반역을 뜻하는 시 아닌가! 역적질을 하겠다는 시를 누가 감히 여기에 써 놓았을까?'

황문병이 놀라며 자세히 들여다보니 제일 끝부분에 '운성현 송강'이라는 다섯 글자가 뚜렷이 쓰여 있었다.

만약 뒷날 뜻을 이룰 때가 되면
비웃으리라, 황소는 대장부가 아님을.

이 구절을 읽고 나서 황문병은 고개를 절레절레 흔들었다.

'허, 이런 소리까지 늘어놓다니! 당나라 때 역적질을 했던 황소란 놈보다도 더한 놈이 되겠다는 소리 아닌가? 역적질을 해도 크게 할 놈이다.'

황문병은 심부름꾼을 불러 이 시를 썼다는 송강의 용모를 자세히 파악한 후, 벽에 쓰인 시구를 베껴 쓰고 강주부로 향했다.

마침 부윤 채구는 후당으로 물러나와 쉬고 있는 중이었다. 황문병은 뵙기를 청하고 나서, 하인들로 하여금 배에 싣고 온 예물들을 지고 와 부윤에게 바치도록 하였다.

"나리, 요즘 조정에 계신 춘부장으로부터 혹시 무슨 소식이라도 있으셨는지요?"

"아버님께서 말씀하시기를 요즘 태사원太史院의 사천감司天藍(천문관)이, '간밤에 천문天文을 보니 강성罡星이 오초吳楚(강남) 일대를 비추고 있었다, 반드시 역모를 도모하는 자가 있을 것이니 미리 살펴 이를 막아야 한다.'라고 아뢰었다는 거요. 또 요즈음 길거리에서 아이들이 부르고 다니는 이런 노래가 있다고 적어 보내 주시며, 나에게 이곳 강주 땅을 잘 살피고 항상 조심해서 굳건히 지키라는 분부가 있으셨소."

채 태사가 전한 노래는 이러했다.

나라를 좀먹는 건 가家와 목木이요,

싸움을 하려는 자는 수水와 공工이라.

종횡무진 삼십육 방을 휘두르니

난리가 퍼지는 곳은 산동 땅이라네.

황문병은 잠시 골똘히 생각하더니 문득 놀랍다는 듯 옷소매 속에서 종이 한 장을 꺼내 바치면서 말했다.

"나리, 이것을 좀 읽어 보십시오."

종이에 쓰인 내용을 읽고 난 부윤 채구의 얼굴빛이 달라졌다.

"아니, 이건 반역시 아닌가! 통판께서는 어디서 이 시를 구했소?"

채구가 놀란 얼굴로 물었다. 황문병은 신명이 나 대답했다.

"실은 아까 나리를 찾아뵈려다가 뵙지 못하고 강가로 돌아갔는데, 그곳에 심양루가 있었습니다. 날씨도 덥고 하여 땀이나 식힐 겸 누각으로 올라갔는데, 그곳 벽에 이 시가 쓰여 있었습니다."

그리고 이 시를 지은 자는 운성현의 송강으로, 지금 뇌성 영내에서 복역 중인 죄수임과 자기가 심양루에서 알아본 바를 세세히 고하며 춘부장의 편지 내용과 아이들의 노래가 송강을 가리키고 있는 것이라 덧붙여 말했다.

"아이들의 노래에 이르기를 '나라를 좀먹는 건 가家와 목木'이라고 하였으니, 이것은 곧 '나라를 좀먹는 건 갓머리宀와 나무 목木'이란 뜻 아니겠습니까? 두 글자를 합치면 곧 '송宋' 자를 뜻합니다. 또한 그 다음 구절에 이르기를 '싸움을 하려는 자는 수水와 공工'이라 하였으니, 이것은 곧 '삼수변氵과 공工'을 뜻합니다. 그러니 합치면 곧 '강江' 자가 되는 것입니다. 두 자를 합해 보십시오. 틀림없는 '송강宋江'입니다. 이런 일을 가리켜서 하늘의 운수라고 말하는 것입니다. 미리 역적질을 일으킬 사람을 알아낼 수 있게 되었으니 이는 곧 만백성의 복이 아닐 수 없습니다."

황문병의 말을 들으니 모두가 옳은 말이었다. 부윤은 즉시 등청을 하여 양원압뇌절급을 불러들였다. 그리하여 부름을 받은 대종이 달려왔다.

"당장 뇌성 영내로 군졸들을 이끌고 들어가서 운성현에서 귀양 온 송강이란 자를 잡아오너라! 심양루 벽에 반역시를 쓴 자이니 지체하지 말고 끌고 오너라!"

명을 받들고 부윤 앞을 물러나온 대종은 가슴이 덜컥 내려앉는 듯했으나 겉으로 드러내지 않은 채 여러 절급과 군졸을 불러 각기 병기를 챙긴 다음, 자신의 숙소 옆에 있는 성황묘 앞에 모이라는 명을 내렸다. 그리고 자신은 신행법을 써서 뇌성 영내에 있는 송강에게로 갔다.

송강은 마침 초사방에 있었다. 그는 갑자기 찾아온 대종을 보자 몹시 반기며 말했다.

"내가 그저께 종일토록 아우를 찾아다녔으나 찾지 못하여 혼자서 쓸쓸히 심양루에 올라가 한잔 하고 돌아왔다네. 어찌나 많이 마셔댔는지 지금껏 머리가 맑지 않아 술독을 풀고 있는 중이라네."

한가한 소리를 하고 있는 송강에게 대종이 다급한 목소리로 물었다.

"형님, 혹시 심양루 벽에다 무슨 글을 써 놓고 나오지 않으셨습니까?"

"그러고 보니 그랬던 것 같기도 한데, 술 취한 놈이 어찌 그걸 기억하겠나?"

송강이 심드렁한 목소리로 대꾸하자 대종이 정색을 하며 말했다.

"형님, 큰일났습니다. 조금 전에 부윤이 제게 형님을 잡아오라는 명을 내렸습니다. 심양루 벽에다 반역시를 쓴 운성현 태생 송강을 잡아오라는 것입니다. 저는 우선 군졸들로 하여금 무기를 챙겨 가지고 성황묘 앞으로 모이라 해 놓고 신행법을 써서 먼저 형님께 찾아와 이렇게 말씀드리는 겁니다. 이게 도대체 어찌된 일입니까? 이 일을 어찌하면 좋겠습니까?"

그 말을 듣고 보니 송강은 어렴풋이 짚이는 게 있었다. 그는 어찌할 줄 몰라 길게 한숨지으며 탄식했다.

"아, 이번에야말로 꼼짝없이 죽게 되었구나!"

"형님, 제게 한 가지 묘안이 있으니 우선 제 말씀대로 따르십시오. 저는 지금 지체할 시간이 없습니다. 곧 돌아가서 군졸들을 이끌고 형님을 잡으러 와야 합니다. 그러니 형님께서는 머리를 풀어헤친 다음, 똥오줌을 마구 깔아뭉개면서 미친 척하십시오. 제가 이곳에 이르렀을 때는 정신 나간 사람처럼 헛소리를 하면서 마구 뒹굴어야 합니다. 그러면 제가 군졸들을 이끌고 그냥 돌아가서 부윤에게 적당히 둘러대 보겠습니다."

대종이 급한 대로 그렇게 묘안을 짜냈다. 그리고 대종이 다시 신행법을 써서 성황묘 앞으로 돌아가 그곳에 집결한 군졸들을 재촉해 뇌성 영내 초사방에 이르렀을 때 송강은 이미 몰골이 말이 아니었다. 머리는 온통 산발을 해서 헝클어져 있었고, 똥오줌을 짓뭉개 놓고 그 위에서 마구 뒹굴고 있었다.

군졸들은 횡설수설하며 똥오줌을 뒤집어쓰고 있는 송강을 선뜻 붙들지 못하고 저희들끼리 수군대기만 했다.

"미친놈이잖아?"

"저런 미친 것을 잡아가서 뭣하겠나?"

대종도 얼굴을 찌푸리고 있다가 고개를 끄덕이며 말했다.

"너희들의 말이 옳다. 돌아가서 부윤님께 사실대로 보고 드리고, 그래도 잡아오라는 분부가 계시면 그때 가서 다시 잡으러 와도 될 것이다."

그리하여 대종이 군졸들을 거느리고 강주부 관아로 돌아가 부윤 채구에게 미친 송강의 행실을 고하자 황문병이 채구의 귀에 대고 속살거렸다.

"그 말을 믿어서는 아니 됩니다! 그놈이 속임수를 쓰는 게 틀림없습니다! 그놈이 쓴 시와 그 글씨만 보아도 알 수 있는 일입니다! 어떻든 잡아오라고 하십시오! 구린내가 나서 잡아오기 곤란하다면 커다란 대나무 광주리에 담아서 여러 명이 떠메고 오면 될 것입니다!"

그 말을 듣자 부윤도 고개를 끄덕였다.

"음, 통판의 말이 옳소."

마음을 바꾼 채구가 다시 대종에게 분부했다.

"여러 말 할 것 없다! 다시 가서 그놈을 당장 잡아오너라!"

그러자 대종은 하는 수 없이 군졸들을 이끌고 다시 뇌성 영내로 들어갔다.

대종이 송강에게 슬쩍 귀띔했다.

"형님, 일이 뜻대로 풀리질 않는군요. 아무튼 그곳으로 간 다음 다시 궁리해 볼 도리밖에 없겠습니다."

군졸들은 커다란 대나무 광주리를 구해 가지고 와서 그 속에 송강을 집어넣은 다음 여러 명이 떠메고 부윤에게로 갔다.

송강이 부윤과 황문병 앞에서 아무리 미친 척해도 소용이 없었다. 송강은 매질을 견디지 못하고 입을 열고 말았다.

"제가 그 시를 쓴 것은 사실입니다. 그러나 술에 취한 김에 한때의 기분으로 그만 그런 시를 쓰게 된 것입니다. 결코 딴 뜻이 있어서 그런 것은 아니었습니다."

채 부윤은 송강의 말을 놀람과 기쁨이 뒤섞인 표정으로 듣고 있었다. 송강이 모반의 뜻을 품고 있었다는 것에 대한 놀람과 그런 그를 자신이 사로잡았다는 기쁨이었다.

부윤은 송강의 말을 기록하게 한 다음 그에게 스물다섯 근짜리 큰칼을 씌워서 옥에 가두게 하였다. 스물다섯 근짜리 큰칼은 사형수에게만 씌우는 것이었다.

일이 일단락 지어지자 황문병은 또 부윤을 부추겼다.

"상공께서는 이제 지체 없이 이 일을 도성에 계신 춘부장께 알려야만 합니다. 그리하여 황제 폐하께 상주하여, 이번에 강주부에서 모반의 싹을 사전에 뿌리 뽑게 된 사실을 아시도록 해야만 합니다. 그러면 황제 폐하께서도 무척 기뻐하실 것입니다."

황문병 덕분에 역적을 사로잡게 된 부윤이었다. 이제는 팥으로 메주를 쑨대도 그의 말을 믿게 되었다.

"알겠소. 내가 곧 아버님께 편지 한 통을 쓰겠소."

그러자 황문병이 다시 말을 이었다.

"편지에 이렇게 덧붙이십시오. '만일 죄인을 도성으로 압송하라고 명하시면 즉시 수거囚車에 실어서 보낼 것이며, 중도에 잘못될 염려가 있으니 이곳에서 주살誅殺하라고 명하시면 즉시 이곳에서 목을 베어 후환을 없애겠다.'고 아뢰십시오. 그러면 춘부장께서 황제 폐하께 상주하시게 되니 춘부장의 공이 한층 더 높아지게 될 것입니다."

부윤은 그 말을 듣고 입에 침이 마르도록 황문병을 치켜세웠다. 그리고 서둘러서 도성에 있는 채 태사에게 보내는 장문의 글을 쓰고 수결手決을 하고 날인하자, 문득 황문병이 물었다.

"이 편지를 어느 사람 편에 도성으로 올려 보내시겠습니까?"

"양원압뇌절급 대종이 이 일에 합당할 것이오. 그는 신행법을 써서 하루에 능히 팔백 리를 가는 사람이오. 그를 보낸다면 도성에 다녀오는 데 불과 열흘 정도밖에 걸리지 않을 것이오. 내일 아침 일찍 그를 도성으로 떠나보낼 생각이오."

부윤이 그를 보내는 까닭을 말하자 황문병도 그제야 얼굴이 밝아졌다.

"그토록 빨리 다녀올 수 있다면 당연히 그를 보내셔야지요."

그날 황문병은 후당에서 부윤으로부터 흡족하리만큼 치하의 말을 들었다. 뿐만 아니라 부윤은 술상을 내오라고 하여 그에게 술대접까지 해 주었다. 그는 밤이 이슥해져서야 무위군으로 돌아갔다.

다음 날 아침, 부윤 채구는 그의 아버지 채 태사에게 보내는 편지 한 통과 예물 봇짐 한 개를 준비한 다음 후당으로 대종을 불러들이고 분부했다.

"급히 도성의 태사부중에 좀 다녀오게! 오는 유월 보름이 내 아버님의 생신날이네! 여기에 편지 한 통과 간소한 예물 봇짐이 있으니 이것을 전한 다음 답장을 받아 가지고 돌아오면 되는 것일세. 이번 일만 잘 치르면 자네에게 후한 상을 내리겠네! 결코 실수가 있어서는 아니 되네."

대종은 송강의 일이 걸려 마음이 무거웠지만 어쩔 수 없는 일이었다. 그는 예물과 편지를 받아 들고 나와서 자신의 거처에 들렀다. 예물과 편지를 잘 챙겨 둔 다음 곧장 옥에 갇혀 있는 송강에게로 갔다.

"형님, 저는 갑자기 부윤의 명으로 도성의 태사부에 다녀오게 되었습니다. 한 열흘쯤 걸릴 예정입니다. 그러나 아무 염려 마십시오. 제가 이규에게 일러 형님을 잘 돌봐 드리도록 하겠습니다. 뿐만 아니라 태사부에 가면 제가 아는 사람들에게 부탁하여 형님을 구해 낼 수 있도록 힘쓰겠습니다. 그러니 그동안 마음 편히 갖고 참으십시오."

그리고 이규를 불러 송강 형님을 잘 돌보라며 신신부탁한 후 도성을 향해 떠날 채비를 차렸다.

떠날 채비가 끝나자 그는 성 밖으로 나와서 네 개의 갑마를 내어 두 다리 위에 각각 두 개씩 붙였다. 그러고 나서 신행법의 주문을 외자 즉시 신통력이 나타났다. 그의 몸은 마치 안개를 탄 듯 구름에 오른 듯 산을 넘고 고개를 넘어 쏜살같이 달려갔다. 순식간에 시골 마을과 고을을 지나고 또 성을 지났다.

그는 신통력을 이용해서 하루 종일 달리다가 날이 저물자 객점에 들러서 갑마를 떼고 편히 쉬었다.

그렇게 삼 일째 되는 날 점심 무렵, 대종은 주막에 들러 식사를 주문했다. 그리고 찌는 듯한 무더위를 식히기 위해 우선 술 한 잔을 단숨에 들이켰다. 그러고 나서 밥을 먹으려는데, 갑자기 하늘과 땅이 빙글빙글 돌며 현기증이 일고 눈앞에 불꽃이 어른거리는 듯하더니 몸을 지탱할 수가 없었다. 대종은 눈을 스르르 감더니 그 자리에 푹 고꾸라지고 말았다. 그곳은 바로 양산박 두령 주귀가 운영하는 주막이었다.

주귀가 쓰러져 있는 대종을 보더니 일꾼에게 일렀다.

"우선 이 봇짐은 안으로 들여다 놓아라. 그리고 무슨 물건들이 들어 있는지 이놈의 몸부터 뒤져 보아라!"

일꾼은 예물 봇짐을 안으로 들여다 놓고 나와 곧 대종의 몸을 뒤지기 시작했다. 전대를 풀어서 펼쳐 보니 그 속에 편지 한 통이 들어 있었다.

겉봉을 보니 '평안가신平安家信 아버님께 백 번 절 올립니다. 불초소자 채득장蔡得章'이라고 씌어 있었다.

곧 봉투를 뜯고 편지를 읽어 내려가던 주귀의 두 눈이 점점 휘둥그레지고 있었다. 거기에는 깜짝 놀랄 만한 글이 쓰여 있었기 때문이었다.

앞에서 말씀드린 것처럼 반역시를 쓴 죄인 송강을 사로잡았사오니 만일 그를 도성으로 압송하라고 명령하시면 즉시 수거에 실어서 압송할 것이며, 또한 중도에 잘못될 것을 염려하여 현지에서 주살하라고 명령하시면 즉시 이곳에서 처형하겠습니다.

이 편지를 받으시는 즉시 황제 폐하께 상주하시어 하교해 주시기 바랍니다.

주귀는 너무나 놀란 나머지 마치 넋이 나간 사람처럼 한동안 입을 딱 벌린 채 아무 말도 하지 못하고 있었다.

문득 바라보니 쓰러져 있는 대종의 허리춤에 주홍빛 선패宣牌가 보였다. 그 선패를 읽어 보니 '강주 양원압뇌절급 대종'이라고 쓰여 있었다. 주귀는 지난날 오용 군사가 신행태보 대종이라는 사람에 대해 이야기하는 것을 들은 적이 있었던지라 얼른 해독제를 써서 대종을 살려 놓았다.

그리고 대종으로부터 그간의 일을 자세히 들을 수 있었다. 이에 주귀는 산채에 알리고 양산박 두령들은 송강을 구할 일을 의논하여 채 태사의 필적을 모방해서 거짓 편지 쓰는 계책을 택했다.

오용은 글씨를 잘 흉내 내는 소양蕭讓이란 수재秀才와 천하제일의 전각가篆刻家 김대견金大堅을 불러들여 채 태사의 거짓 답장을 쓰게 하였다.

네가 보낸 여러 가지 귀한 물건들을 잘 받았느니라. 황제 폐하께서 역적질을 한 죄인 송강을 친히 문초하시겠다 하니, 튼튼한 수거를 마련하여 실수 없이 도성으로 압송토록 하라. 매우 중요한 일이니 실수가 없도록 각별히 유념해야만 할 것이니라. … 또한 이번 일에 공이 큰 황문병에 대해서는 머지않아 황제 폐하께 그 공을 아뢸 터이니 반드시 높은 벼슬이 내려지게 될 것이니라.

대종은 동경의 태사부중에 가지 않고 양산박에서 일정을 소비한 후, 강주부로 돌아왔다.

대종이 가지고 돌아온 편지를 부윤이 보니 눈에 익은 아버지의 글씨였다. 편지를 다 읽은 부윤은 은자 스물닷 냥을 대종에게 상으로 내렸다. 그러고 나서 곧 송강을 도성으로 실어 보내기 위한 수거를 준비시키며 채비를 갖추게 했다.

다음 날, 송강을 압송하기 위해 준비하고 있는 군졸들을 부윤이 독려하고 있는데, 문지기가 달려와 무위군의 황문병이 찾아왔음을 알렸다.

황문병은 대종이 받아왔다는 편지를 자세히 읽고 거기에 찍힌 인장까지 찬찬히 살펴보더니 문득 머리를 좌우로 흔들며 말했다.

"상공, 이 편지는 가짜입니다."

그러고는 춘부장의 지난날 편지에도 인장이 찍혔는가를 묻고, 대종을 불러들여 심문할 것을 주장하였다.

대종은 부윤이 묻는 태사부의 사정과 문지기의 생김새 등을 대답함에 모두가 거짓임이 밝혀져 송강과 함께 옥에 갇히는 꼴이 되고 말았다.

양산박에서도 대종이 떠난 후 아버지가 아들에게 답장을 쓰면서 인장 찍은 일이 잘못되었음을 알았으나 이미 흘러간 물이었다. 강주부의 옥을 부수고 송강과 대종을 구한다 하더라도 시간이 없었다.

다음 날, 강주부윤 채구는 공청에 나아가 좌정하고 나서 공목을 불러 분부했다.

"어서 빨리 일을 처리하되 송강과 대종의 죄를 아울러 공초供招받도록 하라! 그리고 범유패犯由牌(죄인의 죄상을 낱낱이 적은 패)를 쓰고, 내일 장터에 끌어내어 목 벨 준비를 하라! 예로부터 역모 죄인을 처형하는 데는 때를 가리지 않는 법이다! 그 두 놈의 목을 베어 뒷날의 근심거리를 없애리라!"

그때 그 사건을 맡은 이는 황 공목이었다. 그는 대종과 가까운 사이였으므로 그를 구해 주고 싶었으나 도저히 구해 낼 방책이 떠오르지 않았다. 그는 우선 참수일이라도 미루어 볼 속셈이었다.

"나리, 하오나 내일은 바로 나라의 기일룬日(황실의 제삿날)이오며, 모레는 칠월 보름 중원절中元節이오라 부득이 두 날 모두 형을 시행할 수가 없습니다. 그리고 사흘 후는 국가의 경명일景命日(황제의 생일)입니다. 그러니 부득이 닷새 후에나 처형할 수 있습니다."

부윤이 듣고 보니 과연 그러했다. 그리하여 부윤은 황 공목의 말대로 하기로 했다. 실로 하늘의 도움이 아닐 수 없었다.

닷새 후, 송강과 대종은 형틀을 쓴 채 옥문을 뒤로 하고 많은 사람들이 지켜보는 가운데 저잣거리에 꿇어앉아 사형이 집행되는 정오를 기다리고 있었다.

사람들이 범유패를 보니 이렇게 씌어 있었다.

강주부의 죄수 송강은 반역시를 지어 망령되게 요망한 말들을 퍼뜨렸으며, 양산박의 도적떼들과 손잡고 모반하려 하였으므로 이에 법에 따라 목을 벤다. 또한 죄수 대종은 역모 죄인 송강을 위해 사사로이 거짓 편지를 전하고 양산박의 도적떼들과 내통하여 모반하려 하였으므로 이 또한 법에 따라 목을 벤다.

— 감참관 강주부윤 채구

부윤은 말안장 위에 높이 올라앉아 정오가 되기만을 손꼽아 기다리고 있었다.

처형장의 동쪽 끝에서 거지떼들이 나타나서 처형 모습을 구경하려고 밀려들고, 서쪽 끝에서는 창술과 봉술을 시범 보이는 약장수 몇 명이 우르르 몰려들었다. 그뿐만 아니라 남쪽 끝에서는 등짐을 진 건장한 짐꾼 여러 명이 한꺼번에 밀어닥쳤다.

잠시 후, 형장 한복판에 서 있던 형리들이 양쪽으로 갈라서더니 한 사람이 나서면서 부윤에게 알렸다.

"감참관님, 정오입니다!"

그러자 감참관인 부윤이 소리쳐 명을 내렸다.

"죄인의 목을 쳐라!"

명이 떨어지자마자 양쪽에 서서 기다리고 있던 망나니 두 명이 달려들어서 송강과 대종의 목에 걸려 있던 큰칼을 벗겨냈다. 그러고는 각기 법도法刀를 곧추 잡고 춤을 추기 시작했다.

두 명의 망나니가 서로 엉켜 돌아가면서 춤을 추자, 두 개의 법도가 햇볕을 받아서 빛을 뿜었다. 이제 곧 송강과 대종은 목이 뎅겅 잘려 머리가 땅바닥에 굴러 떨어질 참이었다.

처형장을 둘러싼 많은 군중들은 그걸 보려고 까치발을 한 채 서로 밀치면서 아우성을 치고 있었다.

그런데 바로 그때, 처형장의 북쪽 끝에서 수레 위에 올라가 팔짱을 낀 채 구경하고 있던 행상인 한 명이 갑자기 꽹과리를 꺼내더니 요란하게 두들겨 대기 시작했다.

그러자 그 소리를 신호로 하여 사방에서 건장한 사내들이 처형장 안으로 일제히 뛰어들었다. 이와 함께 네거리 어귀의 찻집 누각 위에서 아까부터 웃통을 벗어젖히고 맨살을 드러낸 채 범 같은 얼굴로 양손에 쌍도끼를 치켜들고 서 있던 사내 한 명이 나는 듯이 뛰어내렸다.

그는 번개처럼 내달아 우레같이 고함치며 두 명의 망나니를 그 자리에서 쌍도끼로 쳐죽였다. 그러고 나서 그는 곧장 말 위에 높이 앉아 있는 감참관 채규를 향해 달려들었다. 깜짝 놀란 군졸들이 앞을 가로막았지만, 그들은 사내가 휘두르는 쌍도끼에 몸이 두 동강 나고 말았다. 그것을 본 여러 명의 관리들은 간담이 오그라든 채구를 호위하며 정신없이 달아나기 시작했다.

그때 처형장의 동쪽 끝에서 거지떼들이 어느새 예리한 비수를 뽑아 든 채 처형장 안으로 뛰어들어가 군졸들을 향해 사정없이 난도질을 해대고 있었다.

처형장의 서쪽 끝에서도 똑같은 일이 벌어지고 있었다. 떠돌이 약장수들이 창과 봉을 휘두르면서 군졸들을 덮쳐 닥치는 대로 찌르고 쳐죽이고 있었다.

처형장의 남쪽 끝에서도 짐꾼들이 지게 작대기를 마구 휘두르며 달려들어서 군졸이고 옥리고 구경꾼이고를 가릴 것 없이 닥치는 대로 때려죽이고 있었다.

북쪽 끝의 행상인들도 가만히 있지 않았다. 수레 위에서 뛰어내리는가 했더니 어느새 수레를 끌고 가 사람들을 가로막는 한편, 그들 중 두 명이 뛰어들어서 날쌔게 송강과 대종을 들쳐 업

었다. 그들 중에는 활을 쏘는 사내들이며 돌팔매질을 하는 사
내들도 있었고, 표창을 던지는 사내들도 있었다.

그들은 바로 양산박의 두령과 졸개들로서 오용의 계책에 따
라 처형장을 급습한 것이었다.

양산박에서 온 이들 열일곱 명의 두령들은 사방을 어지럽게
날뛰면서 순식간에 처형장 안의 군졸들과 옥리들을 무참히 해
치워버렸다.

조개가 문득 바라보니 처음 보는 호걸이 한 명 섞여 있었다.
그는 웃통을 벗어젖힌 채 양손에 쌍도끼를 움켜쥐고 있었다. 마
치 사람을 쳐죽이는 데 이골이 난 사람 같아 보였다. 그가 움직
일 때마다 시뻘건 피가 튀면서 사람들이 무 토막 잘리듯 쓰러지
고 있었다.

조개는 그 사내가 누군지 알 수 없었다. 그런데 문득 지난번
대종이 양산박에 왔을 때, 송강이 옥에서 흑선풍 이규란 사내
의 보살핌을 받고 있다고 말했던 일이 기억났다.

'음, 저 사람이 바로 그 흑선풍 이규인가 보다!'

생각이 거기에 미친 그는 이규를 향해 소리쳐 물었다.

"여보시오, 호걸은 혹시 흑선풍이 아니시오?"

이규는 아무 대꾸도 하지 않은 채 마구 도끼를 휘두르면서
앞으로만 내닫고 있었다.

조개는 송강과 대종을 등에 업은 두 명의 사내에게 일렀다.

"저 도끼 든 호걸만 따라가거라!"

그리하여 양산박의 모든 두령들은 수레와 짐을 모두 버린 채

이규의 뒤를 따라서 성문 쪽으로 헤쳐 나갔다.

그들이 성을 나와 강변을 따라서 오 리쯤 갔을 때, 문득 도도히 흐르는 큰 강물이 앞을 가로막으니 더 이상 나아갈 수가 없었다.

길이 막힌 걸 보고 조개가 걱정스러운 얼굴로 소리쳤다.

"이것 큰일났구나. 길이 끊겼으니 어찌하면 좋은가?"

"걱정할 것 없소. 우선 형님을 저 사당 안으로 업고 들어가시오."

문득 그 검은 사내가 소리쳤다.

여러 호걸들이 좌우를 살펴보니 땅이 끝난 곳에 커다란 사당 한 채가 있었는데 출입문이 굳게 닫혀 있었다. 검은 사내는 성큼성큼 사당 앞으로 걸어가더니 출입문을 도끼로 찍어서 부순 다음 양쪽으로 왈칵 열어젖혔다.

여러 호걸들이 문득 출입문 위쪽을 바라보니 '백룡신묘白龍神廟'라고 쓴 현판이 걸려 있었다.

송강과 대종을 등에 업은 두 명의 사내가 사당 안으로 들어가서 바닥에 내려놓자, 두 사람은 그제야 비로소 정신이 드는 듯 겨우 눈을 떠 양산박 호걸들과 해후했다.

"형님, 이렇게 뵙다니… 정녕 꿈은 아닌지요?"

"분명히 꿈은 아니니 안심하시오. 산채에 머물자고 해도 고집을 부리고 내려가시더니 기어이 이런 변을 당하시는구려. 그런데 쌍도끼를 휘두르던 그 검은 사내는 누구요?"

조개가 궁금증을 참지 못해 묻자 송강은 이규로 하여금 나머지 여러 두령들과도 인사를 나누도록 하였다. 인사를 나누다 보니 그와 주귀는 같은 고향이었다. 그리하여 여러 호걸들이 함께 기뻐해 주었다.

화영이 조개를 바라보면서 푸념하듯 말했다.

"형님께서 우리에게 무작정 여기 있는 이 사람만 따라가라고 해서 따라왔더니 결국 막다른 곳에 이르렀습니다. 앞은 큰 강물이 가로막았고, 우리를 태워 줄 배 한 척도 없습니다. 만일 강주성에서 관군이라도 뒤쫓아 온다면 어떻게 하시겠습니까?"

그렇게 걱정하고 있는데 배 세 척이 백룡신묘 쪽으로 쏜살같이 몰려왔다.

송강이 문득 바라보니, 첫 번째 배에는 장순이 여남은 명의 사내들을 거느리며 타고 있었고, 두 번째 배에는 그의 형 장횡이 목춘, 목홍, 설영과 함께 역시 여남은 명의 사내들을 거느려 타고 있었다. 그리고 또 세 번째 배에는 이준, 이립, 동위, 동맹 등이 소금장수 여남은 명과 타고 있었다. 그들은 제각기 창칼로 단단히 무장을 하고 있었는데, 일제히 배에서 내려 언덕을 올라왔다.

장순이 송강을 보자, 그 앞에 넙죽 엎드렸다.

"형님, 이렇게 무사한 모습을 뵙게 되니 비로소 안심이 됩니다."

"고맙네. 그런데 자네들은 어떻게 이곳에 오게 되었나?"

송강이 그렇게 묻자 장순이 대답했다.

"저는 형님께서 옥에 갇혔다는 소문을 듣고서 형님을 구해 낼 길이 없어 속만 태우고 있었습니다. 그런데 얼마 후 대원장마 저도 옥에 갇혔다는 소문을 들었습니다. 더구나 이규 형마저도 나타나질 않으니 정말 갑갑해서 미칠 지경이었습니다. 그래서 저는 형을 찾아가서 상의한 다음 목씨 장원으로 가서 많은 동지들을 불러 모았습니다. 지금 저희는 강주성으로 쳐들어가서 감옥을 때려 부순 다음 형님을 구하고자 나서는 길이었습니다. 그런데 뜻밖에 여러 호걸들에게 구원을 받게 되셨군요."

장순이 송강을 만난 기쁨을 감추지 못하며 말했다. 그러자 송강이 그동안의 일을 일러 주고는 양산박 두령들과도 인사를 시켰다.

그리하여 백룡묘 안에는 강주 땅의 장순 등 아홉 명과 양산박에서 온 조개 등 열일곱, 그리고 송강, 대종, 이규, 세 명이 모였으니 모두 합하여 스물아홉 명이었다. 그들은 모두 의리를 위해서 이곳에 모였으니, 훗날 사람들은 그때를 가리켜 '백룡묘 소회小會'라고 일컬었다.

그들은 우선 이준, 장순 형제가 이끌고 온 배 세 척에 나누어 탔다. 건너편 언덕에 배가 닿자 목홍이 여러 사람들을 자신의 장원으로 청해 들였다. 장원에서는 목 태공이 그들을 맞이하여 황소 한 마리를 잡고 거위, 오리 등을 잡아 잔치를 베풀고 여러 두령들을 대접했다. 술이 몇 순배 돌고 나자 조개가 장횡, 장순을 치하했다.

"마침 그때 두 분 형제께서 배를 몰고 와서 도와주셨기에 망정이지 하마터면 큰일날 뻔했습니다."

"그런데 여러분은 어째서 그쪽으로 달아나셨습니까?"

목 태공이 웃음 띤 얼굴로 묻자 이규가 나서며 너스레를 떨었다.

"저는 단지 쳐죽일 놈들이 많은 쪽만 골라서 도끼를 휘두르며 나아갔을 뿐입니다. 그런데 한참 가다 뒤돌아보니 모두들 제 뒤만 줄레줄레 따라오고 있더군요! 제가 부르지는 않았습니다."

그 말을 듣자 무작정 이규를 뒤따랐던 여러 두령들이 웃음을 터뜨렸다. 잠시 후, 송강이 자리에서 일어나 감사의 뜻을 표했다.

"만일 여러 형제들이 이 보잘것없는 송강을 구해 주지 않았더라면 대원장과 함께 이미 이 세상 사람이 아니었을 것입니다. 이 은혜를 어떻게 갚아야 할지 모르겠습니다. 그런데 다만 한 가지 한스러운 일은 무위군의 황문병이란 놈을 쳐죽이지 못한 것입니다. 그자는 워낙 간사한 놈이라 우리가 이번처럼 갑자기 들이치는 계책으로는 힘들 것이오. 더구나 그놈은 나와 대원장을 죽이기 위해 강주부윤 채구에게 온갖 아첨을 다한 놈이오! 그놈의 배를 갈라 간을 씹어도 이 한이 풀리지 않을 것 같습니다. 그래서 여러 형제들께 부탁하노니, 다시 한 번 굳게 뭉쳐서 무위군을 치도록 합시다. 그리하여 황문병이란 놈을 쳐죽여 이 송강의 한을 푼 다음 모두 양산박으로 돌아갑시다."

그러자 화영도 송강의 말에 맞장구를 쳤다.

"송강 형님의 말씀이 옳습니다. 그러나 무위군은 우리가 한 번도 가 보지 못한 낯선 곳입니다. 그러니 미리 한 사람을 그곳

으로 보내서 길을 살펴보게 하고, 강주성 안의 움직임을 알아
본 다음 손을 쓰는 것이 어떻겠습니까?"

그러자 설영이 나섰다.

"그 일은 제가 맡겠습니다. 저는 오랫동안 약장수를 하면서
세상을 떠돌아다녔습니다. 무위군에 대해서는 누구보다도 잘
알고 있습니다. 제가 가서 살펴보고 오겠습니다."

송강이 그 말을 듣고 설영에게 당부했다.

"그렇다면 잘됐소. 수고스럽지만 아우가 다녀오도록 하시오."

송강의 허락이 떨어지자, 설영은 무위군을 향해 길을 떠났다.

송강은 여러 두령들과 함께 목 태공의 장원에 머물면서 무위
군 칠 의논을 하며 창과 칼을 점검하는 한편, 활과 화살을 나누
어 갖고 배를 준비했다.

무위군으로 갔던 설영은 이틀 후, 낯선 사내 하나를 데리고
돌아와 송강에게 인사시켰다.

"이 사람은 본래 홍도洪都 땅 사람으로서 성은 후侯가요, 이름
은 건健이라고 합니다. 손에 바늘과 실만 쥐면 못 만드는 옷이
없습니다. 뿐만 아니라 지난날 제가 창술과 봉술을 가르쳤기 때
문에 무예에도 제법 정통합니다. 또한 살결이 검고 몸집이 가냘
픈데다 날래고 민첩한 까닭에 사람들은 통비원通臂猿(긴팔원숭이)
이라 부른답니다. 지금은 무위군에서 황문병의 집안일을 봐 주
고 있는데, 제가 이번에 그곳에 갔다가 우연히 만나서 이렇게 데
리고 왔습니다."

후건이란 사내도 지살성을 타고났기 때문에 양산박 무리에

쉽게 섞였다.

후건은 지난번 일로 강주성의 관군들과 백성들을 합쳐 죽은 자가 오백여 명에 달하고, 다친 자는 그 수효를 헤아릴 수 없으며, 부윤 채구는 이미 도성에 공문을 보낸 후 성문을 굳게 닫아 방비에만 열중하고 있다는 강주성 안의 사정을 이야기해 주었다.

설영은 원수를 갚아야 할 한 가지 명분을 더 주었다.

"형님을 해치려고 든 건 그 황문병이란 놈이 세 번, 네 번 채구를 부추겼기 때문이었습니다."

송강은 그 말을 듣고 고개를 끄덕이더니 다시 황문병에 대한 일을 후건에게 물었다.

"저는 근자에 황 통판의 부름을 받고 그 집에서 옷 짓는 일을 하고 있었습니다. 황문병에게는 친형이 하나 있는데, 그 이름은 황문엽黃文燁입니다. 황문엽은 동생 황문병과 한 핏줄을 타고 난 형제이지만, 그 성품이나 거동이 사뭇 다릅니다. 그는 평생 착한 일만을 골라서 하는 인물로서 다리를 고치고, 길을 닦고, 부처를 세우고, 스님들께 시주하고, 어려움에 처한 사람을 돕고, 곤궁한 사람을 구제합니다. 그래서 무위군 사람들은 그를 가리켜 황불자黃佛子라고 부르기도 합니다. 그러나 그의 동생 황문병은 통판까지 지냈지만 남을 해칠 생각만 하고 못된 짓만 골라 하기 때문에 사람들은 그를 가리켜 황봉자黃烽刺(누런 벌침)라고 부른답니다. 그들 두 형제는 따로 살림을 내긴 했으나 한 골목 안에서 나란히 살고 있습니다. 황문병의 집은 북문 성곽에 바짝 붙어 있으며, 그의 형 황문엽의 집은 큰길로 통하는 길목에 자리잡고 있습니다."

송강이 여러 두령들을 돌아보면서 말했다.

"설영이 이 사람을 이곳에 데려온 것은 실로 하늘의 도움이 라 아니할 수 없소. 이제 여러 형제들이 힘을 합쳐서 나를 도와 주기 바라오. 원수는 오직 황문병 한 놈뿐이오. 그러니 죄 없는 무위군 백성들을 해쳐서는 안 될 것이오. 특히 황문병의 형 황 문엽은 어질고 덕이 있는 사람이라니 결코 해쳐서는 안 됩니다. 만약 우리가 죄 없는 사람들을 다치게 한다면 장차 세상 사람 들이 우리를 가리켜 어질지 못하다고 손가락질하게 될 것이오."

그러자 모든 두령들이 일제히 대답했다.

"오직 형님의 분부대로 따르겠습니다."

송강은 여러 두령들과 머리를 맞댄 후 지시를 내렸다. 우선 군사를 내기에 앞서 설영과 백승은 후건의 안내를 받아 무위군 성안에 들고 석용과 두천이 거지꼴로 꾸며 그 뒤를 따랐다.

그리고 나머지는 모래 자루와 갈대 다발을 각각 백여 개씩 만들어 다섯 척의 큰 배 위에 나누어 싣도록 했다. 다섯 척의 배는 소리 없이 강물 위를 미끄러졌다. 때는 무더운 여름인 7월 이었으나 밤바람이 제법 서늘했으며, 사방은 고요하고 밝은 달 빛이 맑은 강물 위를 비추고 있었다. 또한 물속에는 산 그림자 가 일렁이고 있었다.

이때 자정을 알리는 북소리를 신호로 하여 모래 자루를 쌓아 올리고 나서 갈대 다발을 지고 성곽 위로 오르자 백승이 기다렸다는 듯이 한 사람씩 손을 잡아 주었다. 설영과 후건은 황문병 집 근처에 매복해 있었고, 석용과 두천은 성문을 열기 위해 성문 근처에 있었다.

졸개들이 지고 온 백여 개의 갈대 다발을 황문병 집 안 곳곳에 쌓아 두고 설영이 불을 당기자 불길은 순식간에 하늘을 향해서 치솟아 올랐다.

그때를 신호로 하여 송강은 여러 두령들과 함께 집 안으로 뛰어들었다. 그들은 집 안 구석구석을 돌면서 사람의 그림자만 얼씬거리면 닥치는 대로 찔러 죽였다.

그들이 황문병의 식솔 사오십 명을 해치우는 데는 그리 오랜 시간이 걸리지 않았다. 그런데 황문병의 식솔들은 남녀노소 가릴 것 없이 모두 몰살시켜 버렸지만, 정작 황문병만은 보이지 않았다. 그는 이때 강주성의 부윤 채구에게 가 있었던 것이다.

집 안을 샅샅이 뒤졌으나 황문병이 보이지 않자 송강은 여러 호걸들과 함께 황문병이 평소에 백성을 괴롭히며 긁어모은 금은보화들이 곳간마다 그득한 걸 보고 남김없이 성 위로 나르게 했다.

한편 성문 근처에 매복하고 있던 석용과 두천은 불길이 치솟아 오르는 것을 보자, 즉시 품속에서 비수를 빼들고 성문을 지키는 관군에게 달려들어서 찔렀다.

그들이 황문병의 집을 바라보니, 사람들이 불을 끄기 위해 사다리와 물통 따위를 들고 길거리를 향해 쏟아져 나오고 있었다.

석용과 두천은 소리쳐 꾸짖었다.

"네 이놈들, 어서 당장 집으로 들어가지 못하겠느냐? 불을 끄는 놈들은 한 놈도 남김없이 모두 죽여 버리겠다! 양산박의 두령 수천 명이 황문병이란 놈을 요절내기 위해서 지금 이곳에 와 계시다! 어서 집 안으로 썩 들어가서 잠자코 있어라! 그렇지 않으면 개죽음을 면치 못하리라!"

그 말을 듣고 물통을 들고 다시 집으로 가는 사람도 있었으나 그중에는 그 말이 도무지 믿어지지 않는지 멍하니 서서 구경만 하는 사람도 있었다. 그때 이규가 쌍도끼를 휘두르면서 내달려 왔다.

"불을 끄는 놈은 단 한 놈도 살려 두지 않겠다!"

그러자 관군이나 백성 가릴 것 없이 기겁을 하며 사다리와 물통을 내팽개친 채 달아나 버렸다.

황문병의 집은 삽시간에 불길에 휩싸인 채 하늘 높이 타오르고 있었다.

석용과 두천이 성문 쪽으로 달려가 문지기를 찔러 죽이자 흑선풍 이규가 도끼로 철쇄를 끊어 성문을 활짝 열어젖혀 놓고 기다리고 있었다. 그리하여 송강이 거느린 양산박의 두령들과 금은보화를 가득 진 하인과 졸개들은 유유히 성문을 나와 강가에 이를 수가 있었다. 어느새 설영도 뒤따라와 있었다.

그들은 장횡과 완씨 삼형제가 기다리고 있던 갈대숲 사이의 배 위에 오르자 휘파람을 불면서 서서히 물러나기 시작했다.

한편 강주성 안의 관군들은 강 건너 무위군에서 불길이 치솟자 그 사실을 부윤에게 알렸다. 그 자리에 함께하고 있던 황문병은 불길한 생각이 들었다. 어쩌면 자기 집이 불타고 있을지도 모른다는 생각 때문이었다.

황문병은 부윤에게 급히 작별을 고한 후 허둥지둥 강가로 달려가 배에 오르자 사공에게 소리쳤다.

"어서 노를 저어라!"

황문병이 탄 배가 강의 한복판에 이르렀을 때, 문득 조그만 조각배 한 척이 상류로부터 미끄러져 내려오더니 그 옆을 휙 스쳐 지나갔다. 그리고 잠시 후 또 한 척의 조각배가 달려 내려왔다. 그런데 이번에는 스쳐 지나가는 대신 곧바로 쇠갈퀴를 쭉 뻗어 황문병의 배를 바짝 끌어당기더니 배 위로 껑충 뛰어올랐다.

황문병은 본래 눈치가 빠른 자였다. 그런 경황 중에도 사내를 경계하며 선미 쪽으로 몸을 피하더니 강물 속으로 뛰어들었다. 그런데 그때 갑자기 강물 위에 또 한 척의 조각배가 나타났다. 그와 동시에 문득 물속에서 한 사내가 황문병의 허리를 휘어 감았다. 사내는 물속으로 한 번 들어갔다 위로 솟아오르더니 황문병의 머리를 배 위쪽으로 밀어 올렸다. 그러자 쇠갈퀴를 든 사내가 즉시 그의 머리를 붙잡고 배 위로 끌어올려 꽁꽁 묶어 버렸다.

강물 속에서 황문병의 허리를 휘어 감은 사내는 다름 아닌 낭리백도 장순이었다. 그리고 배 위에서 쇠갈퀴를 들고 있던 사내는 바로 혼강룡 이준이었다.

장순과 이준이 배 위에 우뚝 선 채 굽어보자, 황문병의 배를 젓던 사공은 그만 새파랗게 질린 채 부들부들 떨기 시작했다. 이준이 뱃사공에게 일렀다.

"네 이놈, 네놈의 목숨은 살려 주겠다! 우리는 이 황문병이란 놈만 잡아가면 그뿐이다! 네놈은 관청으로 돌아가거든 부윤놈에게 이렇게 전하거라! '우리 양산박의 여러 두령들은 네놈의 파리 같은 목숨을 잠시 어깨 위에 붙여 두겠다! 그러나 곧 다시 와서 네놈의 목을 베어 가겠다!'고 말이다. 알겠느냐?"

뱃사공은 벌벌 떨면서도 목숨을 살려 주겠다는 말에 가슴을 쓸어내리며 대답했다.

"알겠습니다, 나리. 꼭 그렇게 전하겠습니다."

장순과 이준은 각기 자신의 배에 옮겨 탄 다음 관가의 배를 돌려보냈다. 황문병은 꽁꽁 묶인 채 장순의 배에 실렸다. 그들은 힘껏 노를 저어 목 태공의 장원으로 돌아갔다.

장순과 이준은 장원에 들어서자마자 큰소리로 외쳤다.

"형님, 황문병이란 놈을 사로잡아 왔습니다!"

그 말을 듣자 송강은 기쁨을 참지 못해 맨발로 달려 나왔다.

"어디 그놈의 낯짝이나 한번 똑똑히 보세!"

송강은 황문병의 얼굴을 살펴본 다음, 젖은 옷을 발가벗겨서 버드나무 둥치에 비끄러맸다. 그러고는 여러 두령들로 하여금 그 주위에 빙 둘러앉게 하였다.

송강은 술을 가져오라고 해서 여러 두령들과 함께 술잔을 들었다. 위로는 조개로부터 시작하여 아래로는 백승에 이르기까지 모두 서른 명의 호걸들이었다.

송강이 목소리를 가다듬어 황문병을 꾸짖었다.

"네 이놈, 나는 네놈에게 아무 원수진 일이 없었거늘 네놈은 어찌하여 나를 끝까지 죽이려고 채구 부윤을 부추겼느냐? 성현의 글까지 읽은 놈으로서 어찌 그처럼 독하고 모질 수 있었단 말이냐? 또한 권세에 아첨하여 관청에 드나들면서 얼마나 많은 백성들의 등골을 빼먹었느냐? 그 죄는 누구보다도 네놈이 잘 알 것이다! 오죽하면 무위군 백성들이 네놈을 가리켜 '황봉자'라고 불렀겠느냐? 오늘은 내가 네놈의 그 간악한 벌침을 뽑아줄 것이니, 그리 알아라!"

"제 잘못을 알고 있습니다. 어서 죽여 주시오!"

황문병도 일이 그 지경에 이르자 죄를 빌었다. 그런 황문병을 노려보며 조개가 호통을 쳤다.

"이 천하에 몹쓸 놈 같으니라구! 그래도 주둥아리는 살아서 나불대고 있구나! 그래, 죽여 주지 않을까 봐 걱정이 되느냐? 진즉에 이런 일이 있을 줄 알았다면 어찌하여 뉘우치지 않았느냐!"

조개가 황문병을 꾸짖자 송강이 여러 두령들을 향해 물었다.

"누가 나를 위해 이놈을 죽여 주겠소?"

그러자 흑선풍 이규가 선뜻 나서서 불문곡직하고 그의 가슴을 칼로 헤집어서 간과 염통을 끄집어내니, 이것이 곧 간악한 황문병의 최후였다.

"형님, 기뻐해 주십시오! 이제 비로소 형님의 원수를 갚았습니다!"

그런데 뜻밖에도 송강이 정색하며 그들 앞에 무릎을 꿇었다. 그것을 본 여러 두령들도 황망히 그 앞에 꿇어앉으며 물었다.

"형님, 왜 이러십니까? 저희들에게 하실 말씀이 있으면 어서 말씀해 주십시오! 형님의 말씀이라면 무슨 말이든 듣겠으니 어서 말씀하십시오."

송강이 여전히 정색을 한 채 입을 열었다.

"제가 재주는 없으나 젊어서는 벼슬을 지내며 천하의 호걸들과 사귀기를 즐겨했습니다. 호걸들과 사귀어 품은 뜻을 함께 이루고자 했으나 힘이 모자란 데다가 재주도 없어 뜻대로 되지 않았습니다. 지난날 강주로 귀양 갈 때 조 두령께서 여러 호걸들과 함께 산채에 머무르라 했으나 아버님의 엄한 가르침을 거스르지 못해 거절했습니다. 그러나 하늘이 굽어 살폈던지 아무 탈 없이 심양강가에서 여러 호걸들과도 사귀게 되었지만 술 취한 김에 내갈긴 글로 내 목숨은 물론 대원장의 목숨까지 잃게 할 뻔했습니다. 그런데 여러 호걸들이 호랑이 굴에 뛰어들어 저를 구해 주었습니다. 게다가 이제 저는 비로소 여러 호걸들의 도움으로 원수를 갚게 되었습니다! 정말 고마운 일입니다. 하지만 이번에 강주성과 무위군을 발칵 뒤집어 놓았으니, 필시 이일이 도성에까지 알려지게 될 것입니다. 그러므로 이 송강은 양산박으로 가서 여러 호걸들에게 몸을 의탁하지 않을 수 없게 되었습니다. 그러나 여러 호걸들이 허락한다면 양산박으로 따라나서겠지만, 그렇지 않을 경우에는 결코 짐이 되진 않을 작정입니다.”

그러자 여러 호걸들이 입을 모아 말했다.

“형님, 수많은 관군을 죽였고 강주성과 무위군을 친 지금, 저희가 어찌 한 마음 한 뜻으로 뭉치지 않을 수 있겠습니까? 이제 도성에서는 보고를 받고 필시 군사를 일으켜서 우리를 잡으러 올 것입니다! 그러니 우리는 양산박에서 힘을 합쳐 죽고 살기를 함께해야만 합니다!”

그 말을 듣자 송강은 크게 기뻐하면서 양산박으로 들어가기로 마음을 정하고 말했다.

“고맙소! 여러 아우들과 뜻을 함께하였으니, 이제 우리 앞에 두려운 것은 아무것도 없소!”

그리하여 주귀와 송만이 그동안의 일을 전하기 위해 양산박을 향해 먼저 떠났고, 나머지 사람들은 다섯 대로 나뉘어서 차례로 떠나게 되었다.

구천현녀를 만나
하늘의 뜻을 전해 듣는 송강

한편 양산박에서 산채를 지키고 있던 오용, 공손승, 임충, 진명 등 네 명의 두령과 지난번에 새로 가담한 소양, 김대견 등은 한 걸음 먼저 돌아온 주귀와 송만이 소식을 전한 터라 일행이 이르기만을 기다리고 있었다.

모든 일행이 별 탈 없이 금사탄을 건너 관문 아래에 도착하자 양산박에 남아 있던 여러 두령들이 마중 나와 환영의 술을 따르면서 맞아들였다.

그들이 양산박에 이르러 모두 함께 취의청에 올라가 보니, 향로에서는 좋은 향이 뭉게뭉게 피어오르고 있었다.

조개가 송강에게 청해 첫 번째 두령 자리에 앉게 하며 말했다.

"아우, 아우가 나 대신 이곳 대채의 주인이 되어 주시오!"

"형님, 그 무슨 당치 않은 말씀입니까? 이곳 양산박의 형제들이 목숨을 걸고 이 송강의 목숨을 구해 주었습니다. 그 은혜만으로도 이 송강은 뼈에 사무칩니다. 헌데 산채의 주인이신 형님께서는 어찌 이 보잘것없는 송강에게 자리를 양보하려고 그러십니까? 부디 그 말씀을 거두어 주십시오. 자꾸 그러신다면 이 송강은 차라리 스스로 목숨을 끊는 편이 옳을 것입니다."

조개가 다시 송강을 달래며 첫 번째 자리에 앉기를 권했다.

"아우는 그게 무슨 소리인가? 지난날 아우가 목숨을 내던져가며 우리 일곱 명의 목숨을 구해 이리로 보내 주지 않았다면 어찌 오늘날이 있을 수 있었겠소? 그러니 아우야말로 이 산채의 주인이 되어야 할 것이오. 아우가 이 자리에 앉지 않으면 누가 앉는단 말인가?"

그러나 송강은 고개를 가로저으며 완강히 사양했다.

"아닙니다. 세상에 결코 그런 법은 없습니다. 나이로 보아서도 형님은 저보다 십 년이나 위입니다. 어찌 제가 외람되게 이 자리에 앉을 수 있겠습니까?"

그렇게 한동안 실랑이를 벌이다 송강은 조개를 제일 첫 번째 자리에 앉히고 나서 자신은 두 번째 자리에 앉았다.

이어 오용이 세 번째 자리에 앉고 공손승이 네 번째 자리에 앉자 송강은 여러 두령들을 향해 말했다.

"여러 두령들은 들으시오! 지금 이 자리에서는 공의 높고 낮음을 따질 필요가 없소. 그러니 양산박의 원래 두령들께서는 왼편의 주인 자리에 앉으시고, 이번에 강주 땅에서 새로 오신 호걸들은 오른편의 손님 자리에 앉으십시오! 그리고 앞으로 공에 따라서 차차 서열을 다시 정해 앉도록 합시다!"

이치에 어긋남이 없는 송강의 말에 모든 사람들이 입을 모아 대답했다.

"지당하신 말씀입니다, 형님!"

그리하여 양산박에는 이제 모두 마흔 명의 호걸들이 모인 셈이었다.

여러 두령들이 양산박에 든 축하연은 사흘이나 이어졌다. 잔치가 이어지는 중에도 조개는 새로 들어온 식구들의 거처를 마련해 주고 황문병의 집에서 빼앗은 금은보화를 여러 졸개들에게 골고루 나누어 주었다.

송강이 문득 생각해 보니 강주 땅과 무위군에서 일어난 일들이 도성에 알려졌을 것인즉, 도성에서는 즉시 제주부로 공문을 보내서 아버님과 아우를 볼모로 잡아들일 것이 불을 보듯 뻔했다. 자신이 지금 태연히 술잔치나 벌이고 있을 처지가 아니었다. 모든 두령들이 고향 가는 일을 말렸으나 송강은 길을 재촉해 송가촌에 이르렀다.

그러나 송강은 송가촌이 이미 현청의 감시가 심하다는 송청의 말을 듣고 앉아 있을 새도 없이 달아나기에 바빴다. 그것도 벌써 소문이 퍼져 관군들에게 쫓기는 신세가 되었다.

　무한정 밤길을 달리다 보니 환도촌還道村의 외길에 들어서게 되었다.

　환도촌으로 들어가기만 하면 독 안에 든 쥐나 다름없었다. 송강은 뒤늦게 깨닫고 뒤돌아서려 했지만, 이미 뒤에서 관군들이 바짝 뒤쫓고 있었다. 수많은 횃불들이 주위를 대낮처럼 밝히면서 점점 거리를 좁혀 오니 그쪽으로 달아날 수도 없었다.

　송강은 어쩔 수 없이 환도촌 쪽으로 달아나야만 했다. 그는 마을 안으로 뛰어들어가 이리저리 피할 곳을 찾다가 문득 숲이 눈에 띄어 그 속으로 숨어들었다.

　그런데 바로 앞에 사당 하나가 나타났다. 그는 재빨리 방장을 들춘 다음 신주단으로 들어가 몸을 숨겼다. 곧이어 현청의 도두 조능, 조득 두 형제가 관군 사오십 명을 거느리고 사당 안으로 뛰어들었다.

　그들은 횃불을 들고 이곳저곳 비추어 보고 있었다. 횃불이 크게 일렁이는가 싶더니 조득이 성큼 제단 위로 올라섰다.

　송강은 마음속으로 빌었다.

　'천지신명이시여, 도와주소서! 천지신명이시여, 이 송강을 구해 주시옵소서!'

　송강의 기도가 하늘에 통했음인지 관군들은 지나가면서도 신주단 안은 살피지 않았다.

"이곳엔 없는 것 같은데…. 도대체 그놈이 어디로 숨은 걸까?"

"도두님, 그놈은 아마 마을 안 숲 속으로 도망쳐 들어갔을 겁니다. 하지만 독 안에 든 쥐나 다름없습니다. 밖으로 통하는 길은 오직 하나뿐이며, 사방은 높은 산과 험한 절벽으로 둘러싸여 있으니까요. 우리가 마을 어귀만 잘 지킨다면 그놈은 하늘로 나는 재주를 갖고 있지 않은 이상 달아날 수가 없습니다. 그리고 날이 새는 즉시 마을 전체를 샅샅이 뒤진다면 틀림없이 잡히게 될 겁니다."

군졸들이 그렇게 말하자 조능과 조득이 고개를 끄덕이며 말했다.

"그 말이 옳다!"

송강은 그제야 가슴을 쓸어내리며 하늘에 감사했다.

'천지신명이시여, 고맙습니다! 만일 제가 이곳에서 살아날 수만 있다면, 훗날 반드시 이 사당을 중수重修하고 신령님들을 다시 모시겠습니다! 부디 이 송강을 불쌍히 여기시고 보살펴 주옵소서!'

송강은 그들이 물러나자 안도의 한숨을 쉬었으나 걱정은 여전했다.

'잡히지는 않았지만 어떻게 마을 입구를 빠져 나간담?'

그때 제단 뒤쪽의 회랑으로부터 누군가 사뿐사뿐 걸어오는 듯한 기척이 느껴졌다.

'앗, 또 누가 오는구나! 재빨리 빠져 나갈 걸 괜히 머뭇거리고 있었나 보다!'

송강이 신주단에서 구멍을 통해 바라보니, 청의동자青衣童子 두 명이 사뿐사뿐 걸어오고 있었다.

그들은 신주단 앞에 이르러 누군가를 불렀다.

"성주님, 성주님!"

아마도 누군가를 찾고 있는 것 같았다. 송강은 간이 콩알만 해진 채 잠자코 듣고만 있었다.

"송 성주님, 어서 나오십시오! 저희들이 성주님을 모시러 왔습니다!"

마치 은방울이 구르듯 맑은 목소리였다. 송강은 그제야 그들이 남자아이가 아니고 여자아이임을 알게 되었다. 송강은 그들이 자기를 사로잡으러 온 군졸들이 아님을 깨닫자 안심이 되었다. 송강은 비로소 신주단 밖으로 나왔다.

"저희들은 낭랑娘娘의 분부를 받들어 성주님을 모시러 온 선녀입니다. 자, 어서 함께 가시지요."

"두 분께서는 사람을 잘못 보셨습니다. 제 이름은 송강입니다. 성주가 아닙니다."

"저희들이 어찌 사람을 잘못 보겠습니까? 성주님께서는 천강성과 지살성을 동시에 타고난 분이니 틀림없는 성주님이십니다. 청컨대 성주님께서는 어서 저희와 함께 가 주십시오. 낭랑께서 기다리신 지 이미 오래입니다."

송강이 물었다.

"낭랑이라니, 도대체 누구를 가리키는 것입니까? 저는 낭랑이 누군지 알지 못합니다."

"성주님께서 저희와 함께 가 보시면 저절로 알게 될 것입니다. 그러니 더 이상 캐묻지 마시고 어서 저희와 함께 가 주십시오."

송강은 여전히 어리둥절한 얼굴로 물었다.

"그렇다면 지금 낭랑께서는 어디에 계십니까?"

"이 뒤에 있는 궁정 안에 머물고 계십니다."

동녀들은 그렇게 말하더니 앞장서서 길을 인도했다.

'참으로 알 수 없는 일이다. 이런 곳에 이처럼 좋은 길과 궁궐이 있다니…. 이게 과연 꿈인가, 생시인가?'

그곳엔 커다란 정전正殿이 있었다. 그리고 대전大殿에 이르러 용상에 앉아 있는 낭랑을 우러러보았다. 용등龍燈과 봉촉鳳燭에 불이 켜져 있어 금빛과 초록색이 어우러져 눈이 어지러울 정도로 휘황했다.

좌우에는 푸른 옷을 입은 동녀들이 홀笏과 기旗, 그리고 부채를 들고 시립해 있었다. 그 한가운데 온갖 보석으로 꾸며 만든 좌상坐上에 신선 낭랑이 단정히 앉아 있었다.

머리를 구룡비봉九龍飛鳳으로 틀어 올리고 남전藍田의 옥대玉帶가 긴 치마에 끌리고 있었는데, 백옥으로 만든 노리개를 옷소매 사이에 들고 있었다. 연꽃 같은 얼굴에 천연한 눈썹, 입술은 앵두 같고 이목구비가 뚜렷한데, 어딘지 모르게 고귀한 자태가 배어 있었다.

"성주님께서는 어려워 말고 어서 이리 올라오시오."

그리고 낭랑은 옆에 시립해 있는 선녀에게 분부했다.

"이제 천서天書 세 권을 갖다 드려라!"

그 말이 떨어지자 선녀는 즉시 병풍 뒤로 돌아가더니, 노란 보자기에 싼 물건을 옥으로 된 소반 위에 받쳐 들고 나왔다.

송강이 받아서 풀어 보니 그 안에는 세 권의 책이 들어 있었다.

책은 길이 다섯 치에 폭이 세 치 남짓해 보였다. 송강은 감히 그 책을 펼쳐 보지 못한 채, 낭랑에게 두 번 절하고 나서 그 책을 옷소매 속에 정성껏 간직하였다.

송강이 그 책을 받자 낭랑이 송강에게 일러 주었다.

"송 성주께 세 권의 천서를 전해 드렸으니 하늘을 대신해서 도를 펴는 신하로서 나라와 백성들을 도우며 오로지 사악함을 버리고 바른 것을 지키도록 하시오. 그리고 충의를 지키도록 하시오. 또한 하늘의 말씀인 네 구절을 전해 드릴 테니 가슴속 깊이 새기시되 결코 다른 사람들에게 새어 나가게 해서는 안 될 것이오."

송강은 엎드려서 두 번 절하며 하늘의 말씀을 받들었다.

"네, 낭랑의 말씀을 가슴에 깊이 새기겠습니다! 부디 네 구절을 말씀해 주십시오!"

그리하여 낭랑은 하늘의 말씀 네 구절을 송강에게 전했으니, 그 내용은 이러했다.

우숙중중희遇宿重重喜 (숙宿을 만나면 기쁨이 거듭될 것이요)

봉고불시흉逢高不是凶 (고高를 만나도 이는 흉하지 않다)

외이급내구外夷及內寇 (변방의 오랑캐와 나라 안의 도적을 평정하고)

기처견기공幾處見奇功 (어디서나 기이한 공을 보여 줄지어다)

송강은 그 말을 전해 듣자 다시 두 번 절한 다음, 가슴속 깊이 그 뜻을 새겼다.

낭랑은 다시 송강에게 말했다.

"옥황상제께서는 성주님이 사악한 마음을 완전히 씻지 못하고 도를 행하지 못했기 때문에 잠시 인간 세상에 귀양을 보내신 것이니 머지않아 다시 하늘나라로 불러올리실 것이오. 그러니 부디 스스로를 달래고 도를 행함에 결코 게을리해서는 아니 되오. 다시 하늘에 죄를 지음으로써 지옥에 떨어지시는 날에는 저도 성주님을 구해 드릴 수가 없소. 제가 드린 세 권의 천서를 자세히 읽고 열심히 익히도록 하시오. 그 천서를 결코 다른 사람에게 보여 주어서는 아니 되오. 다만 천기성天機星(지다성 오용)과 함께 보는 것만은 허용되오. 성주께서 공을 모두 이루신 후에는 그 천서를 불살라 버리십시오. 결코 그것을 세상에 남겨두어서는 아니 되오. 제가 드린 말씀을 꼭 가슴에 새기시오. 이제 시간이 다 되었소. 하늘과 인간 세상은 서로 다르니 오래 머물 수가 없구려. 이제 더 이상 이를 말이 없으니 성주께서도 어서 돌아가 보시오."

그렇게 말하고 나서 낭랑은 푸른 옷을 입은 두 명의 여동을 향해 분부를 내렸다.

"어서 성주님을 모셔다 드려라. 먼 훗날 다시 뵙게 될 것이다."

송강은 낭랑에게 거듭 감사한 다음, 두 명의 여동을 따라 전각 밖으로 나왔다.

정원을 지나 돌다리 위를 지날 때 문득 여동 하나가 말했다.

"성주님, 많이 놀라셨지요? 이제 날이 새면 저절로 환도촌에서 벗어날 길이 열릴 것인즉 아무 걱정하지 마십시오."

그러고 나서 여동은 다리 밑을 가리키며 말을 이었다.

"성주님, 저 밑의 물속에서 노니는 용을 보십시오!"

송강은 난간에 의지하여 여동이 가리키는 곳을 내려다보았다.

과연 물속에는 한 쌍의 용이 꿈틀거리고 있었다. 바로 그때 갑자기 두 명의 여동이 달려들더니 송강의 등을 떠밀어서 다리 아래로 떨어뜨렸다. 송강은 '앗!' 하고 비명을 지르면서 곤두박질쳤다. 머리가 바닥에 부딪쳤을 때 그는 눈을 번쩍 떴다. 그런데 그곳은 바로 신주단 속이었다. 그는 꿈을 꾸었던 것이다.

'참으로 기이한 꿈이로구나!'

그러나 낭랑에게서 받은 세 권의 천서가 소매에서 나왔다.

'꿈은 꿈이로되 꿈이 아니니 이게 어찌된 일인가? 낭랑이 내게 말했던 네 구절의 하늘 말씀이 똑똑히 생각나는구나! 이곳 사당을 지키는 신령님이 영검하시어 나에게 현몽하신 게 아닐까? 대체 이 사당에 모시는 신령은 어떤 신령인가?'

송강은 그런 생각을 하며 문득 방장을 들춰 보았다. 그 속에는 벽화가 하나 그려져 있었다. 그림에는 아홉 마리의 용이 새겨진 의자에 앉은 아름다운 선녀가 미소를 머금고 있는 모습이 그려져 있었다. 송강은 깜짝 놀랐다. 꿈속에서 보았던 낭랑의 모습이 그곳에 있었던 것이다.

송강은 생각했다.

'꿈속에서 낭랑은 나를 가리켜 성주님이라고 불렀다. 그렇다면 나는 전생에 범상한 사람은 아니었던가 보다. 이 천서 세 권에는 분명히 중요한 내용이 적혀 있을 것이다. 낭랑이 내게 말한 하늘의 말씀 네 구절을 반드시 잊지 않으리라! 여동이 내게 말하기를 날이 새면 저절로 환도촌을 벗어날 길이 열릴 것이라고 하였다. 그렇다면 이제 슬슬 나가 보기로 하자.'

송강은 그렇게 생각하며 밖으로 나와 사당문 위의 현판을 바라보았다. 거기에는 '현녀지묘玄女之廟'란 네 글자가 씌어 있었다.

그것을 본 송강은 비로소 모든 의문이 풀리는 것 같았다. 그는 두 손 모아 합장하며 감사를 드렸다.

"감사합니다, 낭랑님! 구천현녀 낭랑께서 제게 세 권의 천서를 주셨으며, 이렇게 목숨까지 구해 주셨습니다! 제가 훗날 떳떳이 해를 우러를 수 있게 되면 반드시 이곳에 다시 찾아와서 사당을 손보고 전각을 새로 짓겠습니다! 바라옵건대 부디 저를 끝까지 굽어 살펴 주옵소서!"

빌기를 마친 송강은 마을을 향해 발길을 옮겼다. 송강이 조심스럽게 마을로 향하고 있는데 저 멀리 앞쪽에서 요란한 함성이 들려왔다. 송강은 깜짝 놀라 얼른 길가의 나무숲으로 몸을 숨겼다.

'아직도 날 찾아다니고 있구나. 우선 몸을 숨기고 지켜보도록 하자.'

송강은 그렇게 중얼거리며 길 쪽을 살폈다. 얼마 있지 않아 관졸들이 헐레벌떡 쫓기는 것이 보였다. 그들을 쫓고 있는 것은 다름 아닌 흑선풍 이규와 양산박 두령들이었다. 그들은 관졸들을 다 처치한 후 송강에게로 달려왔다.

"자네들이 이곳에 나타날 줄은 꿈에도 몰랐네. 내가 이곳에 있다는 걸 어떻게 알고 찾아왔나?"

"지난번 형님께서 고향으로 떠나신 후, 조개 두령과 오용 군사께서는 마음이 놓이지 않는다며 대원장에게 형님의 소식을 알아오라고 이르셨습니다. 그러고 나서도 안심이 되지 않는지 조개 두령께서 저희들을 데리고 직접 운성현 쪽으로 가다가 운성현에서 되돌아오는 대원장을 만났는데, 관청의 두 도두가 형님을 잡기 위해 군졸들을 이끌고 뒤쫓아갔다는 것이었습니다. 그 말을 들은 조개 두령은 크게 노해서 대원장으로 하여금 양산박에 들어가서 오용 군사님과 공손승, 완씨 삼형제, 여방, 곽성, 주귀, 백승만 남겨 두고 모두 데리고 오라고 일렀습니다. 그리하여 모두들 운성현으로 몰려와서 형님을 찾았습니다. 그런데 사람들이 말하기를 형님께서 관청의 두 도두에게 쫓겨서 환도촌으로 달아났다는 것입니다. 그 소리를 듣고 우리는 이곳 환도촌으로 들어와 마을 입구를 지키는 놈들을 모두 쳐죽였습니다. 그런데 그중 몇 놈이 이쪽으로 달아나지 뭡니까? 그래서 이규와 함께 이렇게 뒤쫓아오게 되었습니다."

"여러 형제들이 이렇게 와 주어서 이 송강은 또다시 목숨을 건지게 되었소. 정말 진심으로 감사하오."

조개가 송강에게 말했다.

"아우에게 혼자 가지 말도록 그렇게 일렀는데도 굳이 떠나더니 하마터면 큰일날 뻔하지 않았는가?"

"오직 연로하신 아버님을 어서 빨리 모셔 와야만 한다는 생각 때문에 다른 말씀은 전혀 귀에 들어오지 않았습니다."

송강이 면구스런 얼굴로 말하자 조개는 빙그레 웃더니, 기쁜 소식을 전했다.

"아우에게 좋은 소식을 들려주겠네. 내가 대원장을 미리 송가촌으로 떠나보냈으니, 아마 지금쯤 그가 다른 형제들을 거느리고 가서 아우의 아버님과 동생을 모시고 양산박으로 갔을 걸세."

송강은 너무나 기쁜 나머지 다시 그 자리에 엎드려 절을 했다. 조개가 웃으며 송강을 재촉했다.

그리하여 조개와 송강은 여러 두령들과 함께 각기 말을 타고 환도촌을 떠나 양산박으로 향했다.

떠나기 전 송강은 말 위에서 사당 쪽으로 합장을 한 다음, 구천현녀 낭랑에게 마음속으로 감사의 기도를 올렸다. 그리고 먼 훗날 뜻을 이루게 되면 다시 돌아와 사당을 손보고 전각을 새로 지으리라 굳게 다짐했다.

양산박에 돌아와 보니 송 태공과 송청은 이미 도착해 있었다. 조개는 소와 말을 잡아서 잔치를 베풀고 그들 세 부자의 재회를 축하했다.

그리고 며칠 후 공손승이 고향 계주 땅에 계신 노모가 생각나 잠시 뵙겠노라 하여 길을 떠났고, 흑선풍 이규도 어머니를 편히 모시겠다는 일념으로 고향 땅 백장촌 동점董店으로 향했다. 그에게는 이달李達이라고 하는 형이 있는데 남의 집 머슴살이를 하고 있었다.

이규가 인적이 드문 산길을 걸어서 고향 마을 동점에 이르렀을 때는 이미 해가 서쪽 하늘에 기울어 있었다. 그러나 마을의 모습은 옛날과 조금도 다름없어 무엇 하나 정겹지 않은 것이 없었다.

이규는 문을 열어젖히고 떨리는 목소리로 어머니를 불렀다.

"어머니!"

그러자 안쪽에서 어머니의 목소리가 들려왔다.

"게 누구요? 밖에 누가 왔소?"

"어머니, 접니다! 철우가 왔습니다!"

"뭐라고? 철우가 왔다고?"

이규는 문을 열고 방 안으로 들어섰다.

이규가 바라보니 어머니는 침상 위에서 염불을 외고 있었는데, 가까이 다가가 보니 두 눈이 멀어 있는 것이 아닌가. 어머니가 눈물을 흘리며 말했다.

"아이고, 내 아들아! 몇 해 만에 집에 돌아온 거냐? 그래, 그동안 어디를 돌아다니다가 왔느냐? 네 형은 남의 집 머슴살이를 하면서 이 에미에게 밥을 얻어다 주지만, 이 에미를 돌볼 형편이 되겠느냐. 나는 늘 네 생각만 하면서 눈물로 세월을 보냈더니 그만 눈까지 멀어 버렸단다. 넌 뭘 하면서 어떻게 지냈느냐?"

'내가 양산박에 들어가 도적떼가 된 것을 사실대로 말씀드린다면 어머니는 결코 나를 따라나서지 않으실 것이다! 그러니 어쩔 수 없이 거짓말을 하여 속일 수밖에 없다.'

생각이 거기에 미친 이규는 짐짓 거짓말로 둘러댔다.

"어머니, 저는 지금 벼슬길에 올라 부임하러 가는 길에 어머니를 모시러 왔습니다."

"그것 참 잘됐구나! 허나 내가 이렇게 눈이 멀었으니, 어떻게 너를 따라가겠느냐?"

이규의 말에 어머니가 기쁨 반 걱정 반 섞인 목소리로 말했다.

"어머니, 걱정 마세요. 제가 어머니를 등에 업고 큰길가로 나가서 수레를 한 대 구한 다음, 모시고 가겠습니다."

이규가 그렇게 말하자, 아무것도 모르는 어머니가 대답했다.

"네 형이 돌아올 때까지 기다렸다가 함께 의논해 보기로 하자."

그때 마침 이규의 형 이달이 돌아왔다. 그의 손에는 식은 밥이 담긴 바가지가 들려 있었다. 늙은 어머니에게 드리기 위해 얻어 온 것 같았다.

이규가 넙죽 엎드려서 절을 하며 형님을 맞았다.

"형님, 오랫동안 객지를 떠도느라고 찾아뵙지 못했습니다."

그러자 이달이 대뜸 이규를 꾸짖었다.

"네놈이 무슨 바람이 불어서 나타났느냐? 또 사람을 못살게 하려고 온 것은 아니겠지?"

어머니가 끼어들었다.

"애야, 철우를 야단치지 말아라! 그 애는 벼슬을 해서 나를 데리러 온 거란다."

이달이 펄쩍 뛰었다.

"원, 어머니두! 어머닌 그 말을 곧이곧대로 믿으세요? 지난날 이놈이 사람을 죽이고 도망쳤을 때, 제가 대신 관청에 붙들려 가서 갖은 고초를 다 겪지 않았습니까? 그런데 이번에 들으니, 이놈은 양산박의 도적떼와 한통속이 되어 형장에 뛰어들어 분탕질치고 강주성 일대를 발칵 뒤집어 놓았다지 뭡니까? 그리고 지금은 양산박에 들어가 그들과 한패가 된 모양입니다. 지난번 강주성에서 이곳 관청에 저놈과 함께 저를 사로잡으라는 공문이 내려와 제가 또 끌려 들어가게 되었는데, 주인댁 어른께서 관청에 들어가 저를 변호해 주셨습니다. 그 동생놈은 집을 나간지 이미 십여 년이나 지났는데, 그동안 한 번도 돌아온 일이 없으니 아마 이름이 같은 자가 고향을 잘못 말한 것 같다고 억지를 부렸습니다. 한편으로는 뇌물을 먹여서 간신히 제가 화를 면하게 되었습니다. 지금 이놈의 목에는 삼천 관의 상금이 걸려 있습니다."

이규는 하는 수 없이 마음속에 있던 생각을 털어놓았다.

"형님, 너무 그러지 마십시오! 그렇다면 형님도 차라리 어머니와 함께 양산박으로 가 편히 삽시다! 여기서 남의 집 머슴살이하는 것보다야 백배는 더 나을 것 아니겠수?"

이달은 그 말을 듣자 화가 울컥 치밀었으나, 동생의 황소 같은 힘을 당할 수는 없어서 밥 바가지만 슬쩍 내려놓고 휭 하니 밖으로 나가버렸다.

'형님은 분명히 사람들을 데리고 나를 잡으러 되돌아올 것이다! 그러니 어서 이곳을 떠나야만 한다! 여기에 오십 냥짜리 은덩이 한 개를 놓고 가면 형님은 아직껏 이렇게 큰돈을 만져본 적이 없으니 뒤따라오진 않을 것이다!'

그렇게 생각한 이규는 전대에서 오십 냥짜리 커다란 은덩이 한 개를 꺼내서 침상 위에 올려놓았다. 그러고는 어머니를 향해 등을 들이댔다.

"어머니, 어서 제 등에 업히시우! 형님이 돌아오시기 전에 이곳을 떠나야만 합니다!"

어머니가 물었다.

"나를 업고 대체 어디로 가려고 그러느냐?"

"어머니, 제발 더 이상 묻지 마시우. 이제부터 제가 어머니를 편히 모시겠습니다."

이규는 어머니를 등에 업자, 박도를 챙겨 들고 집을 나와 샛길을 택해 길을 재촉했다.

한편 이달은 자기가 머슴 노릇을 하고 있는 주인댁으로 가서 아우 이규가 왔음을 일러바치고, 그 집 머슴들 십여 명과 함께 동생을 붙잡으러 돌아왔으나 집 안은 이미 텅텅 비어 있었다. 다만 침상 위에 오십 냥짜리 은덩이 하나만 달랑 놓여 있을 뿐이었다.

'여기에 이렇게 큰돈을 놓고 간 걸 보니 분명 어머니를 업고 서 내뺀 모양이다! 그놈이 양산박에서 왔다면 틀림없이 혼자는 아닐 것이다. 섣불리 뒤쫓았다가는 사로잡기는커녕 목숨이 위험해질지도 모른다. 어쨌든 어머니는 그놈에게 업혀 갔으니, 이곳에 계실 때보다야 호강하시겠지!'

생각이 거기에 미친 이달은 짐짓 머슴들을 향해 둘러댔다.

"동생놈이 벌써 어머니를 업고서 달아났군요. 그런데 길이 워낙 여러 갈래라 어느 쪽으로 도망쳤는지 도무지 알 수 없으니 어떻게 뒤쫓을 수 있겠소?"

머슴들도 그 말을 듣자 뒤쫓을 생각을 버리고 잠시 서성거리다가 이내 돌아가고 말았다.

한편 어머니를 업고 집 밖으로 나온 이규는 형이 사람들을 데리고 뒤쫓아올까 봐 겁이 나서 샛길을 따라 산 속으로 들어갔다.

어느덧 날은 저물고, 멀리서 승냥이 소리가 들려왔다. 이규는 늙은 어머니를 등에 업은 채 별빛도 푸른 밤길을 달려서 어느새 커다란 고개 밑에 이르렀다.

그 고개는 기령沂嶺이라고 불리는 곳으로서 그곳을 넘어야만 인가가 있었다. 이규가 어머니를 등에 업고 한 걸음 한 걸음씩 고갯마루를 향해 걸음을 재촉하는데 문득 어머니가 등 뒤에서 말했다.

"얘야, 목이 타서 죽겠구나! 물 한 모금만 마시게 해 다오!"

"어머니, 잠시만 참으시우. 이 고개만 넘으면 인가가 나옵니다. 그곳에 가서 방 한 칸을 빌어 편안히 쉬게 해 드릴게요. 그곳에 도착하면 물도 드실 수 있고, 밥도 드실 수 있소."

그러나 어머니는 다시 이규에게 졸랐다.

"애야, 낮에 마른밥을 먹었더니 그런가 보다. 이 근처 어디서 물을 구할 수 없겠니?"

이윽고 고갯마루에 이르자 이규는 커다란 소나무 아래의 널따란 바위 위에 어머니를 내려놓았다. 그리고 그 곁에 박도를 꽂아 세우고 말했다.

"어머니, 그럼 여기에서 잠시만 기다리시우. 제가 물을 떠가지고 올 테니까 말이우."

말을 마치고 난 이규는 별빛에 의지해 골짜기를 찾아 내려갔다. 조금 내려가니 계곡물 흐르는 소리가 들렸다. 골짜기 밑으로 내려가니 맑은 물이 바위틈 사이로 흘러내리고 있었다.

어머니만을 업고 떠난 길이라 물을 담을 그릇이 있을 리 없었다. 사방을 살펴보니 건너편 기슭에 사당 하나가 있었다. 사주대성泗州大聖(당나라 때 서역에서 중국으로 온 고승)을 모신 곳이었다. 제단 앞에는 돌로 만든 향로 한 개가 덩그러니 놓여 있었다. 이규는 두 손으로 그걸 집어 들고 냇가로 가 흐르는 물에 깨끗이 씻었다. 그리고 거기에 물을 담아 정성껏 받쳐 들고 고갯마루 위로 올라갔다.

그런데 어찌 된 일인가. 바위 위에 있어야 할 어머니가 보이지 않는 것이었다. 그가 꽂아 두었던 박도만 그 자리에 그대로 있을 뿐 어머니의 모습은 온데간데없었다.

이규가 사방을 둘러보며 소리쳤다.

"어머니! 어머니, 어디 계시우?"

그러나 아무리 불러도 고요한 산 속에서 산울림만 되돌아올 뿐 아무 대답이 없었다.

이규는 돌 향로를 땅바닥에 내려놓고 어머니를 찾기 시작했다. 천천히 걸으며 주변을 살폈다. 서른 걸음쯤 걸어갔을 때, 문득 풀섶에 피가 묻어 있는 것이 보였다. 머리카락 끝이 쭈뼛해지는 가운데 핏자국을 따라가 보니 커다란 동굴 앞에 이르렀다. 동굴 앞에서 호랑이 새끼 두 마리가 사람의 다리뼈 하나를 놓고 서로 번갈아 가면서 핥고 있는 중이었다.

'이게 어머니의 다리가 아니면 누구의 다리란 말인가? 내가 양산박을 내려온 것은 어머니를 모셔 가기 위해서였다. 온갖 고생을 해가며 여기까지 모셔 왔는데 그만 호랑이 밥이 되게 했다는 말인가?'

그렇게 생각한 이규는 크게 한 번 울부짖더니, 허리의 칼을 빼들고 두 마리의 호랑이 새끼를 향해 달려들었다. 호랑이 새끼들은 갑자기 나타난 이규를 향해 이빨을 드러낸 채 발톱을 곤추세웠다.

이규의 칼날이 단번에 한 마리를 쳐죽이고 나자, 놀란 나머지 한 마리는 굴속으로 달아나 버렸다. 이규는 득달같이 굴속으로 뛰어들어가 한 놈을 마저 죽여 버렸다.

그런데 바로 그때, 동굴 밖에서 소리가 들렸다.

"어흥!"

'저놈이 바로 어머니를 잡아먹은 놈이로구나! 오냐, 이놈 잘 만났다!'

이규는 어미 호랑이가 온 걸 알자 박도를 내려놓고 비수를 꺼내들었다.

호랑이는 동굴 앞에 이르러 조심성 있게 우선 그 꼬리로 동굴 입구를 한번 쓸어 보았다. 그러고 나서 서서히 뒷걸음질 쳐서 동굴 안으로 몸을 들이밀었다. 호랑이가 동굴 안으로 몸을 다 들여놓자 이규는 손에 들고 있던 칼로 있는 힘을 다해 호랑이의 꼬리 밑부분을 힘껏 찔렀다. 무서운 힘이었다. 칼끝은 호랑이의 항문을 지나 뱃속 깊은 곳까지 단숨에 쑥 들어갔다. 그러자 호랑이는 항문에 칼이 박힌 채 그대로 숲 속을 향해 뛰어 달아났다.

이규는 박도 하나만을 달랑 손에 든 채 그 뒤를 쫓았다. 숲 속으로 달아난 호랑이는 미친 듯이 날뛰면서 커다란 바위 뒤쪽으로 사라졌다.

바로 그때, 근처의 수풀 속에서 한바탕 미친 듯한 바람이 일어나더니, 나뭇잎들이 일시에 우수수 쏟아져 내렸다. 어느새 거센 바람 속에서 이마가 흰 호랑이 한 마리가 뛰어나오고 있었다. 거대한 수호랑이였다.

호랑이는 대뜸 이규를 향해 덮쳐들었다. 이규는 조금도 겁내지 않고 호랑이를 노려보다가 박도를 들고 그놈의 목을 정통으로 겨냥해서 찔렀다. 급소를 찔린 호랑이는 반사적으로 꼬리를 휘둘러서 이규의 몸을 멀리 날려 보냈다. 호랑이는 나동그라진 이규를 향해 울부짖고는 하얀 배를 드러내 보이면서 다시 덤벼 들었다.

마치 산이 울리고, 골짜기가 흔들리는 것 같은 느낌이었다. 검은 바람에 나뭇잎이 소용돌이치면서 휩싸이니, 그 순간만은 눈앞에 아무것도 보이지 않았다.

잠시 후, 이규는 제정신을 차렸다. 어떻게 됐는지는 기억에 없지만, 호랑이가 피투성이가 된 채 그의 옆에 쓰러져 있었다. 이규 자신도 어딘가 물린 듯 온몸이 욱신거렸다. 일어서 보니 가까스로 몸을 지탱할 수는 있었다.

그는 한 걸음씩 걸음을 떼어 보았다. 그러자 걸을 수 있겠다는 생각이 들었다. 하지만 온몸의 힘을 몽땅 써 버려 만신창이가 되어 있었다.

새끼호랑이 두 마리와 어미 호랑이를 포함하여 모두 네 마리의 호랑이를 해치운 것이었다.

그는 박도를 고쳐 들고 절뚝거리면서 다시 동굴이 있는 곳으로 가 보았다. 혹시 또 다른 호랑이가 나타날까 봐 겁이 났지만 호랑이는 더 이상 나타나지 않았다.

이규는 우선 산기슭에 있는 사주대성을 모신 사당으로 내려가서 지칠 대로 지친 몸을 눕혔다. 그리고 날이 밝을 때까지 쓰러져 잠을 잤다.

다음 날 아침, 잠에서 깨어난 이규는 다시 동굴 어귀로 갔다. 사방에 어머니의 잔해가 흩어져 있었다. 그는 흩어진 어머니의 뼛조각들을 주워 모아 정성껏 무명적삼에 썼다. 그러고는 그것을 가지고 산기슭으로 내려가 사당 뒤에 묻었다.

어머니의 잔해를 땅 속에 묻고 나자, 이규는 문득 참았던 슬픔이 북받쳐 올랐다. 어머니를 양산박으로 모시고 가서 편안히 봉양하려 했건만, 그만 호랑이 밥이 되게 하고 말았던 것이다. 이규는 그 자리에 꿇어앉은 채 몇 시간이고 목놓아 울었다.

실컷 울고 난 이규는 목도 마르고 시장기까지 겹쳐서 자리를 털고 일어났다. 마냥 그렇게 있을 수만은 없었다.

고갯마루를 넘어 조금 내려가다 보니 사냥꾼 네댓 명이 밤새 쳐 두었던 덫을 거두고 있는 모습이 눈에 띄었다.

'내 목에는 지금 삼천 관의 상금이 붙어 있다!'

이규는 얼른 그런 생각이 들어 사냥꾼들에게 호랑이 죽인 것을 알리고, 그들이 호랑이를 떠메고 가서 관청에서 상금을 받도록 한 후, 자신은 양산박으로 발길을 돌렸다.

양산박으로 돌아온 이규는 어머니가 돌아가신 것이 생각나 슬피 울다가 송강에게 절하고 나서 맡겨 두었던 쌍도끼를 돌려받았다. 그리고 기령에서 자신의 어머니가 호랑이에게 희생된 일과 네 마리의 호랑이를 찔러 죽임으로써 복수한 일을 이야기했다. 그러자 송강과 조개를 비롯한 모든 두령들이 함께 슬퍼하고 탄식했다.

송강과 조개는 이규의 슬픔을 위로하는 한편, 무사 귀환을 축하하여 잔치를 베풀었다.

양산박 산채에
수많은 호걸이 들다

 그 당시 양산박에서 그리 멀지 않은 운주 땅 독룡강獨龍岡 위쪽에는 축가장祝家莊이라는 장원이 있었는데 그 둘레가 삼백여 리에 달했다.

 이 지방 독룡강에는 언덕이 셋이 있고 마을도 셋이 있었다. 그리하여 사람들은 이곳을 가리켜 삼가촌三家村이라고 불렀다. 그중 중앙에 위치한 마을이 축가장이며, 서쪽 마을은 호가장扈

家莊, 동쪽 마을은 이가장李家莊이었다. 세 마을의 병력을 모두 합하면 약 이만여 명에 달하는데, 그중에서도 축가장 사람들이 가장 용맹스러웠다.

축가장의 우두머리는 축조봉祝朝奉이라는 노인이며, 그에게는 축룡祝龍, 축호祝虎, 축표祝彪라는 세 아들이 있었다. 게다가 철봉鐵棒 난정옥欒廷玉이라는 스승까지 있었으니 능히 만 명의 적을 대적하고도 남을 만한 용맹을 지니고 있었다. 또한 축가장 안에는 무예를 아는 하인들이 이천 명도 넘게 있어 세상에 아무것도 두려울 게 없었다.

그리고 호가장의 우두머리는 호 태공扈太公인데, 그에게는 비천호飛天虎 호성扈成이라는 걸출한 아들과 일장청一丈青 호삼랑扈三娘이라는 재주가 뛰어난 딸이 있었다. 호삼랑은 두 자루의 일월도日月刀를 잘 썼을 뿐만 아니라 말 타는 솜씨는 따를 자가 없을 정도로 출중했다.

끝으로 동쪽의 이가장은 바로 두흥杜興이 머물고 있는 장원으로서 그곳의 우두머리는 이 대관인李大官人으로 성은 이李요, 이름은 응應이었다.

이 대관인은 혼철점강창渾鐵點鋼鎗을 잘 쓸 뿐 아니라 표창의 명수였다.

이 세 마을은 생사를 함께하기로 맹약한 사이로서, 양산박을 무찔러 관청으로부터 인정받기를 원했다.

그런데 양산박에 들려는 양웅과 석수石秀, 시천時遷의 일로 이가장과 축가장 사이에 척을 지게 되었다.

그것은 이가장에서 일을 보는 두홍이 시천과 친한 사이였는데, 축가장에서 운영하는 주막에서 시천이 닭을 훔쳐 먹고 달아나다 붙잡힌 데서 발단이 되었다.

이 대관인이 축가장에 편지를 여러 차례 보내고 사람까지 보냈으나 그들은 막무가내로 하였다. 이에 이 대관인이 직접 나서서 시천을 구하고자 하였으나 축가장의 셋째 아들 축표로부터 화살을 맞고 돌아와 원수 사이가 되었다.

그리고 축가장에서는 문루門樓에 이같이 쓰인 깃발을 세워 놓고 있었다.

수로를 메워 조개를 사로잡고
양산박을 짓밟아 송강을 붙잡으리라

이에 양산박에서는 두령들이 취의청에 모여 축가장을 치고자 군사를 내기로 하여 송강이 나섰다.

"제가 듣건대 축가장 놈들은 벌써 오래전부터 우리 양산박에 맞서려 하고 있었습니다. 이번 일은 분명히 놈들이 우리 양산박에 시비를 걸어 온 것이므로 도전장을 낸 것이라 여겨도 좋을 것입니다. 마침 우리 양산박에서도 식구들이 많이 늘어난 탓에 재물과 곡식이 더욱더 필요한 실정입니다. 이 기회에 우리가 축가장을 쳐서 승리하기만 한다면 앞으로 사오 년 동안 먹을 양식은 충분히 확보할 수가 있습니다. 제가 비록 재주는 없으나 몇몇 아우들을 데리고 가 축가장을 치겠습니다. 그들을 쳐서 이긴다면 첫째로는 우리 산채의 기세를 드높일 수 있을 것이며, 둘째로는 그런 하찮은 것들이 앞으로 우리 산채를 넘볼 수 없게 될 것입니다. 셋째로는 많은 곡식을 얻게 될 것이며, 넷째로는 이가장의 이응을 우리 산채에 끌어들일 수가 있을 것입니다. 만약 이기지 못한다면 결코 산채로 돌아오지 않겠습니다."

며칠 후 그들의 전군은 득룡강으로부터 약 일 마장가량 떨어진 지점에 당도했다. 송강은 일단 그곳에 진을 치고 영채를 세웠다. 영채를 세운 뒤 화영을 불러 의논했다.

"듣기로 축가장에 이르는 길은 매우 복잡하다고 하니, 무턱대고 밀고 들어갔다가는 낭패를 당할지 모르네. 미리 염탐꾼을 보내서 지리와 정세를 파악한 다음 진군하는 것이 옳을 듯하네."

송강은 먼저 축가장에 가 본 적이 있는 석수와 양림을 불러 염탐하고 돌아올 것을 명했다.

다음 날 염탐을 나간 석수는 한 노인으로부터 축가장을 빠져나오는 방법을 알아내지만, 양림이 사로잡혀 옥에 갇히는 꼴이 되었다.

"빠져나가는 방법은 간단하다네. 백양나무 숲이 나올 때마다 길을 돌아가면 되는 걸세. 그 길이 좁건 넓건 상관 말고 그렇게 해야만 하네. 만일 길을 잘못 들었다간 수많은 덫에 걸리고 함정에 빠져서 목숨을 잃기 십상일세."

석수는 그 노인의 성함까지 알아 두고 그날은 노인 집에서 머물렀다 진지로 돌아왔다.

송강은 그날 밤 여러 두령들의 충동질에 섣불리 공격했다가 많은 군사들이 덫에 걸리고 함정에 빠졌다. 그때 석수가 나타나 가까스로 그곳을 벗어나 군사를 다시 편성할 수 있었다.

송강이 두령들에게 명을 내렸다.

"마린, 등비, 구붕, 왕영은 제1대가 되어 나와 함께 선봉에 선다! 그리고 대종, 진명, 양웅, 석수, 이준, 장횡, 장순, 백승은 제2대가 되어 수로에서 싸울 준비를 한다! 또한 임충, 화영, 목홍, 이규의 제3대는 두 개 조로 나뉘어서 각기 앞의 제1대와 제2대를 지원하도록 한다!"

삼군이 그렇게 편성되자, 모든 호걸들은 즉시 졸개들을 독려하여 출진 채비를 갖췄다. 모든 준비가 끝나자 송강은 졸개들을 배불리 먹인 다음 선봉에 서서 출진 명령을 내렸다. 붉은빛의 큰 '수帥' 자 깃발을 앞세우며 앞으로 나아가니 기병이 오십이요, 보군이 천 명이었다.

그들은 백양나무가 나올 때마다 길을 돌아 나가서, 마침내 득룡강 언덕 앞의 축가장 어귀에 이르렀다.

정문 앞에서 바라보니 축가장은 실로 장관이었다. 성곽 안쪽에는 온통 창과 칼이 숲을 이루고 있었고, 성곽 바깥은 깊은 해자가 적의 침범을 막고 있었다.

송강은 두령들이 모두 그곳에 이르자 제2대의 두령들에게 앞문을 치도록 하고 자신은 선봉 부대를 거느리고 뒷문 쪽으로 향했다. 그런데 뒷문 쪽이야말로 문은 구리요, 담은 쇠로 만들어져 좀처럼 공략할 수 없을 만큼 방비가 엄중했다.

그가 뒷문 쪽의 형세를 살피고 있는데 문득 서쪽 방향에서 한 무리의 군사들이 함성을 지르면서 내달아오고 있었다.

송강은 마린과 등비로 하여금 축가장 뒷문 쪽을 맡도록 한 다음, 자신은 구붕, 왕영과 함께 졸개들을 거느리고 서쪽의 적을 향해 달려 나갔다.

송강이 서쪽의 적을 맞으러 나가 바라보니 한 여장부가 사오백 명의 졸개들을 거느리고 달려오고 있었다. 그녀는 푸른빛 준마 위에서 한 쌍의 일월도를 양손에 움켜쥐고 있었다.

'호가장에 출중한 여장부가 한 명 있다더니 바로 저 여인인가 보다!'

송강은 그렇게 짐작한 후 좌우를 둘러보며 물었다.

"누가 나가 저 여인과 싸우겠느냐?"

그 물음이 채 끝나기도 전에 여자라면 사족을 못 쓰는 왕영이 선뜻 나섰다.

"제게 맡겨 주십시오! 단 한 합에 저 여자를 사로잡고 말겠습니다."

"좋다! 어서 나가 싸워라!"

왕영은 호기롭게 여장부를 향해 창을 찌르며 달려들었다. 그러자 그녀도 지지 않고 한 쌍의 일월도를 휘두르면서 맞받아쳤다. 그녀는 쌍칼의 명수였고, 왕영은 창을 쓰는 솜씨가 비상했다. 두 사람은 수십 합을 싸웠으나 승부가 나지 않았다.

송강이 바라보니 아무래도 왕영의 창 솜씨가 일장청의 쌍칼에 비해 달리는 듯했다. 왕영은 싸울수록 점점 손이 떨리고 굳어져 창을 제대로 쓰지 못하고 있었다. 너무 섣불리 상대방을 깔보고 덤빈 데다 원래부터 계집을 좋아하던 그가 가까이서 일장청의 아름다운 모습을 보게 되자 마음이 흔들렸던 것이다.

일장청 호삼랑은 왕영의 그런 마음을 눈치 채고 있었다.

'짐승 같은 놈, 톡톡히 본때를 보여 주리라!'

이를 악문 그녀가 쌍칼을 아래위로 휘둘러대며 덤벼들자 이미 마음이 흩어져 있던 왕영은 더 이상 버틸 수가 없었다. 하는 수 없이 몸을 피하는 척하다가 말머리를 돌려서 달아나기 시작했다. 일장청이 그런 왕영을 그대로 놓아둘 리 없었다. 어느 새 바람처럼 뒤쫓아와서 오른손의 칼 한 자루를 말안장에 걸더니, 옥같이 흰 손을 뻗어서 왕영을 말 아래로 끌어내렸다. 그 바람에 왕영은 그만 말안장 밑으로 떨어지고 말았다. 그러자 그녀의 부하들이 일제히 몰려와서 그를 덮쳐누른 다음 포승줄로 꽁꽁 묶어 버렸다.

왕영이 사로잡히는 것을 본 구붕은 즉시 그를 구하고자 창을 꼬나들고 말을 박찼다. 그러자 이번에는 일장청 호삼랑이 구붕을 맞아 쌍칼을 휘둘렀다.

원래 구붕은 조상 대대로 내려오는 군관 댁 자제였다. 특히 철창 한 자루를 쓰는데 그 솜씨가 뛰어나 송강이 마음속으로 감탄한 적이 한두 번이 아니었다. 그러나 그런 그의 창술도 일장청 호삼랑 앞에서는 맥을 추지 못했다.

일장청은 재빠른 솜씨로 구붕의 창을 막으며 쌍칼을 휘둘러 대고 있었다. 구붕마저 일장청에게 쩔쩔매고 있는 것을 보자 이번에는 등비가 철련을 휘두르면서 달려 나갔다.

그때 축가장 안에서 축룡이 삼백여 명의 졸개를 거느리고 뒷문을 열고 진격해 나왔다. 그러자 송강 쪽에서 마린이 달려 나가서 그를 맞아 싸울 때 벽력화 진명이 나타나 낭아봉을 휘두르면서 곧장 축룡에게로 덤벼들었다.

축룡이 진명과 십여 합을 겨루다가 위험을 느낀 순간, 축가장 쪽에서 무술 선생 난정옥이 나타나 진명과 대적하는 동안 축룡은 달아났다.

진명과 난정옥은 이십여 합을 싸웠으나 도무지 승부가 나지 않았다. 그때 난정옥이 갑자기 말머리를 돌려 풀숲으로 들어갔다. 진명은 그것이 계략인 줄 모르고 뒤쫓다 미리 쳐 두었던 덫에 걸려 진명과 등비가 사로잡히는 꼴이 되었다.

이미 기운 싸움이었다. 송강은 남쪽으로 달아나기 시작했다. 그러자 일장청 호삼랑과 난정옥, 그리고 축룡이 그들을 뒤쫓았다.

달아나는 자들과 추격하는 자들의 사이가 불과 몇 걸음 떨어지지 않았을 때였다. 돌연히 목홍이 말 탄 군사 오백 명을 이끌고 나타났다. 동남쪽에서는 양웅과 석수가 삼백여 명의 군사를 끌고 달려오고 동북쪽에서는 화영이 나타났다.

그럴 동안 날이 저물고 있었다. 송강은 징을 울려 전군이 물러나도록 했다. 그러자 여러 두령들은 한편으로 싸우면서 한편으로 달아나기 시작했다.

그런데 어디선가 일장청 호삼랑이 바람처럼 달려와 그들을 뒤쫓았다. 송강은 깜짝 놀라 말에 박차를 가했다.

그가 동쪽을 향해 필사적으로 달아나자 호삼랑은 더욱 급하게 말을 몰아 그 뒤를 바싹 따라붙었다. 여덟 개의 말발굽에서 불꽃이 튀는 것 같았다. 호삼랑이 뒤쫓아와서 송강을 사로잡으려는 찰나, 언덕 위에서 한 사내가 벽력처럼 소리쳤다.

"이 요망한 년아, 감히 우리 형님을 어쩌려느냐!"

송강이 바라보니 흑선풍 이규였다. 이규가 졸개 팔십 여 명을 거느리고 쌍도끼를 휘두르면서 달려오고 있었다.

호삼랑도 이규가 무서운 기세로 덮쳐드니 그제야 말머리를 돌려서 숲속으로 달아났다. 그런데 바로 그때, 숲속에서 한 사내가 십여 명의 기병을 거느린 채 불쑥 나타났다. 그는 보석이 박힌 투구를 썼고, 마은磨銀으로 만든 갑옷을 겹쳐 입고 있었다.

흰 비단 전포에는 꽃나무 가지가 수놓아져 있었고, 허리띠는 옥으로 정교히 장식돼 있었다. 손에는 육중한 장팔사모丈八蛇矛를 움켜쥐고 있었고, 마치 숯불처럼 붉은 적토마를 타고 있었다. 송강이 바라보니 표자두 임충이었다.

임충은 일장청을 가로막으며 큰소리로 외쳤다.

"네 이년, 감히 어딜 달아나려고 하느냐?"

그러자 일장청 호삼랑은 쌍칼을 날렵하게 휘두르며 곧바로 임충에게 달려들었다. 임충은 재빨리 장팔사모를 치켜들어 그녀의 쌍칼을 막으면서 어우러졌다.

두 사람이 십여 합쯤 싸웠을 때 임충은 짐짓 당해 내지 못하겠다는 듯 주춤거렸다. 그러자 일장청은 그 틈을 놓치지 않고 쌍칼로 마구 찔러 들어왔다. 그 순간, 임충은 그 육중한 장팔사모로 쌍칼을 한 창에 쳐올린 다음, 허리를 돌려서 긴 팔을 뻗더니 가볍게 일장청을 낚아채어 사로잡고 말았다.

송강은 임충의 놀라운 솜씨에 감탄하며 기쁨을 감추지 못했다. 일장청 호삼랑의 무예는 가히 천하무적이었으나, 표자두 임충에게는 감히 적수가 되지 못했던 것이다.

임충은 겨드랑이에 끼고 온 호삼랑을 졸개들에게 넘겨주어 포박하도록 이른 다음 말을 달려서 송강에게로 다가왔다. 그리고 날이 어두워 더 이상 싸울 수 없게 되자 모두 마을 어귀의 영채로 퇴각했다.

다음 날 아침, 송강은 호가장의 일장청 호삼랑을 양산박으로 데려가게 했다.

송강은 무거운 마음으로 생각에 잠겼다. 아직 축가장을 빼앗지 못했는데 두령 셋이 사로잡혔으니 걱정이 앞섰다. 그렇지만 호삼랑을 사로잡아 호가장으로부터 전투에 가담하지 않기로 항복을 얻은 것은 큰 수확이었다.

그때 마침 군사 오용이 여러 두령들과 함께 오백여 명의 군사를 이끌고 와 반가운 계책을 내었다. 그 계책은 이러했다.

해진解珍, 해보解寶 두 형제는 관아의 명을 받아 등주 땅에서 날뛰는 호랑이를 독화살을 맞혀 사로잡지만 호랑이는 모 태공의 집 뒤뜰로 떨어졌다. 호랑이를 찾으러 간 두 형제는 되레 모함에 걸려들어 관청으로 끌려가는 신세가 되었다. 이에 악화樂和와 십자파에서 주막을 내고 있는 모대충母大蟲, 고대수顧大嫂

등은 두 형제를 구해 내고 제할 손립孫立과 그의 동생 손신孫新을 끌어들여 양산박으로 떠나기로 계획하였다. 그들은 모두 외가 쪽 일가이거나 친정 조카들이었다.

특히 손립은 등주성의 병마제할로서 등주 옥을 쳐부수고 일곱 명의 호걸과 함께 양산박을 찾아왔던 것인데, 축가장에서 고전한다는 말에 참여하게 된 것이다. 그는 축가장의 무술 선생인 난정옥과 호형호제하는 사이로, 그들은 같은 스승 밑에서 무예를 배웠다. 등주성의 병마제할이었던 손립 일행은 운주 땅으로 도임해 가는 것처럼 꾸미고 축가장에 들어 난정옥을 비롯한 축가장 사람들로부터 환대를 받았다.

그리고 닷새째 되는 날 양산박 무리가 사방에서 공격하자 축가장 사람들도 일제히 나가 싸울 기세를 갖추었다.

난정옥은 뒷문으로 나가 서북쪽에서 오는 적을 맞서고, 축룡은 앞문으로 나가 동쪽의 적을 맞고, 축호는 뒷문으로 나가 서남쪽의 적을 막겠다고 하자 축표가 소리 높여 말했다.

"저는 앞문으로 빠져나가서 송강을 사로잡겠습니다! 그놈이야말로 적의 우두머리가 아니겠습니까?"

세 아들이 저마다 씩씩하게 나서자 축조봉은 몹시 흐뭇해하며 그들에게 격려하는 뜻으로 술 한 잔씩을 내렸다. 술을 마시고 난 그들은 각기 말 탄 군사 삼백여 기를 거느리고 앞뒷문을 빠져나갈 채비를 갖췄다. 나머지 사람들은 장원을 지키고, 문루 위에서 함성을 질러 응원하기로 했다.

그때 손립과 같이 축가장에 든 추연鄒淵과 추윤鄒潤은 커다란 도끼를 손에 든 채 양산박 일곱 두령들이 갇혀 있는 옥문 왼편에 서 있었고, 해진과 해보는 뒷문을 굳게 지키고 있었다. 그리고 손신과 악화는 앞문의 좌우를 지키고 있었고, 고대수는 쌍칼을 손에 든 채 내당 앞에서 대기 중이었다.

드디어 축조봉이 명을 내리자, 문루에서는 북소리가 세 번 울렸다. 그와 동시에 한 차례 포성이 울리면서 앞뒷문이 활짝 열렸고, 적교吊橋가 내려졌다.

곧이어 축가장의 군마들이 함성을 드높이 울리면서 일제히 앞뒷문을 빠져나가 각기 네 방향으로 달려 나가서 양산박의 군마와 맞섰다.

그때 손립은 자신이 데리고 온 졸개 십여 명을 거느린 채 축가장 군마를 뒤따르다 앞문의 적교 위에 떡 버티고 섰다. 문 안쪽에 있던 손신은 원래 자기가 가지고 있던 기 한 개를 문루 위에 꽂았다. 그러자 그 깃발을 본 악화는 짐짓 노래를 부르면서 창을 들고 안쪽을 향해 걸어 들어갔다.

악화의 노랫소리가 들리자, 옥문 왼편에 서 있던 추연과 추윤은 휘파람을 불고 나서 냅다 도끼를 휘둘러 그곳을 지키던 옥졸 십여 명을 단숨에 쳐죽여 버렸다. 그리고 곧바로 옥문을 부순 다음 그곳에 갇혀 있던 일곱 두령을 구해 냈다.

옥문을 빠져나온 일곱 두령은 곧바로 무기를 찾아 들고 크게 함성을 질렀다. 그 함성을 들은 고대수는 대뜸 내당으로 뛰어들어가 축조봉의 아내와 그 식솔들을 쌍칼의 제물로 삼았다.

사태가 그 지경에 이르렀으니 축가장의 주인인 축조봉도 모를 리 없었다. 그는 마치 날벼락을 맞은 것처럼 어리둥절해 있다가 마침내 일이 어긋났음을 알고는 정신을 가다듬어 달아날 궁리를 했다. 그러나 어찌 몸을 피할 수 있으리요. 고양이 앞의 생쥐처럼 쫓기던 그가 욕된 죽음을 피하려고 뒤뜰의 우물 속으로 뛰어들려는 순간, 뒤쫓던 석수의 칼날이 번쩍하더니 축조봉의 머리가 석수의 발밑에 떨어졌다.

양산박의 호걸들은 각기 사방으로 흩어지면서 축가장의 사람들을 닥치는 대로 쳐죽였다.

그때 뒷문을 지키고 있던 해진과 해보는 마초 더미에 불을 질렀다. 불길은 순식간에 치솟아 올라 검은 연기가 하늘을 뒤덮었다.

축가장 안에서 검붉은 연기가 치솟는 것을 보자, 네 갈래로 나뉘어 싸우던 양산박의 군사들은 더욱 힘이 솟았다. 그 기세로 곧장 앞으로 밀고 들어가 축가장의 무리들을 무찌르기 시작했다.

당황한 것은 축가장 패들이었다. 그들은 양산박 군사들이 겁없이 밀려드는 데다 그 기세가 험악한 것을 보자 겁이 나서 주춤거리고 있었다.

그때 서남쪽에서 싸우던 축호는 장원에서 치솟는 불길을 보자 문득 싸움을 멈추고 군사를 돌려 달아나기 시작했다. 말을 달려 장원 앞으로 치닫는데 손립이 적교 위에 떡 버티고 선 채 눈을 부릅뜨고 꾸짖는 것이 아닌가.

"네 이놈, 어딜 도망쳐 오느냐? 어서 목을 바치지 못할까!"

축호는 순간 아찔한 현기증을 느꼈다. 비로소 사태가 뒤틀렸음을 깨달은 그는 하는 수 없이 말머리를 돌려서 무작정 송강의 진영 쪽으로 달아났다. 그러나 그쪽을 지키고 있던 여방과 곽성이 그냥 보고만 있을 리 없었다. 그들이 동시에 달려들어서 창칼을 내리치니 축호는 말 위에서 떨어져 나뒹굴었다. 그러자 송강의 졸개들이 달려들어 다져진 고깃덩이를 만들어 버리고 말았다.

장수를 잃은 축호의 군사들에게 제대로 싸울 마음이 있을 리 없었다. 송강의 군사가 달려들자 그들은 바람에 쓸리듯 사방으로 흩어졌다. 그리하여 손립과 손신 형제는 송강을 맞아 축가장 안으로 들어갔다.

한편 동쪽에서 싸우던 축룡은 임충과 싸움을 벌이다 축가장 안에서 치솟는 연기를 보았다. 그렇지 않아도 힘이 달리던 참이라 그는 잽싸게 말머리를 돌려서 달아났다. 그러나 장원 뒷문에 이르러 적교를 건너던 그는 그만 깜짝 놀라고 말았다. 그곳에서는 해진과 해보가 축가장 군사의 시체들을 하나씩 하나씩 불길 속으로 던져 넣고 있는 것이 아닌가.

축룡은 황급히 말머리를 돌려서 북쪽으로 달아났다. 그러나 그곳에서는 이미 흑선풍 이규가 기다리고 있었다. 축룡과 눈길이 마주치자마자 이규는 매가 먹이를 덮치듯 달려들어서 쌍도끼로 말의 다리를 후려갈겼다. 그러자 말이 쓰러지면서 축룡의 몸을 뒤집는 바람에 그는 말 위에서 떨어졌다. 이규는 도끼를 쳐들어 축룡의 목을 찍어 버렸다.

한편 송강을 사로잡겠노라고 호기 있게 외치고 나섰던 축표 또한 축가장 안에서 치솟는 불길을 보았다. 그도 일이 크게 어긋났음을 한눈에 알아보았다. 그리하여 곧바로 호가장 쪽으로 달아났으나 그 역시 이규의 쌍도끼에 찍히고 말았다.

한편 송강은 축가장 본채의 대청에 앉아 여러 두령들로부터 이룬 공을 들었는데 사로잡은 졸개가 사오백이요, 거두어들인 말이 오백여 필이었다. 죽은 자들은 이루 헤아릴 수조차도 없을 지경이었다.

송강은 크게 기뻐하는 가운데 문득 어두운 얼굴로 입을 열었다.

"비록 적이긴 하나 난정옥은 훌륭한 호걸이었다. 그런데 이번 싸움에서 그를 죽였으니 안타까운 일이다."

송강은 석수에게 축가장의 길을 가르쳐 준 종리 노인을 데려오게 하여 금은을 내리고 그로 하여금 집집마다 쌀 한 섬씩을 나눠 주도록 한 다음, 축가장의 나머지 곡식들을 몽땅 수레에 싣도록 졸개들에게 명했다. 그곳 축가장을 쳐서 얻은 곡식은 줄잡아 오십만 석이 넘었다. 그리고 그곳에서 빼앗아 온 금은보화는 여러 두령들과 졸개들에게 골고루 나누어 주었다. 그 나머지 소와 양과 당나귀들은 모두 양산박으로 끌고 가기로 했다.

송강 일행은 크게 기뻐하면서 양산박으로 돌아왔다. 그들은 이번에 새로 가담한 이가장의 이응을 비롯하여 등주성에서 온 손립, 손신, 해진, 해보, 추연, 추윤과 두흥, 악화, 시천, 호삼랑, 고대수 등 열두 명의 호걸을 얻음으로써 더욱 기세가 드높아졌다. 그리고 새로 가담한 두령들을 위해 축하 잔치를 벌였다.

이튿날도 잔치는 계속되었다. 여러 두령들이 취의청에 모여 앉아 술을 마시고 있는데 문득 송강이 왕영을 불렀다.

"내가 지난날 청풍산에서 신세를 지고 있을 때, 자네에게 좋은 자리가 나면 꼭 중매를 서겠노라고 말했던 것을 기억하고 있겠지? 항상 마음은 간절하면서도 그 약속을 지키지 못해서 마치 빚진 기분이었는데, 이번에 비로소 약속을 지키게 되었네."

그러자 왕영이 두 눈을 휘둥그렇게 뜨면서 물었다.

"아니, 그럼 제가 장가들게 된다는 말입니까? 그런데 색시는 어디 있습니까?"

"이번에 내 아버님께서 수양딸을 하나 거두셨는데, 자네를 사위로 삼고 싶다고 하시니 거절할 생각일랑 아예 하지 말게나."

송강이 껄껄 웃으며 말했다.

송 태공의 수양딸이란 바로 일장청 호삼랑을 말하는 것이었다.

왕영도 그녀의 빼어난 미모를 알고 있는지라 그 말을 듣자마자 입이 함지박만하게 벌어진 채 말했다.

"거절이라니요? 세상에 굴러 들어온 복을 걷어차는 바보 멍텅구리도 있답니까?"

그러자 여러 두령들이 크게 웃었다.

송강은 몸소 송 태공의 거처로 가서 호삼랑에게 의견을 물으니 그녀 또한 '기꺼이 따르겠습니다.' 하여 그날로 간소한 혼인식을 치른 후 거처를 마련해 주었다.

다음 날, 송강은 산채 안팎의 모든 두령들을 소집하여 새로 정한 직제와 소임을 발표했다.

"손신과 고대수 내외는 본래부터 주막을 하다 산채로 왔으니, 동위, 동맹과 바꾸어서 운영하도록 하고, 시천은 석용의 주막으로 가서 일을 거들도록 하고, 악화는 주귀의 주막으로 가서 일을 돕도록 하고, 정천수는 이립의 주막으로 가서 일을 돕도록 하라! 동서남북 네 곳의 주막에서는 예전과 마찬가지로 술과 고기를 팔되, 우리 산채에 입적하러 오는 호걸들이 있을 때에는 옥석을 가려서 정성껏 맞이하도록 하라! 호삼랑, 왕영 부부는 뒷산 아래 소채에 머물면서 군미를 감독하도록 하라! 금사탄 쪽의 소채는 동위, 동맹 형제가 맡도록 하고, 압취탄 쪽의 소채는 추연, 추윤이 맡도록 하라! 산채 앞 큰길은 황신, 연순이 기병을 거느리고 소채를 세워서 지키도록 하라! 산채의 첫 관문은 해진, 해보가 지키도록 하고, 완자성宛子城의 두 번째 관문은 두천, 송만이 지키도록 하라. 남쪽의 수채는 완소이, 완소오, 완소칠 삼형제가 맡아 지키도록 하라. 맹강은 예전과 마찬가지로 전선戰船을 만드는 일에 힘을 다하고, 이응, 두흥, 장경은 금은보화와 비단, 곡식 등 산채의 재물을 도맡아 관리하도록 하라. 양산박 안의 모든 성벽과 망루를 점검하고 새로 고쳐 짓는 일은 도종왕陶宗王, 설영이 맡아서 하라. 의복, 투구, 갑옷, 정기와 전포를 짓는 일은 후건이 맡아서 감독하도록 하라. 산채 내에서 벌이는 모든 잔치는 주부朱富, 송청이 맡아서 관장하고, 집 짓는 일과 채책寨柵을 세우는 일은 목춘, 이운이 맡아서 하라. 일반 손님을 대하는 일과 편지나 공문을 처리하는 일은 소양, 김대견이 맡아서 하고, 상벌에 관한 일 등은 배선裵宣이 맡도록 하라. 그리고 여방, 곽성, 손립, 구붕, 마린, 등비, 양림, 백승 여덟 명은 각기 대채를 팔방으로 나누어서 맡도록 하라!"

그리고 나서 송강은 끝으로 덧붙였다.

"조개 두령과 오용 군사, 그리고 나 송강은 대채 내의 취의청에, 진명은 대채 왼편의 소채에 머물며, 임충, 대종은 대채 오른편의 소채에, 이준, 이규는 대채 앞의 소채에 머물도록 하고, 장횡, 장순은 대채 뒤의 소채에 머물도록 하라. 또한 양웅, 석수는 취의청의 양 옆을 호위하도록 하라!"

그렇게 직제를 개편하고 소임을 다시 정해 발표하자, 모든 호걸들은 즉시 거기에 따라 움직였다. 그리하여 양산박은 더욱 든든한 산채가 되었다.

그 무렵, 조정에서는 양산박으로부터 공격당하는 폐해를 바라볼 수만 없었다. 특히 태위 고구는 자신의 조카 고렴이 양산박의 도적들에 의해 죽임을 당하자 치솟는 화를 가눌 길이 없었다.

고 태위는 황제의 성지聖旨를 받들어 여령주에서 도통제로 있는 호연작呼延灼을 추천하고 황제를 뵙게 했다. 황제는 몹시 기뻐하면서 척설오추마踢雪烏騅馬 한 필을 내렸다. 그 말은 온몸의 빛깔이 까마귀처럼 검었으나 네 발굽은 마치 눈처럼 희었는데, 하루에 천리를 달리는 명마였다.

호연작은 진주 땅에서 단련사로 있는 한도韓滔와 영주 땅에서

단련사로 있는 팽기彭玘를 선봉장으로 삼아 양산박을 칠 것을
청하였다.

고 태위는 즉시 추밀원에 공문을 띄워서 한도와 팽기에게 칙
령을 내리도록 하였다. 그들은 날랜 군마 오천에 보군 또한 오
천을 더해 일만 명에 달하는 대군이었다. 그뿐만 아니라 고 태
위의 호의로 도성의 갑장고甲仗庫에서 필요한 무기와 장비를 가
져가도록 하는 한편, 호연작에게 군마 삼천을 내리고 금은과 비
단을 상으로 내렸다.

그 소식은 양산박에 전해졌고 모든 두령들은 맞서 싸울 일을
의논했다. 군사 오용이 입을 열어 주위를 환기시켰다.

"호연작이란 자는 본래 개국공신이며 하동 땅의 장수였던 호
연찬의 자손으로서, 무예가 뛰어나며 두 가닥 동편銅鞭을 잘
쓴다고 들었소. 그러니 반드시 맹장을 내보내서 무예로 대적
하다가 후에 꾀를 써서 사로잡아야만 합니다."

모든 두령들이 고개를 끄덕이고 금사탄을 건너서 넓은 들판
을 앞에 두고 진을 벌였다. 날씨는 제법 포근한 편이었다. 그들
이 기다린 지 하루 만에 드디어 관군의 모습이 보이고, 관군을
이끌고 온 백승장百勝將 한도는 양산박의 제1대 진명의 진영이
마주 보이는 곳에 영채를 세웠다. 그리고 호연작의 중군과 팽기
의 후군을 기다렸다.

다음 날 아침, 양측 진영에서 각기 북소리와 징소리가 요란하
게 일었다. 싸움을 알리는 신호였다.

진명은 말안장 위에 올라앉아 적진을 바라보았다. 그때 관군

의 문기門旗가 열리더니, 적장 한도가 긴 창을 비껴든 채 말을 달려 나와 진명을 보고 소리쳐 꾸짖었다.

"나는 황제 폐하의 명을 받들어 네놈들을 처단하러 온 백승장 한도이니라! 내가 네놈들의 호수를 메꾸어 평지로 만들고, 네놈들의 산채를 짓밟아 쑥대밭을 만들 것이니라! 목숨이 아깝거든 어서 나와서 항복하라!"

진명은 본래 성미가 급했다. 그 말이 채 끝나기도 전에 말을 박차 곧장 한도에게 달려갔다. 그가 낭아곤狼牙棍을 휘둘러 춤추듯이 한도에게 달려들자, 한도는 재빨리 장창을 들어 막으면서 한데 어우러졌다.

두 사람이 스무여 합쯤 싸웠을 때, 힘이 달린 한도는 문득 말을 돌려 달아나려고 했다. 그런데 바로 그때, 중군을 이끌던 호연작이 한도의 위급함을 보고 천자가 내리신 척설오추마를 재우쳐 달려나오며 외쳤다.

"한도는 그놈을 내게 맡기고 진중으로 돌아가서 구경이나 하여라! 내가 그대를 대신하여 저놈의 목을 치리라!"

진명은 달아나는 한도를 내버려 둔 채 새로이 적을 맞이하여 낭아곤을 휘둘렀다. 바로 그때, 진명의 등 뒤에서 벽력같이 소리치면서 달려나오는 장수가 있었다.

"진 통제는 잠시 쉬시오! 내가 저놈과 삼백 합을 싸워 사로잡아 오겠소."

바로 제2대의 표자두 임충이었다.

임충이 사모 창을 비껴들고 호연작과 맞서자 진명은 말머리를 돌려 산비탈 너머로 물러났다. 양쪽 진영에서 바라보니 두 사람은 좋은 적수였다. 임충의 창이 먼저 찔러 들어가면 호연작의 동편이 춤을 추며 부딪쳤고, 호연작의 동편이 먼저 찌르고 들면 임충의 창이 번뜩이면서 막아내니 마치 두 사람 사이에 한 다발 꽃이 그려지는 듯했다.

두 사람은 어느덧 오십여 합을 넘기고 있었다. 그러나 도무지 승부가 날 것 같지 않았다.

그때 제3대의 소이광 화영이 소리치면서 그곳에 이르렀다. 화영은 한동안 두 사람이 싸우는 걸 보다 창을 휘두르며 나아갔다. 이에 임충이 말머리를 돌려 물러났다. 그러자 호연작도 몹시 지쳐 있던 터라 말을 돌려 물러났다. 화영이 그 뒤를 추격하려 하는데 문득 관군의 후군이 그곳에 이르러 천목장군天目將軍 팽기가 황화마黃花馬를 달려 나오면서 꾸짖었다.

"네 이놈, 나라를 거스르는 역적놈아! 내가 하늘을 대신하여 네놈에게 천벌을 내릴 것이니라!"

"오냐, 어서 덤벼라! 내가 네놈의 목을 베리라!"

화영도 지지 않고 소리치며 곧장 팽기를 향해 내달렸다.

두 사람이 맞붙어서 스무여 합쯤 싸웠을 때, 문득 제4대의 일장청 호삼랑이 말을 달려 나오면서 소리쳤다.

"화 두령은 잠시 쉬시오! 제가 그놈을 사로잡겠어요!"

화영이 뒤로 물러서자 호삼랑이 팽기에게 달려들어 싸움을 벌였다. 그녀가 쌍칼을 휘두르자, 팽기는 대간도大杆刀를 휘두르며 그녀의 쌍칼을 맞았다. 두 사람이 뽀얗게 먼지를 일으키면서 스무여 합을 싸웠을 때, 문득 호삼랑이 쌍칼을 거두면서 말머리를 돌려 달아났다. 상대가 여자인지라 힘이 다해 달아나는 걸로 여긴 팽기는 놓칠세라 그녀를 바짝 뒤쫓았다.

호삼랑은 달아나면서 쌍칼을 말안장에 걸었다. 그리고 전포 속에서 스물네 개의 쇠갈고리가 달린 붉은 비단 밧줄을 끄집어 냈다. 그러고는 팽기가 바짝 뒤따라오기를 기다렸다가 몸을 휙 돌리면서 밧줄을 던졌다. 붉은 비단 밧줄은 정확하게 팽기의 몸을 휘감았다. 팽기는 미처 손을 써 볼 겨를도 없이 밧줄에 얽혀 땅바닥에 나뒹굴고 말았다.

그때를 놓치지 않고 제5대의 병울지 손립이 질풍처럼 달려 나가 그를 사로잡았다. 실로 눈 깜짝할 새의 일이었다.

그 광경을 본 호연작은 크게 노해서 말을 박찼다. 호삼랑이 쌍칼을 빼어 들고 그를 막았다. 두 사람이 십여 합을 싸웠을 때, 호삼랑은 말을 돌려 달아났다. 호연작이 그 뒤를 쫓아 달리자 병울지 손립이 창을 휘두르면서 달려나가 호연작의 앞을 가로막으며 소리쳤다.

"네 이놈, 어딜 감히 뒤쫓는 게냐?"

그러자 호연작은 호삼랑을 버려둔 채 손립에게 덤벼들었다.

그때 송강은 열 명의 장수와 인마를 거느리고 와서 진세를 벌이고 있었다. 그러는 동안 호삼랑은 자신이 거느린 인마를 이끌고 산 뒤로 물러났다. 송강은 천목장군 팽기를 사로잡았다는 걸 알고 크게 기뻐하며 손립과 호연작이 싸우는 모습을 바라보았다. 둘이 똑같이 강편을 쓰는데 입고 있는 갑주 또한 비슷

했다.

두 장수가 서로 어우러진 채 동편을 휘둘러서 싸우니, 그 모습은 실로 장관이었다. 그들은 벌써 서른여 합을 넘기고 있었으나 좀처럼 승부가 나지 않았다.

한편 그 광경을 지켜보고 있던 관군 진영의 한도는 전군을 내몰았다.

관군이 밀고 들어오는 것을 본 양산박 진영에서는 송강이 채찍을 들어 흔드니 십여 명의 두령들이 각기 군사들을 이끌고 관군을 맞으러 한꺼번에 나아갔다.

그렇게 되니 손립과 호연작은 두 사람만이 싸우고 있을 수가 없었다. 각기 싸움을 멈추고 군사들을 이끌었다. 그런데 호연작의 군사들은 모두 다 연환마連環馬를 탄 관군이었다. 군사들은 모두 다 쇠로 된 갑옷을 입고 있었고, 말에도 마갑馬甲을 씌웠기 때문에 두 눈과 네 발굽만 겉으로 드러나 있었다. 아무리 활을 쏘아도 그들은 끄떡도 하지 않는 데 반해 송강의 군사는 화살을 맞는 대로 픽픽 쓰러졌다.

송강은 어쩔 수 없이 징을 울려서 군사를 물렸다. 그때쯤은 호연작도 지쳐 있던 터라 징을 울렸다. 양쪽 군사는 각기 이십여 리씩 뒤로 물러나 영채를 내렸다.

다음 날 아침, 송강은 마군을 다섯 부대로 나누어서 각기 부대를 이끌고 나아갔다. 이에 말 서른 필씩을 한데 묶은 연환마군이 산과 들에 가득 차서 까맣게 몰려오고 있었다.

곧이어 양편에서 빗발 같은 화살 세례가 퍼부어졌는데 두꺼운 갑옷으로 중무장한 관군에게는 아무런 타격이 없고 양산박의 부대는 관군의 화살에 여지없이 뭉그러졌다. 거기다 관군의 연환마군이 덮치자 크게 흐트러져 뿔뿔이 달아났다.

송강도 하는 수 없이 두령들의 호위를 받으면서 가까스로 호숫가에 매여 있는 전선을 타고 압취탄을 건넜다.

뒤쫓아 온 관군의 연환마군이 호숫가에 이르러 활을 마구 쏘아대자 양산박 군사들은 방패로 화살을 막으며 겨우 달아날 수 있었다.

황급히 압취탄을 건너 수채에 이른 송강이 군사와 말을 점검해 보니 군사의 태반이 꺾여 있었다. 그러나 두령들은 모두 다 무사했다.

싸움에서 크게 이긴 호연작은 기뻐하며 차례대로 공을 아뢰게 했다. 죽은 적의 수는 헤아릴 수 없이 많은 데다 사로잡은 자가 오백여 명이요, 빼앗은 말이 삼백여 필이었다. 그는 부하들에게 상을 내리고 술과 음식을 배불리 먹이는 한편, 도성에 사람을 보내서 고 태위에게 싸움에 이겼음을 알렸다.

이제 양산박 산채를 불태워 버리려면 화포가 필요했다. 호연작은 동경에 이름난 포수, 굉천뢰轟天雷라 불리는 능진凌振을 요청하였는데, 그는 무기고에서 부사副詞로 일을 보고 있었다.

고 태위는 즉시 능진을 불러들여 행군통령관行軍統領官이란 벼슬을 내리는 한편, 무기를 수습하여 호연작에게로 가라고 분부했다.

능진은 우선 화약을 만드는 데 필요한 재료들과 자기가 직접 만든 여러 종류의 화포들을 수레에 챙겨 실었다. 또한 자신이 사용할 갑옷, 투구, 칼, 전포 등을 준비한 다음 날랜 병사 사십여 명을 가려 뽑아 양산박으로 떠났다.

양산박 호숫가의 관군 진영에 도착한 능진은 호연작과 한도에게 인사를 올렸다. 그러고 나서 압취탄 건너편에 있는 수채까지의 거리라든가 산채의 주요한 지점 등을 물어 이번 싸움에서 세 가지 화포를 사용하기로 하였으니, 첫째는 풍화포風火砲요, 둘째는 금륜포金輪砲요, 셋째는 자모포子母砲였다.

관군이 쏜 세 발의 화포 중 두 발은 물 위에 떨어지고 한 발은 압취탄의 수채에 떨어졌다.

졸개로부터 그 사실을 보고받은 송강은 크게 놀랐다. 조개와 여러 두령들도 모두 놀라 낯빛이 달라졌다. 군사인 오용이 말했다.

"우선 능진이란 자를 물가로 꾀어내어 사로잡아야만 합니다. 그렇게 한 연후에야 비로소 적을 무찌를 계획을 의논할 수 있습니다."

들어 보니 화포를 피하려면 그럴 도리밖에 없었다. 이에 조개가 곧바로 영을 내렸다. 물질에 능한 이준, 장횡, 장순, 완씨 삼형제 등 여섯 두령에게는 산 밑으로 내려가 계책을 펼 것을 명하고, 주동과 뇌횡을 따로 불러 무언가를 일러 주었다.

이준과 장횡은 건너편에 배가 닿자마자 졸개들과 더불어 곧바로 화포가 설치된 곳으로 달려갔다. 그리하여 크게 함성을 지르면서 달려들어 화포를 때려 부쉈다. 실로 눈 깜짝할 사이에 일어난 일이었다.

화포를 지키고 있던 관군들은 황급히 달아나 능진에게 그 사실을 알렸다. 그러자 능진은 천여 명의 관군들을 이끌고 물가로 달려나왔다.

그때는 이미 화포를 부순 이준과 장횡이 졸개들과 더불어 달아나고 있었다. 능진은 그들을 놓칠세라 말을 채찍질해 바싹 뒤쫓았다. 그런데 능진이 문득 갈대숲 우거진 물가에 이르러서 바라보니, 눈앞에 사십여 척의 조각배들이 한 일—자로 죽 늘어서 있는 것이었다. 그 배에는 각기 양산박의 졸개들이 나누어 타고 있었는데, 모두 합하면 백여 명은 넘을 듯했다.

능진은 그들을 보고 급하게 군사를 내몰았다. 그러자 배 위에 있던 양산박의 군사들이 일제히 함성을 지르면서 물속으로 뛰어들었다. 관군들은 양산박의 군사들이 자기들을 보자 배도 내버린 채 달아나는 걸로 알았다. 그 틈을 이용해서 사십여 척의 조각배를 모두 빼앗아 탔다.

그런데 바로 그때, 건너편 언덕에서 북소리와 함성이 일제히 일어났다. 주동과 뇌횡이 졸개들을 시켜서 내는 소리였다.

조각배를 몽땅 빼앗은 능진은 건너편의 양산박 군사들을 잡기 위해 일제히 건너편 언덕을 향해 배를 저어 가도록 했다. 그런데 그들이 물길 한가운데에 이르렀을 때 문득 건너편 언덕에서 더욱 요란한 북소리와 함께 함성이 울려 퍼졌다. 그와 동시에 조각배들이 일제히 중심을 잃은 채 기우뚱거리기 시작했다. 아까 물속으로 뛰어들었던 양산박 졸개들이 선미에 있는 마개들을 모조리 뽑아 버렸기 때문이었다.

그러자 그때를 놓치지 않고 물속에 숨어 있던 양산박 군이 솟구쳐 올라 조각배들을 몽땅 뒤집어엎었다. 그 바람에 관군들은 모조리 물속에 빠져서 허우적거리는 신세가 되고 말았다.

당황한 능진은 황급히 뱃머리를 돌려서 달아나려고 했으나, 갑자기 두 사내가 물속에서 솟구쳐 오르더니 단번에 그가 탄 배를 뒤집어엎고 말았다. 완소오와 완소칠이었다.

능진이 물속으로 떨어지자마자 제일 맏형인 완소이가 능진의 허리를 냉큼 한쪽 팔로 휘어감더니 쏜살같이 건너편 언덕을 향해서 헤엄치기 시작했다.

건너편 언덕 아래에서는 주동과 뇌횡이 기다리고 있었다. 그들은 완소이가 능진을 데리고 오자 잽싸게 물 위로 끌어올린 다음 포승줄로 꽁꽁 묶어 버렸다.

뿐만 아니었다. 배가 뒤집혀 물에 빠졌던 관군 이백여 명이 사로잡혔고, 절반 이상이 물에 빠져 죽었다. 헤엄쳐서 살아 돌아간 자들은 손꼽아 헤아릴 정도였다.

송강은 능진이 꽁꽁 묶인 채 끌려오는 것을 보자, 황망히 달려가더니 몸소 포승줄을 풀며 졸개들을 꾸짖었다.

"내가 예를 다해 모셔 오라 하였거늘, 어찌하여 이렇게 무례를 범했느냐!"

그러고는 능진에게 용서를 구한 후 극진한 예를 갖추어 산 위로 안내했다. 취의청에 도착한 능진은 깜짝 놀라고 말았다. 사로잡혀 죽은 줄로만 알았던 팽기가 두령이 되어 있었기 때문이다.

팽기가 능진을 반갑게 맞은 후 '썩어빠진 간신배들 밑에서 치욕적인 삶을 사느니 차라리 이곳에 함께 머물면서 의를 위해 싸우는 것이 낫지 않겠는가?' 하고 권하니 능진 또한 양산박에 들기로 하였다.

"자, 그럼 잔치를 벌여서 이 일을 축하합시다!"

능진을 산채에 맞아들이게 되자 조개도 몹시 기뻐했다. 관군으로부터 화포 공격을 피할 수 있게 된 것은 물론이고, 이제 산채에서도 화포를 만들 수 있게 되었기 때문이었다. 그리하여 그의 가담을 축하하는 잔치가 벌어졌다.

다음 날, 양산박 군의 형세를 보고받은 호연작은 선봉장 백승장 한도와 더불어 즉시 싸울 채비를 차렸다. 연환마군을 정돈한 그는 즉시 천자께서 내리신 척설오추마를 타고 쌍편을 휘두르며 군사를 이끌어 갔다. 호연작이 물을 사이에 두고 양산박 쪽을 바라보니 산중턱에 송강의 중군 막사가 아득히 보였다.

선봉장 한도는 호기롭게 오백 명의 말 탄 군사를 이끌고 남쪽을 향해 달리다 양산박 군사들에게 여지없이 무너지고 한도 또한 사로잡히는 신세가 되었다.

호연작 또한 연환갑마로 밀고 들어갔으나 양산박 군이 미리 준비한 구겸창법에 의해 마군 삼천 명과 보군 오천 명을 잃은 채 홀로 청주성의 지부 모용에게 몸을 의탁하는 신세가 되었다.

결국은 모용의 군사를 빌어 양산박을 치고자 했으나 도화산의 노지심, 양지, 무송에게 패하고 청주성마저 빼앗긴 채 양산박에 들 수밖에 없는 처지가 되었다. 이렇게 해서 새로 산채에 든 호걸들은 호연작, 노지심, 양지, 무송, 시은, 조정, 장청, 손이 랑, 이충, 주통, 공명, 공량 등 열두 명이었다.

송강은 여러 두령들과 더불어 사흘 낮 사흘 밤 동안 잔치를 베풀어 새로 산채에 든 호걸들을 대접했다.

양산박 두령
조개의 죽음

그러던 어느 날, 양산박의 두령들은 말도둑질로 살아온 금모견金毛犬 단경주段景住라는 자로부터 능주 땅 증두시曾頭市에서 명마 조야옥 사자마照夜玉 獅子馬를 빼앗긴 사연을 듣게 된다.

이에 양산박에서는 대종에게 증두시에 대해 알아보게 하였다.

대종은 즉시 양쪽 다리에 갑마를 붙이고 바람처럼 사라졌다.

떠난 지 나흘이 지나지 않아 돌아온 대종이 송강에게 소식을 전했다.

"증두시에는 약 삼천여 가구가 살고 있는데. 그 가운데 증가부曾家府라는 집이 있습니다. 그 집 주인 증롱曾弄은 본래 금나라 사람으로서 그에게는 다섯 마리의 호랑이로 불리는 아들이 있습니다. 첫째 아들은 증도曾塗요, 둘째 아들은 증밀曾密이요, 셋째 아들은 증삭曾索이요, 넷째 아들은 증괴曾魁요, 다섯째 아들은 증승曾昇입니다. 또한 그 집에는 사문공史文恭이란 무술 사범과 소정蘇定이라는 부사범이 있습니다. 그들은 그곳에서 군사 육칠천 명을 모아 채책을 세우고, 오십여 채의 수거를 만들어 놓고 이렇게 맹세하였다고 합니다. '세상에 머리 둘 달린 짐승이 없듯이 천하의 패권은 두 사람이 쥘 수가 없는 법이다! 우리는 기필코 양산박을 깔아뭉개 평지를 만든 다음, 놈들을 이 수거에 실어서 도성으로 압송하리라!'라고 말입니다. 단경주가 말한 명마는 바로 그 사문공이란 자가 타고 다니고 있었습니다. 더욱이 참을 수 없는 일은 그놈들이 기분 나쁜 노래를 지어서 거리의 모든 아이들에게 퍼뜨렸다는 것입니다. 이상한 노래를 만들어 아이들에게 가르쳐 주고 있으니 어찌 이놈들을 가만두고 볼 수만 있겠습니까?"

대종이 전한 노래는 이러했다.

둥근 쇠방울을 흔드니
귀신이 다 놀라 자빠지네.

쇠수레에 쇠사슬은

위아래 모두 못이 솟았네.

양산박을 쓸어 없애 호수를 맑게 하리.

조개는 사로잡아 동경으로 끌고 가고

송강도 사로잡고

오용도 사로잡으리.

증씨 가문에 태어난 다섯 마리의 호랑이

그 이름을 온 천하에 떨치리라.

조개는 크게 노하여 소리쳤다.

"천하에 죽일 놈들 같으니라구! 내가 몸소 군사를 일으켜 그 놈들을 때려잡을 것이며, 그 놈들을 잡지 못하면 결코 돌아오지 않으리라!"

조개는 군사 오천 명을 일으켜서 스무 명의 두령들과 함께 증두시를 치기로 했다. 그리고 나머지 두령들은 남아서 송강과 함께 산채를 지키도록 했다.

그러나 조개는 법화사法華寺 중들의 유인에 빠져 한밤중 얼굴에 화살을 맞고 후퇴할 수밖에 없었다. 그 화살을 뽑고 보니 '사문공'이라는 석 자가 화살대에 새겨 있었다.

그 길로 조개는 양산박에 들어 송강에게 '누구든 나를 쏘아 죽인 자를 잡는 이를 양산박의 주인으로 삼아 달라.'는 말을 남긴 채 눈을 감았다.

송강이 조개의 시신을 염하여 취의청 위에 모시고 나자, 모든 두령들은 또다시 곡하며 제사를 올렸다.

이어 내관內棺과 외곽外槨을 만들고 좋은 시각을 가려서 조개의 시신을 입관한 다음, 정청正廳에 관을 옮겨 영위靈位를 드리우고 신주神主를 모셨다.

신주를 모시고 나자 송강을 비롯한 여러 두령들은 일제히 상복으로 갈아입고, 졸개들도 머리에 흰 두건을 썼다.

두령들은 조개의 얼굴에 박혔던 화살을 영전에 바쳐 조개의 한을 씻어 줄 것을 맹세한 다음 만장輓章을 높이 걸었다. 그러고 나서 가까운 절의 여러 스님들을 산채로 청해서 조천왕의 명복을 빌게 하는 등 장례를 성대히 치렀다.

송강은 하루빨리 조개의 원한을 갚고자 하였으나 상중에는 싸움을 삼가며 백일 탈상을 치른 다음에 군사를 내자는 군사 오용 등의 의견에 좇아 양산박 수호채를 새롭게 수리하여 고쳤다.

마침 북경 대명부 안에 있는 용화사龍華寺 스님 대원화상大圓和尙을 불러 명복을 비는 재를 올리게 하였는데, 그로부터 북경의 뛰어난 호걸 옥기린玉麒麟 노준의盧俊義의 이름을 듣게 되었다.

"형님, 저도 그분의 높은 이름은 익히 듣고 있었습니다. 그분은 본래 북경 사람으로서 하북 땅 삼절三絶(뛰어난 세 명의 인물) 중 한 분이라더군요. 무예에 뛰어난데 특히 곤봉을 쓰는 데는 세상에 그를 당할 자가 없다고 했습니다."

"그런 인물을 우리 산채에 가담시킬 수만 있다면 천하에 두려울 것이 없을 텐데! 관군이 쳐들어온들 무슨 걱정이 있을 것이며, 군마가 쳐들어온들 무슨 걱정이 있겠소?"

그러자 오용이 빙그레 웃으며 말했다.

"오늘따라 왜 그처럼 나약한 말씀을 하십니까? 그 사람을 우리 산채에 데려오면 될 게 아닙니까?"

"그는 북경 대명부에서도 둘째가라면 서러운 큰 부자인데, 어찌 우리 산채에 끌어들일 수 있겠소?"

"그건 어려운 일이 아닙니다. 저도 이전부터 그를 데려올 생각을 하고 있었습니다. 제게 한 가지 계책이 있으니 맡겨 주십시오!"

오용의 말을 듣자 송강이 기쁨을 감추지 못하며 모든 일을 그에게 맡겼다.

그날로 오용은 점쟁이로 꾸며 북경성에 들어가서 노준의의 집 대문 앞에 이르러 그 주위를 왔다 갔다 하면서 요령을 흔들며 시선을 끌었다.

그러자 노준의가 그를 불러들여 신수를 보게 되었는데, 몹시 좋지 않은 불길한 점괘를 알려 주고 노준의의 애간장을 태웠다.

"주인어른의 사주를 전체적으로 볼 때는 길운이 감돌고 있습니다. 하지만 금년의 시운時運이 태세太歲를 범했으므로 흉악한 일은 피할 수가 없는 것입니다. 이것은 타고난 천명이니 어쩔 수가 없습니다."

노준의가 얼굴빛이 달라지며 물었다.

"운세를 피할 수 있는 길은 없겠소?"

그 말에 마지못한 듯 오용은 다시 한 번 눈을 감더니, 산괘를 꺼내 점을 쳤다. 이윽고 오용이 눈을 뜨더니 입을 열었다.

"딱 한 가지 방법이 있긴 있습니다만….."

오용이 슬머시 노준의의 속을 태웠다.

"그 방법이 무엇이오? 제발 그 방법을 이 사람에게 가르쳐 주시오!"

"동남쪽에 살 길이 있으니, 그리고 천리를 가야만 이 크나큰 재앙으로부터 벗어날 수가 있습니다. 그리하면 좀 놀라운 일은 당하겠지만, 목숨은 지킬 수 있을 것입니다."

"고맙소, 선생의 말대로 해서 그 횡액을 면할 수만 있다면 먼 훗날 마땅히 은혜에 보답하리라."

오용의 거짓 점괘에 속은 노준의가 먼저 고마운 마음을 드러냈다. 그걸 본 오용이 점잖게 말했다.

"무릇 점괘에는 그에 맞는 노래가 있으니, 소인이 그것을 불러 드리겠습니다. 부디 그것을 벽에다 써 두셨다가, 훗날 점괘가 맞으면 소인의 영험함을 헤아려 주십시오."

그리하여 노준의는 필묵을 준비한 다음, 오용이 부르는 대로 벽에다 받아 썼다.

그 내용은 이러했다.

갈대꽃 흐드러진 갈대숲 속의 배 한 척,	蘆花叢裏一扁舟
준걸이 뜻밖에도 이 땅에 와서 노니누나.	俊傑俄從此地遊
의사가 능히 이러한 이치를 깨닫는다면	義士若能知此理

재난에서 벗어나니 근심 걱정 없으리라.　　反躬逃難可無憂

　이 네 구절의 맨 첫머리 넉 자를 의미 있게 살펴보면 '노준의
가 모반을 일으킨다盧俊義反'는 뜻이었다. 그러나 오용의 거짓 점
괘에 넘어간 노준의는 놀란 가슴을 쓸어내리느라 그걸 알아채
지 못했다.

　노준의가 네 구절을 받아 쓰자 오용은 자리를 털고 일어났다.
그러자 못내 아쉬운 듯 노준의가 오용을 만류하며 청했다.

　"선생은 잠시 앉으시오. 점심이나 드시고 가시지요."

　그러나 오용은 고개를 저으며 사양했다. 그러고는 길을 재촉
해 양산박 수호채로 돌아왔다.

　한편 노준의는 오용이 다녀간 이후로 영 마음이 편치 않았다.
허튼 점쟁이의 말이라고 지나쳐 버리기에는 점괘가 너무도 끔
찍했기 때문이다. 어쩌면 그 또한 천강성의 한 사람으로서 양
산박의 패거리가 될 운명을 타고난 까닭이었는지도 모를 일이
었다.

　노준의는 며칠 동안 마음을 끓으며 안절부절못하고 있다가
마침내 집안일을 심복인 연청燕靑에게 맡긴 후 오용이 일러 준
점괘를 믿고 동남쪽 방향인 태안주泰安州 땅으로 떠났다. 그런
데 도중 험한 산세로 휘감긴 양산박에 이르러 능수능란한 산적
들의 공격에 혼이 나간 노준의는 마침내 사로잡히고 송강은 극
진한 예로써 준걸을 맞이했다.

두 달 동안 양산박에 붙들려 있던 노준의는 북경으로 돌아오나 심복으로 믿었던 이고와 아내의 배신으로 반역죄의 누명을 쓴 채 중벌을 기다리는데 시진이 뇌물을 써 귀양하게 하나, 이고는 공인을 매수하여 노준의의 목숨을 노린다. 이에 연청이 화살로 노준의를 호송하던 두 공인의 목을 꿰뚫어 노준의를 구하나, 다시 북경 대명부에 붙잡히는 신세가 된다.

이에 양산박에서 북경성을 들이쳐 노준의를 구하고 양산박에 들였다. 그리고 어느 정도 시간이 흐른 후 조천왕의 원수를 갚고자 증두시에 군사 낼 일을 의논하였다.

군사 오용도 송강의 말에 찬동하고 나섰다.

"이제 바야흐로 봄날이 돌아왔으니 증두시를 치기엔 더없이 좋은 때입니다. 지난번 그들을 칠 때는 지세를 잘 알지 못해 번번이 크게 낭패를 보았으나 이번엔 지략으로써 그들을 친다면 반드시 원수를 갚을 수 있을 것입니다."

"조천왕의 원수가 뼈에 사무치는구려! 이번에 원수를 갚지 못한다면 맹세코 산채로 돌아오지 않겠소!"

송강의 말에 오용이 의견을 내었다.

"시천은 지붕과 추녀 사이를 마음대로 건너뛸 뿐만 아니라 벽을 타는 데도 뛰어난 솜씨를 지니고 있으니, 우선 그를 보내서 형세를 염탐한 다음 대책을 세우심이 옳을 것입니다."

송강이 쾌히 그 말에 따랐다.

며칠 후 시천이 돌아와 알렸다.

"제가 증두시로 숨어들어가 자세히 살펴본즉, 증두시에는 모두 다섯 군데에 채책을 세우고 군사 삼천으로 하여금 마을 어귀를 지키게 하고 있습니다. 증두시 앞쪽에 배치된 대채는 교련사 사문공이 지키고, 북쪽의 영채는 첫째 아들 증도와 부사범 소정이, 남쪽의 영채는 둘째 아들 증밀이 지키고 있으며, 서쪽의 영채는 셋째 아들 증삭이, 동쪽의 영채는 넷째 아들 증괴가, 중군 막사에서는 다섯째 아들 증승과 그 아비가 밑에서 지키고 있었습니다. 그 밖에 청주성 출신의 욱보사郁保四란 놈은 키가 한 길이나 되고 허리둘레가 몇 아름이나 되는데, 빼앗아 간 우리의 말들을 법화사에서 먹여 기르고 있었습니다."

시천에게 자세한 얘기를 듣자, 오용은 여러 두령들을 불러 모은 후 군사를 다섯 갈래로 나누고 노준의로 하여금 연청과 함께 보병 오백여 명을 거느려 평지에 매복하고 신호를 기다리도록 하였다.

한편 증두시에서는 마을 입구와 영채의 북쪽에 수십 개의 함정을 판 다음 송강의 군사가 쳐들어오기만을 기다리고 있었다.

오용은 군사를 움직이기 전에 시천을 다시 증두시에 보내 형세를 살펴 오게 하였다. 시천이 돌아와 증두시의 상황을 이야기하자 오히려 그것을 역으로 이용코자 영채를 세운 후 사방에 함정을 파고 그 안에 못과 쇠꼬챙이를 깔아 두게 했다. 그리고 그 뒤를 따라온 다섯 갈래의 군사들에게도 진을 세운 후 구덩이를 파고 쇠꼬챙이를 깔게 했다.

증두시의 사문공은 어떻게 해서든 송강의 군사를 꾀어들인 다음 몽땅 함정으로 몰아넣을 작정이었다. 더군다나 영채 안은 길이 좁고 험해 일단 적을 끌어들이기만 하면 달아날 곳이 없었다.

그러나 미리 함정을 파 놓고 있음을 알고 있는 오용이 사문공의 계책에 걸려들 리 없었다. 오용은 산 뒤로부터 기병들을 양쪽 길로 보내서 그의 영채를 앞뒤로 습격하도록 했다.

산 앞쪽에 자리잡은 사문공의 군사들은 그저 영채를 지키기에 바빠서 꿈쩍도 하지 않았고, 양쪽에 숨겨 둔 복병들 역시 매복한 채 꼼짝도 하지 않았다.

그때 사문공의 영채 앞에서 포 소리가 크게 울렸으나 사문공은 여전히 양산박 군사들이 함정에 빠지기만을 기다리고 있었다. 드디어 포 소리를 신호로 오용의 기병들이 등 뒤에서 덮쳐들자 깜짝 놀란 사문공의 군사들은 크게 어지러워진 채 스스로 파 놓은 함정 속으로 빠져들었다.

사태가 뒤바뀐 것을 보고 당황한 사문공은 즉시 군사들을 휘몰아서 앞으로 나아갔다.

그것을 본 오용이 채찍을 높이 들어 신호했다. 그러자 군사들이 양쪽으로 나뉘어서 백여 대의 수레를 몰고 나와 늘어세운 뒤 일제히 불을 질렀다. 각각의 수레들에는 마른 갈대, 장작, 유황, 염초 등이 가득가득 실려 있었으므로 순식간에 불이 붙어서 수레들은 금세 화차火車로 변해 버렸다.

검은 연기와 더불어 불길이 솟아오르자, 쏟아져 나온 사문공의 군사들은 한 치 앞도 분간하지 못한 채 아우성을 치면서 물러났다.

그 광경을 바라보고 있던 공손승은 진영 안으로 들어가 칼을 빼 들고 주문을 외우며 술법을 펼쳤다.

그러자 불길은 금세 회오리바람이 되어 증두시 안으로 몰려 들어갔다. 그 바람에 성루와 채책이 모두 불타 버리고 말았다.

오용은 사문공의 군사를 크게 꺾자 징을 쳐서 군사를 거두어 들인 다음, 영채로 돌아갔다.

다음 날 아침, 큰아들 증도가 양산박의 우두머리 송강의 목을 베겠다며 군사를 이끌고 나왔다. 이에 여방과 곽성이 방천화극으로 삼십여 합을 싸우는 동안 화영이 화살을 쏘아 증도의 팔뚝을 맞히자 말 아래로 굴러 떨어져 몸뚱이가 두 동강 나 죽었다.

이에 막내 아들 증승이 형의 원수를 갚겠다며 두 자루의 비도를 들고 달려 나왔다. 사문공도 무장을 갖춘 다음 말안장 위에 뛰어올랐으니, 지난날 단경주가 빼앗겼던 조야옥 사자마였다.

사문공은 군사를 이끌고 성문 밖으로 나가서 양산박 군과 맞서 싸웠다.

송강은 사문공이 조야옥 사자마를 타고 나오는 걸 보자 화가 치솟아 군사를 내몰았다. 그러자 진명이 큰 공을 세울 욕심으로 선뜻 나서 말을 박차며 앞서 달렸다.

두 마리의 말이 서로 몸을 비벼대면서 얽혀드는 가운데 두 사람의 병장기가 서로의 몸을 향해 날아들었다. 그러나 사문공의 무예는 가볍지 않았다. 진명의 낭아봉이 점차 힘을 잃더니 스무여 합을 싸웠을 때 진명은 당해 낼 수 없음을 깨닫고 말머리를 돌려 달아났다.

사문공은 때를 놓칠세라 득달같이 뒤쫓아서 창을 내질렀다. 다음 순간, 창은 진명의 허벅지 뒤에 꽉 꽂히고 말았다.

진명이 말 위에서 땅으로 곤두박질치자, 싸움을 보고 있던 곽성, 여방, 등비, 마린 등 네 두령들이 일제히 달려 나와서 그를 구해 냈다.

마음이 답답해진 송강은 향을 사른 다음, 직접 점괘를 뽑았다.

오용이 그 점괘를 보더니 말했다.

"이곳은 별일 없겠지만, 놈들이 오늘 밤 우리 영채로 쳐들어온다는 점괘입니다."

송강은 오용의 말에 따라서 군사를 다시 배치시키기로 했다.

그날 밤, 하늘에는 구름 한 점 없었고 달이 밝았다.

사문공이 장막 안에서 증승을 보고 가만히 말했다.

"이번 싸움에서 도적들은 장수가 둘이나 상했으니 겁을 집어먹었을 것이오! 이때를 이용하여 적을 무찌르지 않는다면 언제 무찌르리오!"

증승은 사문공의 말을 듣고 즉시 소정과 둘째 형 증밀, 셋째 형 증삭을 불러서 야습할 일을 의논했다.

밤 이경 무렵, 그들은 말방울들을 모두 뗀 다음 가벼운 몸차림으로 몰래 송강의 중군 영채로 밀고 들어갔다. 그러나 개미 새끼 한 마리 보이지 않았고, 영채 안은 텅 비어 있었다.

사문공이 급히 외쳤다.

"물러나라! 적의 속임수다!"

바로 그때, 복병이 들이닥쳤다. 적병의 갑작스런 기습으로 혼란한 통에 증삭이 그만 해진의 창에 맞아 말에서 굴러 떨어지고 말았다.

증두시의 주인인 증롱은 지난번에 이어서 셋째 아들까지 잃었으니, 그 슬픔은 이루 말할 수조차 없을 정도로 컸다. 밤새 슬픔에 잠겨 있던 증롱은 다음 날 사문공이 돌아오자 상심한 얼굴로 입을 열었다.

"이제 나는 두 아들을 잃었으니 더 이상 저들과 싸울 마음이 나질 않는구려! 곧 글을 보내 항복하도록 하오!"

역시나 겁을 먹고 있던 사문공은 증롱의 말에 따랐다. 그리하여 증롱과 사문공의 이름으로 항복하는 글을 써서 송강의 영채로 보냈다.

증두시의 주인 증롱은 감히 양산박의 통군 두령 송 공명님께 엎드려 아룁니다! 지난날 자식놈이 어리석은 제 용맹만 믿고 양산박 호걸들의 범 같은 위엄을 범한 적이 있습니다. 지난번 조천왕께서 친히 군사를 이끌고 오셨을 때 마땅히 항복하여 귀순하는 것이 옳은 일이었다고 생각했으나, 어리석은 부하 한 놈이 몰래 활을 쏘고 더군다나 말까지 빼앗는 무거운 죄를 범하게 되었사오니 백 번 죽는다 한들 무슨 할 말이 있겠나이까. 지난날의 잘못은 모두 본뜻이 아니었음을 말씀드리오며, 그때 죄지은 어리석은 자식놈 둘과 졸개들이 이미 죽었으므로 감히 사람을 보내어 화평을 청하는 바입니다.

만일 이 뜻을 물리치지 않으신다면 지난날 저희들이 빼앗은 말들을 모두 돌려드림은 물론, 황금과 비단을 바쳐 삼군을 아울러 위로하겠나이다. 삼가 엎드려 고하나니, 밝게 살피시어 더 이상 쌍방의 희생이 없도록 은덕을 베풀어 주옵소서!

글을 읽고 난 송강은 조천왕을 죽인 원수의 목을 쳐서 한을 씻어야 된다며 화친을 거절했으나 군사 오용이 설득하여 답장을 써서 사자에게 주었다.

양산박의 주장主將 송강은 증두시의 증롱에게 답하노라. 예부터 나라는 믿음으로써 천하를 다스리며 장수는 용맹으로써 적국을 평정하노니, 사람은 마땅히 예의로써 모든 일에 임해야 한다고 믿는다. 재물도 의가 아니면 취하지 않거늘 어찌 일시적으로 원수진 일이 있다 하여 끝까지 원수 갚을 일만 고집하겠는가. 그대가 진정으로 화친을 바란다면 두 차례에 걸쳐서 빼앗아 간 말들을 모두 다 돌려줄 것이며, 말을 빼앗아 간 욱보사를 묶어 보낼 것이다. 또한 우리 군사들을 위로할 황금과 비단을 준비하여 극진한 예의를 갖추어야만 할 것이니라! 만약 다른 뜻을 품었을 시, 우리는 원래 뜻한 바대로 행할 것이다!

답장을 끝까지 다 읽고 난 증롱과 사문공은 겁에 질려 입을 딱 벌린 채 서로의 얼굴만 쳐다보고 있었다. 한동안 머리를 맞대고 다시 의논을 한 뒤 한 번 더 송강에게 사자를 보내기로 했다.

다음 날 아침, 증두시에서 온 사자를 본 오용이 송강에게 말했다.

"다섯째 아들 증승과 욱보사를 보낼 터이니 이쪽에서도 인질을 보내 달라는 의견입니다."

"저런 고약한 놈들을 보았나!"

송강이 또다시 화를 내자 오용이 조용히 타이르며 시천, 이규, 번서, 항충, 이곤 등 다섯 두령을 보내기로 하였다.

증두시에서는 증승과 욱보사로 하여금 빼앗겼던 말들을 이끌고 황금과 비단을 예물로 갖추어 왔으나 단경주로부터 빼앗아 간 조야옥 사자마는 사문공이 타고 있어서 못 가져왔다는 변명을 하였다.

이에 송강은 화가 머리끝까지 났으나 오용과 대책을 의논한 후 인질로 와 있는 욱보사를 불러들여 위로한 다음 여차여차하라고 가만히 일렀다.

욱보사는 오용의 말뜻을 알아차리고 고개를 끄덕였다. 그는 곧바로 증두성으로 빠져나가서 사문공에게 오용이 일러 준 대로 이야기했다.

사문공은 욱보사를 데리고 증롱에게로 가서 지금까지의 말을 자세히 전한 뒤 덧붙였다.

"욱보사의 말에 의하면, 송강이란 자는 마음이 콩밭에 가 있

는 게 분명합니다! 그는 화평할 생각이 전혀 없습니다! 다행히
도 지금 청주성과 능주성에서 구원군이 오고 있으니, 이 기회
에 놈들을 쳐부숴야만 합니다!"

"그건 안 될 말이오! 내 아들 증승이 적진에 인질로 잡혀 있
으니, 만일 우리가 약속을 어긴다면 그 애의 목숨이 위험할 것
이오!"

"그렇지 않습니다, 어르신! 놈들을 무찔러야만 오히려 아드님
을 구해 낼 수가 있습니다! 오늘 밤에 군사를 일으켜서 놈들의
중군 영채를 치는 것이 좋겠습니다. 중군 영채의 송강만 사로잡
는다면 마치 뱀의 머리를 끊어 버리는 것과 같아서 놈들은 힘
을 쓰지 못하게 될 것입니다. 그때 아드님을 구해 낸 후 돌아와
이곳에 잡혀 있는 다섯 인질을 죽여도 늦지 않을 것입니다!"

사문공이 이처럼 강하게 밀어붙이니 증롱도 끝내 마다할 수
없었다. 하는 수 없이 힘없는 목소리로 사문공의 말에 좇았다.

"그럼 사범께서 알아서 실수 없이 계책을 쓰도록 하오."

이에 사문공은 곧 영을 내려 북문 쪽의 소정과 동문 쪽의 증
괴로 하여금 일제히 군사를 일으키게 했다.

그때 욱보사는 슬며시 법화사로 들어가서 인질로 와 있는 시
천, 이규 등 다섯 두령들에게 이 사실을 귀띔했다.

그 무렵 송강의 영채에서는 송강과 오용이 머리를 맞대고 앉
아 욱보사에게 전한 계책에 대해 의논하고 있었다.

"이번 계책이 어떻게 될 것 같소?"

송강이 걱정스런 얼굴로 묻자 오용이 힘찬 목소리로 대답

했다.

"욱보사가 돌아오지 않는 것으로 보아 계책에 어긋남이 없을 듯합니다. 놈들은 틀림없이 오늘 밤에 우리 영채를 기습할 것인즉, 우리는 미리 영채를 비워 두고 양쪽에 복병을 숨긴 후 재빨리 증두시로 쳐들어가서 적의 영채를 치면 됩니다. 노지심과 무송은 동문으로, 주동과 뇌횡은 서문으로, 양지와 사진은 북문으로 쳐들어가 적의 영채를 떨어뜨리면 됩니다. 이것이 곧 '번견복와지계番犬伏窩之計'로 사냥개가 굴 속에서 짐승을 기다리는 계책입니다."

본래 번견복와지계란 적을 속이는 전술로서, 그 옛날 남만南蠻에 있던 들짐승 사냥에 능한 개의 고사에서 비롯된 것이었다. 즉 개가 굴에서 나가는 짐승을 확인한 다음 그 굴 속에 들어가 숨어 있다가 그 짐승이 돌아오면 물어뜯으므로 백발백중 실패하는 일이 없다는 이야기다.

밤이 되자, 사문공은 소정, 증밀, 증괴와 더불어 영채의 모든 군사를 일으켜서 송강의 영채를 향해 출발했다. 희뿌연 달빛에 별빛조차 흐린 어두운 밤이었다.

사문공과 소정이 앞장섰고, 증밀과 증괴가 그 뒤를 따랐는데, 말방울을 모두 뗀 채 가벼운 복장을 하고 있었다. 그들은 송강의 영채에 가까이 이르자 일제히 달려 나가 송강의 영채를 덮치려 했다. 그러나 영채의 문은 활짝 열려 있었고, 영채 안에는 개미 새끼 한 마리 얼씬거리지 않았다.

"앗, 속았구나!"

비로소 계책에 걸려든 것을 안 사문공은 황급히 군사를 돌이켜 달아났다. 그때 증두시 안에서 한 방의 포 소리와 함께 종소리와 북소리가 연이어 울려 퍼졌다.

사문공이 놀란 얼굴로 물었다.

"이게 무슨 소리냐?"

누가 미처 대답하기도 전에 이번에는 사방에서 우레와 같은 포성이 울리더니 증두시 전체가 커다란 함성 속에 휩싸이고 있었다.

그 소리는 법화사에 있던 두령들의 짓이었다. 시천이 법화사 종루 위로 기어 올라가서 마구 종을 쳐대자, 그것을 신호로 하여 양산박 군이 각기 동문, 서문, 북문 쪽으로 화포를 쏘면서 쳐들어가기 시작했던 것이다. 그와 동시에 법화사 안에 인질로 머물고 있던 이규, 번서, 항충, 이곤 네 두령들은 일제히 뛰쳐나가면서 적병을 마구 찔러 죽였다.

사문공은 황급히 증두시로 돌아가려 했으나 밤길이 어두워서 마음처럼 빨리 달릴 수가 없었다.

그때 증두시의 주인인 증롱은 사방에서 적군이 물밀듯이 쳐들어오자 이미 일이 돌이킬 수 없는 지경에 이르렀음을 알았다. 증롱은 자기 영채 안에서 스스로 목을 베어 자결하고 말았다.

그때 허겁지겁 밤길을 달려서 증두시로 돌아온 둘째 아들 증밀은 서문 쪽으로 달려 들어오다가 주동의 칼에 맞아 목이 떨어졌고, 넷째 아들 증괴는 동문 쪽으로 달려 들어오다가 노지심의 선장에 맞아 목숨을 잃었다.

부사범 소정은 북문 쪽으로 달려 들어오다가 증두시가 이미 적의 손 안에 들어간 걸 알고 얼른 말머리를 돌려 달아났다. 그러나 북문 밖에는 그들이 파 놓은 무수한 함정이 있었으니, 어이없게도 그는 그만 자신이 파 놓은 함정에 빠져서 목숨을 잃고 말았다. 뿐만 아니라 그를 따르던 군사들도 어지러이 날아드는 화살을 피해 달아나다가 모두 함정 속으로 굴러 떨어졌다.

한편 사문공은 천리마를 타고 있어 한동안은 서문을 빠져나가 달아날 수가 있었다. 가까스로 말을 박차 남문 쪽으로 달렸으나 이미 그곳에도 적군이 깔려 있었다.

일이 틀어져 버렸다고 여긴 그는 황급히 말을 몰아 숲길로 달아났다. 그러나 검은 안개가 자욱하게 사방에 퍼져 있는지라 지척을 분간할 수 없었다. 정신없이 이십여 리를 달렸으나 어디가 북쪽이고 어디가 남쪽인지 도무지 알 수 없었다.

그때 문득 숲속에서 요란한 징소리가 울리면서 사오백 명의 군사가 쏟아져 나왔다. 앞장선 장수는 바로 입운룡 공손승이었다. 그는 손에 든 선장을 휘둘러서 사문공이 탄 명마의 다리를 냅다 후려갈겼다. 그러나 명마는 선장에 맞기 전에 그의 머리 위를 훌쩍 뛰어넘어 달아났다.

가까스로 위기를 벗어난 사문공이 한참 동안 달아나는데, 아무래도 공기가 심상치 않았다. 음습한 구름이 뭉게뭉게 서리고 싸늘한 기운이 등골을 오싹오싹하게 하는데, 갑자기 한바탕 회오리바람이 몰아닥치더니 문득 공중 위에 한 장수가 나타나서 벼락같이 소리쳤다.

"네 이놈, 어딜 달아나려 하느냐!"

사문공이 바라보니 아무래도 이 세상 사람 같지 않아 보였다. 문득 조개의 귀신이라는 생각이 머리를 스치자 등골이 오싹해졌다. 급히 말머리를 돌려서 달아나는데, 이번에는 동서남북을 가릴 것 없이 어지럽게 조개의 귀신이 떠돌아다녔다.

기겁을 한 그는 얼굴이 새파랗게 질린 채 또다시 말머리를 돌렸다. 온몸에 식은땀을 흘리면서 몇 발자국 달아나던 그는 그만 그 자리에 멈춰 서지 않을 수 없었다. 어느새 옥기린 노준의와 낭자 연청이 나타나서 그 앞을 가로막고 있었다.

"네 이놈, 어디로 달아나려느냐?"

노준의가 큰소리로 꾸짖으면서 박도를 내리쳤다.

이미 지쳐 있는 데다 넋마저 조개의 귀신에게 빼앗겨 있던 사문공은 허벅지에 박도를 맞고 말 아래로 굴러 떨어졌다.

노준의가 말 아래로 떨어진 사문공을 꽁꽁 묶은 다음 연청에게 말했다.

"이제야 비로소 송강 형님의 명마를 되찾게 되었군! 자, 어서 돌아가세!"

두 사람은 조개의 원수를 사로잡은 한편, 조야옥 사자마를 되찾아서 증두시로 돌아갔다.

그들을 맞이한 송강의 마음은 기쁨과 더불어 새삼 다시 분노가 일었다.

노준의가 조천왕의 원수를 사로잡아서 공로를 세운 일과 명마를 되찾은 것은 몹시 기뻤으나 조천왕에게 화살을 쏜 사문공을 보자 치가 떨렸던 것이다. 그러나 송강은 그런 마음을 억누르고 우선 사문공을 양산박으로 끌어가기 위해 수거에 가두고 나서 인질로 와 있던 증가의 막내 아들 증승을 끌어내 목을 베게 하였다. 그리고 나머지 가족들마저 모두 죽여 없애게 했다. 또한 증두시의 창고에 들어 있던 금은보화 및 곡식들을 모두 꺼내 수레에 싣고 양산박으로 돌아갈 채비를 서둘렀다.

그때 청주성 쪽과 능주성 쪽의 관군을 무찌르기 위해 떠났던 관승과 화영도 각기 적을 쳐부수고 돌아왔다. 두령들 중에 죽거나 다친 사람은 한 사람도 없었으며, 졸개들 또한 마찬가지였다.

그들은 양산박 수호채로 돌아가면서 조금도 민가에 폐를 끼치지 않았으니, 이는 모두 송강의 엄한 장령將令 때문이었다.

그들이 충의당忠義堂에 이르러 제일 먼저 행한 일은 조개의 원혼을 위로하는 일이었다. 그들은 모두 조개의 신위에 절을 한 다음, 상복으로 갈아입고 곡을 했다. 그리고 수거에 싣고 온 사문공을 죽여 심장을 꺼내서 제사상에 바치고 제문을 올렸다.

제사를 마치고 난 송강이 말했다.

"이제 조천왕의 원수를 갚았으니 마땅히 새 주인을 세워야 할 것이오!"

이에 오용이 얼른 나서서 말했다.

"두령님께서는 주인의 자리에 앉으시고 노 원외로 하여금 그 다음 자리에 앉게 하시되, 그 밖의 형제들은 모두 자기 자리에 그대로 있게 하십시오!"

오용이 그렇게 권하자 송강이 고개를 좌우로 흔들며 말했다.

"지난날 조천왕이 당부하시기를, 자기에게 화살을 쏜 자를 잡는 사람에게 첫째 두령 자리를 물려주라고 하셨소. 이번에 노 원외가 사문공을 사로잡아 조천왕의 영전에 제사 지냈으니, 마땅히 노 원외로 하여금 주인의 자리에 앉게 해야만 할 것이오."

그러자 노준의가 펄쩍 뛰었다.

"이 아우는 덕망과 재주가 없사오니 부디 그 말씀을 거두어 주십시오. 맨 끝 두령을 시켜 주셔도 오히려 이 아우에게는 과분합니다! 차라리 죽으면 죽었지, 형님의 그 분부만은 결단코 따를 수가 없습니다!"

그러자 오용이 여러 두령들을 가리키면서 말했다.

"두령님께서 주인의 자리에 앉으시고 노 원외가 그 다음 자리에 앉게 되면 여기 있는 여러 형제들이 모두 다 군소리 없이 따를 것입니다. 그렇지 않고 형님이 거듭 사양하시면 여러 형제들의 마음이 제각각 흐트러질 것입니다."

그 말이 채 끝나기도 전에 이규가 벼락같이 소리치며 일어서서 불평불만을 쏟아붓고, 무송과 유당도 나섰다.

"우리 일곱은 처음 이곳 양산박에 왔을 때부터 형님을 주인으로 모실 생각이었습니다! 그런데 오늘날 또다시 엉뚱한 사람에게 자리를 내주려 하시다니요?"

노지심도 가만히 있지 않았다.

"형님께서 정 그렇게 나오신다면 우리 형제들은 모두 제각기 찢어지는 수밖에 없으니 그리 아십시오!"

모든 두령들이 그렇게 한마디씩 하며 일어서자 송강이 팔을 내저으며 말했다.

"아우들은 여러 말 할 것 없소! 나는 이제 이 일을 하늘의 뜻에 맡기겠소. 하늘이 정하는 바에 따르면 될 것이니 그 뜻이 어떠한가를 지금 알아봅시다."

"하늘의 뜻에 따르다니요?"

오용이 어리둥절한 얼굴로 묻자 송강이 대답했다.

"지금 우리 산채엔 재물과 곡식이 모자라오. 모두들 알고 있는 바와 같이 동쪽에 재물과 곡식이 넉넉한 두 고을이 있소. 하나는 동평부東平府이고, 또 하나는 동창부東昌府요. 우리는 이제껏 그곳 백성들을 놀라게 한 적이 없었지만, 재물과 곡식을 꾸어 달라고 하면 반드시 거절할 것이오. 그러므로 이제 나와 원외가 두 개의 제비를 만들어서 각각 한 개씩 뽑되, 그 결과 어느 고을을 칠 것인가를 정하는 것이오. 그리하여 각기 군사를 일으켜서 쳐들어가되, 먼저 성을 떨어뜨리는 쪽이 바로 이곳 양산박의 주인 자리에 앉는 것이오! 여러 형제들의 생각은 어떻소?"

"그 방법도 나쁘지는 않을 것입니다."

오용이 선뜻 고개를 끄덕이며 찬성했다.

그러나 노준의는 엎드려서 거듭 사양했다.

"부디 그 분부를 거두어 주십시오! 그것과는 아무런 관계없이 형님께서는 이곳 산채의 주인이십니다! 저는 다만 형님을 따를 뿐입니다."

"내 뜻을 이미 굳혔으니 노 원외는 더 이상 사양치 마오."

송강이 잘라 말하고 철면공목鐵面孔目 배선裴宣으로 하여금 두 개의 제비를 만들도록 분부했다. 그러고 나서 향을 사르고 하늘에 빈 다음 노준의와 더불어 각기 제비 한 개씩을 뽑았다. 제비를 뽑고 보니 송강은 동평부를 치게 되었고, 노준의는 동창부를 치게 되었다.

송강은 즉시 영을 내려서 군사를 일으키고 잔치를 열어 여러 두령들과 술을 마시는 한편, 군사를 나누었다. 그리하여 송강과 노준의는 각각 크고 작은 두령 스물넷과 수군 두령 셋을 거느리게 되었고, 각기 만 명의 인마가 배정되었다.

송강,
양산박의 새 두령이 되다

그날은 바로 삼월 초하루였다. 호숫가의 얼음도 모두 녹았고 봄바람이 살랑살랑 부니, 싸움을 하기엔 안성맞춤인 날씨였다.

송강은 동평부를 향해 떠났고, 노준의는 동창부를 향해 떠났다.

이윽고 송강은 동평부 근처에 이르러 안산진安山鎭이란 곳에 진을 쳤다. 그곳에서 성곽까지의 거리는 겨우 사십여 리에 지나지 않았다.

송강은 그곳에 진을 치고 나자 군사들을 둘러보며 일렀다.

"동평부의 태수는 정만리程萬里인데 그 밑의 병마도감은 바로 동평董平이란 자다. 동평은 본래 하동河東 땅 상당군上黨郡 태생으로서 한 쌍의 창을 잘 쓰기 때문에 사람들은 그를 가리켜 쌍창장雙鎗將이라고 부른다. 그는 실로 만 명의 적을 혼자서 당해낼 만한 용맹을 지닌 사람이다. 비록 우리가 그들을 치러 왔으나 예의를 갖추는 것이 도리일 것이다. 그러므로 나는 이제 한 통의 전서戰書를 써서 그들에게 보낼 작정이다. 만일 그들이 우리의 말을 고분고분 들어 준다면 싸울 필요가 없겠으나, 그렇지 않을 경우엔 크게 무찔러도 아무 원망이 없을 것이다. 자, 누가 나를 위해 그들에게 전서를 전하러 가겠는가?"

그러자 욱보사와 왕정륙이 동평부의 지리에 밝다며 자청하고 나섰다. 그 전서의 내용은 단지 재물과 곡식을 꾸러 왔다는 말뿐이었다. 그러나 그들은 동평태수 정만리와 병마도감 동평의 명에 의해 곤장 스무 대씩만 맞고 돌아왔다.

그때 구문룡 사진이 전에 동평부에 있을 때 창기 이서란과 오래 사귀어 정이 깊은 사이라며, 그녀 집에 숨어 있다가 동평이 성 밖으로 싸우러 나갈 때를 맞추어 고루에 올라 불을 지르겠노라며 행장을 꾸리고 송강에게 인사하였다.

"아우는 일을 잘 처리하게. 나는 아우가 일을 꾸밀 동안 군사를 내지 않겠네."

송강이 떠나는 사진에게 일러 주었다. 그리하여 사진은 그 길로 동평부 안으로 몰래 들어가 곧바로 이서란 집으로 갔다.

계집은 반가운 마음에 버선발로 뛰어나와 그를 누각 위로 안내하고 나서 물었다.

"어떻게 된 거예요? 이곳을 떠난 후론 도대체 코빼기도 보이지 않더니…. 양산박으로 가서 두령이 됐다는 소문은 얼핏 들은 적이 있어요. 관청에선 방을 붙여서 잡으려고 한다던데요. 더욱이 요사이는 온 장안이 다 술렁거리며 야단들이랍니다. 양산박의 도적떼가 와서 성을 치고 재물과 곡식을 뺏으려 한다는 소문이 쫙 퍼졌으니까요. 그런데 도대체 여긴 어쩐 일이에요?"

사진은 계집을 조금도 의심하지 않은 채 모든 걸 털어놓았다.

"내가 속이지 않고 털어놓겠네. 사실 나는 그 후 양산박으로 들어가서 두령이 되었으나 지금껏 아무 공도 세우지 못했네. 마침 이번에 송강 형님과 더불어 이곳 동평부를 치러 왔는데, 내가 형님께 자네에 대해 자세히 말씀드리고 나서 자네의 도움을 받아 특별히 첩자 노릇을 하기 위해 찾아온 거네. 자, 여기에 약간의 금과 은이 있으니 받아 두게! 그리고 결코 이 일이 밖으로 새어나가지 않도록 힘써 주게. 이번 일을 무사히 마치고 나면 자네와 두 늙은이를 양산박으로 데리고 들어가 편안하게 살도록 만들어 주겠네."

계집은 그 말을 듣고 내심 깜짝 놀랐으나, 겉으로는 드러내지 않은 채 금과 은을 거두어들이며 말했다.

"아무 걱정 마세요. 이곳에 숨어 계시면 아마 쥐도 새도 모를 거예요!"

계집은 술과 고기를 내어 대접한 다음, 슬그머니 누각 아래로 내려와 늙은 어멈과 그 일을 의논한 결과, 관청에 고발하여 상금을 받기로 하였다.

잠시 후 계집이 누각 위로 올라가자 계집의 얼굴색이 좋지 않음을 보고 사진이 의심스런 눈길로 물었다.

"무슨 좋지 않은 일이라도 생겼나? 얼굴빛이 왜 그 모양인가?"

"아녜요, 계단을 올라오다 잠시 발을 헛디뎠을 뿐이에요!"

계집은 속으로 찔끔했으나 얼른 꾸며댔다.

본래 호걸이란 계집에게 약하다고 했던가! 사진은 계집의 말에 속아서 더 이상 의심하지 않았다.

계집은 짐짓 앞가슴을 풀어헤친 채 사내의 마음을 흩뜨렸다. 사진이 계집의 살내음에 취해서 운우의 정에 빠져 있는데, 불과 한 시각도 지나지 않아 어지러이 계단을 뛰어오르는 발자국 소리가 들렸다. 곧이어 사진이 있는 누각으로 수십 명의 군졸들이 들이닥쳐서 창끝으로 찍어 눌렀다. 그렇게 되니 사진은 손을 쓸 틈조차 없었다. 그들은 마치 솔개가 병아리를 낚아채듯이 순식간에 사진을 꽁꽁 묶은 다음 동평부로 끌고 갔다.

그때 태수 정만리와 동평은 공청에 나와서 높이 앉은 채 그를 기다리고 있었다. 그들은 엉덩이가 터져서 피가 튀도록 다그쳐도 사진이 입을 다무는지라 큰칼을 씌워서 감옥에 처넣도록 했다.

한편 송강은 사진을 동평부로 보낸 다음, 오용에게 편지를 보내서 그 사실을 자세히 알렸다.

편지를 읽고 금세 얼굴빛이 핼쑥해진 오용은 밤낮없이 말을 달려 송강에게로 왔다.

"어쩌자고 그런 일을 저지르셨습니까?"

"동평부에 일찍이 깊이 정을 통하던 창기가 있다기에 그를 보냈는데, 뭐가 잘못되기라도 했나?"

"사진을 보낸 건 아무래도 잘못하신 듯합니다. 기생집에서는 본디 자著(정을 주는 일), 침寢(깊이 빠져드는 일), 개個(물건을 꾸는 일), 누漏(속마음을 털어놓는 일), 주走(숨기 위해 도망쳐 들어가는 일) 등 다섯 가지를 피해야만 하는 까닭입니다. 본래 기생집이란 새 손님을 맞아들이고 옛 손님을 쫓아내면서 많은 사람의 신세를 망치게 하는 곳입니다. 더욱이 기생이란 물 같아서 마음을 정할 수가 없으며, 잠시 정을 준다 할지라도 결국은 포주의 손아귀에서 벗어나지 못하는 법입니다. 이제 사진을 그러한 곳으로 보냈으니, 그는 필시 변을 당하지 않을 수 없게 되었습니다."

오용이 그렇게 말하자 송강은 비로소 깜짝 놀라며 물었다.

"그렇다면 이 일을 장차 어쩌면 좋겠소?"

오용은 한동안 생각에 잠기더니 잠시 후 송강의 귀에 대고 계책을 일러 주었다. 즉 고대수를 비렁뱅이 늙은 할멈으로 꾸며 성 안의 형세를 살피고 사진을 어떻게든 만나서 이달 그믐날 저녁 황혼녘에 성을 칠 예정이니 성 안에서 불을 질러 신호하기로 정하였다.

이에 고대수는 옥에 갇힌 사진을 만나기 위해 십여 년 전에 신세 진 일이 있다며 비렁뱅이로 얻은 밥 한술을 줄까 한다며 떼를 써 가까스로 만날 수 있었다. 그러나 사진이 묻는 그믐날을 옥리가 잘못 가르쳐 주는 바람에 하루 먼저 옥리를 죽이고 옥문을 열어 오륙십 명의 죄수들을 풀어 놓는 소동을 일으키고 말았다.

한편 병마도감 동평은 그날 새벽 무렵 군사를 수습해 송강을 치러 나섰다. 그 소식을 들은 송강이 걱정스런 얼굴로 말했다.

"이는 필시 고대수가 붙들려서 우리의 계략이 탄로 난 게 틀림없다!"

송강은 즉시 장령을 내려서 군사들로 하여금 적과 싸울 채비를 갖추도록 했다.

송강이 바라보니 동평은 참으로 훌륭한 풍모를 지니고 있었다. 봉황의 날개를 새긴 금빛 투구와 무쇠를 두드려서 만든 은빛 갑옷이 그의 풍채를 더욱 돋보이게 하고 있었다.

동평은 원래 사람됨이 총명하여 모르는 게 없는 데다 삼교三敎(유교·불교·선교)와 구류九流(제자백가)에 두루 통했고, 피리와 거문고를 모두 다루었으므로 산동과 하북 사람들은 그를 가리켜 '풍류쌍창장風流雙鎗將'이라고 불렀다.

그의 전통에는 조그만 깃발이 하나 꽂힌 채 펄럭이고 있었는데, 거기에는 붉은 바탕에 금빛 글씨로 '영웅쌍창장 풍류만호후英雄雙鎗將 風流萬戶侯'라고 씌어 있었다.

송강은 좌우를 돌아보면서 물었다.

"누가 나를 위해 적장을 사로잡겠소?"

그러자 백승장 한도가 선뜻 나섰다.

"제가 가겠습니다."

송강이 고개를 끄덕이자마자 그는 철삭織索을 휘두르면서 동평에게 덤벼들었다. 그러나 동평의 쌍창이 너무도 날래고 힘차 한도는 대적할 수가 없었다.

그것을 본 송강은 즉시 금창수金鎗手 서녕徐寧을 내보내서 싸우게 하는 한편 한도를 불러들였다.

서녕은 과연 동평과 호적수였다. 오십여 합을 싸웠으나 두 사람은 승부가 나지 않았다. 송강은 서녕을 잃을까 염려하여 징을 쳐서 그를 불러들였다. 서녕이 말머리를 돌리자, 동평은 쌍창을 휘두르면서 그 뒤를 쫓았다.

그때 송강이 채찍을 들어서 신호하자 군사들이 사방에서 동평을 에워쌌다.

송강은 말을 달려서 높은 언덕으로 올라갔다. 그곳에서는 동평의 모습이 한눈에 내려다보였다. 그는 동평이 동쪽으로 달아나면 채찍으로 동쪽을 가리켰고, 서쪽으로 달아나면 서쪽을 가리켰다. 군사들은 그때마다 송강의 채찍을 보고 몰려가서 동평을 에워쌌다.

송강의 군사들에 에워싸인 채 좌충우돌 쌍창을 휘둘러 대면서 싸우던 동평은 신시쯤이 되어서야 비로소 송강의 군사들로부터 벗어날 수 있었다.

송강은 더 이상 뒤쫓지 않고 군사들을 거두어들였다. 이미 해는 서산에 기울고 땅거미가 짙게 물들고 있었다.

전세가 이롭지 못함을 안 동평은 자기 진영으로 돌아가자마자 즉시 군사를 수습하여 성 안으로 물러났다.

그것을 본 송강은 즉시 군사들을 이끌고 가 성을 에워싸고 성 안에서 불을 질러 신호하기만을 바랐다.

그러나 성 안에 있던 고대수는 방비가 엄해 불을 지를 수가 없었다. 사진도 함부로 옥 밖으로 나오지 못한 채 버티고 있을 뿐이었다.

성곽을 에워싼 송강은 밤이 깊었으나 계속해서 성을 들이쳤다. 이에 정 태수가 동평에게 싸우기를 재촉하자 동평은 다시 삼군을 수습하여 성문을 열고 나와 양산박 두령들과 이리 뛰고 저리 뛰며 싸우기에 바빴다.

동평이 장수를 맞이하여 싸울 만하면 달아나고 다른 장수가 대거리를 해 오니 자신이 계략에 빠져들고 있음을 꿈에도 알지 못한 채 계속 그들의 뒤를 쫓았다.

송강은 그가 뛰어난 장수임을 알고 계책을 써서 꾀어 들이고자 했다. 양쪽의 초가집에는 이미 송강의 명에 의해서 호삼랑과 왕영, 장청과 손이랑 두 쌍의 부부가 백여 명의 군사와 더불어 매복해 있었다. 그들은 길바닥 여기저기에 반마삭絆馬索(달리는 말의 다리를 잡아채는 올가미)을 펴 놓은 후, 그 위에 흙을 덮고 기다리고 있었다.

그걸 알 리 없는 동평이 급하게 말을 몰아대었다.

그가 초가집 사이에 이르렀을 때, 문득 징소리가 크게 한 번 울렸다. 그와 함께 양쪽에 숨어 있던 송강의 군사가 일제히 반

마삭을 잡아당겼다. 반마삭이 땅 위로 팽팽히 솟아오르면서 동평이 탄 말의 다리를 잡아채는가 했더니 금세 말이 쓰러지고 동시에 동평은 땅바닥에 나동그라지고 말았다.

그 순간, 왼쪽에서는 호삼랑, 왕영 부부가 달려 나왔고, 오른쪽에서는 장청, 손이랑 부부가 달려 나왔다. 그들은 한꺼번에 덤벼들어 동평을 사로잡아 꽁꽁 묶은 후 투구, 갑옷, 쌍창, 말 등을 빼앗고 송강에게로 데려갔다. 그때 초가집들을 지나 그곳에서 얼마 떨어지지 않은 곳에 푸른 버드나무 한 그루가 서 있었는데, 송강은 그 밑에서 말을 멈춘 채 기다리고 있었다.

오래지 않아 두 여 두령이 동평을 묶어 끌고 왔다. 송강이 그걸 보고 황급히 말에서 뛰어내리며 짐짓 여 두령들을 꾸짖었다.

"내가 장군을 모셔오라고 했거늘 어찌하여 이처럼 무례하게 묶어 오는가?"

송강은 손수 밧줄을 풀어 주는 한편, 자신의 전포까지 벗어서 동평의 몸을 감싼 후 넙죽 엎드리면서 말했다.

"하잘것없는 저희들이 싫지만 않으시다면 부디 저희 산채를 맡아 주십시오."

동평으로서는 너무나 뜻밖의 말이 아닐 수 없었다. 얼떨결에 황망히 답례하면서 말했다.

"저는 이미 두령께 사로잡힌 몸이니 천만 번 죽는다 한들 무슨 할 말이 있겠습니까? 다만 한 목숨 살려 주신다면 그보다 더한 다행이 없겠습니다."

"저희들의 산채가 있는 곳은 사방이 호수여서 농사짓기가 마땅치 않아 항시 양곡이 부족한 편입니다. 본래 저희들은 이웃 고을에 소란을 피운 적이 없었습니다. 이번에도 부득이 동평부로 양곡을 꾸러 온 것일 뿐 별다른 뜻이 있는 것은 아닙니다!"

송강이 허리를 굽히며 말했다. 송강의 태도가 거짓이 아님을 알게 된 동평이 송강에게 청했다.

"원래 정만리는 본래 동관童貫 문하의 글 선생이었습니다. 그런 그가 태수의 자리에 올랐으니 어찌 백성들을 괴롭히지 않을 리가 있겠습니까? 두령님께서 허락해 주신다면 제가 속임수를 써서 성문을 열게 한 다음 성 안에 들어가서 그놈을 사로잡고 재물을 빼앗겠습니다."

동평이 스스로 그렇게 청하니 송강은 몹시 기뻤다. 곧 그에게 투구와 갑옷과 쌍창과 말 등을 돌려주었다. 그리하여 동평이 아무 일도 없었던 것처럼 앞장을 섰고, 송강의 군사가 기와 번幡을 숨긴 채 그 뒤를 따랐다. 성문 앞에 이르자 동평이 소리쳤다.

"성문을 열어라!"

성루 위의 군졸들이 횃불로 비쳐 보니 병마도감 동평인지라 그들은 아무 의심도 하지 않은 채 즉시 성문을 활짝 열고 적교를 내렸다.

동평은 말을 박차 성 안으로 달려 들어가 우선 적교를 감아 올리는 쇠사슬부터 끊어 버렸다. 그러자 등 뒤의 군사들이 일제히 성 안으로 쏟아져 들어갔다.

동평부를 힘들이지 않고 떨어뜨린 송강은 백성들을 해치지 말 것이며, 민가에 불을 놓는 일이 없도록 하라고 장령을 내렸다.

송강은 먼저 사진을 구해 낸 후, 창고에 쌓여 있던 금은보화 및 곡식들을 수레에 싣도록 했다.

감옥에서 풀려난 사진은 고대수와 함께 창기 이서란의 집으로 갔다. 사진을 보자 계집은 얼굴이 새파랗게 질린 채 부들부들 떨었다.

"더러운 년, 내 손에 죽어 봐라!"

사진이 눈알을 부라리며 소리치자 계집은 두 손을 싹싹 비비며 살려 달라고 애원했다.

"잘못했어요. 제… 제발 목숨만은….."

그러나 계집은 미처 말끝을 맺지 못했다. 사진의 비수가 그녀의 목을 찔렀기 때문이었다. 계집을 죽이고 난 사진은 고대수와 더불어 포주 노릇을 하던 영감과 할멈마저 찔렀다. 그들 또한 외마디소리 한 번 지르지 못한 채 죽고 말았다.

송강은 고을 백성들에게 곡식을 나누어 주는 한편, 거리의 곳곳에 방을 내걸었으니, 거기에는 이렇게 씌어 있었다.

우리는 썩은 벼슬아치들을 쓸어 없앴을 뿐, 착한 백성을 해치지는 않을 것이오. 백성들은 부디 걱정하지 말고 편안히 살기를 바라오.

- 송강

송강이 정 태수의 창고에서 옮겨 실은 수레를 산채로 끌어가게 한 후 군사를 점고하여 떠날 즈음, 문득 백일서 백승이 달려와서 동창부 쪽의 형세를 전했다.

"노 원외께서 두 번이나 동창부를 쳤으나 다 패하고 말았습니다. 뜻밖에도 성 안에는 사나운 장수가 있었습니다. 그는 본래 창덕부彰德府 사람으로서 호기군虎騎軍 출신인데 성은 장張가요, 이름은 청清입니다(채원자 장청張青과 구별됨). 돌팔매질을 하는데 못 맞히는 것이 없어 사람들은 그를 가리켜 몰우전沒羽箭(깃이 없는 화살)이라고도 부릅니다. 더욱이 그의 밑에는 두 부장이 있는데, 그들 또한 한결같이 뛰어난 호걸입니다."

송강이 궁금한 얼굴로 물었다.

"그들은 또 누구인가?"

"한 사람은 화항호花項虎 공왕龔旺으로서 온몸에 호랑이 무늬를 새겨 넣었는데, 말 위에서 비창飛鎗(던지는 창)을 던지면 던지는 대로 적중한답니다. 그리고 또 한 사람은 중전호中箭虎(활을 멘 호랑이) 정득손丁得孫으로서 얼굴에서 목까지 흉터투성이인데 말 위에서 비차飛叉(던지는 작살)를 던지면 빗나가는 법이 없다 합니다. 오 군사께서는 저에게 형님을 모셔 오라는 분부를 내리셨습니다."

송강이 그 말을 듣고 한탄해 마지않았다.

"노 원외는 어찌 그토록 운이 없단 말인가! 내가 오용과 공손승을 그쪽에 보낸 이유는 싸움에 이겨서 내 대신 양산박의 주인 자리에 앉게 하기 위함이었는데, 그토록 강한 적을 만날 줄이야!"

송강은 즉시 삼군을 일으켜서 동창부 쪽 노준의의 영채로 향했다.

이윽고 동창부의 경계에 이른 송강은 노준의의 마중을 받아 곧바로 중군 장막으로 들어 그동안의 싸움에 대해 보고를 받았다.

그런데 바로 그때, 수하의 졸개 하나가 황급히 뛰어 들어와 몰우전 장청이 군사를 이끌고 와서 싸움을 건다고 알렸다.

송강이 즉시 군사를 이끌고 나아가 바라보니, 그는 허리는 늑대요, 원숭이 팔에다 호랑이 체격이었다. 전포 속에 받쳐 입은 짙푸른 비단 저고리가 약간 드러나 보였으며, 말 위에 걸터앉은 모습은 가히 천하에 대적할 사람이 없을 만큼 당당해 보였다. 그의 뒤에는 두 호걸이 각기 양쪽에서 호위해 나오고 있었는데, 그들이 바로 화항호 공왕과 중전호 정득손이었다.

'오오, 과연 훌륭한 호걸들이로다!'

바로 그때였다. 달려 나온 장청이 송강을 향해 대뜸 꾸짖었다.

"물가에서 온 도적놈아, 어서 나와서 목을 내놓지 못하겠느냐?"

송강이 좌우를 돌아보면서 물었다.

"누가 나가서 저놈과 싸우겠느냐?"

그러자 한 호걸이 성난 목소리로 외치며 달려 나갔다.

"제가 나가서 저놈의 목을 치겠습니다!"

송강이 바라보니 금창수 서녕이었다.

송강은 나는 듯이 달려가는 서녕을 보며 좋은 적수가 될 것이라 여겼다. 서녕은 말을 달려 나가 구겸창九鎌鎗을 휘두르면서 곧바로 장청에게 덤벼들었다. 두 필의 말이 서로 엉켜들면서 두 개의 창이 동시에 불꽃을 튀며 엇갈렸다.

그런데 싸운 지 채 다섯 합이 지나지 않아서 장청이 짐짓 말 머리를 돌려 달아났다. 서녕이 때를 놓칠세라 그 뒤를 쫓는데 바로 그때, 장청이 갑자기 홱 몸을 돌리면서 돌팔매질을 했다.

장청이 던진 돌멩이는 정확하게 서녕의 양미간을 맞히고 말았다. 서녕이 얼굴을 감싸 쥐면서 말 아래로 굴러 떨어지자, 공왕과 정득손이 그를 사로잡기 위해 말을 달려나왔다. 송강의 진영에서도 그대로 보고만 있지 않았다. 어느덧 여방과 곽성이 말을 박차며 달려 나가고 있었다. 그들이 가까스로 서녕을 구하여 본진으로 돌아오자, 연순이 나갔다가 등에 돌팔매를 맞아 허리를 펴지 못한 채 말갈기에 바짝 엎드려 본진으로 도망쳐 왔다.

그때 송강 뒤에 있던 한도가 삭을 치켜들고 말을 달려 나갔다가 십여 합을 넘기지 못하고 '억!' 소리와 함께 코피를 쏟으면서 도망쳐 들어왔다. 그를 본 팽기가 삼첨양인도三尖兩刃刀을 들고 장청을 향해 덤벼들기도 전에 삼첨양인도를 놓친 채 자신의 왼 뺨을 감싸 쥐어야 했다. 그러자 또 노준의의 등 뒤에 있던 선찬이 송강의 허락을 기다릴 새도 없이 말을 재우쳐 달려 나갔다.

"네 이놈, 장청아! 어디 나를 맞혀 보아라!"

선찬이 달려가며 소리쳤으나, 그 말이 채 끝나기도 전에 장청

의 손이 번쩍 들리는가 싶더니 눈 깜짝할 사이에 선찬은 입에
돌멩이를 문 채 비명도 지르지 못하고 말 밑으로 굴러 떨어지고
말았다. 이에 여러 두령이 함께 나아가 선찬을 구하여 본진으
로 돌아왔다.

　그렇게 양산박의 열다섯 두령이 장청의 돌팔매에 쓰러졌으나
다행히도 장청이 양쪽 날개로 삼고 있는 비창을 잘 쓰는 공왕
은 임충과 화영이 사로잡았고, 연청의 화살과 여방과 곽성의 공
격에 정득손이 사로잡혔다. 그러나 송강이 무겁게 입을 닫고 어
두운 얼굴을 짓자 오용이 밝은 얼굴로 계책을 내어 수륙 양면
작전으로 장청을 꾀어내기로 하였다.

　그날은 군사를 거두어 진채를 굳건히 지켰다. 그리고 다음 날
밤, 군량미를 가득 실은 양산박 수군을 강물 위에 띄워 길을 잘
못 든 것처럼 꾸몄다. 그 소문을 들은 장청이 남문 위에서 바라
보니 달빛이 은은한 강물 위로 수많은 배들이 쌀을 실은 채 떠
내려가고 있었다.

　"성문을 열고 적교를 내려라!"

　장청이 소리치자 성문이 열리고, 호濠 위에 천천히 적교가 내
려졌다.

　장청은 군사들을 이끌고 곧바로 강가를 향해 달려갔다. 그런
데 갑자기 하늘이 어두운 구름으로 뒤덮이며 음산한 바람이 한
차례 휘몰아치더니 사방에 검은 안개가 피어올랐다. 기병과 보
군이 좌우를 살폈으나 너무 어두워 옆 사람의 얼굴조차도 제대
로 보이지 않았으니, 이는 입운룡 공손승이 술법을 부렸기 때문

이었다.

주위가 캄캄해 이롭지 못함을 알고 장청이 군사를 돌이키려 하는데 갑자기 사방에서 요란한 함성이 일었다. 그러나 앞뒤조차 제대로 분간할 수 없는 지경이라 적군이 어디에서 얼마나 나타났는지 도무지 짐작할 수 없었다.

군사들이 크게 어지러워하는 가운데 일시에 양산박 군사들이 밀고 들어왔다. 그들은 양산박 군에게 쫓겨 점점 뒤로 물러날 뿐이었다.

그때 표자두 임충이 기병들을 거느리고 장청과 그의 군사들을 한꺼번에 강물 속으로 몰아넣었다. 강물 위에는 이미 이준, 장횡, 장순, 완소이, 완소오, 완소칠, 동위, 동맹 등 여덟 명의 수군 두령이 기다리고 있었다. 장청이 아무리 돌팔매질을 잘한다 하더라도 물속에서는 어찌할 수 없었다.

그들은 장청이 물에 빠지자 냉큼 사로잡은 다음 본진으로 호송했다. 그리고 물에 빠져 허우적대던 수많은 그의 군사들은 모두 다 물고기 밥이 되었다.

송강과 오용은 장청을 사로잡자 두령들을 재촉해 일제히 성을 들이치게 했다.

이에 양산박 군이 아무도 없는 곳을 달리듯 거침없이 밀고 들어가니 오래지 않아 성에 당도할 수 있었다. 성 밖에서는 어지러이 포성이 일고 곧이어 성문이 열렸다. 그러니 태수가 홀로 남아 어찌 양산박 군을 대적할 수 있으랴! 그는 꼼짝없이 잡혀 목이 베이고 말았다.

송강은 이어 여러 두령들과 함께 부청사 안으로 들었다. 그곳에 머무르고 있는데 수군 두령들이 장청을 끌고 들어왔다. 그러자 그의 돌팔매질에 혼이 난 여러 호걸들이 일제히 달려들어서 그를 때려눕히려 했다.

그것을 본 송강이 황급히 뜯어말리면서 꾸짖었다.

"그만들 두지 못하겠소? 이게 무슨 비겁한 행동들이오?"

그러고 나서 그는 손수 밧줄을 풀어 준 다음, 공청 위로 장청을 맞아들였다.

"바라옵건대 장군께서는 언짢게 생각지 마십시오! 모두가 다 이 송강의 허물입니다!"

송강의 의기에 감복한 장청은 그 자리에 넙죽 엎드려서 절을 올리며 항복했다.

"형님, 부디 바라옵건대 이 아우를 거두어 주십시오!"

송강은 장청의 항복을 기꺼이 받아들이며 술을 땅바닥에 뿌린 후 화살을 꺾어 맹세했다.

"여러 형제들이 끝내 이 아우에게 앙갚음을 하려 든다면 천벌을 받아 마땅하리라!"

그러자 그 누구도 감히 송강의 말을 거스르는 자가 없었으며, 막상 한패가 되자 여러 두령들도 더 이상 장청에게 앙갚음을 하려 들지 않았다. 몰우전 장청도 또한 천강성의 하나였으므로 자연스레 의기가 통하고 있었다.

맹세를 마치고 난 송강이 모두에게 당부했다.

"여러 형제들은 부디 우애를 저버리지 말라!"

이윽고 장청을 한패로 받아들인 송강이 군사를 거두어서 산
채로 돌아가려 하자, 장청이 청했다.

"형님, 제가 산채에 꼭 필요한 한 사람을 천거하고자 하오니
부디 제 청을 들어 주십시오!"

"어서 말해 보도록 하오!"

"그는 본래 유주幽州 땅 사람으로 성은 황보皇甫요, 이름은 단
端입니다. 눈동자가 푸르고 수염이 누렇기 때문에 사람들은 그
를 가리켜 자염백紫髥伯이란 별명으로 부른답니다. 그는 말馬의
상을 잘 볼 뿐만 아니라 더위와 추위로 인한 병의 증세를 알아
내어 침을 놓고 약을 쓰는데, 가축의 병이라면 고치지 못하는
병이 없습니다. 양산박에도 수의사가 필요할 것인즉, 그를 데려
가는 것이 어떻겠습니까?"

송강은 크게 기뻐하면서 그를 불러들이게 하여 함께 산채로
돌아가자는 영을 내렸다.

여러 호걸들은 서둘러 수레에 곡식과 금은보화를 실은 다음,
일제히 군사를 이끌고 양산박 수호채를 향해 떠났다.

이윽고 충의당에 이른 송강은 먼저 공왕과 정득손을 데려오
게 하여 좋은 말로 달랬다. 그들은 장청이 이미 양산박에 가담
한 것을 알자, 송강에게 머리를 조아려 항복했다.

"부디 저희 두 사람도 거두어 산채에 머물게 해 주십시오!"

송강은 그들 역시 기꺼이 받아들이고, 황보단은 산채의 수의
사로, 동평과 장청은 산채의 두령으로 명했다.

그리하여 이번에 새로 든 산채의 호걸은 동평, 장청, 공왕, 정

득손, 황보단 등 모두 다섯이었다.

송강은 크게 기뻐하면서 성대한 축하 잔치를 베풀었다. 그들은 각기 서열에 따라서 자리를 정해 앉은 다음 혼쾌히 술을 마셨다.

술자리가 무르익어 가자 오용이 입을 열었다.

"이번 싸움에서 하늘의 뜻을 알았으니 마땅히 이곳 양산박의 주인은 형님이십니다! 이제 다시는 자리를 물리신다는 말씀은 하지 마십시오!"

그러자 여러 두령들이 한목소리로 외쳤다.

"그렇습니다, 형님! 이곳 산채의 주인은 오직 형님뿐입니다!"

송강이 문득 바라보니 그곳 충의당에 모여 앉은 두령들은 자신까지 합해 모두 백여덟 명이었다.

그들은 모두 '체천행도替天行道(하늘을 대신하여 도를 행한다) 충의쌍전忠義雙全(충과 의를 모두 온전케 한다)'의 깃발 아래 모인 것이었다.

양산박에
백팔 개의 별이 모이다

양산박에 모인 백팔 두령들은 목욕재계하고 제단을 차려 향을 사른 후 일주일 간 하늘에 제사를 지냈다. 백팔 두령 중 서른여섯의 천강성과 일흔둘의 지살성의 별호는 과두문자蝌蚪文字(중국의 고대문자)로 된 천서天書를 풀이한 것이다.

이윽고 송강도 놀라움을 금치 못하며 말했다.

"이는 보잘것없는 이 송강이 본래 별들의 우두머리였고, 여기에 모인 여러 형제들도 모두 이 세상에 태어나기 전에 별이었음을 천지신명께서 알려 주신 것이오. 그러므로 우리가 의를 위해 뭉친 것도 어쩌면 하늘의 뜻인지 모르겠소. 이제 모두 채워졌으며, 천지신명께서 천강天罡과 지살地煞로 나누어 모두 차례를 정하셨으니, 여러 형제들은 부디 맡은 바 힘을 다해 지키되 서로 다투지 말아야 할 것이며, 하늘의 뜻을 거슬러서는 아니 될 것이오."

"천지신명의 뜻으로 정해진 일인데, 저희가 어찌 감히 그 뜻을 거역하겠습니까!"

여러 두령들이 한목소리로 우렁차게 대답했다.

송강은 산채를 새롭게 하기 위해 산 앞 남쪽 길에 제1, 제2, 제3관문을 세우고 동, 서, 북산의 관문 외에도 각각 네 곳의 육채와 수채를 세워 두령들로 하여금 지키게 하였다.

그리고 여러 가지 정기旌旗를 새로이 세우게 했는데, 산꼭대기에 세운 행황杏黃빛 정기에는 '체천행도'란 네 글자를 썼으며, 충의당 앞에 세운 두 개의 붉은 기에는 각각 '산동호보의山東呼保義'와 '하북옥기린河北玉麒麟'이라는 다섯 글자를 썼다. 옥비장 김대견은 모든 병부兵符와 인신印信(도장, 관인)을 새로 만들었다.

송강은 이 모든 준비가 끝나고 나자 좋은 날 좋은 때를 골라 다시금 천지신명께 제사를 지냈다. 이어 충의당과 단금정에 새 현판을 걸고 '체천행도'라고 쓴 누런 기를 세웠다.

그날 송강은 잔치를 열어 모든 두령들을 한자리에 불러모았다.

"여러 형제들에게 각기 자기가 할 바를 맡길 터이니 맡은 바에 그르침이 있어서는 아니 될 것이며, 잘못이 있어서도 아니될 것이다. 만약 이를 어기는 자가 있다면 맹세코 군법에 의해 다스릴 것이며, 결코 용서치 않으리라!"

그러고 나서 곧 영을 내려 모든 두령들에게 제각각의 책무를 맡기고 거처를 다시 배치했다.

그로부터 얼마 동안은 평온한 나날이 계속되었다. 산채에서는 매일같이 군사들을 교련하고 무기를 만들었으며, 호수 위에서는 수군들이 수전을 익히기에 바빴다. 실로 오랜만에 맛보는 양산박의 평화로움이었다.

한편 도성에서는 양산박의 두령들을 달래 귀순시킨답시고 칙사를 보내기로 의견을 모았다. 천지는 곧 전전태위 진종선으로 하여금 조서와 어주御酒를 받들어 양산박으로 가서 그들을 달래도록 칙명을 내렸다.

그러나 고 태위와 채 태사는 그것이 못마땅하여 자신들의 측근을 데리고 가도록 진 태위에 청하였다. 그들은 태사부의 장간판과 전사부의 이 우후였다.

그들 일행은 양산박 무리들을 다룰 때 되도록이면 부드럽게 대해야 한다는 제주태수 장숙야의 충고를 무시한 채 양산박에 드는 길목에서부터 조정의 위엄을 보인답시고 거들먹대는 바람에 양산박 두령들의 심사를 꼬이게 했다.

조서의 내용은 이러했다.

문文은 능히 나라를 편안케 하며, 무武는 능히 나라를 평정케 하는도다. 오제五帝(고대 중국의 다섯 제왕)는 예악禮樂으로 땅을 나누어 제후를 봉했으며, 삼황三皇(복희, 여와, 신농)은 무기로 천하를 평정했도다. 모든 일에는 따름과 어김이 있게 마련이며, 사람에게는 현명함과 어리석음이 있도다. 짐은 조종祖宗으로부터 대업을 이어받아 해와 달처럼 비추어 천하 만물을 다스리노니, 누가 감히 과인을 따르지 아니하리오. 근자에 너희 어리석은 무리들은 호숫가에 모여 여러 고을을 노략질하였다. 본래는 짐이 밝은 법에 따라 관군을 보내 토벌해야 마땅할 것이로되 무고한 백성들에게 해 끼칠 것을 염려하여 칙사를 보내 그 죄를 용서하고 조정으로 불러 쓰려 하니, 이 조서를 받는 즉시 너희들은 재물과 양곡과 무기와 말과 배들을 모두 관아에 바치고 동시에 소굴을 없앤 뒤 모든 졸개들과 더불어 항복하여라. 그리하면 짐은 지난날의 허물을 묻지 않을 것이다. 하지만 만일 이에 따르지 않거나 칙명을 어기고 양심을 속이는 날에는 짐이 친히 천군을 보내어 엄중히 벌을 내릴 것이다. 남녀노소를 가릴 것 없이 닥치는 대로 목을 벨 것이며 뿌리를 뽑을 것이니, 이를 가슴에 새겨 이행하기 바라노라.

선화宣和 3년 초하初夏 4월 조시詔示

소양이 읽기를 마치자 송강을 비롯한 여러 두령들은 일제히 화가 치솟았다. 이미 예측한 바대로였다.

바로 그때, 대들보 위에서 벼락같이 뛰어내리는 호걸이 있었다. 흑선풍 이규였다.

이규는 대뜸 조서를 빼앗아 들더니 그 자리에서 박박 찢어 버리며 난리를 피웠다. 그러자 여러 두령들이 가까스로 뜯어말리고 송강이 진 태위에게 사죄하며 황제 폐하의 어주를 내려 폐하의 은덕을 헤아리게 해 달라 청하였다.

송강은 즉시 황금 술잔을 내오라고 하여 배선으로 하여금 어주 한 잔을 따르게 했다. 그런데 이게 웬일인가! 술잔에 술을 따르니 희멀건 빛깔이 영락없는 시골 탁주가 아닌가. 나머지 아홉 병도 잔에 따라 보니 모두 마찬가지였다. 그걸 본 호걸들은 너무도 어이가 없어 어주를 들고 충의당 밖으로 나가 몽땅 쏟아 버렸다. 마침내 화가 난 노지심이 쇠로 된 선장을 움켜쥐면서 소리쳤다.

"쳐죽일 놈들 같으니라구! 우리를 뭘로 알고 이 따위 탁주를 가지고 와서 어주라고 속이려 하느냐!"

그러자 유당도 참지 못하고 박도를 뽑아 들었다. 무송도 어느덧 한 쌍의 계도를 뽑아 들고 있었다. 목홍과 사진도 벌써 봉을 높이 들어 겨눈 채였다. 수군 두령 여섯은 일제히 욕설을 퍼부으면서 관문 밖으로 내려가 버렸다.

일이 그 지경에 이르자 송강도 어찌할 수가 없어 우선 그들을 두 팔을 벌려 막으며 황급히 명을 내렸다.

"어서 교의와 마필을 준비시켜라! 태위 일행을 수호채 밖으로 급히 모시되, 조금도 해를 끼쳐서는 아니 되느니라!"

사방에서 크고 작은 두령들이 거의 다 들고일어날 기세였다. 이에 송강과 노준의는 어쩔 수 없이 몸소 말을 타고 진 태위 일행을 세 관문 밑까지 보호했다.

그들이 배에 오르기에 앞서 송강이 두 번 절하고 나서 잘못을 빌었다.

"저희 형제들은 귀순할 뜻이 없는 것이 아닙니다! 다만 일이 이렇게 빗나간 것은 그 조서를 꾸민 관원들이 우리 양산박의 형편을 너무 모르신 탓입니다. 만약 몇 마디라도 좋은 말로 어루만져 주었더라면 저희 형제들은 목숨을 바쳐서 나라에 충성할 것을 맹세했을 것입니다! 하오니 태위께서는 부디 조정에 돌아가시거든 잘 말씀드려 주시기 바랍니다!"

그리하여 금사탄을 건넌 진 태위 일행은 혼이 빠진 채 달아나듯 제주부로 떠나갔다.

양산박에서의 전말을 전해 들은 채 태사는 즉시 사람을 보내서 군사에 관한 큰일임을 알리고 동추밀(동관), 고 태위, 양 태위(양전) 등 세 사람의 중신들을 태사부로 불러모아 군사 낼 일을 의논하였다.

그들은 추밀사 동관童貫을 추천하였다.

이에 천자는 크게 기뻐하며 동관에게 손수 금인金印과 병부兵符를 내리는 한편 그를 통군대원수로 삼아 양산박을 치게 했다.

천자의 명을 받고 추밀원으로 돌아온 동관은 그날로 병부를 보내 동경 관내의 여덟 고을 병마도감으로 하여금 군사 일만씩을 이끌어 오게 했다. 그리고 어영御營에서 빼어난 장수 두 명을 뽑아 각기 좌익과 우익을 삼았다.

다음 날 아침, 천자께 하직 인사를 올린 통군대원수 동관은 모든 장수와 군사를 이끌고 양산박으로 향했다. 그리고 며칠 후 십만 대군과 장수 백 명을 거느리고 양산박 근처에 가서 영채를 세웠다.

동관은 중군으로 하여금 나무를 얽어 장대를 세우도록 한 뒤두 장수를 올려 보내서 기를 좌우로 흔들어 한 편이 일어나면 또 한 편을 숨게 하는 이른바 사문두저진四門斗底陳을 펼쳤다.

이때 양산박에서는 몰우전 장청이 말안장 뒤에 돌멩이가 가득한 한 쌍의 비단 주머니를 매달고 정탐하러 다가왔다. 장청이 세 차례나 다가왔다 물러나자 비로소 동관은 다시 군사를 이끌어 나아갔다.

양산박의 진영은 사면팔방에 철통같이 군사를 펼쳐 놓아 마군은 마군끼리, 보군은 보군끼리 열을 지어 늘어서 있었고, 칼, 도끼, 창 등의 무기로 무장한 채 깃발을 휘날리면서 서 있었다. 그들 여덟 개의 진에는 각기 가운데에 행황빛 깃발이 무수히 펄럭이고 있었는데, 그것들은 모두 육십사괘를 나타내는 예순네 개의 깃발들이었다. 그리고 진문陣門은 네 곳에 나 있었다.

추밀사 동관이 장대 위에서 바라보니 양산박 군의 진세는 팔괘로 나뉘어 구궁九宮을 이루었는데, 그것은 곧 구궁팔괘九宮八卦의 진법이었다. 눈 깜짝할 사이에 구궁팔괘의 전법을 펴고 있는 송강의 군사를 본 추밀사 동관은 장대 위에서 그만 크게 놀라고 말았다. 사면팔방에 진을 펼친 장수들 모두가 한결같이 호걸이요, 영웅이었던 것이다. 간담이 서늘해진 동관이 홀로 탄식했다.

동관이 한동안 넋을 잃고 바라보는데, 송강의 진중에서 싸움을 재촉하는 징소리가 울려 퍼졌다.

그제야 정신을 차린 동관은 장대에서 뛰어내린 후 말 위에 올라 여러 장수를 돌아보면서 물었다.

"누가 나가서 저들을 맞아 싸우겠는가?"

그러자 부선봉을 맡고 있는 정주 병마도감 진저陳翥가 앞으로 나서면서 말했다.

"제가 나가겠습니다. 부디 놈들을 무찌르고 공을 세우도록 허락해 주십시오!"

동관은 그에게 나아갈 것을 허락한 다음 북을 세 번 울리도록 하여 길을 열게 했다. 진저는 문기 앞에서 말을 박찼다.

양편의 군사들이 일제히 함성을 지르기 시작하자, 진저는 말을 세우고 칼을 비껴든 채 적진을 보고 호령했다.

"조정을 거스른 역적놈들은 들어라! 천자의 군대가 칙명을 받들어 네놈들을 치러 왔거늘 어찌하여 항복하지 않느냐? 살과 뼈가 뭉그러지기 전에 어서 무릎을 꿇어라!"

그 소리에 송강의 남쪽 진영에서 선봉대장 진명이 낭아곤을 휘두르면서 말을 달려나왔다. 그는 아무런 대꾸도 하지 않은 채 진저를 향해 달려들어 정수리를 내리치는가 했더니 진저의 칼날이 낭아곤을 맞받아쳐 불꽃이 일었다.

그들이 이십여 합을 치고받고 할 즈음 진명은 짐짓 말머리를 돌리는가 싶더니 진저가 진명을 헛 베는 순간을 이용하여 힘껏 낭아곤을 내리쳤다. 미처 피하지 못한 진저는 낭아곤에 투구를 맞아 몸을 뒤집으며 말 아래로 처박히고 말았다.

그 광경을 지켜보고 있던 동남쪽 진영의 동평이 쌍창을 휘두르면서 달려 나갔고, 서남쪽 진영의 삭초索超 또한 소리 높이 외치며 달려 나왔다.

"적장을 놓치지 마라! 동관을 사로잡아라!"

진명과 동평, 삭초 세 갈래의 군마가 동관을 사로잡기 위해 범 같은 기세로 몰아치자, 동관이 거느린 삼군은 그야말로 거센 바람 앞에 떨어지는 나뭇잎이었다. 그들은 크게 패하여 열 중 예닐곱은 죽거나 상해 쫓겨났다. 이에 동관은 한 번의 싸움에 만여 명의 군사를 잃고 삼십 리 밖으로 물러나 겨우 병력을 수습할 수 있었다.

송강은 군사를 거두어들이고 양산박 수호채로 돌아갔다.

동관은 첫 싸움에서 크게 패해 수많은 인마를 잃게 되자 여러 장수들과 머리를 맞대고 의논하길, 군사를 사흘 동안 쉬게 한 다음 장사진長蛇陳(뱀과 같은 진)을 펼쳐 쳐들어가기로 의견을 모았다.

드디어 출진 명령이 내리자, 장사진을 이룬 창칼의 물결이 마치 강물처럼 꿈틀거리면서 흘러가기 시작했다. 선봉엔 어전비룡대장 풍미와 비호대장 필승이 섰고 동관은 중군을 이끌었다.

그들이 호기롭게 양산박 호숫가에 이르렀으나 송강의 군사는 보이지 않았다. 그때 언덕 위에서 황색 깃발 하나가 연신 좌우로 춤을 추고 있었다. 동관이 의아하게 여기는 동안 문득 우거진 갈대숲에서 땅과 하늘을 뒤흔드는 듯한 포성이 울리면서 불꽃과 연기가 치솟더니 오천여 명의 기병들이 관군을 향해 짓쳐 들어왔다.

동관이 힘써 대적하자 그들은 언덕 뒤쪽으로 달아났다. 동관이 그 여세로 군사를 휘몰아 뒤쫓다 보니 서쪽 언덕 위에서 한 무리가 달려오고, 동쪽 언덕 위에서 요란한 징소리가 울리더니 또 한 무리의 마군이 달려와 벽력같이 소리쳤다.

"간신배 동관은 어서 나와서 목을 바쳐라!"

앞뒤로 협공을 당하게 된 동관은 풍미와 필승의 호위를 받으면서 뒤돌아볼 틈도 없이 달아나기에 바빴다.

얼마쯤 달아났을까, 이번에는 옆쪽에서 요란한 징소리가 울리더니 흰색 깃발의 군사를 이끄는 임충과 검은색 깃발의 군사를 이끄는 호연작이 달려와 호통을 쳤다.

"네 이놈, 동관아! 네놈이 어디까지 달아나겠느냐, 어서 나와 목을 바쳐라!"

동관은 즉시 수주 병마도감 단붕거로 하여금 호연작과 대적하게 하고, 여주 병마도감 마만리로 하여금 임충과 싸우게 했다.

그러나 마만리는 임충과 싸운 지 불과 십여 합이 못 되어 임충의 창에 찔려 말 아래로 굴러 떨어지고, 단붕거 또한 호연작의 쌍편을 당하지 못해 말머리를 돌려서 줄행랑을 쳤다.

호연작이 그 기회를 틈타 군사를 이끌어 그 뒤를 덮치니 양쪽의 군사가 마구 뒤엉켜 혼전을 벌이게 되었다. 그러자 동관은 오직 혈로를 찾아 달아나기에 바빴다.

그런데 이번에는 요란한 징소리와 더불어 커다란 함성이 들리더니 노지심과 무송이 나타나 그나마 있던 관군들을 쓸어버리고, 간신히 한 가닥 혈로를 뚫고 돌아 나가자 한 무리의 보군이 앞을 가로막았다.

앞장선 두 장수는 양두사 해진과 쌍미갈 해보였다. 그들은 각기 오고강차五股鋼叉를 비껴든 채 꾸짖었다.

"네 이놈, 동관아! 썩 나와서 목을 바치지 못하겠느냐?"

동관은 또다시 얼이 나간 채 달아나기에 바빴다. 그러나 다섯 방면에서 말 탄 군사와 보군이 일제히 뒤쫓으면서 짓쳐들어오니, 관군은 그야말로 바람에 쓸리는 낙엽처럼 뒤엉켜 쓰러졌다.

그때 마침 당주 병마도감 한천린과 등주 병마도감 왕의가 나타나서 그들을 도왔다. 그러나 그것도 잠시, 우거진 수풀 속에서 동평과 삭초가 나타나 아무 말도 없이 말을 달려 곧바로 동관에게 덤벼들었다. 그러자 동관을 호위하던 왕의가 앞을 가로막다 번개처럼 내리치는 삭초의 도끼에 맞아 두 동강이가 나고 말았다. 한천린 또한 왕의와 다를 바 없이 동평의 창에 찔려 말 아래로 나뒹굴고 말았다. 그것을 본 풍미와 필승은 있는 힘을 다해 동관을 호위하며 달아났다. 그러나 사면팔방에서 송강의 군사가 진을 벌인 채 쳐들어오고, 네 대의 마군과 두 대의 보군이 마치 주리를 틀듯 빈틈없이 관군을 에워싸고 도리깨질하듯 관군을 두들겨 대고 있었다.

그때 왼쪽 언덕 밑에서는 진주 병마도감 오병이와 허주 병마도감 이명이 나타나 패잔병을 거느리고 정신없이 달아나는 중이었다. 동관이 소리쳐 불러 군사를 정돈할 무렵 청면수 양지와 구문룡 사진이 나타나 오병이는 사진의 한 칼에 목이 떨어지고, 이명은 양지와 대적하다 맥없이 목이 떨어지고 말았다.

양지와 사진은 패주하는 관군들을 마구 뒤쫓으면서 마치 무 자르듯이 가볍게 베어 죽였다.

그러나 아직도 동관 옆에는 필승과 풍미가 무겁게 호위하고 있었다. 이때 숭주 병마도감 주신과 수주 병마도감 단봉거를 만나 한숨 돌리며 제주성을 향해 말을 달렸다.

그러나 그것도 잠시 노준의와 양웅과 석수가 앞길을 가로막았다. 노준의가 앞을 나서며 소리쳤다.

"네 이놈, 동관아! 어서 무릎을 꿇고 항복하거라. 달아날 길을 모두 끊었거늘 어디로 달아나겠느냐?"

"앞뒤로 적을 맞았으니 이 일을 어찌하면 좋은가?"

그러자 동관을 보좌하던 풍미가 선뜻 나서며 다른 부장들에게 말했다.

"제가 목숨을 걸고 이곳을 맡겠습니다. 추밀 상공께서는 나머지 장수들과 함께 길을 열어 달아나십시오."

그리고 말을 몰아 노준의에게 달려들었다. 노준의는 창을 비껴들고 풍미의 칼날을 막아 내면서 풍미의 허리를 낚아채 부하들에게 넘겨주었다.

한편 동관은 필승과 새로 나타난 주신과 단봉거의 호위를 받으며 가까스로 호랑이 굴을 벗어나는가 싶었는데, 단붕거는 이규의 도끼에 목을 댕경 잘리고, 주신은 몰우전 장청의 돌맹이에 맞아 코피를 쏟기도 전에 공왕과 정득손의 창에 목이 꿰어 죽었다.

그러는 사이 동관은 뒤도 돌아볼 새 없이 패잔병들을 이끌고 곧장 동경으로 달아났다.

송강은 그들을 끝까지 뒤쫓아 죽일 생각이 없었던 터라 대종으로 하여금 각 대의 두령들에게 장령을 전하게 하여 군사를 거두어들였다. 이번에 그들이 관군을 물리치고 동관의 간담을 서늘케 한 공은 군사 오용이 쓴 십면매복계十面埋伏計 덕분이었다.

송강으로부터 영을 받은 두령들은 제각각 개선가를 부르며 산채로 돌아왔다. 충의당에 자리잡은 송강은 소와 말을 잡아서 삼군이 싸움에 크게 이겼음을 경하하는 잔치를 벌였다. 그리고 노준의가 사로잡은 어전비룡대장 풍미를 끌어다 밧줄을 풀어준 다음 잘 타이르고 술을 권하며 이틀 동안 후히 대접한 후 도성으로 돌려보냈다.

이어 송강은 오용 등 여러 두령들을 불러 모아 의논했다.

"관군은 군사의 십면매복계에 단단히 혼쭐이 났을 거요. 자, 그럼 이제부턴 어떻게 싸우는 게 좋겠소?"

"형님께서 풍미를 잘 구슬려서 돌려보내셨지만, 동관이 도성에 돌아가면 조정에서는 반드시 다시 군사를 낼 것입니다. 한 사람을 동경으로 보내서 조정의 형세를 정확히 살펴 그에 따라

대비해야 할 듯합니다."

송강 또한 그렇겠다고 고개를 끄덕이며 신행태보 대종과 적
발귀 유당을 동경에 보내기로 하였다.

조정과 대적하는
양산박

　한편 패하여 달아난 동관이 인마를 수습해 보니 동경 관내의 여덟 고을 병마도감은 모두 황천길을 떠났고, 십만이었던 군사가 사만으로 줄어 있었다. 그는 도성에 이르자마자 거느렸던 군사들을 본대로 돌아가게 한 후 곧바로 고 태위를 찾아가 사죄하는 한편, 전말을 말해 주었다.

　고 태위는 좋은 말로 위로한 다음 동관을 데리고 태사부로 향했다. 채 태사는 동관이 돌아왔다는 소식을 이미 듣고 있었으므로 그가 패한 사실을 짐작하고 있던 터였다. 동관이 엎드려 절하면서 눈물을 비오듯 흘리자, 채 태사도 고 태위처럼 좋은 말로 위로하면서 문득 걱정스런 얼굴로 말했다.

"그대는 팔로八路 장수와 수많은 인마를 잃었을 뿐만 아니라 많은 군량을 허비했네. 이 일을 어찌 폐하게 아뢸 수가 있겠는가?"

채 태사가 잠시 생각에 잠겼다가 다시 입을 열었다.

"내일 조회에 나가 날씨가 무더운 데다 군사들이 그곳 풍토에 맞지 않아 잠시 싸움을 하다 물러났다고 하는 게 좋겠네. 그러나 그토록 큰 근심거리를 없애지 못해 화가 미칠 것이라 꾸짖으면 어찌할 텐가?"

그러자 고 태위가 그 말을 기다렸다는 듯이 얼른 대답했다.

"이 고구가 스스로 너무 큰소리치는 것 같습니다만, 저를 천거해 주십시오! 그러면 몸소 군사를 일으켜 북소리 한 번에 도적들을 평정하고 돌아오겠습니다."

"태위가 직접 나서겠다니 참으로 다행스런 일이오. 그럼 내일 아침에 꼭 그대를 대원수로 천거하겠소."

고 태위는 폐하의 성지를 받도록 해 줄 것을 다짐받았다. 그것은 폐하의 이름을 빌어 군사를 일으킬 수 있으며 군량미와 군사비용을 마음대로 쓸 수 있는 편리함이 있기 때문이었다.

다음 날, 천자는 고 태위에게 대원수 직을 봉하고, 모든 일들을 알아서 처결하되 백성들에게 해를 끼치지 말도록 하라는 성지를 내렸다. 그리고 고 태위에게 비단 전포와 황금 갑옷을 내린 다음 따로 좋은 날을 택하여 출발하도록 명했다.

고 태위가 채 태사에게 청했다.

"지난날 열 명의 절도사가 나라를 위해 큰 공을 세운 적이 있습니다. 귀방鬼方(귀주성)을 정복하고, 서하西夏를 치고, 금金과 요遼를 쳐서 용맹을 떨쳤으니, 태사님께서는 부디 그들을 저의 수하에 둘 수 있게 해 주십시오."

채 태사가 마다할 리 없었다. 곧 중서성을 통해서 그들에게 명을 전하기를, 각기 군사 만 명씩을 거느리고 제주성으로 먼저 가서 기다리도록 했다.

중서성에서 내린 공문을 받은 열 명의 절도사들은 각기 기일을 엄수하여 군사를 이끌고 제주성으로 모여들었다.

그 무렵, 금릉金陵 땅 건강부建康府에는 1대의 수군이 머무르고 있었는데, 그 우두머리는 통제관統制官 유몽룡劉豪龍이었다. 그가 태어날 때 그의 어머니는 한 마리의 검은 용이 뱃속으로 날아 들어오는 꿈을 꾸었는데, 그래서인지 그는 자라면서 물에 아주 능숙했다. 그뿐만 아니라 일찍이 서천西川 땅 협강峽江에서 도적떼들을 무찔러 공을 세운 탓에 군관으로서 도통제都統制의 벼슬에 올랐으며, 지금은 수군 만오천 명과 오백여 척의 전선을 거느리고 강남 일대를 지키고 있었다.

고 태위는 그들 수군과 배를 쓰기로 하고 급히 유몽룡에게 명을 내려 달려오게 했다.

이에 유몽룡은 자신이 믿고 부리는 수하인 우방희牛邦喜를 보병교위步兵校尉로 삼아 그로 하여금 장강長江 일대의 물에 떠 있는 배들을 모조리 불러모으게 한 다음 이번 싸움에 쓰도록 하였다.

그 밖에도 그의 휘하에는 수많은 아장亞將들이 있었는데, 그들 중 가장 뛰어난 자는 당세영黨世英과 당세웅黨世雄이었다. 그들은 형제간으로, 각기 혼자서도 만 명의 적을 당해 낼 만한 용맹을 지니고 있었다.

그리고 고 태위는 어영御營에서도 만오천여 명의 정예군사를 뽑아 쓰기로 했다. 그리하여 전국에서 뽑아 온 군사를 모으니 무려 삼십여만 명에 달했다.

또한 고 태위는 각 지방으로 사람을 보내서 군량과 마초를 거두어 오는 한편, 매일 갑옷과 무기들을 손보아 싸우는 데 빈틈없는 채비를 차리게 했다.

한편 대종과 유당은 여러 날 동안 동경에 머물면서 이러한 사실을 낱낱이 정탐하고 있다가 산채로 돌아가 알렸다.

그 말을 들은 군사 오용은 조금도 걱정스러울 게 없다는 듯 송강을 안심시켰다.

"형님, 너무 걱정하지 마십시오! 그들 열 명의 절도사에 대해서는 저도 이미 소문을 들어서 알고 있습니다. 그들이 일찍이 여러 가지 공을 세웠다고 하나, 그때는 그들을 당해 낼 만한 적수가 없었기 때문입니다. 그러나 호랑이 같은 우리 형제들 앞에서는 전혀 힘을 쓰지 못할 것입니다. 이제 그들이 오면 한번 들이쳐 간담을 떨어뜨리기만 하면 됩니다."

"무슨 수로 저들을 혼내 준다는 말이오?"

"저들 열 갈래의 군사가 제주성에 모이기로 되어 있다니, 우선 우리가 먼저 두 사람의 두령을 보내 제주성 근처에 숨어 있다가 한바탕 무찔러 그들의 기세부터 꺾어 놓는 겁니다."

송강은 오용의 말에 따랐다. 즉시 몰우전 장청과 쌍창장 동평으로 하여금 제주성으로 가서 적의 허실을 염탐하게 하는 한편, 그곳에 숨어 있다가 각 방면에서 몰려드는 관군을 쳐부수도록 했다.

그리고 수군 두령들에게는 물 위에서 적의 배들을 빼앗을 수 있게끔 채비를 갖추도록 명했다.

그 무렵 고 태위는 한껏 뽐내고 으스대면서 군사를 끌어모으는 한편, 배를 사들이며 스무 날이나 넘게 꾸물대고 있다가 천자의 조칙이 내리자 군사 낼 채비를 하여 제주로 떠났다. 그러나 가는 동안 군사들을 단속하지 않아 고을을 지날 때마다 군사들은 백성들을 해치며 노략질을 일삼았다.

한편 절도사들이 거느린 몇 갈래의 군사들도 속속 제주성을 향해 모여들고 있었다. 경북흥농절도사 왕문덕도 그들 중의 하나로 군사 만 명을 거느리고 밤낮없이 길을 재촉했다.

그런데 그들이 제주성까지 불과 사십여 리를 앞두고 봉미파에 이르렀을 때 양산박에서 출전한 쌍창장 동평과 몰우전 장청을 만나 혼쭐이 나던 판에, 강하영릉절도사 양온을 만나 가까스로 제주성에 들 수 있었다.

첫 번째 싸움은 청하천수절도사 형충과 송강 진영의 호연작이 맞붙었다. 두 장수가 어우러진 지 스무 합쯤 되었을 때 큰 칼을 슬쩍 피한 호연작은 쇠채찍을 휘둘러서 형충의 머리를 내리쳤다. 실로 눈 깜짝할 사이의 일이었다. 형충은 골이 쏟아지고 눈알이 빠진 채 말 아래로 고꾸라졌다.

그 광경을 지켜보고 있던 고 태위는 크게 놀라 낭야팽성절도사 항원진으로 하여금 나아가 싸우도록 명했다.

송강 진영에서는 쌍창장 동평이 나와 대적했으나 오른팔에 화살이 박혀 사로잡힐 뻔한 것을 호연작과 임충이 나아가 가까스로 구해서 돌아왔다.

그때 고 태위는 대군을 내몰았다. 이에 송강은 먼저 동평을 부축하여 양산박으로 데려가게 하고 남은 군사로 하여금 관군을 막게 했다. 그러나 양산박의 군사들은 기세가 오른 관군을 당해내지 못한 채 사방으로 흩어져 달아났다. 송강은 어쩔 수 없이 군사들을 물렸다.

송강의 군사가 달아나자 고 태위는 더욱 기세가 올라 뒤쫓았다. 그리하여 호숫가에 이른 고 태위는 수군에게 명하여 앞으로 나아가게 했다.

유몽룡과 당세웅은 전선을 이끌어 양산박 깊숙이 배를 저어 갔다. 수로는 넓어서 끝이 없는데, 물가는 온통 빽빽한 갈대숲이었다.

관군의 선박들은 돛대와 노가 끊이질 않은 채 십여 리 이상이나 연이어 꼬리를 물고 있었다. 그들이 힘을 다해 물길을 헤쳐 나가는데, 문득 물가의 언덕에서 포성이 울려 퍼졌다. 그와 함께 갈대밭 속에서 조그만 조각배들이 수없이 몰려 나왔다. 그 작은 배들이 갈대숲에서 밀려 나와 좌충우돌하고 있는 관군의 전선을 공격하자 관군은 서로 앞뒤를 도울 겨를도 없이 반수 이상이 배를 버리고 달아났다.

양산박의 호걸들은 그들이 혼비백산한 꼴을 보자 일제히 북을 울리며 뒤쫓았다.

유몽룡과 당세웅은 황급히 전선을 되돌리려 했으나, 지금까지 헤쳐 온 물에는 이미 양산박의 조그만 조각배들이 실어다 풀어 놓은 잡초더미와 통나무들로 꽉 차 있어 도저히 어찌해 볼 도리가 없었다. 노도 삿대도 쓸 수 없는지라 군졸들은 하나같이 배를 버린 채 물속으로 뛰어들었다. 그렇게 되니 유몽룡도 하는 수 없이 군졸들과 더불어 갑옷을 벗어 던지고 물속으로 뛰어들어 언덕 위로 기어올라 샛길로 달아나 버렸다. 그러나 당세웅은 끝까지 전선을 버리지 않은 채 수군을 이끌어 깊은 곳을 향해 저어 갔다.

그들이 채 두 마장도 가지 못했을 때였다. 문득 앞쪽에서 조그만 배 세 척이 다가오고 있었다. 배 위에는 각각 한 명씩의 호걸이 앉아 있었는데, 그들은 곧 완소이, 완소오, 완소칠 등 완씨 삼형제였다. 그들이 한 손에 뾰족한 창을 든 채 다가오자 남아 있던 군졸들은 모두 겁을 먹고 물속으로 뛰어들었다.

그러나 당세웅은 철창을 집어 들고 뱃머리에 나서서 완소이를 맞아 싸웠다. 서너 합을 싸우다가 완소이가 물속으로 뛰어들자, 그 틈에 완소오와 완소칠이 다가와 덤벼들었다. 완씨 형제가 번갈아 가며 덤비니 당세웅이 견디지 못하고 물속에 뛰어들었다가 장횡에게 붙잡히는 꼴이 되었다.

그때 양산박 호걸들은 사방에서 포성만 울릴 뿐 실제로 군사들을 매복시키지는 않고 있었다. 그저 고 태위의 간담을 서늘케 하여 혼을 내주는 데 목적이 있었던 까닭이다.

한바탕 혼이 난 고 태위는 제주성에 이르러 군사를 점고해 보았다. 보군은 많이 잃지 않았으나 수군은 거의 다 꺾여 있었다. 더욱이 전선은 단 한 척도 돌아오지 않고 있었다. 유몽룡을 비롯하여 몇몇 물길에 능숙한 자들만 겨우 목숨을 구해 돌아왔을 뿐, 대부분의 수군들이 물길에 익숙지 못하여 물고기 밥이 되었던 것이다.

고 태위는 길게 한숨을 내쉬었다. 첫 번째 싸움에서 전군의 기세가 꺾인 고 태위는 성 안으로 들어가자 문을 굳게 닫은 채 우방희로 하여금 또다시 전선을 뽑아 오도록 분부했다.

그로부터 네댓새 후 송강 진영에서 호연작이 싸움을 걸어 왔다. 고 태위는 호연작을 알아보고 크게 노하여 좌우를 돌아보면서 물었다.

"저놈은 바로 연환마군을 이끌고 양산박을 토벌하러 갔다가 조정을 거스른 놈이다. 누가 저자를 사로잡겠느냐?"

그러자 운중안문절도사 한존보가 앞으로 나서면서 말했다.

"제가 나가서 저놈을 사로잡겠습니다!"

고 태위의 허락이 떨어지기도 전에 그는 한 자루 방천화극方天畵戟을 휘두르면서 말을 달려 나갔다. 호연작은 한 자루 창을 들고 그를 맞아 싸우는데 그야말로 용과 호랑이가 다투는 듯했다.

두 장수가 싸운 지 오십여 합쯤 되었을 때, 호연작은 문득 못 당하겠다는 듯 말머리를 돌려서 달아나기 시작했다.

한존보는 좋은 기회를 놓칠세라 힘을 다해 그 뒤를 쫓았다. 그러다 그들이 시냇가의 좁은 길에서 맞닥뜨리게 되어 물속에서 치고받으며 뒤엉켜 있을 때 몰우전 장청이 다가와 밧줄을 던져서 한존보를 사로잡았다.

장청과 호연작은 달아나는 적을 마구 무찌르면서 관군의 본대가 있는 곳까지 뒤쫓았다.

그러자 관군 이만 명은 이들을 당해 내지 못하고 제주성 안으로 들어갔다. 그것을 본 장청과 호연작은 더 이상 뒤쫓지 않고 한존보만을 이끌고 양산박으로 돌아갔다.

송강은 여러 두령들과 더불어 충의당에서 다시 관군과 싸울 일을 의논하는 한편, 사로잡은 당세웅과 한존보를 공손히 대접하면서 입을 열었다.

"두 분 장군께서는 결코 의심하지 마십시오. 이곳 산채에 있는 저희 형제들은 그 누구도 다른 마음을 품지 않았습니다. 다만 간신배들과 썩은 관원들에게 핍박을 받다 보니 이 지경에 이른 것뿐입니다. 만약 조정에서 다시 대사령을 내려 불러 주신다면 저희들은 언제고 나라에 충성을 바칠 준비가 되어 있으며, 그것만이 오직 저희들이 바라는 바입니다."

그리고 지난번 조정에서 진 태위에게 조서를 내렸을 때의 부당함을 일깨워 준 후 그들을 풀어 주어 제주성에 들게 하였다.

그들이 제주성에 들어 고 태위에게 자초지종을 이야기하자 그 말을 들은 고 태위는 화를 벌컥 내면서 그들을 도성으로 끌고 가 태을궁에서 벌을 받게 하였다. 그리하여 한존보와 당세웅은 태을궁에 갇히는 신세가 되고 말았다.

그러나 한존보는 옥에 갇혀 있을 위인이 아니었다. 어사대부에게 양산박의 사정을 자세히 알리고 채 태사를 만나 송강의 진심 어린 대사령을 간곡히 청했다.

"지난번에 일이 어그러진 까닭은 조서를 가지고 간 자들이 저들을 업신여기고 윽박질렀을 뿐 아니라, 폐하의 성지를 제대로 전하지 못했기 때문입니다! 태사께서는 다시 한 번 폐하께 아뢰어 주시기를 바랍니다!"

두 사람이 송강에게 들었던 이야기를 자세히 전하며 간곡히 청하자 태사는 비로소 고개를 끄덕였다.

다음 날 아침, 조회에 나간 채 태사는 다시 대사령을 내려 양산박의 무리들을 조정으로 불러들일 것을 천자께 상주했다.

그 말을 듣고 난 천자가 채 태사에게 일렀다.

"마침 고 태위가 안인촌安仁村의 문환장問煥章을 참모로 쓰도록 보내 달라고 주청하였다 하니, 그렇다면 칙사를 보낼 적에 그와 함께 보내도록 하라! 만일 저들이 조정의 말에 좇아 항복해 온다면 지금까지의 죄를 용서해 줄 것이다. 그러나 끝내 거스른다면 고 태위로 하여금 날짜를 정해 그 도적들을 쳐 없애도록 하라."

그리하여 채 태사는 다시 조서를 꾸미는 한편, 문환장을 중서성으로 불러들여서 잔치를 베풀었다. 본래 문환장은 널리 알려진 문사였으므로 조정 대신들 중에서 그를 모르는 자가 거의 없었다. 여러 대신들이 예의를 갖추어서 그를 맞아들였다.

잔치가 끝나고 난 후 문환장은 폐하의 조서를 지닌 칙사와 함께 도성을 떠났다.

그 무렵 제주성의 고 태위는 일이 제대로 풀리지 않는 탓에 매일 걱정스런 얼굴로 날을 보내고 있었는데, 배를 구하기 위해 떠났던 우방희가 돌아왔다.

"그래, 배들은 어찌 되었소?"

이에 우방희가 고했다.

"크고 작은 배 천오백 척을 모아 모두 다 가까운 물가에 대어 두었습니다."

그 말을 듣자 고 태위는 몹시 기뻐했다. 이에 우방희에게 많은 상을 내린 고 태위는 곧 영을 내려서 배들을 넓은 강가에 끌어낸 다음 각기 세 척씩 못질을 해서 한데 묶게 했다. 그러고 나서 그 위에 판자를 깐 후 배꼬리를 쇠고리로 한데 얽었다. 지난번 싸움에서처럼 배들이 제각기 흩어지는 일이 없도록 하기 위함이었다. 그리하여 보군들을 모두 배에 태우고 마군들로 하여금 기슭을 따라 배들을 호위해 가도록 시켰다.

그렇게 군사들을 새로이 배치한 고 태위는 군사들에게 물에서의 싸움을 익히게 하기 위해 보름 동안 조련을 거듭했다. 그럴 동안 양산박의 염탐꾼들은 이 모든 일들을 하나도 빠짐없이 염탐해 갔다.

이에 오용은 유당을 불러서 관군과 싸울 계책을 일러 준 다음, 뭍에서의 싸움을 맡아 공을 세우라고 분부했다. 그리고 모든 수군 두령들로 하여금 각기 조그만 배를 준비하여 뱃머리에는 철편을 총총하게 박고 배 안에는 유황, 염초, 마른풀과, 장작 불이 잘 붙을 것들을 가득 실어 두도록 명했다. 또한 포수 능진 凌振으로 하여금 사방이 훤히 내려다보이는 산 위에서 화포를 쏘아 신호하게 했다.

물가의 나무들과 덤불이 우거진 곳에는 여기저기 정기를 세우는 한편, 곳곳에 금고金鼓와 화포를 늘어놓아 군사들이 영채를 세운 것처럼 꾸미게 했다. 그리고 공손승으로 하여금 술법을 부려 때에 맞춰 바람을 일으키도록 명하고, 뭍에서는 군사들을 세 개 부대로 나누어 서로 돕도록 했다.

그동안 군사들을 조련해 온 제주성의 고 태위는 이만하면 됐다 싶어 싸울 채비를 갖추게 한 후 군사를 내몰았다. 물 위의 군사들을 이끄는 세 장수는 우방희와 유몽룡과 당세영이었다. 그들은 북소리를 울리면서 노를 저어 호수 깊숙이 들어갔으나 어찌 된 일인지 양산박의 배들은 단 한 척도 보이지 않았다.

드디어 그들이 금사탄 근처에 이르렀을 때 문득 버드나무숲 속에서 포성이 한 번 크게 울려 퍼지더니 좌우 양쪽에서 한 떼의 군사들이 쏟아져 나왔다.

유몽룡이 그걸 보고 군사를 물가로 이끌려 했으나 그때 관군은 이미 절반이나 꺾여 있었다.

우방희는 앞에서 들려오는 아우성 소리를 듣고 즉시 전선들을 뒤로 물렸다. 그런데 바로 그때, 산 위에서 또다시 포성이 한 번 울려 퍼지면서 갈대숲 속에서 거센 바람소리가 들렸다. 공손승이 칼을 짚고 머리를 풀어 헤친 채 강성罡聖을 밟고 북두北斗로 옮겨 디디면서 산 위에서 술법을 쓴 탓이었다.

바람은 처음에는 갈대숲을 흔들더니, 이어서 돌과 모래가 날리기 시작했다. 그리고 순식간에 파도가 하늘로 치솟으면서 검은 구름이 하늘을 뒤덮기 시작했다. 붉은 해가 빛을 잃자 사방은 온통 캄캄한 어둠에 휩싸였고, 미친 듯이 부는 바람은 땅과 하늘을 뒤흔들었다.

깜짝 놀란 유몽룡은 명을 내려 뱃머리를 돌리게 했다. 그때였다. 문득 갈대숲 속에서 조그만 배들이 쏟아져 나오더니 관군의 큰 배 사이로 끼어들기 시작했다. 이어 북소리가 다시 일자 작은 배들은 배 위에 불을 질렀다. 때마침 불어오는 거센 바람을 타고 불길이 걷잡을 수 없이 커지더니 이윽고 여기저기로 튀어 관군의 배 위로 떨어졌다. 그렇게 되니 관군의 배들이 온전할 리 없었다. 더군다나 배를 세 척씩 묶어 둔 터라 마음대로 달아나지도 못하고 불길에 휩싸이기 시작했다. 불길이 점점 거세지니 배는 순식간에 불덩이로 변하는데 정기와 돛도 타 버리고, 배 위에 꽂아 두었던 창칼도 모두 불에 그슬려 한낱 쇳덩이가 되고 말았다.

양산박의 수군들은 유황과 염초를 뿌리면서 마구잡이로 불을 질렀다. 그러자 관군의 전선들은 순식간에 화염에 휩싸였고,

아우성 소리가 천지를 진동했다.

일이 이 지경에 이르니 유몽룡은 투구와 갑옷을 벗어던진 채 황급히 물속으로 뛰어들었으나 그를 기다린 혼강룡 이준에게 사로잡히고 우방회 또한 물속으로 뛰어들었으나 그의 머리를 쇠갈퀴로 낚아챈 것은 선화아船火兒 장횡이었다.

세 수군 장수 중 마지막 한 사람, 당세영의 처지도 그들 군사들과 크게 다르지 않았다. 그는 가까스로 조그만 조각배를 타고 달아나다가 갈대숲 사이에서 날아오는 쇠뇌와 화살에 맞아 죽고 말았다.

고 태위가 이끌고 온 수많은 관군들 중 헤엄을 칠 줄 아는 자는 불길을 피해 물속으로 뛰어들어 달아났으나 헤엄을 치지 못하는 군사는 모두 불에 타 죽거나 물에 빠져 죽으니 그 수가 헤아릴 수 없었다. 그 나머지 사로잡힌 군사들도 수없이 많았는데 그들은 모두 산채로 끌려갔다.

한편 유몽룡과 우방회를 사로잡은 이준은 그들을 산채로 호송하려다 말고 입을 열었다.

"이 두 놈을 산채로 끌고 가는 날에는 틀림없이 송강 형님이 또 살려 줄 걸세."

옆에 있던 장횡이 그 말을 받았다.

"맞아! 그러니까 이 두 놈을 죽여서 목을 베어 가지고 가는 것이 어떻겠나?"

"옳은 말일세!"

그리하여 그들 두 장수 또한 목 없는 시체가 되고 말았다.

일이 어그러졌음을 안 고 태위는 급히 군사를 물렸으나 그것도 뜻처럼 되지 않았다. 그가 군사들을 거느려 황급히 왔던 길을 되돌아가는데, 문득 앞산에서 포성이 한 번 찢어질 듯 울리면서 급선봉 삭초가 나타나 관군을 휩쓸었다. 또 한숨 돌리는 순간 표자두 임충이 덮쳐들어 닥치는 대로 관군을 쳐죽였다.

고 태위는 그들을 당해 내지 못하고 군사를 이끌어 달아났으나 청면수 양지가 덤벼들어서 한바탕 관군을 무찔렀다.

가까스로 길을 열어 양지의 손아귀를 벗어났다고 생각이 들즈음 미염공 주동이 나타났다.

이미 넋이 나간 고 태위가 싸울 생각도 하지 못한 채 허둥지둥 제주성에 이르렀을 때는 이미 삼경三更을 넘기고 있었다. 그 무렵 양산박 군은 관군의 영채를 모두 불태우고 돌아갔다.

다음 날 아침, 고 태위가 군사를 점검해 보니 이미 절반 이상이나 줄어 있었다. 그때 조정에서 칙사가 내려왔다.

우선 조서의 초본草本을 달라 하여 읽어 보니, 송강 무리의 죄를 용서하고 천자의 이름으로 그들을 불러들인다는 내용이었다.

그걸 본 고 태위는 양산박 패거리들에게 패한 일이 분해서 도저히 그럴 수가 없었다. 그러나 이제는 다시 모아들인 배마저도 모두 불타 버리고 없지 않은가.

그가 이러지도 저러지도 못한 채 며칠을 보내고 있던 어느 날, 고 태위 밑에서 잡일을 보는 왕근王瑾이라는 자가 묘한 계책이 있다며 귀띔했다.

즉 '송강, 노준의 등 모두의 죄를 사해 준다'는 문구를 '송강을 제외한 모두의 죄를 용서해 준다'로 읽으라는 것이었다. 그리고 놈들을 꾀어서 성 안으로 불러들인 다음 송강만 잡아서 죽이고 나면 나머지 놈들은 힘을 쓰지 못할 거라는 잔꾀였다.

그 일을 알게 된 칙사와 함께 온 문환장만은 그렇게 하면 안 된다고 하였으나 고 태위의 간계를 꺾을 수는 없었다. 그러나 그 계책은 또다시 화를 불러왔을 뿐이었다.

천자의 조서, 대사령을 받들라는 소식을 접한 후 송강 등은 만약을 대비해 함께 갈 두령들을 배치했다.

"이규는 번서, 포욱, 항충, 이곤과 더불어 군사 천 명을 거느리고 제주성에 이르는 동쪽 길에 매복하라! 그리고 호삼랑은 고대수, 손이랑, 왕영, 손신, 장청 등과 더불어 군사 천 명을 거느리고 제주성에 이르는 서쪽 길에 매복하되, 만일 화포 소리가 들리면 북문을 향해서 짓쳐들라!"

그리하여 수군 두령들만 남아서 산채를 지키게 하고 모든 두령들은 대오를 갖추어 제주성으로 향했다.

그 사이, 제주성의 고 태위는 왕환 등 여러 장수를 불러모아 송강을 사로잡을 계책을 짰다. 그는 여러 갈래의 군사들을 모두 성 안으로 불러들인 다음 성 안의 이곳저곳에 매복시켜 두었다.

이윽고 성 아래에 이른 송강, 노준의, 오용, 공손승 등은 일제히 말에서 내려 성 안으로 걸어갔다. 그들을 뒤따르던 졸개들은 모두 한 마장쯤 뒤로 물러선 채 말고삐를 쥐고서 나란히 서 있었다. 북소리가 크게 한 번 울리자 여러 두령들은 그 자리에 한쪽 무릎을 꿇은 채 성 위에서 읽는 조서의 내용에 귀 기울였다.

사자가 목청을 돋워 읽은 조서의 내용은 이러했다.

짐이 이르노라. 본디 사람의 마음은 둘이 아니고 하나이니 나라의 도 또한 그와 같다. 그러므로 착한 일을 하면 좋은 백성이요, 악한 일을 하면 곧 모반을 일으킨 무리이다. 짐이 듣건대 그대들은 양산박에 모인 지 이미 오래이나 아직 올바른 가르침을 받지 못하여 아직도 바른 길로 들어서지 못하였다 한다. 이에 짐은 조서를 내려서 그대들을 초안招安(죄를 용서함)하노라. 송강을 제외하고, 노준의 등 모두가 저지른 큰 죄를 아울러 용서하고자 한다. 그러니 우두머리 되는 자는 도성으로 와서 짐의 은혜에 감사할 것이며, 옳지 못한 일에 가담했던 자들은 모두 다 고향으로 돌아가라. 오호라, 한시바삐 마음을 고쳐먹고 착한 백성으로 돌아가라! 어두운 지난날을 버리고 새로운 앞날을 기약하라! 이에 짐의 이름으로 조서를 내리노니 마땅히 가슴에 새겨듣고 따르기를 바라노라.

조용히 조서의 내용을 듣고 있던 오용은 '송강을 제외하고'란 대목에 이르자 두 주먹을 불끈 쥐었다. 오용이 화영을 향해 눈짓을 보내며 가만히 물었다.

"아우는 송강 형님을 제외한다고 한 구절을 들었나?"

"들었습니다, 형님!"

화영은 그렇게 대답하고 나서 사자가 조서의 마지막 구절을 읽고 있을 때, 활시위에 화살 한 개를 메겼다. 그러고 나서 사자가 조서를 다 읽자 성 위를 향해 소리쳤다.

"우리 형님을 용서하지 않는데 우리가 무엇 때문에 항복을 한다는 말이냐?"

그 말과 함께 활을 당겨 사자를 겨누면서 다시 외쳤다.

"이 화영의 귀신 같은 화살이나 받아라."

화영이 시위를 당기니 화살은 사자의 얼굴에 가서 꽂혔다. 그와 동시에 여러 두령들이 벌떡 일어서며 소리쳤다.

"쳐부숴 버리자!"

두령들이 일제히 활을 쏘자 성 위의 고 태위는 황망히 몸을 피했다. 그때 네 개의 성문으로부터 관군이 쏟아져 나왔다. 그걸 본 송강의 군사들 속에서 커다란 북소리가 울리고 두령들은 재빨리 말을 타고 달아났다.

관군이 대여섯 마장쯤 그들을 뒤쫓을 때 문득 관군 뒤쪽에서 화포 소리가 들리며 동쪽 길에서 이규가 한 무리의 보군을 거느린 채 관군을 덮치고, 서쪽 길에서 호삼랑이 한 무리의 기군騎軍을 몰고 옆구리를 쳐들어왔다. 이에 달아나던 송강의 군사가 되돌아와 그들을 맞서니 관군은 이제 독 안에 든 쥐 꼴이 되어 많은 군사가 상한 채 뿔뿔이 흩어져 달아났다.

또 한 번 관군을 크게 무찌른 송강은 군사를 거두어 산채에 들었다.

고 태위는 즉시 표문表文을 써서 조정에 아뢰었다. 송강을 비롯한 양산박의 도적들이 활을 쏘아 사자를 죽였으며, 대사령을 받아들이지 않았다는 내용이었다.

이에 조정에서는 구원군으로 호가장군 구악丘岳과 거기장
군 주앙周昻을 선발하여 정예군사 이천 명과 함께 제주성에 보
냈다.

제주성의 고 태위는 도성으로부터 지원부대가 내려오기를
기다리는 한편, 가까운 고을에서 배 만드는 목수들을 모아 전
선을 만들게 했다. 마침 섭춘葉春이라는 자가 제주성 안 주막에
서 빈둥대고 있었는데, 그는 본래 배 만드는 일에 능숙한 목수
였다.

섭춘은 즉시 배 설계도를 그려 고 태위를 찾아갔다.

"전선의 설계도입니다. 제일 큰 배는 대해추선大海鰍船이라 불
리는 것으로서 양쪽에 각각 스물네 개의 수차水車(물살을 헤쳐 나
가는 바퀴)가 달려 있습니다. 배 안에는 수백 명이 탈 수 있는데,
수차 한 개당 군사 열둘이 붙어 발로 밟아서 돌리는 한편, 바깥
쪽 참대로 짠 바구니로 날아오는 화살을 막게끔 되어 있습니다.
또한 배 위에는 쇠뇌를 쏠 수 있는 다락을 만들고 따로 짐 나르
는 작은 배들을 만들어 세우게 합니다. 그리하여 다락 위에서
목탁을 한 번 치게 하여 신호를 삼고 배를 움직이게 하는데, 스
물네 개의 수차를 일제히 밟으면 물 위를 미끄러지듯이 달릴 수
있습니다. 그러니 놈들이 어찌 감히 당해 내겠습니까? 그리고
그 다음엔 소해추선小海鰍船이라 불리는 것으로서 양쪽에 각각
열두 개의 수차가 달려 있습니다. 이 배는 양산박 호수의 좁은
물길을 지나면서 갈대숲 사이에 매복해 있는 배들을 남김없이
무찌르는 데 사용하면 됩니다. 만약 저의 계책대로만 한다면 며

칠 안으로 양산박의 도적떼를 뿌리 뽑을 수 있을 것입니다."

그 말을 들은 고 태위는 크게 기뻐했다. 곧 술과 의복을 내오라 하여 섭춘을 대접하는 한편, 그로 하여금 전선을 만드는 총감독으로 삼았다.

그리하여 제주성에서는 섭춘의 감독하에 밤낮없이 전선을 만들기 시작했다. 섭춘은 나무를 베어 날짜를 정해 놓고 제주로 실어오게 했다. 또한 여러 고을에 명을 내려 배 만드는 데 필요한 물자들을 대게 했는데, 이틀이 늦으면 곤장 마흔 대요, 닷새가 늦으면 목을 베었다.

제주성 안의 소식은 하나도 빠짐없이 속속 양산박에 전해졌다.

"고구는 각처로부터 수군을 끌어모으는 한편, 섭춘이란 자를 총감독으로 삼아 크고 작은 해추선 수백 척을 만들고 있습니다. 그리고 도성으로부터 두 장수가 대군을 이끌고 내려와서 그 배가 만들어지기를 기다리고 있는데, 그들의 이름은 곧 주앙과 구악이었습니다."

그 보고를 들은 군사 오용이 빙그레 웃으며 좋은 계책을 내놓았다.

"저들이 저토록 큰 배를 만들려면 적어도 두어 달은 걸릴 것인즉, 아직 사오십 일은 여유가 있습니다. 그러니 우선 몇 명의 아우들을 보내서 한바탕 기를 꺾어 놓고 오는 것입니다. 그러고 나서 천천히 저들과 싸운다면 저들이 함부로 덤벼들지 못할 것입니다."

하여 송강은 시천과 단경주가 짝을 이루고 채원자 장청과 손신을 목재 운반하는 일꾼으로 꾸민 다음 배 만드는 곳에 숨어들게 하고, 고대수와 손이랑은 밥 나르는 아낙으로 꾸며 들여보냈다. 그리고 몰우전 장청으로 하여금 저들이 일을 꾸며 불길이 오르면 군사를 이끌고 가서 돕도록 하였다.

그들이 막상 작업장에 들고 보니 사방엔 울타리가 쳐져 있었고, 앞뒤엔 떼풀로 지붕을 이은 작업장이 무려 이삼백 채나 되었다. 동원된 목수들만 해도 수천 명이 넘어 보였고, 잡역부들은 그 수효를 짐작할 수조차 없이 많았다.

어느새 날이 저물고 이경二更쯤 되었을 때 헛간에서 빠져나온 손신과 장청이 왼쪽 배 만드는 곳에 불을 질렀다. 그 시뻘건 불길은 순식간에 헛간을 덮치고 전선들에도 번졌다.

그뿐만 아니라 시천과 단경주가 일을 나누어 성 위에도 불을 지르고 서쪽의 마초 쌓인 곳에서도 불길이 솟았다.

고 태위는 막 잠이 들려는 중에 일이 그렇게 터지니 어느 곳부터 손을 써야 될지 몰라 당황하고 있는데, 배 만드는 곳으로 향하던 구악과 주앙이 문득 마초장 쪽으로 말머리를 돌렸다.

그러나 그들이 그곳에 이르기도 전에 갑자기 징소리가 울리면서 한 무리의 말 탄 군사가 앞길을 가로막았다. 몰우전 장청이 성 밖에 매복해 있다가 오백 명의 무리를 이끌고 나타난 것이었다.

"네 이놈들, 꼼짝 마라! 양산박 호걸들이 왔다!"

장청이 그렇게 소리치자 구악이 말을 박차 곧바로 장청에게 덤벼들었다. 장청은 세 합쯤 싸우고 나서 말머리를 돌렸다. 그러자 구악이 그를 사로잡을 욕심에 그 뒤를 쫓다가 장청의 돌팔매질에 얼굴을 맞고 몸을 뒤집으면서 말 아래로 굴러 떨어졌다.

이에 장청은 재빨리 군사를 수습하여 양산박으로 돌아갔다. 이번에는 관군을 혼내 주기 위해 온 것이니 그 정도면 할 일은 끝낸 셈이었다. 관군들은 복병이 있을까 두려워한 나머지 감히 뒤쫓지 못하고 각기 불이 난 곳으로 달려가 불을 껐다. 그리하여 해추선 만드는 곳과 성루, 마초장의 불길이 모두 잡혔을 때는 아침이 되어 있었다.

날이 밝자 고 태위가 장청의 돌멩이에 얼굴을 맞은 구악의 상처를 살펴보니, 코와 입술이 심하게 찢어져 있었고 이빨이 네 개나 부러져 있었다. 고 태위는 즉시 의원을 불러 돌보게 하는 한편, 섭춘을 불러 배 만드는 일에 더욱 박차를 가하라고 닦달하며 울타리를 새로 세워 그곳을 엄히 지키게 했다.

어느덧 여름과 가을이 지나 겨울이 되었으나 날씨는 무척 포근했다. 섭춘이 배 만들기를 마친 것도 그 무렵이었다. 그동안 모집한 수군의 수효는 무려 만여 명에 달했다. 그들 중 절반은 섭춘으로부터 수차 밟는 법을 배웠고, 나머지 절반은 노 젓는 법을 배웠다. 해추선은 모두 삼백여 척이었다.

그 무렵은 구악의 상처도 거의 다 아물었다.

고 태위는 군사들의 배치를 의논한 결과 주앙과 왕환은 대군을 이끌어 육로를 맡고 항원진과 장개는 군사 만 명을 이끌고 양산박으로 통하는 큰길을 차지한 후 적을 무찌르기로 했다.

그리고 고 태위는 문환장, 구악, 서경, 양온, 이종길, 왕근, 섭춘 등을 비롯한 그 외의 크고 작은 장수들을 거느리고 해추선을 타고 물길로 쳐들어가기로 했다.

고 태위와 문환장은 중군의 배 위에 올랐는데 노래하고 춤추는 기녀들도 함께 태웠다. 중군 뒤를 따르는 사오십여 척의 크고 작은 해추선엔 원수가 탄 배임을 뜻하는 장막을 둘렀고, '수帥' 자가 새겨진 기와 천자의 명을 받든 것임을 뜻하는 황월, 백모, 주번, 일산 등을 빽빽이 세워 깃발의 숲을 이루고 있었다.

때는 바야흐로 동짓달 중순이었다. 그때 송강과 오용은 이미 이러한 관군의 움직임을 정탐해서 낱낱이 알고 있었다. 이에 양산박의 모든 장졸들은 미리 할 일을 정한 다음 목을 길게 뺀 채 관군이 오기만을 기다리고 있었다.

관군의 선봉에 선 서른여 척의 대해추선은 양쪽으로 갈라선 오십여 척의 소해추선이 호위하는 가운데 기세 좋게 물살을 헤치며 앞으로 나아갔다.

그때 멀리서 세 척의 양산박 수군이 다가오는 것이 보였다. 그 배에는 각각 열댓 명씩의 군사가 타고 있었는데, 해추선에서 화포와 화창, 화전이 날아오자 배를 버리고 일제히 물속으로 뛰어들었다.

그리고 또 그들이 서너 마장쯤 나아갔을 때 또다시 빠른 배가 나타났으나 양산박 군사들은 싸울 생각도 않고 배를 버려둔 채 함성을 지르면서 물속으로 뛰어들었다. 관군은 그렇게 세 차례에 걸쳐 아홉 척의 배를 빼앗을 수 있었다.

그때 문득 포성이 한 번 울렸다. 그 포 소리에 맞춰 사방의 우거진 갈대숲으로부터 천여 척의 조그만 조각배가 새카맣게 메뚜기 떼처럼 재빨리 노를 저어 관군의 선봉 해추선 쪽으로 다가왔다.

배 위에는 널빤지를 덮어서 방패로 삼았으므로 그 속에 무엇이 들어 있는지 알 수가 없었다.

관군도 양산박의 작은 배들이 몰려나올 것을 짐작하고 있던 터라 큰 해추선으로 작은 배들을 밀어붙여 깨뜨릴 작정이었다. 그런데 이게 웬일인가. 군사들이 수차를 밟아 돌렸으나 해추선은 옴짝달싹도 하지 않았다. 아무리 열심히 수차를 밟아도 물 밑에 무엇이 걸렸는지 도무지 돌아가지 않으니 해추선은 물 위에 뜬 채 꼼짝없이 양산박의 작은 배들이 몰려오는 걸 그저 멍하니 바라보고만 있어야 했다.

다락 위에서 마구 쇠뇌를 쏘아댔으나 그것 역시 소용없는 짓이었다. 조각배 위에는 모두 널빤지가 덮여 있었기 때문이었다. 그러는 동안 작은 배들에서는 갈고리를 던져 해추선의 키를 걸어 잡아당겨 해추선 위로 뛰어올라서 수차를 밟는 군사들을 마구 쳐죽이자 눈 깜짝할 사이에 양산박의 군사 오륙십 명씩 대해추선에 뛰어올랐다.

놀란 관군 장수들이 배를 물리려 했으나 뒤따라온 배들로 뒤가 막혀 있는지라 꼼짝할 수가 없었다. 그런데 바로 그때, 갈대숲 속에서 문득 요란한 징소리가 울리더니 배 위의 군사들이 일제히 소리쳤다.

"배 밑창에 물이 샌다, 물이 들어오고 있다!"

고 태위가 깜짝 놀라 보니 배 밑바닥으로부터 물이 차올라 앞뒤의 해추선들이 모두 서서히 침몰하고 적군의 조각배들은 악머구리 떼처럼 달려들고 있었다. 그것은 바로 물속으로 뛰어든 양산박의 수군 졸개들이 일제히 끌과 망치를 이용해서 배 밑창에 구멍을 뚫었던 것이다. 자신이 탄 배가 점점 가라앉는 것을 본 고 태위는 다락 위로 올라가서 소리쳤다.

"여봐라, 게 아무도 없느냐! 어서 나를 좀 구해 다오!"

그러나 앞뒤의 배들이 모두 다 물에 가라앉고 있으니 그 누구도 자신의 처지가 급해 그를 구해 낼 수가 없었다.

바로 그때, 물속으로부터 벌거숭이 하나가 불쑥 솟아올라 대뜸 달려들어서 고구의 몸을 번쩍 치켜들고 소리쳤다.

"네 이놈, 고구야! 물맛이나 보아라!"

다음 순간 '첨벙!' 소리와 함께 고 태위의 몸이 물속으로 곤두박질치고 말았다. 낭리백도 장순이었다. 관군의 대원수 고구가 물속에서 허우적거리고 있는데 그걸 본 두 척의 조각배가 달려들어 그를 건져 싣고는 쏜살같이 사라져 버렸다.

한편 선봉장 구악은 이미 싸움이 기울었음을 알고 재빨리 몸을 피하려 했으나 관군으로 변장한 금표자 양림이 한 칼에 목을 쳐 배 밑바닥으로 차 넣었다.

그때 관군의 수군으로 꾸며 숨어든 두령은 여덟 명으로 서경을 사로잡고, 매전의 몸뚱이를 배 밑바닥에 차 넣었다.

송강이 수군을 맡아 관군을 깨뜨리고 있는 사이 육군을 맡은 노준의가 여러 두령들과 더불어 관군의 주앙과 왕환을 몰아 치자 그들은 그만 기세가 꺾여 창과 도끼를 질질 끌면서 길을 찾아 제주성으로 군사를 거두어들인 후 양산박 군의 움직임만 살필 뿐 싸우려 들지 않았다.

관군을 크게 깨뜨리고 영채로 돌아온 송강은 오용, 공손승 등과 함께 충의당에 올라 더 이상 관군을 죽이지 말고 물러나라는 장령을 전하도록 하고 돌아오는 두령들을 기다리고 있었다.

"형님, 간신배 고 태위를 끌고 왔습니다!"

송강이 바라보니 장순이 물에 빠진 생쥐 꼴이 된 고 태위를 끌고 왔다. 그리고 동위와 동맹은 서경을 끌고 올라왔고, 이준 과 장횡은 왕문덕을 끌고 왔으며, 양웅과 석수는 양온을 이끌 어 왔다.

완씨 삼형제는 이종길을 끌고 올라왔고, 정천수와 설영과 이 충과 조정은 매전을 끌고 올라왔으며, 양림은 구악의 머리를 베어 가지고 오고, 이운과 탕륭과 두흥은 섭춘과 왕근의 머리를 베어서 올라왔다.

그리고 해진과 해보는 중군의 배 위에 있던 문환장을 비롯하여 기생들과 시종들을 모조리 사로잡아 올라왔다. 이번 싸움에서 달아난 자는 오직 주앙, 왕환, 항원진, 장개 네 사람뿐이었다.

사로잡힌 관군의 대소 장수들을 휘둘러본 고 태위는 길게 한숨을 쉬었다. 양산박 군에게 참담한 패배를 당했을 뿐만 아니라 사로잡힌 자신의 처지가 너무나 처량했기 때문이었다.

송강은 이번 싸움에서 붙들려 온 자들에게 모두 새 옷을 내주어 갈아입게 한 후, 충의당으로 청해서 술과 음식을 내어 대접했다.

이어 송강은 소와 말을 잡아 잔치를 크게 열고 싸움에 공이 큰 군사들의 노고를 치하하는 한편, 크고 작은 두령들을 모두 불러서 고 태위에게 인사를 올리게 했다. 인사가 끝난 후 송강이 잔을 받쳐 들자, 오용과 공손승은 술병을 들고 잔을 올렸으며 노준의를 비롯한 다른 두령은 모두 그 옆에 시립해서 송강의 위엄을 한층 더 높였다. 송강은 고 태위에게 술잔을 바치면서 입을 열었다.

"얼굴에 낙인까지 찍혔던 하찮은 벼슬아치가 어찌 감히 조정에 반역할 수 있겠습니까? 어쩌다 보니 죄를 거듭 짓게 되어 이 지경이 된 것뿐입니다. 그동안 두 번씩이나 폐하께서 천은을 내리셨으나 그때마다 간사한 무리가 끼어들었기 때문에 제대로 받들지 못했습니다. 태위께서는 부디 저희들을 가엾게 여기시어 다시 한 번 너그러운 마음으로 저희들이 구렁텅이에서 빠져나와 밝은 해를 우러러볼 수 있도록 해 주십시오. 만약 그렇게만 해 주신다면 맹세코 목숨을 바쳐 그 은혜에 보답하겠습니다."

그 말을 들으며 고 태위가 좌중을 가만히 둘러보니 모두들 씩씩하고 용맹한 호걸들이었다. 그 가운데 임충과 양지는 당장 달려들어서 패대기를 칠 듯이 두 눈을 부라리면서 자신을 노려보고 있는 게 아닌가.

등골이 오싹해진 고 태위는 재빨리 송강의 말에 대답했다.

"그대들은 아무 염려 말고 기다리시오. 내가 조정에 돌아가는 즉시 폐하를 뵙고 그대들의 딱한 사정을 거듭 아뢰겠소. 반드시 대사령이 내리도록 할 것이며, 그대들을 모두 용서함과 아울러 조정으로 불러들여 많은 상과 벼슬을 내리도록 하겠소. 그리하여 그대들 모두가 다 폐하를 위해서 충성된 신하가 되도록 하겠소."

그 말을 들은 송강은 기쁨을 감추지 못한 채 고 태위에게 감사의 절을 올렸다.

그날의 잔치는 얼마 전까지 서로 죽이려고 싸우던 적이라고는 꿈에도 생각 못할 만큼 부드럽고 즐거운 분위기 속에 이루어졌다.

다음 날도 송강이 놀란 고 태위의 마음을 풀어 주려고 잔치를 차려서 대접하려고 하자 고 태위가 입을 열었다.

"부디 나를 도성으로 돌려보내 주시오."

"저희들이 귀하신 분을 이곳에 머무르시도록 하는 데는 다른 뜻이 없습니다. 만일 이 말이 거짓이라면 천지신명이 결코 저희를 용서치 않을 것입니다. 하오니 부디 편안한 마음으로 즐겨 주십시오."

송강이 공손히 말하자 고 태위가 다짐하듯 그 말을 받았다.

"만일 의사들이 나를 도성으로 돌아가게만 해 준다면 반드시 폐하께 아뢰어 대사령이 내리도록 하는 한편, 조정으로 불러 무겁게 쓰이게 하겠소. 내가 만약 마음이 변해 딴짓을 한다면 나

또한 천지신명이 용서치 않을 것이니 창에 찔리거나 화살에 맞아 죽게 될 것이오."

"황공한 말씀이옵니다, 태위님!"

송강이 그 말에 머리를 조아려 감사했다. 그러자 고 태위가 다시 간청하듯 말을 이었다.

"여러 의사들이 믿지 못하는 것 같소만 내 말은 거짓이 아니오. 그러니 나의 모든 장수들을 이곳에 맡겨 두고 가겠소."

송강이 그 말을 듣고 손을 내두르며 황망히 말했다.

"태위께서는 그게 무슨 말씀이십니까? 어찌 이 송강이 귀한 분의 말씀을 의심하겠습니까? 말과 안장이 갖추어지는 대로 장군들과 함께 돌아가시도록 하겠습니다."

"고맙소. 충분히 분에 넘치는 대접을 받았으니 이제 돌아가도록 해 주오."

고 태위가 감사를 표하고 빨리 보내 주기를 다시 청했다. 그러자 송강이 부드럽게 웃으며 대답했다.

"그렇게 하시지요. 하지만 떠나시더라도 오늘은 여기서 머무르시고 내일 아침에 떠나십시오. 이대로 떠나신다면 저희들이 너무 서운하니 이별의 잔이나 바쳐 올리게 해 주십시오."

그리하여 그날도 잔치가 벌어졌다. 그들은 서로 흉금을 터놓고 이야기하다가 밤이 깊어서야 헤어졌다.

다음 날 아침, 새벽같이 일어난 고 태위는 도성으로 돌아갈 채비를 서둘렀다.

송강은 떠나는 고 태위 일행을 대접하는 한편, 금, 은, 비단을 내어서 예물로 바쳤다. 또한 여러 절도사와 그 수하들에게도 각기 예물을 주었다. 고 태위가 마다했으나 송강이 간곡히 청하니 마침내 예물을 받아들였다.

"이처럼 훌륭한 대접을 받게 될 줄은 꿈에도 몰랐소."

고 태위가 감사의 말을 하자 송강이 다시 그 말을 꺼냈다.

"황공한 말씀이옵니다. 부디 도성에 가시거든 폐하께 말씀을 잘 여쭈어 주십시오."

그러자 고 태위가 의견을 내었다.

"내게 한 가지 좋은 생각이 있소. 의사께서 적당한 사람 한 명을 뽑아서 내게 딸려 보내 주오. 내가 그로 하여금 직접 폐하를 뵙게 하고 양산박 의사들의 뜻을 아뢸 수 있도록 주선하겠소. 그러면 그 자리에서 즉시 대사령이 내릴 것이오."

고 태위가 그렇게까지 나오니 송강은 크게 기뻐하면서 오용과 의논했다.

"누구를 보내는 게 좋겠소?"

"성수서생 소양이 그 일을 맡을 만합니다. 그리고 기왕이면 철규자 악화도 함께 딸려 보내는 게 좋겠습니다."

오용이 두 사람을 천거했다. 그리하여 송강은 그들을 고 태위에게 딸려 보내기로 했다.

"의사들께서 나를 믿고 두 사람을 맡겨 주었으니 그 대신 나도 문환장을 여기에 맡겨 둠으로써 믿음의 증표로 삼겠소."

그 말을 들은 송강은 고구가 더 한층 미더웠다. 기쁜 마음으로 몸소 오용과 더불어 말 탄 두령 이십여 명을 거느리고 고 태위 일행을 산 밑까지 배웅했다.

금사탄을 건넌 고 태위 일행은 곧바로 제주성으로 돌아갔다. 제주성에 이른 고 태위는 우선 그곳에서 며칠 동안을 푹 쉬었다. 그러고 나서 몸소 주앙을 비롯한 여러 장수들을 거느리고 삼군을 이끌어 도성으로 돌아갔다.

한편 고 태위 일행을 돌려보낸 송강은 뒷일을 의논하기 위해 두령들을 충의당으로 불러들였다.

송강이 여러 두령들에게 물었다.

"고구가 돌아갔지만 앞으로 어찌 될지 알 수 없는 일이오. 여러 아우들의 생각은 어떻소?"

오용이 벙긋 웃으며 말했다.

"잘 보셨습니다. 제가 그자의 관상을 보건대 전형적인 봉목사형蜂目蛇形(눈이 벌 같고 형체가 뱀 같음)이었습니다. 그렇게 생긴 자는 언제나 말할 때뿐이며, 돌아서면 금세 은혜를 잊게 마련입니다. 그는 이번 싸움에 수많은 군사를 잃었으며, 곡식과 돈도 축냈습니다. 그러니 도성에 돌아가서 무슨 낯으로 천자를 뵙겠습니까! 그자는 틀림없이 병을 핑계 삼아 부중에 틀어박힐 것입니다. 그러고는 적당히 서류를 꾸며서 천자께 아뢴 다음, 소양과 악화를 그곳에 붙잡아 둘 것입니다. 그렇게 되면 어느 세월에 대사령이 내릴지 알 수 없는 일이니 그걸 기다리는 것은 공연히 세월만 보내는 짓이 될 것입니다."

"그렇다면 이 일을 장차 어찌하면 좋겠소? 대사령이야 그렇다손 치더라도 그들에게 딸려 보낸 두 아우가 걱정이구려."

송강이 걱정스런 얼굴로 말하자 오용이 의견을 내었다.

"형님, 또다시 약삭빠른 사람 둘을 뽑아서 금은보화를 많이 주어 도성으로 보냅시다. 그리하여 그들로 하여금 염탐케 하는 동시에 뒷구멍으로 뇌물을 써서 우리의 사정을 폐하께 전할 수 있는 길을 찾아야만 합니다. 그러면 고 태위도 더 이상 사실을 숨기지 못할 것입니다."

그러자 연청이 벌떡 일어서면서 말했다.

"형님, 저를 보내 주십시오! 작년에 동경성 안을 벌집 쑤시듯 헤집어 놓았을 때도 제가 용케도 이사사李師師의 집에 들어가 일을 꾸미지 않았습니까? 그런데 뜻밖에 이규 형이 소란을 피워 망쳤으니 그 일이 일어난 직후에 틀림없이 우리들의 짓임을 눈치 챘을 겁니다. 하지만 이사사는 폐하의 사랑을 한몸에 받고 있는 처지이니 누가 그녀를 의심할 수 있겠습니까? 이사사는 필시 '양산박 것들이 폐하께서 저희 집에 몰래 납시는 것을 알고 일부러 놀라시게 하려고 왔을 것입니다.' 하고 천자께 아뢰었을 것입니다. 제가 이번에 많은 금은보화를 가지고 가서 또다시 그녀의 집에 틀어박혀 보겠습니다. 그녀는 폐하와 정분이 깊은 사이이니 그녀를 이용해서 폐하께 접근한다면 의외로 빨리 일을 성사시킬 수 있을 것입니다."

"아우의 뜻은 잘 알겠네만, 그건 여간 위험한 일이 아닐 텐데…."

송강이 어두운 얼굴로 그 말을 받자 대종이 선뜻 나섰다.

"형님, 제가 가서 함께 돕겠습니다."

신기군사 주무도 문득 생각난 듯 말했다.

"형님, 그 옛날 우리가 화주 땅을 쳤을 때 숙 태위宿太衛에게 은혜를 베푼 일이 있지 않습니까? 그분은 참으로 마음이 어진 관리였습니다. 그러니 그분으로 하여금 우리의 일을 천자께 상주케 한다면 어떻겠습니까?"

비로소 숙 태위에게 생각이 미친 송강의 머릿속에 스치는 것이 있었다.

'그 옛날 구천현녀가 말하기를 '숙宿을 만나면 기쁨이 거듭될 것이오.'라고 하였는데, 그렇다면 그 숙 태위를 만나라는 뜻이 아닐까?'

양산박에
황제의 대사령이 내리다

　그렇게 하여 문환장으로 하여금 숙 태위에게 보낼 편지를 쓰게 하여 대종에게 주고 연청에게는 금은보화를 듬뿍 주어 동경으로 향하게 하였다.

　동경에 든 다음 날 아침, 연청은 차림을 바꾸었다. 무명저고리에 허리띠를 질끈 동여매고 두건을 삐딱하게 쓰고 나니 장안에서 놀아나는 한량의 모습 그대로였다.

그는 금은보화가 든 상자 속에서 보자기에 싼 금과 구슬 한 꾸러미를 챙긴 다음 대종에게 말했다.

"형님, 저는 오늘 곧장 이사사의 집으로 가서 일을 시작하겠소. 만약 하나라도 실수가 있어 일이 잘못될 경우 재빨리 몸을 빼내 양산박으로 돌아가시오!"

그러고 나서 연청은 곧 이사사의 집으로 향했다.

연청은 이사사를 만나 그동안 신분을 속여 온 일과 양산박의 사정을 낱낱이 밝히고 폐하께 주청을 드려 주십사 부탁드리고자 다시 찾아온 것이라 이실직고하였다. 그러고는 가져온 금은보화를 하나도 남김없이 다 내놓아 진심을 보였다.

이사사 또한 듬직한 연청에게 마음이 쏠린 상태라 오누이 관계를 맺고 자기 집에 들어와 지내기를 원하였다. 연청이 이사사의 집에 머무른 다음 날 밤 궁에서 휘종 황제가 내시 하나를 딸리고 흰옷 입은 선비 차림으로 땅굴 속으로 난 길을 통하여 이사사의 집으로 납시었다.

이사사는 그 기회를 놓치지 않고 천자 옆에 안길 듯이 다가가 앉으며 속살거렸다.

"폐하, 아뢰옵기 황송하오나 오늘은 천한 계집에게 한 가지 청이 있사옵니다!"

"무엇이냐? 어서 말해 보도록 하라!"

천자가 말하자 이사사가 입을 열었다.

"실은 이 천한 계집에게 고종사촌 동생이 하나 있사온데, 어려서부터 객지를 떠돌다가 오늘에야 비로소 돌아왔사옵니다.

그 애가 폐하를 한번 뵙고 싶어하오나 천한 계집으로서는 외람되어 허락할 수가 없었습니다. 바라건대 성은을 내려 주시옵소서!"

"너에게 그런 동생이 있다면 어서 들라 하여라! 내가 너를 어여삐 여기거늘 어찌 그런 일쯤을 못 들어주겠느냐?"

휘종 황제가 선선히 응낙했다. 그리하여 연청은 가까이에서 황제를 뵙게 되었다. 연청이 천자 앞에 나아가 공손히 엎드려서 절을 올리자 황제가 말했다.

"고개를 들라!"

연청이 고개를 들고 우러르자 천자는 그의 생김이 빼어남을 보고 마음에 들었는지 조용히 웃었다. 이사사가 그 기회를 놓치지 않고 아뢰었다.

"폐하, 저 애는 예능에 뛰어난 솜씨를 지니고 있사옵니다! 부디 바라옵건대 저 애의 예능을 시험해 보옵소서!"

"어서 솜씨를 발휘해 보도록 하라!"

이에 연청은 퉁소를 불어서 천자를 즐겁게 한 다음, 곧이어 월금月琴을 타기 시작했다.

천자는 연청의 솜씨에 적이 감탄하는 얼굴이었다. 이윽고 몇 잔의 술잔을 기울인 천자가 주흥이 오르자 이사사가 아뢰었다.

"폐하, 저 애는 노래 솜씨도 뛰어납니다! 감히 청하오니 한번 들어 보시옵소서!"

그러자 연청이 두 번 절하고 나서 아뢰었다.

"폐하, 신이 지은 단가短歌 중에 '목란화木蘭花'라는 노래가 있사온데, 이번에는 그 곡을 부르고자 하옵니다!"

휘종 황제가 고개를 끄덕이며 일렀다.

"어서 부르도록 하여라!"

이에 연청은 목청을 가다듬고 또다시 한 곡조를 불렀다.

    이 내 말씀 들어 주오, 들어 주오
    천한 이 몸 떠돌이 신세
    그 누가 알아 줄까, 그 누가 알아 줄까!
    하늘땅이 무심하여 무고한 자 죄인 되니
    지은 죄를 못 벗누나.
    어디에 초인이 있어 불구덩이에서 이 몸 구해 주면
    목숨 다해 충성하리, 목숨 바쳐 충성하리.
    조정 안의 큰 은인께 목숨 다해 충성하리.

연청이 노래를 마치자 천자는 적이 놀란 얼굴로 물었다.

"너는 무슨 한 맺힌 사연이 있기에 그런 노래를 지었느냐?"

그러자 연청은 그 자리에 엎드려 소리 높여 울었다. 그러고는 산동 땅 양산박에서 지낸 일을 신세 한탄하듯 읊조리며 간신히 도망쳐 여기에 이르렀노라 아뢰었다.

이윽고 휘종 황제가 연청을 바라보며 물었다.

"양산박에서 도망쳤다면 그곳 사정을 훤히 알고 있겠구나?"

연청이 얼른 머리를 조아리며 입을 열었다.

"예! 그곳 송강의 무리들은 산꼭대기에 큰 깃발을 세워 놓고

'하늘을 대신하여 도를 행한다'는 글귀를 써 놓았습니다. 또한 그들 모두가 모이는 공청도 충의당이라 이름 붙였습니다. 그들은 결코 고을이나 관청을 먼저 해치지 아니하며, 선량한 백성들을 괴롭히지 않사옵니다! 오직 못된 벼슬아치나 아첨하는 무리만 죽일 뿐입니다. 그들은 하루빨리 대사령이 내려져서 조정에 귀순할 날만 기다리고 있사옵니다."

그 말에 휘종 황제가 의아한 얼굴로 물었다.

"아니, 그렇다면 과인이 지난번에 두 번씩이나 조서를 내렸는데 어찌하여 천명에 항거할 뿐 귀순하지 않았단 말이냐?"

그야말로 연청이 기다리던 물음이 아닐 수 없었다. 연청이 목소리를 가다듬고 아뢰었다.

"처음 칙사가 내려왔을 때는 조서에 단 한마디도 저희들을 가엾게 여기거나 어루만지는 말이 없었사오며, 폐하께서 내리신 어주 또한 몽땅 시골 탁주로 바뀌어 있었사옵니다. 그런 농간이 있었기 때문에 귀순하지 않았던 것이옵니다. 그리고 두 번째 칙사가 내려왔을 때는 고 태위가 일부러 조서를 달리 읽어 '송강을 제외한 모든 호걸들의 죄를 용서한다.'고 하니 어찌 송강만을 두고 나머지 사람들이 귀순할 수가 있겠습니까? 그리하여 다른 두령들이 귀순하지 않았던 것입니다."

천자가 그제야 그동안의 사정을 알고 탄식했다.

"과인이 그런 사정을 어찌 알리오!"

연청이 다시 그 뒤의 사정도 아뢰었다.

"동 추밀께서 대군을 이끌고 왔을 때는 겨우 두 번의 싸움 끝에 군사가 모두 꺾이고 말았습니다. 또한 고 태위께서 백성들의 원성을 사면서까지 무리하게 해추선을 만들어 싸움을 벌였사오나, 양산박 호걸들은 화살 한 대 잃지 않았사옵니다. 오히려 많은 관군을 물속에 장사 지내고 허다한 해추선을 빼앗았으며, 고 태위와 그 휘하의 장졸들을 사로잡았사옵니다."

"그런데 어떻게 그가 무사히 도성으로 돌아올 수 있었더란 말이냐?"

"송강은 그를 풀어 주면서 도성으로 돌아가 폐하께 사실을 고하고 대사령을 내려 주십사 주청해 달라고 당부했습니다. 이에 고 태위께서는 조정의 부르심을 얻어 내리라 다짐하고 도성으로 돌아갔습니다. 그 증거로 고 태위는 양산박 장수 두 명을 데리고 가는 대신 문환장을 그곳에 인질로 남겨 두었던 것이옵니다."

천자는 모든 사정을 듣게 되자 얼굴빛이 달라졌다. 모든 것이 거짓이었음을 알고 탄식해 마지않으며 말했다.

"과인은 그런 줄을 몰랐구나! 동 추밀이 돌아왔을 때는 날씨가 더워서 군사들이 견디지 못하는 까닭에 잠시 군사를 물렸다고만 했으며, 고 태위는 돌아오자마자 드러눕더니 공문을 꾸미며 '병이 나서 군사를 부릴 수 없는 까닭에 잠시 군사를 물렸다.'라고만 보고하였느니라!"

그때 이사사가 연청 편을 들어 아뢰었다.

"그들이 그처럼 거짓을 아뢰는데 구중궁궐에 계신 폐하께서 어찌 사실을 아실 수가 있었겠습니까? 이는 간신배들이 폐하의 밝으심을 가린 것이옵니다."

그러자 휘종 황제는 홀로 탄식해 마지않았다.

밤이 깊자 연청은 자신의 죄를 사한다는 어서御書를 받아 물러나왔고, 휘종 황제는 이사사와 더불어 침소에 들었다.

연청은 다음 날 일찍 볼일이 있다고 핑계를 댄 후 곧바로 대종이 머물고 있는 객점으로 향했다.

연청으로부터 전날 밤의 일들을 전해 들은 대종은 크게 기뻐하면서 숙 태위 부중에 들어 문환장의 편지를 전했다.

문환장이 손 씻고 백 번 절하며 이 글을 바칩니다. 제가 어릴 적부터 상공 댁을 드나든 것도 어언 서른 해가 흘렀습니다.

저는 지난번 고 전수高殿帥(고 태위)의 부름을 받아 군문軍門에 들어 참모의 무거운 일을 맡게 되었습니다. 그러나 고 전수께서 제가 충언을 드려도 듣지 않고 세 번씩이나 패했으니 감히 고개를 들 수 없는 부끄러움을 느낍니다. 고 전수와 제가 함께 사로잡혀 이곳 양산박에 끌려왔으나 다행히 의사 송공명이 너그럽고 어질어 저희들을 해치지 않았습니다. 고 태위께서는 황제 폐하께 아뢰어 이곳 양산박 호걸들에게 대사령을 내리고 조정으로 부르겠다고 다짐한 후에 저만 이곳에 볼모로 남겨 두고 떠났습니다. 그러나 어리석은 제가 생각하건대 고 태위께서는 많은 병선과 군마를 잃었을 뿐더러 관청의 재물까지 허비한 까닭에 결코 황제 폐하께 나아가 상주하지 못할 것으로 여겨집니다. 바라옵건대 태위님께서 수고를 아끼지 마시고 황제 폐하께 주청해 주십시오. 만일 의사 송공명 등이 황제 폐하의 부르심을 받아 변경의 적을 물리친다면 이는 곧 조정으로서도 다행이요, 황제 폐하의 복일 것입니다. 그리하여 저도 더불어 구함을 받게 된다면 새로 태어나는 것과 다름없이 은혜를 입게 될 것입니다. 삼가 글을 올리오니 부디 살펴 주옵소서.

선화宣和 4년 춘정월春正月 일日,

환장 절하며 올립니다.

글을 읽은 숙 태위는 다시 한 번 대종으로부터 자세한 내막을 확인한 후 잘 알아 처리하겠노라 다짐해 주었다.

이제 연청과 대종은 고 태위 부중에 갇혀 있는 소양과 악화를 구해 낼 차례였다. 하여 부중의 당직을 서는 우후에게 사례한 후 그날 밤 나무에 밧줄을 걸어 그들을 빼내고 양산박으로 발걸음을 재촉했다.

다음 날 숙 태위는 황제를 알현하여 양산박의 사정을 고하고 황제는 조회를 열어 동관을 다그쳐 지난날의 싸움 건을 다시금 묻고 추궁하였다.

동관이 그제야 지난날의 진실을 고백하자 천자가 말을 이었다.

"과인은 고 태위가 각 주와 군의 곡식과 돈을 탕진하고 많은 배와 군사를 잃고 송강에게 사로잡혔던 일도 알고 있다! 다행히 송강이 죽이지 않고 놓아 주었기 때문에 겨우 살아 돌아오지 않았느냐? 과인은 송강의 무리가 함부로 고을을 침범하지 않으며 착한 백성들을 괴롭히지 않는다고도 들었다. 뿐만 아니라 그들은 오직 과인이 대사령을 내리고 불러 주기만 기다리면서 힘을 다해 나라를 위해 일하려 한다고 들었다. 그런데 너희들 재주 없고 아첨하는 신하들은 나라의 녹을 받아먹고 살면서 큰일을 그르치고 있었구나! 더구나 그대는 추밀원을 맡고 있는 자로서 부끄럽지도 않은가? 사리로 따진다면 마땅히 엄히 다스려야 하나 이번만은 용서한다. 그러나 만약 다시 이런 거짓을 고하는 일이 있을 땐 결코 용서치 않겠다. 어서 물러들 가라!"

천자가 손바닥 들여다보듯 환히 알고 있자 동관은 몹시 놀랐다.

동관이 아무 소리도 하지 못한 채 얼굴이 흙빛으로 변해 구석으로 물러가자, 천자는 문무백관을 둘러보면서 물었다.

"이번엔 과인이 친히 어필御筆을 내리겠다. 그대들 중 누가 양산박으로 가서 그들을 달래고 과인의 조서를 전하겠는가?"

그러자 태위 숙원경宿元景이 문득 앞으로 나와 무릎을 꿇으며 아뢰었다.

"폐하, 신을 보내 주시옵소서! 신이 성지를 받들어 그들을 달래 보겠습니다."

천자는 마음으로 믿고 가까이서 부리는 숙원경이 나서자 크게 기뻐하면서 말했다.

"그대가 가겠다니 과인의 마음이 한결 놓이는구려!"

그리하여 천자는 어안御案을 들게 하여 친히 조서를 쓴 다음 옥새를 찍었다.

그리고 창고를 맡고 있는 관원으로 하여금 금패金牌 서른여섯 개, 은패銀牌 일흔두 개, 붉은 비단 서른여섯 필, 푸른 비단 일흔 두 필, 그리고 황봉어주黃封御酒 백여덟 병을 내오도록 하여 숙 태위에게 주는 한편, 정복正服과 부복副復을 지을 옷감 스물네 필을 내렸다. 이어 금박으로 쓴 초안어기招安御旗 한 폭을 주어 날짜를 정해 그 안에 다녀오도록 했다.

그 후 제주부로부터 소식을 접한 양산박에서는 천자의 조서 를 받들기 위해 삼십 리 밖까지 길 청소를 하며 환영대를 설치 하고 백여덟 명의 두령들이 도열한 가운데 숙 태위를 맞이하여 조서를 받들었다.

짐은 즉위한 이래 인의로써 천하를 다스리고 상벌을 엄히 하여 난리를 평정했다. 널리 어진 이를 구함에 게으르지 않았고, 백성 들을 사랑함에 두려워 받들듯이 했다. 멀건 가깝건 모든 백성들은 그와 같은 마음을 알리라! 짐이 생각컨대 송강, 노준의 등은 충의 의 마음을 품은 채 백성들에게 포악한 짓을 저지르지 않았다. 뿐 만 아니라 조정의 부름을 기다리며 나라에 보답하려는 그 뜻이 갸 륵하도다. 비록 죄를 지었다 할지라도 각기 그 딱한 사정이 있는 터 라 그 충정을 헤아려 불쌍히 여기노라! 이에 짐은 이제 전전태위 숙원경을 뽑아 몸소 양산박으로 보내 송강을 비롯한 여러 사람의 죄를 사면코자 한다. 또한 송강을 비롯한 큰 두령들에게는 금패 서 른여섯 개와 붉은 비단 서른여섯 필을 내리고, 그 아래 작은 두령 들에게는 은패 일흔둘과 푸른 비단 일흔두 필을 내린다. 조서가 이르는 날, 짐의 마음을 저버리지 말고 하루빨리 귀순하여 무겁게 쓰일 수 있도록 하라. 이에 조서를 내리니 그리 알지어다.

선화宣和 4년 춘이월 春二月 일日 조시認示

소양이 조서를 다 읽고 나자 송강과 노준의 등은 양산박 산채가 떠나가도록 만세를 외쳤다. 그러고 나서 조정을 향해 절을 올리며 은혜에 감사했다.

숙 태위는 금패, 은패와 붉은 비단, 푸른 비단을 내놓고 배선으로 하여금 여러 두령들에게 조서에 이른 대로 나누어 주도록 했다. 그러고 나서 천자가 내린 어주를 한 병 따더니 금잔을 가져오게 한 후 말했다.

"이 어주는 폐하께서 친히 내리신 술이오. 하지만 여러 의사님들이 의심할까 두려우니 이 숙원경이 먼저 한 잔 마시고 나서 따라 드리겠소. 그러니 조금도 의심하지 않도록 하시오."

이에 여러 두령들은 송구스런 얼굴로 숙 태위를 바라보았다.

숙원경은 자신이 한 잔 따라 마신 연후에 우선 송강에게 한 잔을 권했다. 송강은 공손히 꿇어앉은 채 어주를 받아 마셨다. 그는 이어 오용, 공손승 등 모든 호걸들에게 차례로 술잔을 권했다.

그리하여 백여덟 명의 호걸들이 모두 어주를 마시고 나자, 송강은 숙 태위를 가운데 자리에 청해 앉힌 다음 모든 두령들로 하여금 차례로 절을 올리도록 했다. 그리고 여러 두령들로 하여금 충의당의 위아래에 따라 앉도록 하고 크게 잔치를 베풀었다.

연신 술잔이 돌았으며 양 옆에서는 은은한 풍악 소리가 취흥을 돋우었다. 참으로 안주는 산과 같이 많았고 술은 바다처럼 넉넉했다. 그들은 마음껏 취하도록 술을 마셨다.

그러는 사이 며칠이 지나 숙원경과 문환장은 도성으로 돌아가고, 송강 등은 양산박을 정리하기 위해 열흘 정도 기간을 얻었다.

송강은 두령들을 한자리에 불러 모으고 선언하듯 말했다.

"우리들 백여덟 명의 천강성과 지살성은 위로는 하늘의 별에 응하고, 아래로는 천지신명의 뜻에 응하여 죽고 살기를 함께하기로 한 사이요! 이제 폐하께서 성덕으로써 우리의 죄를 사면하고 조정으로 불러들이셨으니, 우리는 이제 모두 함께 조정에 나아가 폐하를 뵙고 폐하의 크신 은혜에 보답해야 할 것이오. 그러나 군사들 중에는 스스로 산채에 들어온 사람도 있고 남을 따라 들어온 사람도 있으며 조정의 관군으로 싸움에 패해 머무르게 된 사람이 있는가 하면 잡혀온 사람도 있소. 그러니 여러 군사들 중 함께 가기를 원하는 자는 모두 함께 갈 것이되, 그렇지 않은 자들에게는 재물을 주어서 산채를 떠나도록 할 것이오! 그러니 각기 처소로 돌아가서 신중히 생각해 결정토록 하시오!"

그리하여 삼군의 장졸들은 각자 자신의 처소로 돌아가서 머리를 맞대고 그 일을 의논했다. 그리하여 사오천 명의 군사들이 산채를 떠나기로 하였고, 나머지는 모두 천자의 초안에 응하기로 했다.

송강은 산채를 떠나기를 원하는 군사들 모두에게 돈과 재물을 넉넉히 주어 떠나보냈다. 그리고 도성으로 가기를 원하는 나머지 군사들은 모두 다 일일이 명부를 작성하여 제주부로 하여금 보고하게 하였다.

다음 날 아침, 송강은 소양으로 하여금 고시문告示文을 쓰게 한 다음 졸개들을 사방으로 보내서 가까운 고을과 현縣과 부府에 널리 붙이도록 했으니, 그 내용은 이러했다.

송강 등은 삼가 대의로써 알리노라! 우리 양산박 호걸들은 지금껏 산채에 무리지어 살면서 여러 고을의 백성들에게 많은 피해를 끼쳤노라! 그러나 이제 다행히 너그럽고 어지신 천자께서 조서를 내리시어 우리의 죄를 사면하고 불러 주셨다. 이제 우리는 조정에 나아가 나라를 위하여 힘을 다해 천자의 은혜에 보답할 것이다. 조정에 들게 되면 가까운 백성들에게 보답할 길이 없을 터인즉, 이에 열흘 동안 장을 열어 백성들에게 보답코자 하니 조금도 의심치 말고 양산박으로 와 주기 바라노라!

선화 4년 3월 양산박 송강 등 고시告示

송강은 창고를 열고 황금, 구슬, 채단, 능라, 견사 등을 모조리 끌어내어 조정에 진상할 물건과 여러 장졸들에게 나누어 줄 물건을 제외한 나머지 물건들을 산채에 쌓아 두고 인근 고을에서 모여든 백성들에게 골고루 싼값에 나누어 주기로 했다. 장은 열흘 동안 열기로 했으며, 소와 말을 잡고 술을 담가서 장을 보러 모여 든 백성들을 대접하기로 했다.

드디어 3월 3일, 장을 여는 날이 되자 가깝고 먼 고을의 백성들이 구름처럼 모여들었다. 어떤 자들은 커다란 자루를 둘러멨고, 또 어떤 자들은 지게를 지고 있었다. 송강은 장령을 내려서 모든 물건을 저잣거리보다 열 배나 더 싸게 주도록 했다. 사람들은 모두 기뻐하여 감사해 했다. 그렇게 열흘 동안 팔고 나자 산더미처럼 쌓였던 물건들은 흔적도 없이 사라져버렸다.

장을 거두고 나자 송강은 오용 등과 상의하여 결론을 내렸다. 우선 도성에 올라가 황제를 뵈온 다음 벼슬이 정해지기를 기다렸다가 장졸들의 가족을 고향에 돌려보내기로 하여 송강은 가족들을 산채에 머무르게 한 후 군사와 인마를 거느리고 동경을 향해 출발했다.

동경성이 가까워 오자 그들은 우선 대종과 연청을 보내서 숙태위에게 알리고 숙 태위는 내궁으로 들어가 천자께 아뢰었다.

천자는 문무백관과 더불어 선덕루宣德樓에서 사열을 받고 전두관殿頭官에게 분부하여 백여덟 두령들로 하여금 비단옷으로 갈아입은 다음 배알토록 했다.

진시쯤 되자 천자는 문덕전에 나와서 좌정했으며, 의례사관儀禮司官이 송강 등을 차례로 안내하여 반열에 갈라 세운 후 사은숙배謝恩肅拜를 시켰다. 천자는 매우 기뻐하면서 그들로 하여금 문덕전에 오르도록 분부한 다음 서열에 따라 차례로 자리에 앉혔다.

그러자 곧 잔치가 차려져 술과 요리를 내왔으며 풍악을 울리기 시작하였다.

천자는 용상에 앉아 그들과 더불어 잔치를 즐겼다. 황제가 송강 등을 위해 베푼 잔치는 해가 저물어서야 끝났다.

송강을 비롯한 호걸들은 천자의 성은에 감사한 다음 각기 머리에 어사화御賜花 한 송이씩을 꽂고 서화문西華門을 통하여 영채로 돌아가 벼슬이 내려지기만을 기다렸다.

그러나 간신배들이 그들에게 관직이 내리는 것을 그냥 보고 있지만은 않았다. 추밀원에서는 상소를 올려 그들을 다섯 길로 나누어 흩어버리자고 했고, 추밀사 동관은 저들을 성 안으로 불러들여 백여덟 두령들을 없애자고도 했다.

그러자 그것을 들은 전전태위 숙원경이 그들을 꾸짖으며 북방의 요나라가 국경 아홉 고을을 침범했음에도 불구하고 표문을 숨긴 채 천자에게 그 사실을 아뢰지 않고 있는 실정을 들어, 이번에 귀순해 온 송강 등 장수들로 하여금 변경으로 나아가 저들을 무찌르고 공을 세울 수 있도록 관직에 중용할 것을 청하였다.

그러자 천자는 동관을 비롯한 추밀원 관원들을 크게 꾸짖고 나서 몸소 붓을 들어 조서를 내렸다.

송강을 정요도선봉征遼都先鋒으로 삼고, 노준의를 부선봉으로 삼으며, 그 외의 모든 호걸들에게는 각기 세운 공에 따라 관직을 내리겠다는 내용이었다. 그리고 황금 천 냥과 은 오천 냥, 비단 오천 필을 내리도록 했다.

이에 숙 태위는 황제의 하사품들을 수십 채의 수레에 나누어 신고 송강에게 가서 일일이 나눠 주었다.

송강이 여러 호걸들을 대신해서 감사드렸다. 그리고 양산박 산채에 돌아와 떠날 준비가 끝난 가족들을 집으로 돌아가게 하니 산채에서 금사탄에 이르는 길은 연일 인마로 줄을 이었다.

송강은 또한 완씨 삼형제를 불러서 쓸 만한 배들을 고르게 한 다음, 나머지는 모두 다 근처의 어민들에게 돌려주도록 했다. 그리고 산 속의 집들과 영채는 근처의 백성들로 하여금 마음대로 와서 뜯어 가게끔 하는 한편, 세 개의 관문과 충의당은 모조리 헐어 없앤 후 인마를 수습해 도성으로 떠났다.

하늘로 돌아가는
별들

요나라의 침범으로 골머리를 앓던 조정은 송강군에게 북방
토벌의 명을 내리고, 송강은 삼군을 호령한 후 곧장 요나라의
길목인 단주성을 쳐서 첫 개가의 표문表文을 올린다.

송강은 또다시 군사를 이끌어 계주성으로 향하고 요왕의 아
우인 야율득중은 네 아들을 거느리고 송강군과 대적한다. 그러
나 송강군의 계략에 말려 계주성을 빼앗기고 두 아들마저 잃

게 된 야율득중은 요왕을 찾아가 대성통곡하며 전후 사정을 고한다. 이에 요왕은 구양시랑의 의견을 좇아 송강군이 요나라에 귀순토록 설득하고, 송강은 오용의 계책대로 요왕의 초안을 역이용하려 한다.

그 무렵 공손승은 스승 나진인을 뵈러 어비산으로 떠나고 함께 동행한 송강은 부귀영화에 연연하지 말라는 충고를 듣는다.

한편 요의 사신 구양시랑이 재차 송강을 방문하여 귀순을 권하자 송강은 칙지를 받드는 체하며 노준의와 안팎으로 호응하여 패주성을 친다.

송강에게 속은 것을 안 요왕은 대노하고 한번 들어가면 나올 수 없는 청석욕에 몰아넣어 반격하자는 하 통군의 말을 따른다. 술법에 능한 하 통군은 온갖 도술을 부리며 송강군을 혼란에 빠뜨리고, 쫓기던 노준의는 험한 산세에 둘러쳐진 청석욕에 갇히고 만다. 이에 해진과 해보는 노준의 일행을 찾아 나서고 유씨 형제의 도움으로 노준의를 구해 낸다.

송강이 유주성을 들이치자 하 통군은 목숨을 잃고, 도성의 위험을 느낀 요왕은 도통군 올안광이 나서자 한 가닥 희망을 건다. 올안광의 아들 연수가 호연작에게 묶이자 올안광은 십일요 대장과 이십팔수 장군을 내세워 응전한다. 또한 태을혼천상진太乙混天象陳이라는 진을 펼쳐 송강군의 계략을 무용지물로 만든다.

이에 송강은 요의 군사에게 사로잡힌 이규와 올안연수를 맞바꾸며 휴전을 제의하나 거절당하고 금군교두 왕문빈은 요의 진세를 백안시하다 죽임을 당한다.

그때 오랜 싸움에 지쳐 깜박 잠이 든 송강은 꿈속에서 구천 현녀를 만나 요의 진을 깨칠 수 있는 비결을 전해 듣고 기습을 하여 올안통군을 무찌른다.

다시 패전의 소식을 접한 요왕은 승상 저견을 보내 항복을 알리고 요와의 싸움은 끝이 난다.

동경으로 향하던 중 노지심과 장수들은 오대산 지진장로를 찾아가 앞날의 운세가 담긴 계어를 듣고 돌아와 얼마간 평온한 나날을 보낸다. 그러나 하북의 전호田虎가 모반을 일으키자 천자는 송강군으로 하여금 또다시 군사를 내게 한다. 천자의 명으로 하북으로 향하던 노준의는 마침 연청의 벗인 관충으로부터 얻은 삼진의 지도로 길을 열고 고평을 얻는다. 송강은 곧장 개주성으로 들이쳐 유문충의 목을 벤다.

한편 전호는 술법과 창봉술에 뛰어난 교도청을 내세워 응전한다. 이에 공손승이 와서 오뢰정법五雷正法으로 그의 술법을 깨치니 교도청은 그 길로 도망쳐 백곡령에 머문다.

송강은 공손승으로 하여금 교도청을 설득하여 투항하게 하고, 도성에 표문을 지어 올린다. 이에 역적 전호는 돌팔매질과 무예에 뛰어난 경영을 선봉으로 세우니 송강의 장수들은 하나같이 상처를 입고 물러선다.

대책을 강구하던 송강은 마침 붙들려온 섭청으로부터 경영의 기구한 사연을 듣고, 신의 안도전이 경영을 보았던 장청의 꿈 이야기를 전하자 기이한 인연이라 여긴다.

송강의 밀계를 받은 안도전과 장청은 전생의 인연을 계략으로 꾸미기 위해 섭청의 안내로 위승성에 들어간다. 국구 오리의 병이 경각에 달려 있던 중 안도전의 의술로 완쾌되자 안도전에 대한 오리의 신임은 두터워지고, 장청은 오리의 휘하에 들게 된다.

경영은 꿈속에서 보았던 장청을 알아보고, 장청이 송강군을 맞아 두 차례나 이기고 돌아오자 오리는 장청과 경영의 혼례를 허락한다. 초야에 서로의 숨겨진 사연을 알게 된 장청과 경영은 오리를 독살하고 휘하의 장수들을 회유시키는데, 그 즈음 뇌성은 송강군에게 떨어진다.

다급해진 전호는 거짓 상주문에 속아 장청에게 벼슬을 내리고 각처에서 송강군에게 패하고 있다는 소식을 듣자 장청과 경영을 소덕부로 보내 응전케 한다.

한편 이준과 장순, 완씨 삼형제는 큰 비를 만나자 수공으로 태원성을 무너뜨리고 전호는 파죽지세로 밀어닥치는 송강군에게 마침내 사로잡힌다.

위승성을 떨어뜨리고 한숨을 돌리던 송강군은 또다시 회서 땅에서 왕경이 난을 일으키자 곧 천자의 칙지를 받들어 회서로 떠난다.

회서 땅의 왕경은 주색과 노름에 이골이 난 인물로, 가산을 탕진하고 고을의 불량배로 떠돌던 망나니였다. 그러던 어느 날 동관의 수양딸인 교수와 눈이 맞아 은밀히 내통하다 들통이 나고 개봉부로 끌려가 심한 매질 끝에 귀양길에 오른다.

뇌성에서 귀양살이를 하던 왕경은 자신을 죽이려는 방원과 장세개의 음모를 엿듣고 살인을 저지른다. 밤을 틈타 감옥을 벗어난 왕경은 이종사촌 범전을 만나 얼굴에 새겨진 먹자를 없애는 한편 산동네에서 생활한다.

왕경은 노름판에서 만난 단삼랑과 혼례를 올리나 지난날 황달을 흠씬 두들겨 팬 일이 관아에 고소되어 신혼 초야부터 쫓기는 신세가 된다. 그러다 방산의 두목인 요립을 죽이고 산채의 주인이 되어 왕경의 세력은 갈수록 커진다.

한편 외서에 이른 송강군은 교도청의 회풍반화법으로 기선을 제압하여 완주성을 되찾는다. 이어 산남성을 떨어뜨린 송강군은 다시 형남성으로 향하고, 양지가 이끄는 천 명의 인마가 요홍곡에 갇히게 되자 해보는 토박이 노인의 도움으로 이들을 구해 낸다.

그 무렵 당빈이 호위해 가던 소양 일행이 형남의 적장에게 잡혀가 속을 태우던 송강은 형남성의 호걸 소가수의 도움으로 소양 일행을 구한다. 형남성을 떨어뜨린 송강군은 패주하던 왕경을 사로잡고 여덟 군 여든여섯 고을을 되찾는다.

승전의 소식이 전해지자 천자는 백여덟 호걸을 도성으로 불러 위로하는데, 공손승은 송강의 형제들과 작별하여 스승 나진인에게 돌아간다.

얼마 후, 또다시 강남에서 난을 일으킨 방랍을 평정키 위해 장강長江을 건넌 송강군은 방랍군에게 군량미를 바치기로 한 진관 부자로 꾸며 윤주성과 단도현을 빼앗고 송강은 상주와 소주를, 노준의는 선주와 호주를 치기 위해 군사를 나눈다.

송강이 비릉군에 당도하여 한도와 팽기를 잃자 이규는 흰 기를 앞세워 원수 갚고 성 안 김절의 내응으로 어렵사리 성을 차지한다.

이어 윤주, 상주, 선주 세 성을 차지한 송강군은 여덟 명의 두령을 잃어 가며 다시금 소주로 군사를 내는데, 수군 두령 이준이 유류장에서 이끌고 온 네 호걸의 도움으로 수륙 양면 작전 끝에 삼대왕 방모의 목을 베고 소주성을 차지한다.

이때 조정에선 신의 안도전을 불러들이고 대관인 시진은 연청과 더불어 목주 땅 방랍이 있는 궁궐에 들기를 자청하여 길을 떠난다.

항주로 향하던 송강군은 임편산, 고정산 등의 험로에서 형제들이 하나둘 목숨을 잃고 장순마저 밤중에 홀로 용금문 성벽을 오르다 목숨을 잃는다. 송강은 그의 넋을 제사 지내기 위해 소행산 서능교에서 매복한 군사로 하여금 반란군을 크게 깨쳐 가까스로 사기를 돋운다.

노준의는 독송관에서 몰우전 장청과 동평, 주동을 잃고, 노지심은 등원각을 맞이해 물리치는 한편, 이규는 포욱과 함께 원수를 갚으려 서둘다 포욱을 잃는다.

그때 정탐 나갔던 해진, 해보가 반군에게 바칠 군량미를 발견한다. 이에 짐꾼으로 변복한 송강군이 성 안에 들어 불 지르고 성을 깨칠 즈음, 억울하게 죽은 장순의 넋은 형 장횡의 몸을 빌려 방천정을 목 베고 돌아온다.

연청과 함께 선비도사로 꾸며 무사히 방랍의 궁전에 든 시진은 중서시랑의 벼슬을 얻고 금지 공주와 혼인하여 부마가 된다.

한편 송강은 목주로 향하고, 노준의는 흡주로 가기 위해 욱령관에 이른다. 송강은 오롱령에 이르러 등원각의 군사와 포도을의 주술에 묶여 많은 두령을 잃고 죽음 직전에 이르나, 오룡신묘의 선비를 만나 구사일생으로 되살아난다. 이때 무송이 한 팔을 잃고 노지심이 행방불명된 가운데 가까스로 혼세마왕 번서가 포도을의 주술을 깨치고 오룡령 관소를 얻는다.

부선봉 노준의는 욱령관에 이르러 고전하고 이에 송강과 노준의는 수군 두령 이준으로 하여금 거짓 항복토록 하여 청계현을 빼앗고 방원동을 에워싼다. 방원동에선 방랍의 부마인 시진이 나서 송강군을 무찌르는 체하다 송강군을 이끌어 방랍의 궁전을 완전히 소탕한다. 이때 오룡령 만송림에서 행방불명되었던 노지심이 암자에 머물다 방랍을 사로잡아 돌아온다.

송강은 백여덟이던 형제가 서른여섯만 남게 되자, 슬픔에 겨워 정성껏 제례를 올려 주고 죽은 형제의 명복을 빈다.

육화사에 머물던 노지심은 깨달음을 얻어 원적圓寂하고, 무송과 연청, 수군 두령 이준 또한 동위, 동맹과 함께 떠나니, 송강과 노준의를 비롯한 스물일곱의 두령만 천자의 교지를 받들어 제각각 관직을 받고 임지로 떠난다.

그러나 얼마 후 조정에선 노준의와 송강이 반역한다 하여 노준의를 불러들여 음식에 수은을 타 먹여 죽게 하고, 송강에게는 따로 독약이 든 어사주를 내린다. 이에 송강은 이규를 불러 함께 어사주를 마시고 수호水滸가 둘러쳐진 요아와에 묻힌다.